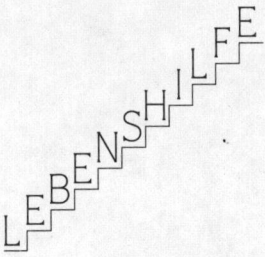

Dorothy Rowe
Sei, wer du bist

Mut zum eigenen Selbst

Deutsche Erstausgabe

**Wilhelm Heyne Verlag
München**

HEYNE LEBENSHILFE
Band 17/66

Aus dem Amerikanischen übersetzt
von Traudi Perlinger

Titel der Originalausgabe:
THE SUCCESSFUL SELF

Copyright © 1988 Dorothy Rowe
Copyright © 1991 der deutschen Ausgabe by
Wilhelm Heyne Verlag GmbH & Co. KG, München
Printed in Germany 1991
Umschlagillustration: The Image Bank / Doron Ben-Ami, München
Umschlaggestaltung: Christian Diener, München
Satz: Kort Satz GmbH, München
Druck und Bindung: Ebner Ulm

ISBN 3-453-05086-X

Über die Autorin

Dorothy Rowe, 1930 in Australien geboren, arbeitete als Lehrerin und Kinderpsychologin, bevor sie nach England ging und an der Sheffield Universität promovierte. Von 1972 bis 1986 arbeitete sie als klinische Psychologin in Lincolnshire. Seit vielen Jahren verfaßt sie psychologische Lebenshilfebücher, hält Vorlesungen und arbeitet als Psychotherapeutin.

Weitere in deutscher Übersetzung vorliegende Bücher von Dorothy Rowe: *Ich entscheide mich für das Leben; Jenseits der Angst.*

Inhalt

Vorwort 11

Einführung 15

Kapitel 1 **Der Aufbau des Selbst: Hoffnung und Bedrohung**.. 16
  Unsere beiden Realitäten 18
  Wie real ist real? 18
  Mit sich in Einklang sein 21
  Unser Selbst und unsere Welt strukturieren 22
  Die Struktur des Selbst 23
  Unsere Existenz erfahren 26
  Die drohende Vernichtung des Selbst 27
  Existenz und Realität 30
  Das Muster unserer Szenarien 36
  Eine bedeutungsvolle Geschichte 43
  Ein erfülltes und kreatives Leben 44
  Eine stabile Ich-Stärke entwickeln 46

Extravertierte und Introvertierte 49

Kapitel 2 **Unsere beiden Realitäten** 50
  ›Introvertiert‹ und ›Extravertiert‹
  als Definition menschlichen Verhaltens 50
  ›Introvertierte‹ und ›Extrovertierte‹ als
  Typisierung 51
  ›Introvertiert‹ und ›extravertiert‹ als Präferenz,
  die jeden von uns zur inneren oder äußeren
  Realität hat 59
  Die Konstruktion des Selbst 66

Kapitel 3 **Welche Realität bevorzugen Sie?** 68

	Wie wenden wir das Prinzip der Stufenbefragung an?	71
	Stufenbefragung in der Therapie	74
	Stufenbefragung ist kein Kinderspiel	78
Kapitel 4	**Verschiedene Formen, die Dinge zu sehen und zu tun**	80
	Körperliche Merkmale	81
	Wir brauchen andere Menschen	89
	Unterschiedliche Stile, Dinge zu tun	96
	Unterschiedliche Gründe, die gleichen Dinge zu tun	103
	Unterschiedliche Erfahrungsweisen	132
	Männer und Frauen	146
Kapitel 5	**Gegensätze ziehen einander an – und stoßen einander ab**	153
	Anziehungskräfte	154
	Abneigungen	167
	Ausgleich	174
Kapitel 6	**Verschiedene Möglichkeiten des Wahnsinns**	180
	›Mit mir stimmt etwas nicht‹	182
	Bewältigungsstrategien der Verzweiflung	194
	Ängste und Phobien	196
	Manien	207
	Obsessionen und Zwänge	213
	Schizophrenie	221
	Depression	232
	Neue Schlachten gewinnen, statt alte zu verlieren	242
Das erfolgreiche Selbst		255
Kapitel 7	**Ihr erfolgreiches Selbst aufbauen**	256
	Sich selbst schätzen und akzeptieren	267
	Den Selbstsinn ausbauen	292

Die weniger wirkliche Realität wirklich
werden lassen 303
Kreativität 310
Eine erfüllte Lebensgeschichte 315

Kapitel 8 Die Reise geht weiter 323
Der Therapeut mit Mut zum eigenen Selbst 325
Unser Mut zum eigenen Selbst 326

Anmerkungen... 334

Über die Autorin

Für Jo und Jeremy

Vorwort

Sei, wer du bist – Mut zum eigenen Selbst ist mein sechstes Buch und eine weitere Station auf meiner Forschungsreise zum Verständnis psychologischer Zusammenhänge, die in meiner frühen Kindheit begann, als ich darüber rätselte, warum meine schöne Mutter (sie ist mir deutlich in Erinnerung, als ich ein kleines Mädchen und sie eine junge Frau war) sich und ihrer Familie durch ihr Verhalten das Leben so schwer machte. Heute kenne ich die Gründe und habe sie zum Thema meiner Veröffentlichungen gemacht.

Nachdem ich das Manuskript meiner letzten Veröffentlichung *Jenseits der Angst* beim Verlag eingereicht hatte, diskutierten mein Lektor Michael Fishwick und ich über Themen zu einem nächsten Buch. Michael fand meine Gedanken zu Extravertierten und Introvertierten interessant, zumal er, nachdem ich das Prinzip der ›Stufenbefragung‹ bei ihm angewandt hatte, feststellte, daß er gar kein Introvertierter war, wie bislang angenommen, sondern ein schüchterner Extravertierter. Wir faßten zunächst das Projekt eines lockeren, unterhaltsamen Buches über Extravertierte und Introvertierte ins Auge, also über ›beziehungsorientierte Typen‹ und ›leistungsorientierte Typen‹. Doch dann überlegte ich, das Thema sei zu komplex und wichtig, um leichtfertig damit umzugehen. Außerdem wollte ich mich eingehender damit befassen, wie Menschen ihre Lebensumstände meistern oder auch nicht meistern.

Ich habe mich jahrelang mit der Beobachtung lebenstüchtiger und lebensuntüchtiger Menschen beschäftigt und mit ihnen Gespräche geführt; der Unterschied zwischen ihnen ist mit wenigen Worten zu beschreiben. Menschen, die ihr Leben meistern, haben Selbstachtung und sind optimistisch; Menschen hingegen, die mit ihrem Leben nicht zurechtkommen, haben keine Selbstachtung und eine pessimistische Lebenseinstellung.

Die Klassifizierung von Menschen in Lebenstüchtige und Lebensuntüchtige, oder Normale und Verrückte, hieße allerdings, die Tatsache außer acht zu lassen, daß es unter den Tüchtigen oder Normalen sehr gefährliche Menschen gibt.

Unsere Gesellschaft setzt sich aus Menschen zusammen, die sich eine von drei Denkweisen zu eigen gemacht haben:

1. Sie sind der Überzeugung, daß sie im Kern ihres Wesens schlecht und unakzeptierbar sind; sie fühlen sich so sehr bedroht, daß sie sich durch Depression oder irgendeine andere der von der Psychiatrie als Symptome von Geisteskrankheiten bezeichneten Bewältigungsstrategien zur Wehr setzen. Sie kommen nicht sonderlich gut mit ihrem Leben zurecht.

ODER

2. Sie akzeptieren und achten sich, ruhen in sich selbst, fühlen sich weder belastet noch zwanghaft getrieben, sind frei in ihrem Sein. Diese Menschen besitzen ein erfolgreiches Selbst, sind eigenständige Persönlichkeiten.

ODER

3. Sie sind redlich bestrebt, gute Menschen zu sein, um ihre vermeintlich angeborene Schlechtigkeit zu überwinden, übernehmen eine Vielzahl von Verpflichtungen mit den Begleiterscheinungen von Schuld- und Schamgefühlen. Sie stehen unter Zwang und Druck und zweifeln an ihrer Tüchtigkeit. Wenn sie sehr stolz auf ihre Anständigkeit und Verantwortung sind, werden sie für andere Menschen gefährlich, da sie zwar behaupten, sensibel und liebevoll zu sein, in ihrer Blindheit und Engstirnigkeit aber anderen Schaden zufügen. Und da sie glauben zu wissen, was für andere gut ist, tun sie alles, was in ihrer Macht steht, um zu verhindern, daß andere Menschen unabhängige Erwachsene werden, das heißt, ihr erfolgreiches Selbst finden.

Menschen dieser dritten Kategorie sind sich weder des Schadens, den sie anderen zufügen, noch ihres eigenen Leids bewußt. Viele Männer sind stolz auf ihre Leistungen und ihre starke, männliche Ausstrahlung; sie empfinden es als Bosheit des Schicksals, mit einer an Depressionen leidenden Ehefrau belastet zu sein und mit Kindern, deren Verhalten zu wünschen übrig läßt. Viele Frauen halten sich für gute Ehefrauen und Mütter und sehen keinen Zusammenhang zwischen ihrer Kritik an der Familie und der Tatsache, daß ihre Ehemänner sich von ihnen zurückgezogen haben und die Kinder seelische Störungen aufweisen oder straffällig geworden sind.

Ich begegne solchen Männern und Frauen regelmäßig als Ehemann, Ehefrau oder Elternteil meiner Klienten. Es sind Menschen, die glauben, keinerlei Verantwortung für die Verhaltensstörungen meiner Klienten zu tragen. Und wenn sie die Behandlungskosten tragen, tun sie das unter der nicht verbalisierten Bedingung, daß ich meine Klienten in die Menschen verwandle, die sie sich in ihrer Familie wünschen. Sie haben Wichtigeres zu tun, als meine Bücher zu lesen.

Es gibt aber auch viele Menschen dieser dritten Kategorie, die sich vage oder auch ziemlich klar bewußt sind, daß mit ihrem Leben etwas nicht ganz stimmt, daß ihr Leben nicht so glücklich und erfüllt ist, wie es sein könnte, daß sie einsam sind und die Menschen verletzen, die sie lieben. Für sie ist dieses Buch geschrieben und für die Menschen, die mit ihrem Leben nicht zurechtkommen. Vielleicht lesen es aber auch Menschen mit einem gefestigten Selbst und sagen mir, in welchen Punkten ich mich irre.

In diesem Buch sind Aussagen und Begebenheiten aus dem Leben vieler Menschen aufgezeichnet. Manche hatten nichts dagegen, ihre Identität zu dokumentieren; ihre Namen und Berufe habe ich unverändert wiedergegeben. Andere bevorzugten die Anonymität und wählten sich einen anderen Vornamen, als ich ihnen die betreffenden Passagen zur Lektüre vorlegte. Der Wunsch, ihre Privatsphäre zu wahren, war primär keine Entscheidung, die sie für sich selbst trafen; vielmehr wollten sie ihren Familien Peinlichkeiten ersparen. Allen Menschen, die mir ihre Geschichte als Fallbeispiel zur Verfügung stellten, gilt mein aufrichtiger Dank.

Dorothy Rowe, Sheffield, Januar 1988

Einführung

Kapitel 1

Der Aufbau des Selbst: Hoffnung und Bedrohung

Als siebzehnjähriges Mädchen stand ich vor den Glastüren von Manning House, der Universität von Sydney, und brachte es nicht über mich, die Schwelle zu überschreiten. Dabei hätte ich jedes Recht dazu gehabt. Ich war als Studentin an dieser Universität eingeschrieben. Ich hatte sogar ein Stipendium in der Tasche. Es wäre das Selbstverständlichste von der Welt gewesen, wenn ich stolz und voll Zuversicht durch diese Tür gegangen wäre.

Ich brachte es nicht über mich, lungerte noch eine Weile auf dem Campus herum und verdrückte mich schließlich.

Eine simple Erklärung für dieses Verhalten wäre meine Jugend und Schüchternheit gewesen. Ich war in einer Provinzstadt aufgewachsen, in einer Familie, die von irischen Sträflingen und Goldsuchern und schottischen Bergarbeitern abstammte. Bei uns herrschte traditionsgemäß Respekt vor Bildung, ohne den Wert einer Hochschulbildung zu begreifen, abgesehen davon, daß sie einem eine gut bezahlte Stellung einbrachte. Als kleines Mädchen hatte ich eine enge Beziehung zu meinem Vater, die sich mittlerweile allerdings auseinandergelebt hatte. Von Mutter und Schwester erhielt ich in unvermindertem Maß Kritik und kaum oder gar kein Lob. Einerseits wußte ich, daß ich das Zeug dazu hatte, eine Menge zu leisten, andererseits kam ich mir fett, tollpatschig, unfähig und dumm vor.

Mein Herumlungern auf dem Universitätsgelände könnte ohne weiteres mit meiner Jugend und Unerfahrenheit erklärt werden. Ich aber wußte schon damals, daß mich etwas anderes zurückhielt.

Auf diese Tür zuzugehen, sie zu öffnen und durch sie hindurchzugehen, bedeutete, auf die *Welt außerhalb von mir* zu agieren, und mein Problem war, daß ich kein Vertrauen zur Außenwelt hatte, einer Welt, die ich als klinische Psychologin als meine *äußere Realität* zu bezeichnen lernte.

Jahre später erkannte ich, daß es nicht nur viele Menschen wie mich gab, die ihre äußere Realität anzweifelten, sondern auch viele Menschen, die ihre *innere Realität* in Zweifel zogen. Für diese Menschen war die äußere Realität, die Welt, in der sie lebten, stabil und echt. Die Realität in ihrem Innern aber konnte diffus, schwankend, fremd und inhaltsleer sein. Solche Menschen sagten zu mir: »Ich weiß nicht, wer ich bin«, und während ich mir einerseits dachte: »So ein Quatsch. Du mußt doch wissen, wer du bist; ich weiß schließlich auch, wer ich bin«, begriff ich andererseits die Panik und Verzweiflung, die in uns hochsteigt, wenn die weniger reale unserer beiden Realitäten uns fremd und entrückt erscheint.

Heute im Alter von sechsundfünfzig Jahren weiß ich, warum manche von uns sich kontinuierlich scheuen, handelnd auf die Welt Einfluß zu nehmen und in der einzigen Sicherheit bleiben, die sie kennen; und warum andere im grellen Licht der Welt herumhasten, das Dunkel in ihrem Innern fürchten und leugnen. Ich weiß auch, warum manche von uns zuversichtlich und gelassen ihren Weg gehen. Das sind die Menschen, die sich mit ihrer unwirklichen Realität auseinandergesetzt haben. Als die Außenwelt ihnen unwirklich erschien, handelten sie *als ob* sie real sei, und siehe da! sie wurde real. Als die Realität in ihrem Innern zu schwer und dunkel war, gingen sie in sich und hellten sie auf. Sie nahmen ihr kleines, verängstigtes Selbst, das zögernd an der Schwelle einer unwirklichen Realität stand und machten das Unwirkliche wirklich. Somit erschufen sie sich ihr erfolgreiches Selbst.

Diese Menschen führen ein erfolgreiches Leben. Das bedeutet nicht unbedingt, daß sie erfolgreich sind in Begriffen von Ruhm, Reichtum und Macht, obwohl das auf viele zutrifft, sondern daß sie erfolgreich sind in Begriffen ihrer eigenen Werte und Zielsetzung. Sie erkennen das Wagnis des Lebens und fühlen sich dennoch sicher; sie wissen, daß alle Beziehungen kompliziert sind und leben dennoch in Harmonie mit sich und anderen.

Wirklicher Erfolg, der Erfolg also, der nicht irgendwann in Leere und einsame Bitterkeit umschlägt, beruht auf der Erschaffung eines erfolgreichen Selbst. Und das können wir alle schaffen.

Unsere beiden Realitäten

Wir alle sind uns zu jeder Zeit zweier Realitäten bewußt, die äußere Realität und die innere Realität.

Äußere Realität ist unsere Umgebung, die Welt außerhalb von uns. In ihr handeln wir, auf sie beziehen wir uns. Wir teilen äußere Realität mit anderen Menschen, wobei andere Menschen unsere äußere Realität nicht unbedingt genauso sehen wie wir.

Innere Realität ist in uns selbst. In unserem Denken, Fühlen, unserer Phantasie, unseren Geheimnissen. In unserer inneren Realität sind wir immer allein. Zu ihr hat niemand sonst Zutritt, niemand sonst kennt sie, manche Menschen mögen zwar versuchen, das Wesen unserer inneren Realität zu erraten. Unsere innere Realität ist uns Zuflucht und Gefängnis zugleich.

Wie real ist real?

Da wir beide Realitäten kennen, könnten wir davon ausgehen, daß beide Realitäten uns gleichermaßen real erscheinen. Das ist jedoch nicht der Fall.

Für manche von uns ist die äußere Realität realer als die innere Realität. ›Realität‹ bedeutet für diese Menschen äußere Realität, die Welt und das, was in ihr vorgeht. Diese Welt besteht aus Fakten, und mag sie zuweilen auch verwirrend erscheinen, so ist sie dennoch immer real. Für diese Menschen ist die innere Realität die weniger reale, das unbekannte und unerforschte Territorium. Solche Menschen sind in ihrem Denken, Fühlen und in ihrer Phantasie leidenschaftlich, wobei all ihre Gedanken, Gefühle und Phantasien nach außen gerichtet sind – auf das, was sie als die reale Welt erachten. Sie vertrauen ihrer inneren Realität nicht vollständig und flüchten sich unter Streß in die äußere Realität, um sich in ihren Aktionen auf andere zu beziehen. Innere Realität kann für solche Menschen zu einer gefährlichen, unbekannten Leere werden.

Für manche von uns ist die innere Realität realer als die äußere Realität. Diese Menschen wissen, daß mit dem Wort ›Realität‹ meist die Außenwelt bezeichnet wird und das, was in ihr vorgeht; zu dieser äußeren Realität haben sie kein rechtes Vertrauen. Sie erfahren die äußere Realität nicht so, wie sie erscheint, sie ist nicht gefestigt und endgültig definiert und kann sich jeden Augenblick verändern. (Wenn Sie zu diesen Menschen gehören, wissen Sie genau, was ich damit meine. Wenn nicht, können Sie es kaum verstehen.) Für sie ist die innere Realität real und in alle Ewigkeit existent. In diese Realität ziehen sie sich in Streßsituationen und Konfusion zurück.

Viele Menschen, denen die äußere Realität nicht ganz real erscheint, verbringen einen Großteil ihres Lebens damit, herauszufinden, wie real die äußere Realität ist. Der Kronprinz des Fürstentums Liechtenstein, Prinz Hans-Adam, formulierte das so: »Mit 19 oder 20 war ich nicht sonderlich optimistisch. Ich wurde katholisch erzogen, glaubte nicht recht an die Lehren der Kirche, den Sinn des Lebens, etcetera, etcetera. Also versuchte ich es mit Nachdenken. Ich wollte alles mit Logik erklären und erkannte, daß ich bei allem das Phänomen des Glaubens akzeptieren mußte. Also versuchte ich Glaubensfragen zu begrenzen. Ich kam an einen Punkt, an dem ich sagte, es gibt nur einen wirklich logischen Satz und zwar ›Ich denke, also bin ich – *cogito, ergo sum*‹. Das ist die einzige wirklich logische Erkenntnis. Alles andere ist Mutmaßung. Ich sehe die Dinge also nach dem Wahrscheinlichkeitsprinzip, daß etwas sein könnte. Ich glaube es nicht wirklich. Ich denke nur, daß eine fünfzigprozentige Möglichkeit besteht, daß etwas so ist, wie es ist. Dadurch nehme ich die Dinge nicht allzu ernst. Ich kann morgen tot umfallen, oder die Welt kann morgen explodieren. Vielleicht gibt es ein Universum, vielleicht geht die Menschheit nicht unter, vielleicht gibt es keinen großen Knall. Vielleicht hat sich der Gedanke nur in meinem Kopf festgesetzt, daß die Welt explodiert. Das in etwa waren meine Denkweisen. Alles logisch durchdenken, aber auch wissen, daß etwas nur mit einer ›Fifty-fifty‹-Chance existiert. Ich war also der Meinung, wenn ich denken kann, lebe ich. Es besteht aber auch die Möglichkeit, daß ich immer noch denken kann, wenn ich gar nicht mehr in meinem derzeitigen Körper existiere. Das wäre eine interessante Erfahrung. Ich denke, das Leben ist eine interessante Erfahrung, was immer auch geschieht.«

Ein Gespräch mit der erfolgreichen Anwältin, Autorin und Künstlerin Jean Hale aus Boston, Massachusetts, verlief völlig anders. Ich sprach davon, daß die äußere Realität für manche Menschen, wie etwa Prinz Hans-Adam, nicht völlig real erscheint. Sie sagte: »Ich weiß nicht recht, was Sie mit äußerer Realität meinen. Ist das normal, daß ich das nicht verstehe? Oder fehlt mir was?«

Im Verlauf des Gesprächs erklärte ich ihr, daß ihr die innere Realität weniger real zu sein scheint.

Sie entgegnete: »Ich sagte Ihnen ja schon, ich bin Pragmatikerin. Wenn etwas schiefgeht, interessiere ich mich weniger dafür, warum es schiefgegangen ist, oder wie man es hätte verhindern können. Mit sehr viel größerer Wahrscheinlichkeit denke ich darüber nach, wie ich einen Fehler ausmerzen kann. Ich löse gerne Probleme. Ursachen zu ergründen interessiert mich weniger. Liegt das daran, weil... meine innere Realität... mir Angst macht?«

»Ja.«

Sie formulierte die Frage in eine Aussage um. »Weil sie Angst macht. Das klingt plausibel. Bei dieser Innenschau sieht man vielleicht Dinge, die einem nicht gefallen, womit man nichts zu tun haben will. Ein Chaos. Das ist interessant. Das macht Sinn. Ich glaube, das trifft auf mich zu.«

Wir alle gehören einer dieser zwei Gruppen an. Manche von uns sind allerdings klug genug, um zu erkennen, daß wir *uns darum bemühen müssen, unsere beiden Realitäten gleichwertig real zu gestalten, um mit dem Leben zurechtzukommen.*

Dazu müssen wir mit uns selbst in Einklang kommen, sonst birgt jede unserer Realitäten Gefahren – die innere das Gefühl unserer Schlechtigkeit und die äußere Kritik und Zurückweisung von anderen –, vor denen wir uns schützen, wenn wir in der Realität bleiben, zu der wir Vertrauen haben. Mit sich in Einklang sein bedeutet Selbstvertrauen, Selbstachtung, Selbstbejahung, also den Mut zum eigenen Selbst.

Mit sich in Einklang sein

Babys sind bei ihrer Geburt mit sich in Einklang. Sie kommen zur Welt *und sind sie selbst*. Sie müssen keine Anstrengungen unternehmen, um sich zu schätzen oder zu akzeptieren. Es fällt ihnen leicht, sie selbst zu sein, weil ihnen noch niemand eingeredet hat, es sei falsch, sie selbst zu sein.

So kommen wir alle zur Welt. Wir alle wissen, wie es ist, wir selbst zu sein, weil wir so angefangen haben. Doch selbst wenn wir das wissen, haben wir oft nicht den Mut, uns einzugestehen, daß wir es wissen. Man bringt uns bei, vielfach bereits in den ersten Lebenswochen, daß wir nicht wir selbst sein dürfen, weil wir nicht gut genug sind. Die Botschaften von außen dringen laut und deutlich auf uns ein.

Für wen halten wir uns eigentlich, zu glauben, wir hätten eine Existenzberechtigung, nur weil wir geboren sind?

Für wen halten wir uns, zu erwarten, gefüttert zu werden, wenn wir hungrig sind?

Für wen halten wir uns, zu erwarten, in den Arm genommen zu werden, wenn wir uns einsam fühlen?

Für wen halten wir uns, uns zu beschweren, wenn wir froren oder naß waren?

Begriffen wir nicht, daß wir schmutzig und ekelerregend waren und lernen mußten, sauber zu sein?

Begriffen wir nicht, daß wir kein Recht hatten, wütend zu sein?

Begriffen wir nicht, daß wir weniger wichtig waren als Erwachsene?

Begriffen wir nicht, daß wir den Erwachsenen gehorchen mußten?

Begriffen wir nicht, daß wir den Erwachsenen dankbar zu sein hatten, in erster Linie unseren Eltern?

Nein, als Babys begriffen wir diese Dinge noch nicht, aber als Zwei- und Dreijährige begriffen wir, selbst wenn wir nicht immer zur Zufriedenheit unserer Eltern zeigen konnten, daß wir begriffen hatten. Wir konnten unsere Erkenntnisse zwar nicht in Worte fassen, aber wir wußten das alles, weil wir unsere unschuldige Selbstbejahung verloren hatten. Man hatte uns die Prinzipien von *Gut* und *Böse* nahegebracht und wir wußten, daß wir böse waren, oder zumindest nicht gut genug. Und wir wußten, daß wir den Rest unseres Lebens große Anstrengungen machen mußten, um gut zu sein.

Und so wurde die Überzeugung, unvollkommen und unzulänglich zu sein, zum Bestandteil der Struktur, die wir in unserem späteren Leben unser eigenes *Selbst* nannten.[1]

Unser Selbst und unsere Welt strukturieren

Im Verlauf der Jahrhunderte haben immer wieder Menschen, denen die äußere Realität weniger wirklich erschien als die innere Realität, ihre Obsessionen in den Dienst der Allgemeinheit gestellt; sie wurden Wissenschaftler und Philosophen, die Fragen zu ergründen suchten wie: »Was ist Wirklichkeit?« und: »Wie wissen wir, was wir wissen?«

Daraus entstand die Erkenntnis, daß alle Existenz, also das, was wir gemeinhin mit ›Wirklichkeit‹ bezeichnen, oder wie Douglas Adams sich ausdrückt, »das Leben, das Universum«[2] etwas ist, das wir niemals vollständig ergründen können. Wir können lediglich durch die von uns erschaffenen *Strukturen* flüchtige Einblicke gewinnen. So nehmen beispielsweise die meisten Menschen die Welt als farbig wahr. Wir nehmen sie aber nur dann farbig wahr, wenn die organische Vorrichtung in der Netzhaut unserer Augen voll funktionsfähig ist. Farbe existiert demnach gar nicht. Sie befindet sich in der Organstruktur unserer Augen.

Unsere Sprache dient zur Gliederung der uns bekannten Realität. Araber haben einen besonders scharfen Blick für Kamele – sie kennen an die viertausend Wörter, um alle Merkmale eines Kamels zu unterscheiden; für uns ist ein Kamel nur ein Kamel. Ich bin im Augenblick dabei, einen Garten anzulegen und versuche, Hunderte von Pflanzenarten zu unterscheiden, Sträucher, Bäume, jedes Gewächs hat einen eigenen Namen.

Wäre ich ein argentinischer Gaucho, würden mir vier Bezeichnungen genügen, um die ganze Pflanzenwelt meiner Wahrnehmung zu beschreiben. So verrückt die Engländer mit ihren Gärten sind, so unantastbar ist ihnen auch ihre Privatsphäre. »My home is my castle«, sagen sie. Die Russen hingegen legen so wenig Wert auf Privatsphäre, daß sie nicht einmal eine Bezeichnung dafür haben. Könnte das eine teilweise Erklärung dafür sein, warum der Kommunismus in Rußland Verbreitung fand und nicht in England?

Selbst wenn wir die gleiche Sprache sprechen, bildet unser Sprachgebrauch eine unterschiedliche Struktur, um ›Realität‹ zu spiegeln. Wenn ich in den USA zu Besuch bin, denke ich bisweilen, ich mache mir was vor, wenn ich glaube, amerikanisches Englisch zu verstehen.

Es sind nicht nur die unterschiedlichen Bezeichnungen – die Amerikaner sagen ›apartment‹, die Engländer ›flat‹ für Wohnung; oder ›sidewalk‹ und ›pavement‹ für Gehsteig etc. Es ist der Wert, der den Dingen beigemessen wird. Ein Punkt, der in meinen Gesprächen immer zutage kam, auf den ich an späterer Stelle dieses Buches noch eingehen werde, ist der Unterschied, mit dem Amerikaner und Europäer über Selbstvertrauen und Erfolg sprechen.

Die Unterschiede im Sprachgebrauch finden nicht nur auf nationaler Ebene statt. Jeder einzelne von uns hat einen anderen Sprachgebrauch. Wir alle bedienen uns der von Sprachwissenschaftlern als ›Idiolekt‹ bezeichneten sprachlichen Besonderheiten, die sich nicht nur auf Wörter beziehen, sondern auf Gewohnheiten, Werte, Meinungen und Fähigkeiten eines Individuums. Diese Gewohnheiten, Werte, Meinungen und Fähigkeiten bilden die Struktur, aus der unser Ich und unsere individuelle Welt besteht.[3]

Die Struktur des Selbst

Die unschuldige Selbstbejahung, mit der wir zur Welt kamen, war eine Selbstbejahung ohne Bewußtheit. Unser Selbst ist etwas, das wir uns erst aufbauen müssen.

Die ersten Strukturen, die unser Selbst formen, sind Bilder ohne Worte, die wir erschaffen, bevor wir sprechen können. Bilder von Umarmung und Wärme, Bilder von Kälte, Kampf und Verlassensein. Bilder, in denen wir genährt und wohlig satt sind, aber auch Bilder, in denen wir vor Hunger schreien. Bilder von freundlichen, liebevollen und lächelnden Gesichtern und Bilder von beängstigender Leere. Die Bilder, die wir uns erschaffen, formen den Grundstock unserer Erwartungshaltung an das Leben; sie begleiten uns in unseren Phantasien und Träumen unser ganzes Leben hindurch.

Unmittelbar nach der Geburt sind wir eifrig bemüht, Kommunikation mit Menschen aufzunehmen, und wenn wir Glück haben, reagieren sie auf uns. Menschen, die mit Säuglingen sprechen, nehmen meist direkten Bezug auf sie. »Bist du nicht ein großer Junge?« oder »Was bist du doch für ein süßes, kleines Mädchen!« Diese Information bildet die Basis der zweiten Art des Selbstbildes, der Definitionen und Werte, die andere Menschen uns einprägen.

Wir erfahren also nicht nur, daß wir ein Junge oder ein Mädchen sind, wir erfahren auch, wie die Menschen unserer Umgebung uns beurteilen. »Nicht noch ein Junge in der Familie!« begrüßt Billie sein neugeborenes Brüderchen. »Schade, daß du kein Junge bist« bekommt ein kleines Mädchen zu hören; in anderen Familien hingegen werden Buben wie Buben und Mädchen wie Mädchen begrüßt.

Wir hören, daß wir Ähnlichkeiten mit lebenden oder verstorbenen Familienmitgliedern haben. Man lobt uns, weil wir so hübsch sind wie unsere Mami oder bedauert uns, weil wir die Ohren von Onkel Georg haben. Es wird uns gesagt, daß wir so klug sind wie unser Vater, oder man gibt uns zu verstehen, daß wir eine fatale Ähnlichkeit mit Großvater haben, der verrückt war, ein Sonderling, das schwarze Schaf der Familie.

Mit der Zeit machen wir uns die Definitionen und Werte zu eigen, die uns eingetrichtert werden. »Du bist Amerikaner und Amerika ist das größte Land der Erde.« »Du hast Glück, Australier zu sein.« »Du bist Engländer und mußt nett sein zu dem kleinen, schwarzen Jungen aus Westindien, weil es ihm nicht so gut geht wie dir.« Wir erfahren auch, daß wir dem einzig wahren Glauben – welcher das auch sein mag – angehören, und daß wir besser sind als die, die unseren Glauben nicht teilen. Außerdem erfahren wir etwas über unsere Vorfahren und unsere Rassenzugehörigkeit, die unser Aussehen und unseren Platz in der Gesellschaft bestimmen. Wir erfahren, ob wir zur Ober-, Mittel- oder Arbeiterschicht gehören, ob wir reich oder arm sind, und ob solche Kriterien uns glücklich machen oder wir uns ihretwegen beschämt, verachtet und erniedrigt fühlen.

Als kleine Kinder akzeptieren wir die Definitionen und Werte, die Erwachsene uns einreden, ohne Fragen zu stellen, da Erwachsene unserer Meinung nach wissen, was Realität und Wahrheit ist. Wenn wir größer werden, entdecken wir, daß auch Erwachsene Fehler machen und nicht immer die Wahrheit sagen. Die aus oben genannten Definitionen und Werten abgeleiteten Ich-Strukturen sind allerdings relativ leicht abzulegen. Wir können lernen, daß wir uns von anderen Menschen keine Stempel aufdrücken lassen müssen.

Die dritte Strukturform ist weniger einfach zu verändern. Es ist dies die Struktur, die aus den *Schlußfolgerungen* entstand, die wir aus unseren Erfahrungen zogen.

Als Vierjährige kam ich ins Krankenhaus mit Verdacht auf Diphtherie. Damals war Diphtherie noch eine lebensgefährliche Kinderkrankheit und meine Eltern waren tief besorgt, als sie mich der Obhut der Krankenschwester überließen. Beim Abschied schaute ich in die traurigen Gesichter meiner Eltern und als die Schwester mich die Treppe hinauftrug, fing ich an zu weinen. Sie legte mich in ein fremdes Bett, in einem fremden Zimmer und sagte: »Je eher du aufhörst zu weinen, desto früher darfst du nach Hause.«

Ich war ein logisch denkendes Kind und hörte sofort auf zu weinen, aber ich durfte nicht nach Hause, ich durfte lange Zeit nicht nach Hause. Daraus zog ich eine Schlußfolgerung. Zuvor hatte ich bereits zu spüren bekommen, daß auf meine Mutter, die häufig bedrückt und launenhaft war, kein Verlaß war, ebensowenig konnte ich meiner sechs Jahre älteren Schwester trauen, die mich gern hänselte. Aus diesen Erfahrungen und der Lüge der Krankenschwester zog ich die Schlußfolgerung, daß man Frauen nicht trauen kann. Auf meinen Vater konnte ich mich verlassen und nach dieser Erfahrung beurteilte ich alle Männer – törichterweise, wie sich herausstellen sollte. Ich war bereits Ende Dreißig, bevor ich meine Überzeugung, Frauen seien unzuverlässig, revidierte und auch nur deshalb, weil ich die unverbrüchliche Loyalität einer Freundin erlebte und mit der Frauenbewegung in Berührung kam.

Jeder von uns hat ähnliche Szenarien erlebt, von denen manche weitaus schlimmer und andere harmloser sind. Aus diesen Ereignissen, von denen wir einige im Gedächtnis behalten und andere vergessen haben, zogen wir die Schlußfolgerungen, die zu den Geboten und Regeln wurden, nach denen wir unser Leben gestalten und unsere Entscheidungen treffen; sie sind also wichtige Bestandteile unserer Selbststruktur.

Alle Bestandteile, belanglose Vorlieben und Eitelkeiten, genauso wie bedeutende Moralprinzipien, nach denen wir leben, stehen in Wechselbeziehung zueinander und alle sind abhängig von einer grundsätzlichen und fundamentalen Struktur, wie wir unsere Existenz erfahren.

Unsere Existenz erfahren

Wir nehmen all unser Wissen in Form von Gegensätzen auf. Ohne Gegensatz können wir nicht wissen. Wir wissen, was heiß ist, weil es kalt gibt; wir kennen Glück, weil es Traurigkeit gibt; Vollkommenheit, weil es Unvollkommenheit gibt; das Leben, weil es den Tod gibt. Manche dieser Kontraste bilden nur interessante Gegenpole. Andere bringen ständigen Konflikt in unser Leben.

Einer dieser konfliktreichen Gegensätze ist die Zugehörigkeit zur Gruppe und die gleichzeitige Existenz als einzelner. Wir alle wollen einer Gruppe angehören, unserer Familie, dem Freundes- und Kollegenkreis, zugleich wollen wir alle Individuen sein. Diese gegensätzlichen und widersprüchlichen Bedürfnisse zu befriedigen, gibt immer wieder Anlaß zu Reibungen und Konflikten in unserem Leben.

Denn bei keinem Menschen ist das Verlangen ausgewogen, zugleich einzelner und Zugehöriger einer Gruppe zu sein. Jeder hat eine Präferenz, die sich darauf bezieht, wie wir unsere Existenz erfahren.

An späterer Stelle dieses Buches erkläre ich, wie Sie Ihre Existenzwahrnehmung entdecken, oder zumindest in Worte fassen können. Sie ist Ihnen zwar seit der Stunde Ihrer Geburt bekannt, Sie haben dieses Wissen allerdings vermutlich noch nie verbal zum Ausdruck gebracht. An dieser Stelle möchte ich zum besseren Verständnis lediglich die beiden Formen unserer Existenzwahrnehmung definieren:

Wir erfahren unsere Existenz als gruppenzugehörig, als beziehungsorientiert, d. h. als Verbindung zwischen unserem Selbst und anderen.

ODER

Wir erfahren unsere Existenz als progressive Entwicklung unserer Individualität im Hinblick auf Streben nach Einsicht, Leistung und Glaubwürdigkeit.

Beide Formen der Existenzerfahrung beinhalten einen Gegensatz. Wenn wir *selbst* kennen, kennen wir auch *nicht-selbst*, und die Bedrohung durch *nicht-selbst* ist die höchste Gefahr, die wir uns vorstellen können.[4]

Die drohende Vernichtung des Selbst

Ich verwende die Bezeichnung ›Vernichtung‹, um die Zerstörung des Selbst zu benennen, statt das Wort ›Tod‹, denn die Zerstörung des Selbst ist für uns weit schlimmer als physischer Tod. Mit dem physischen Tod können wir uns abfinden, da wir uns vorstellen, ein Teil unseres Selbst besteht fort in unserer Seele oder unserem Geist, in unseren Kindern, in unserer Arbeit, oder in liebevollem Gedenken guter Freunde. Die Zerstörung unseres Selbst bedeutet, daß wir vergehen wie eine Rauchwolke im Wind oder eine Kreidezeichnung, die von der Schultafel gelöscht wird. Wir zerfallen zu Staub, enden im Nichts.

Wir spüren die Angst dieser Bedrohung immer dann, wenn jemand uns als wertloses Objekt behandelt, wenn wir von jemand zurückgewiesen oder kritisiert werden, dessen Liebe oder Anerkennung wir brauchen, wenn wir in der Durchführung einer Aufgabe versagen, die uns wichtig ist, wenn wir die Kontrolle in einer wichtigen Situation verlieren, von der wir glaubten, sie kontrollieren zu können, wenn Scham- und Schuldgefühle uns vergiften.

Da wir wissen, wie wir unsere Existenz erfahren, wissen wir auch, welche Bedingungen eine drohende Vernichtung des Selbst herbeiführen können.

Wenn wir unser Selbst als Gruppenzugehörige erfahren, als Beziehung, als die Verbindung zwischen unserem Selbst und anderen, sehen wir die drohende Vernichtung des Selbst in der völligen Isolation; wenn wir total, unwiderruflich und für immer allein gelassen sind, verkümmern wir, gehen wir ein und lösen uns in Nichts auf.

Wenn wir unser Selbst als progressive Entwicklung unserer Individualität im Hinblick auf Streben nach Einsicht, Leistung und Glaubwürdigkeit erfahren, sehen wir die drohende Vernichtung des Selbst als Kontrollverlust unseres Ich und unseres Lebens, als Auseinanderbrechen, Sturz ins Chaos, Abspaltung, zu Staub zerfallen.

Zwei meiner Freunde, die sich beide an einem Tiefpunkt ihres Lebens an mich wandten, veranschaulichen die beiden Formen der Existenzerfahrung und der drohenden Vernichtung.

Die südafrikanische Schriftstellerin Stephanie Alexander, die ich sehr schätze, schrieb mir in einer ihrer Briefe: »Ich habe bis heute das Gefühl, wenn auch nicht mehr so stark wie früher, daß ich mich in Nichts auflöse. Ich wußte – war mir trotz aller Beweise ihrer Fürsorge und Vorsorge sicher –, daß ich völlig aus der Welt meiner Eltern verschwunden war, wenn ich nicht im Zimmer, nicht im Haus mit ihnen war. Heute habe ich zwar ein gefestigteres Ichempfinden, fühle mich aber in Tiefstimmungen nur dann wirklich real, wenn meine kleine, schwarze Katze bei mir ist. Sie ist die einzige meiner Katzen, die meine Gesellschaft allen anderen vorzieht, das Zusammensein mit mir ist ihr sogar wichtiger, als in der Sonne zu spielen. Für sie muß ich keine andere sein als die, die ich bin. Ich bin mir keineswegs sicher, ob es je ein menschliches Wesen in meinem Leben gab, von dem ich das gleichfalls behaupten könnte. Alle, so will mir scheinen, forderten etwas: Gefälligkeiten, Unterhaltung, Rückhalt oder Unterstützung. Und wenn ich diesen verschiedenen Anforderungen nicht nachgekommen bin (oder nachkomme), drohte ich mich aufzulösen.«

Jeremy Halstead, ein klinischer Psychologe, mit dem ich viele Jahre zusammengearbeitet habe, kaufte ein altes Bauernhaus in einer unwegsamen, einsamen Hügellandschaft in Yorkshire. Erst nach Vertragsabschluß erfuhr er wichtige Sachverhalte, die er nicht erwartet hatte. Er sagte mir: »Der Kauf dieses wunderschönen alten Hauses war für mich typisch. Vernünftiger und praktischer wäre es gewesen, ein Haus in der Stadt anzuschaffen, aber diese Angepaßtheit kommt mir immer vor, als würde ich meine Existenz wegwerfen. Mit Angepaßtheit erreiche ich nichts und könnte ebensogut gar nicht existieren. Dann könnte ein anderer es für mich tun. Ich vertraute meinem Urteil beim Kauf dieses Hauses und als die Sache schiefging, fand ich, daß ich mich wie ein Idiot benommen hatte. Mein Vater und meine Lehrer hatten schon recht. Ich bin unverantwortlich. Ich war nicht wütend. Mir war nur, als würde ich jede Sekunde zusammenbrechen und losheulen. Ich dachte, wenn das schiefging, wenn ich nicht vorhergesehen hatte, was schiefgehen konnte, dann war vielleicht alles, absolut alles falsch. Ich konnte mir mit nichts mehr sicher sein. Nichts war mehr so, wie ich annahm. Ich spürte, daß ich nichts – auch nicht mich selbst – zusammenhalten konnte.«

Unser ganzes Leben bemühen wir uns, unsere Selbsterfahrung zu erhalten und auszubauen; wir schützen und verteidigen unser Selbst gegen die von uns wahrgenommene Bedrohung. Die Form, in der wir das tun, bezieht sich darauf, wie wir unsere beiden Realitäten wahrnehmen.

Existenz und Realität

Wenn Sie Ihre Existenzerfahrung als Verbindung zwischen Ihrem Ich und anderen erleben, so ist Ihr Augenmerk auf Ihre äußere Realität gerichtet. Die äußere Realität kommt Ihnen realer vor als die innere Realität.

Wenn Sie Ihre Existenz als die fortschreitende Entwicklung Ihrer Individualität in Begriffen von Klarheit, Leistung und Glaubwürdigkeit erfahren, dann wenden Sie sich Ihrer inneren Realität zu. Die innere Realität scheint realer zu sein, als die äußere Realität.

Jede unserer Entscheidungen ist der Form, wie wir unsere Existenz und die drohende Vernichtung unseres Selbst erfahren, untergeordnet; dieses Phänomen taucht oft in unseren Gesprächen auf. Wir sagen natürlich nicht: »Ich erlebe meine Existenz als...«, dennoch machen wir indirekt solche Aussagen. Wir erschaffen unsere eigenen individuellen Metaphern oder wir suchen aus der Vielfalt von Banalitäten und Klischees, die mit Existenz, Vernichtung und dem Sinn des Lebens zu tun haben, solche aus, die unsere eigene Erfahrung am besten zusammenfassen.

Als ich 1987 den Rennfahrer Andrew Wallace interviewte, hatte er gerade begonnen, Formel-3000-Rennen zu fahren und damit einen wichtigen Schritt auf seinem Weg zum Formel I Champion getan. 1988 siegte er für Jaguar in Le Mans. Andrew sagte mir: »Ich wollte mein ganzes Leben Rennen fahren. Alles andere, ein bürgerlicher Beruf etwa, war zweitrangig; ich hatte nichts anderes im Sinn, als Rennfahrer zu sein. Und ich war der Meinung, wenn ich etwas will, muß ich mein Bestes geben. Das kann ich mir nur mit dem Sieg beweisen. Dann weiß ich, daß ich etwas wirklich wollte und es geschafft habe. Das ist Erfolg.«

Andrew wußte genau, daß sein Sieg von den Leistungen seines Teams abhing. »Der vom Fahrer geleistete Beitrag liegt meiner Meinung nach nicht höher als dreißig Prozent«, sagte er. Er aber setzte sich Ziele, die über die Ziele seines Teams hinausgingen.

Im ersten Jahr mit einem neuen Wagen »besteht das Teamziel darin, Punkte zu sammeln. Mein Ziel ist es, Rennen zu gewinnen.« Er erklärte mir, daß noch kein Fahrer in seiner ersten Saison ein Formel-3000-Rennen gewonnen hatte, sagte aber: »Ich muß dieses Jahr Rennen gewinnen. Seit Beginn meiner Karriere vor sieben Jahren gab es kein Jahr, in dem ich nicht ein Rennen gewonnen hätte.«

Aus seinen Worten ging klar hervor, daß er seine Existenzerfahrung in seinem Bedürfnis nach erbrachter Leistung sah. Er maß seinen Erfolg nicht am Publikumserfolg, sondern daran, ob er die Ziele und Normen erreichte, die er sich selbst gesetzt hatte. Ihm ging es um Anerkennung »der Formel-I-Manager, nicht der Zuschauer«.

Das Gefühl, seine Existenz im Verlangen nach mehr Klarheit zu erfahren, wurde aus seiner Beschreibung deutlich, wie er sein fahrerisches Können schulte und was er ›das Erregende des Sieges‹ nannte.

Über die Schulung seiner Rennfahrerqualitäten sagte er: »Du stößt auf ein Problem und lernst, das Problem zu bewältigen. Es gibt immer Verbesserungsmöglichkeiten.« Er nahm sich viel Zeit, über ein jeweiliges Problem nachzudenken, es zu analysieren und zu klären und seine Analyse in Gesprächen mit seinem Team-Manager und auf der Rennpiste zu überprüfen.

›Erregung‹ war das Wort, das Andrew benutzte, um das ungeheure Glücksgefühl zu beschreiben, das er empfand, wenn er sich einer Herausforderung stellte; er lernte, indem er sich über eine Sache Klarheit verschaffte, das Gelernte mit dem, was er bereits wußte, koppelte und das Ziel erreichte, das er sich gesetzt hatte.

Für Andrew lautete der Gegensatz zu ›erregend‹ ›langweilig‹. Ein langweiliges Leben war ein Leben ohne Herausforderung. Etwa das Leben »eines Mannes, der am Fließband in einer Fabrik steht. Da kannst du keine eigenen Gedanken haben. Du bist bloß eine Maschine.« Das heißt, wer aufhört, eigene Entscheidungen zu treffen und damit aufhört, die Einzelheiten seiner Existenz zu kontrollieren, um sich zu entwickeln und vorwärtszukommen, dessen Selbst hört auf zu existieren.

Andrew sagte: »Wenn ich die Formel I nicht schaffe, wenn ich mein Geld nicht als Rennfahrer verdienen kann, muß ich mir einen bürgerlichen Beruf suchen, einen langweiligen, stinknormalen Job, und das würde ich nicht verkraften.«

Autorennen der Formelklassen ist ein lebensgefährliches Unternehmen. Ich fragte ihn: »Wenn Sie die Wahl hätten zwischen einem kurzen Leben als Spitzen-Rennfahrer oder einem langen Leben in einem bürgerlichen Beruf, wofür würden Sie sich entscheiden?«

Er sagte: »Mir wäre ein kurzes Leben als erfolgreicher Rennfahrer lieber.«

Für Andrew wäre ›ein bürgerlicher Beruf‹ ein schlimmeres Schicksal als der Tod.

Andrews Ambitionen unterscheiden sich im Umfang nicht von Jean Hales Ambitionen. Beide wollen mit dem, was sie tun, an der Spitze stehen. Andrew investiert seinen ganzen Ehrgeiz in ein extremes und gefährliches Fachgebiet, Jean hat in vielen verschiedenen Bereichen Ambitionen. Der Freund, der mir den Vorschlag machte, Jean zu interviewen, schrieb in seinem Brief: »Jean ist eine ausgezeichnete Anwältin, erfolgreiche Schriftstellerin und Künstlerin, die drei Kinder alleine großgezogen hat. Eine fabelhafte Person, satirisch, humorvoll und erfrischend – vielleicht eine der beliebtesten Persönlichkeiten im Verlagsgeschäft.«

Als wir uns kennenlernten, ließ ich Jean die Beschreibung ihres Freundes lesen und fragte sie, ob das in etwa eine faire Aufstellung ihrer Vorzüge sei. Sie sagte, das entspreche den Tatsachen und meinte: »Was mir am besten gefällt, ist ›eine der beliebtesten Persönlichkeiten im Verlagsgeschäft‹.« Jean äußerte zu ihrer Person: »Man sagt von mir, ich sei ein freundlicher Mensch. Und das stimmt auch. Ich kann aber auch bösartig und unangenehm sein und Menschen schonungslos zerlegen. Aber ich achte genau darauf, wem ich das antue.«

Das Gespräch machte deutlich, daß sie Beziehungen mit anderen Menschen brauchte. Ich nenne solche Menschen häufig ›Beziehungsmenschen‹.

»Ja«, sagte sie, »ich bin ein Beziehungsmensch. Ich mag Leute sehr, obwohl mir natürlich manche Menschen lieber sind als andere. Im allgemeinen kann ich gut mit Leuten umgehen. Ich habe vielleicht eine bessere Menschenkenntnis als die meisten anderen. Am glücklichsten bin ich, wenn mein Beruf mich mit Menschen zusammenbringt. Bevor ich in dieser Anwaltskanzlei anfing, arbeitete ich in einer Kanzlei, in der ich vorwiegend recherchieren mußte und wenig Umgang mit Leuten hatte. Ich haßte diesen Job aus vielen Gründen, einer davon war, daß meine besten Talente ungenutzt blieben. In meiner jetzigen Kanzlei kommen alle meine Talente zum Einsatz. Ich habe das relativ seltene Talent, Klienten an Land zu ziehen, das liegt eben daran, daß ich gut mit Leuten umgehen kann. Die meisten Rechtsanwälte sind introvertierte, isolierte Menschen, um in Ihrer Formulierung zu bleiben. Ich kann auch recherchieren, aber da gibt es andere, die auf diesem Gebiet weitaus besser sind als ich. Es gibt nicht viele Menschen, die meinen Job so gut machen, wie ich es tue. Ja, ich bin eine Frau, die sich durch andere Menschen definiert.«

Sie sprach über die Tätigkeitsbereiche, die sie so meisterhaft beherrscht und sagte: »Ich bin mittlerweile eigentlich an einem Punkt angelangt, an dem ich akzeptiere, daß ich nicht auf allen Gebieten brillant sein kann. Noch nicht ganz, aber das kriege ich noch hin. Mit fünfzig bin ich soweit. Ich möchte mich auf das konzentrieren und es schätzen, was ich am besten kann. Das ist schwer, weil ich nun mal die perfekte Anwältin, die erfolgreiche Schriftstellerin etc., etc. sein will. Ich arbeite auf vielen Gebieten. Ich kann keines vernachlässigen, mich von keinem Aspekt trennen, der meine Selbstachtung hebt, ich brauche dieses Schulterklopfen. Ich suche immer Anerkennung; es ist herrlich, wenn mir jemand sagt: ›Das war sehr gut, meine Liebe. Sie sind fabelhaft‹; das gibt mir was. Und ich arbeite vermutlich deshalb so viel, weil ich viel Anerkennung brauche.«

Zu Beginn unseres Gesprächs fragte ich Jean, welcher ihrer Erfolge für sie der wichtigste sei. Sie sagte: »Das Wichtigste für mich sind meine drei bezaubernden Kinder. Wäre es mir nicht gelungen, meine Kinder zu erfolgreichen Menschen zu erziehen, hätte ich auf der ganzen Linie versagt. Alles andere ist bedeutungslos, ist veränderbar, damit kann man fertig werden. Aber die Kinder zu vernachlässigen, ist nicht wieder gutzumachen.«

Die Erziehung ihrer Kinder stand für sie im Vordergrund, »weil ich glaube, daß meine größte Chance, etwas Besonderes zu sein, in diesem Lebensbereich lag. Meine Kinder zu erziehen war etwas, was nur ich allein tun konnte. Ich bin mit einem Schriftsteller befreundet, der sagt, man soll nur Dinge tun, die sonst keiner kann. Wenn dich beispielsweise eine Zeitschrift beauftragt, einen Artikel zu schreiben und du hast das Gefühl, achtunddreißig oder drei oder auch nur zwei andere können das auch schreiben, solltest du die Finger davon lassen. Wenn du die einzige bist, die diesen Artikel schreiben kann, dann mußt du ihn schreiben. Das ist eine gute Methode, sich auf das Wichtige im Leben zu konzentrieren. Am Ende nützen dir nämlich Titel, Ehrungen, ein Haufen Geld und scharenweise Bewunderer gar nichts, wenn du drei junge Menschen vor dir hast, aus denen nicht das geworden ist, was aus ihnen hätte werden können. Was zählt da noch? Wie kannst du deine sogenannten Leistungen daran messen? Fünfzehn Millionen Dollar und vierunddreißig Doktortitel wiegen nicht drei verkorkste junge Menschen auf, die ich vernachlässigt habe oder für die ich nicht so viel getan habe, wie ich hätte tun können. Ich will damit gar nicht den Eindruck erwecken, ich hätte alles in meiner Macht Stehende für meine Kinder getan. In vieler Hinsicht war ich keineswegs perfekt. Bis jetzt sieht es sehr gut aus, aber man kann nicht sagen, daß Kinder wirklich gut geraten sind, bevor sie nicht selbst Enkelkinder haben und sie immer noch gut geraten sind.«

Jean dachte bereits an Enkelkinder, also daran, ihre Familiengruppe zu erweitern. Und sie dachte auch an die schlimmste Bedrohung ihrer Gruppe und was das für sie bedeuten würde: »Ich habe oft daran gedacht«, sagt sie, »wenn meine Kinder, Gott behüte, sterben müßten, dann würde ich ihnen noch am gleichen Tag folgen.«

Andrew und Jean wissen, wie sie ihre Existenz erfahren und wie sie die drohende Vernichtung ihres Selbst sehen. Die Beschreibung solcher Empfindungen ist allerdings oft schwer in Worte zu fassen. Mehr noch, einem anderen zu schildern, wie wir die Bedrohung unseres Selbst empfinden, bedeutet, unsere größte Schwäche zu zeigen. Wie Jean es formulierte, als wir über Vertrauen sprachen: »Was vertraut man anderen heutzutage an? Man kann eigentlich mit jedem über alles sprechen, die Affären, die Abtreibungen, einfach alles. Es gibt allerdings einen Punkt, den man verbirgt, *man zeigt niemals Schwäche.* Die zeigt man nur den Menschen, zu denen man Vertrauen hat. Man hält sein Sexualleben nicht geheim. Man hält geheim, wenn man seelisch verhungert, oder wenn man nicht ganz oben ist, oder wenn man einen Machtverlust erlitten hat.«

Es gibt einen weiteren Grund, um nicht auszudrücken oder uns bewußt zu machen, wie wir unser Selbst und seine Vernichtung erfahren, und der besteht darin, daß wir uns nicht gern eingestehen, daß diese Struktur unseres Selbst nur eine Struktur ist. Wir wollen vergessen, daß die von uns erschaffenen Strukturen, die wir unser Selbst und unsere Welt nennen, nur Gerüste sind. Wir wollen sie als solide Realität sehen. »Das ist der Mensch, der ich bin und das ist die Welt, in der ich lebe.«

Hier begegnen wir wieder einem dieser Gegensätze, die ein kontinuierliches Dilemma darstellen, nämlich der Kontrast zwischen Freiheit und Sicherheit. Beides ist wünschenswert, doch ein Lebensprinzip liegt darin, je mehr Freiheit in unserem Leben wir genießen, desto weniger Sicherheit haben wir und je mehr Sicherheit, desto weniger Freiheit. Das gilt in politischen und persönlichen Bereichen. Ein Staatsgefüge, das seinem Volk gesicherte Lebens- und Wohnverhältnisse, ein soziales Netz im Bildungswesen und in der Krankenversorgung bietet, nimmt ihm einen Großteil seiner Freiheit: ein Staat, der seinem Volk große Freiheiten läßt, bietet ihm wenig Sicherheit. Je mehr wir als Individuen darauf bestehen, daß die von uns erschaffenen Strukturen absolute und solide Realität sind, desto weniger Freiheit besitzen wir, sie zu verändern. Je deutlicher wir erkennen, daß die von uns erschaffenen Strukturen nur ein Gerüst sind, desto größere Unsicherheit wird uns befallen. Andererseits erlangen wir damit das Wissen, daß wir die Freiheit besitzen, diese Strukturen zu verändern, weil sie keine greifbare, festgefügte Realität sind.

Das Verlangen, unsere Strukturen als feste Realität zu sehen, kann uns blind machen für die Tatsache, daß andere Menschen die Dinge anders sehen als wir. Das verleitet uns, zu denken, jeder, der die Dinge anders sieht als wir, ist entweder verrückt oder schlecht oder möglicherweise gar beides. Denn die Art und Weise, wie wir unsere Existenz und die drohende Vernichtung erfahren, ist für unsere Struktur so grundlegend, daß wir davon ausgehen, daß alle anderen ihre Existenz und Vernichtung genau so sehen. Diese Unterstellung ist die Wurzel einer Fülle von Zwietracht unter den Menschen, in erster Linie Zwietracht in Partnerbeziehungen, in der einer ein ›Beziehungsmensch‹ ist und der/die andere daran interessiert ist, seine/ihre Individualität aufzubauen.

Welchen Grad absoluter und universaler Wahrheit wir auch in unseren Strukturen wahrnehmen, es gibt eine Struktur, die wir ständig ausbauen, und das ist unser Lebensszenarium.

Das Muster unserer Szenarien

Die Gegenwart ist das einzige, was wir wirklich erleben, ein Leben voller Augenblicke im Hier und Jetzt. In der Gegenwart organisieren wir unsere Erfahrungen zu Strukturen, die wir Vergangenheit und Zukunft nennen.

Der Aufbau von Strukturen aus Vergangenheit und Zukunft versetzt uns in die Lage, unsere bevorzugte Struktur zu erschaffen, die Geschichte. Unser Verständnis für Menschen und Sachverhalte erreicht uns in Form einer Geschichte. Nichts fasziniert uns mehr, als eine Geschichte erzählt zu bekommen, sei es die Geschichte, wie man ein Auto baut oder eine Gleichung löst, oder die Geschichte einer Begebenheit, die ein Freund soeben erlebt hat, oder das neueste Drama der Protagonisten unserer derzeit bevorzugten Seifenoper im Fernsehen.

Die Geschichte, die uns jedoch am meisten fasziniert und fesselt, ist unsere eigene Geschichte. Auch wenn uns niemand zuhört, wir erzählen unsere Geschichte ständig uns selbst. Wir erinnern uns an unsere Vergangenheit; wir planen unsere Zukunft.

Der Aufbau einer Geschichte ist der einer linearen Fortentwicklung. Erst kommt das, dann das, dann das und so weiter, bis zum Ende. Alle unsere Geschichten weisen diese Struktur auf. Innerhalb jeder Geschichte gibt es allerdings ein wiederkehrendes Muster, das jede Geschichte zu einer individuellen Geschichte macht. Dieses Muster wird sehr früh in unserem Lebensablauf erschaffen und bezieht sich darauf, wie wir unsere Existenz erleben. Ist das Muster einmal erschaffen, wiederholt es sich ständig. Bis zu einem gewissen Grad sind wir uns dieses Musters bewußt. Wir sehen es als etwas, wofür wir uns immer wieder entscheiden, oder wir sehen es als ein stets wiederkehrendes Schicksal oder ungelöstes Problem. An späterer Stelle dieses Buches werde ich die Geschichten einiger Menschen erzählen, die ihr Muster als Schicksal oder ungelöstes Problem sahen. Hier möchte ich die Geschichten zweier Menschen erzählen, die das wiederkehrende Muster ihres Lebens ganz klar als etwas sahen, wofür sie sich entschieden haben.

Das wiederkehrende Muster unserer Geschichten besteht häufig aus Verlust und Verteidigungsmaßnahmen gegen künftige Verluste. Kinder leiden stark unter dem Verlust eines Elternteils, die Wirkung auf das einzelne Kind hängt allerdings davon ab, wie dieses Kind seine oder ihre Existenz erlebt.

Milta McLean Dennis ist eine bemerkenswerte Frau. Als Dreißigjährige ist sie Leiterin der Abteilung Öffentlichkeitsarbeit bei WRKS, dem populärsten Rundfunksender in New York. Sie hatte als Studentin bei WRKS gearbeitet, um Berufserfahrung zu sammeln; schon damals war man von ihr so sehr beeindruckt, daß man sie abgesehen von einer 18monatigen Europareise nicht mehr entbehren wollte. Heute leitet sie eine Abteilung, die unter ihrer Führung viele Auszeichnungen erhielt.

Sie sagte mir: »Ich habe mir, soweit ich zurückdenken kann, Ziele gesetzt. Ich war immer ein sehr vorsichtiger Mensch. Ich bin eine Strategin, versuche alles zu planen. Um dahin zu gelangen, wo ich heute bin, war ich gezwungen, zu planen. Das überträgt sich auch auf mein Privatleben. Ich schaue etwa zehn Jahre voraus und sage mir, in dem und dem Zeitraum möchte ich das und das erreicht haben. Oft höre ich: ›Du bist doch sehr erfolgreich. Du solltest glücklich sein mit dem, was du erreicht hast.‹ Manchmal habe ich deshalb Schuldgefühle, denn ich sehe so viele andere Menschen, die weit weniger Glück hatten als ich. Doch dann kommt mein wahres Ich zum Vorschein und schiebt die Schuldgefühle beiseite und ich bin wieder dort, wo ich war. Ich hätte nie im Leben sagen können, warum ich so bin. Erst vor etwa zwei Jahren begann ich mit einer Art Selbsterforschung. Warum bin ich der Mensch, der ich bin? Was machte mich zu der, die ich bin?«

Die Antwort, auf die sie stieß, lautete: »Ich bin so, wie ich bin, weil mein Vater starb, als ich fünf Jahre alt war.«

Miltas Mutter, Lehrerin und Haushaltsvorstand einer schwarzen Familie in North Carolina, hatte wenig Geld für all die Dinge, die ein aufgewecktes und phantasievolles Kind wie Milta begehrte. »Ich glaube, an einem gewissen Punkt sagte ich mir, wenn ich erwachsen bin, werde ich alle die Dinge haben, die ich mir immer wünschte, und ich werde dafür arbeiten. Aber warum bin ich eine Strategin, warum plane ich, schaue nach vorn und sage, jetzt mache ich das, um anschließend für den nächsten Schritt bereit zu sein? Das liegt daran, wie ich mittlerweile weiß, daß der Tod meines Vaters etwas war, das völlig außerhalb meiner Kontrolle lag. Ich hatte keinen Einfluß darauf und sein Tod war eine große Katastrophe für mich. Damit war unser Leben total aus den Fugen. Kurz vor seinem Tod waren meine Eltern im Begriff, ein Haus zu bauen. Ich sagte mir immer wieder, wenn er noch lebte, würden wir in diesem Haus wohnen. Ich hätte all die schönen Dinge, wenn mein Vater noch lebte. Ich nahm mir vor, von nun an absolute Kontrolle zu haben. Wenn ich das Schicksal kontrolliere, kann mich nie wieder etwas unvorbereitet treffen. Daher plante ich mein Leben ganz strategisch, ausgehend von dem Schicksalsschlag, der mich als Fünfjährige traf. Selbst in kleinen Dingen sage ich: ›Was ist, wenn das und das passiert?‹ Wenn mein Mann und ich zum Beispiel verreisen, treffe ich Vorkehrungen, falls wir in eine Notsituation geraten. Ich wäre in der Lage, uns rauszuholen oder vor Übel zu bewahren, weil ich daran gedacht habe, bevor wir irgend etwas unternahmen. Bisher klappte es gut. Bisher habe ich mich noch nicht überrumpeln lassen. Ich weiß nicht, wie lange das anhält. Ich begreife, daß ich Angst habe, überrumpelt zu werden.«

»Was könnte denn passieren?« fragte ich.

»Ich weiß nicht. Es gab Katastrophen in der Familie und ich konnte mich rechtzeitig mit einem Satz in Sicherheit bringen. Ich frage mich oft, wieso ich blitzschnell reagieren kann, da es Situationen sind, über die man sich erst nach einer gewissen Zeit klar wird. Meine Freunde und Mitarbeiter sehen mich oft an, als wollten sie sagen: ›Milta hat immer Erfolg, Milta schafft alles.‹ Das hat mir sehr geholfen. Die Menschen glauben an mich und dieser Glaube hilft mir weiterzumachen. Manchmal denke ich, was könnte passieren, was wäre die größte Katastrophe, wenn man mich überrumpelte. Ich weiß nicht, was passieren könnte. Vermutlich habe ich deshalb Angst. Ich weiß nicht, ob ich mit einer großen Katastrophe fertig werden würde. Ich war fünf, als mein Vater starb, und es dauerte so lange, bis ich darüber weg war, er hat mir viele Jahre gefehlt. Es war, als würde mir ein Teil von mir fehlen. Vermutlich war ich deshalb immer besser als die anderen, weil ich immer versuchte, etwas zu kompensieren, was ich nicht hatte. Ich wollte die Beste sein. Ich wetteiferte nie mit anderen, ich wollte immer nur mich überbieten.«

Als sie erzählte, wie sie kochen lernte, sagte sie: »Ich möchte immer wissen, warum. Mir muß man sagen warum, weil ich mich dann später besser daran erinnere. Den Grund zu wissen hilft mir, eine Sache besser zu verstehen.«

»Warum ist es wichtig, etwas zu verstehen?« fragte ich.

»Das ist eine gute Frage. Damit ich einen Bezug zur Situation herstellen kann. Es hilft mir, Bezüge herzustellen zu dem, was ich zu diesem bestimmten Zeitpunkt tun möchte.«

»Warum ist es wichtig, bessere Bezüge herzustellen?«

»Das geht vermutlich bis in meine Kindheit zurück, damit ich nicht überrumpelt werde. Um mich auf mein Schicksal, mein Ziel vorzubereiten. Es ist mir wichtig, Sachverhalte zu verstehen und Bezüge herzustellen. Ich denke, das ist es. Worum geht es eigentlich? Im Leben geht es darum, Bezüge zu anderen Menschen, zu seinem Handeln herzustellen, einen Sinn erfüllen, das, was man tut, ernst nehmen. Wir sind hier, um einen bestimmten Zweck zu erfüllen; ich glaube, mein Zweck besteht darin, Menschen zu helfen, die weniger Glück hatten als ich; und das ist einer der Gründe, warum ich meinen

Beruf liebe, weil ich damit irgendwelchen Menschen mit der Information, die ich über den Sender verbreite, helfen kann. Ich gebe den Hörern Informationen und hoffe, daß sie diese Informationen aufnehmen, umsetzen und Nutzen daraus ziehen. Deshalb ist mir das wichtig.« (Das heißt: »Ich möchte die Klarheit und Organisation, die ich mir erworben habe, an andere weitergeben und ihnen bei ihrer Suche nach Klarheit und Organisation behilflich sein.«)

Jeans Vater starb nicht. Er verließ einfach Frau und Kind. Jean sagte: »Ich habe ihn viele Jahre nicht gesehen, bevor ich wieder Kontakt mit ihm aufnahm. Meine Kinder machen mir manchmal Vorhaltungen, weil ich mit meinem Vater nicht sehr taktvoll umgehe. Sie sagen: ›Wie kannst du nur so sein?‹ Und ich entgegne dann scherzhaft, meine es aber eigentlich ernst: ›Der Mann hat mich verlassen, als ich klein war, das gibt mir das Recht, ihn so zu behandeln, wie es mir gefällt. Hätte ich euch verlassen, könntet ihr mich behandeln, wie es euch gefällt. Da ich das nicht getan habe, habt ihr dazu auch kein Recht.‹ Wäre ich in der Analyse, würde der Psychiater hier nachbohren. In erster Linie entschuldige ich mich mit solchen Sätzen wohl nur dafür, wenn ich ihn ein wenig vernachlässige, ihm zum Beispiel keinen Dankeschön-Brief schreibe. Mein Vater spielt in meinem Leben heute keine große Rolle mehr. Ich glaube nicht, daß sein Tod eine einschneidende Bedeutung für mich haben wird. Ich war vierundzwanzig, als meine Mutter starb; damals stand sie mir nicht sonderlich nah, deshalb hat mich ihr Tod nicht sehr erschüttert. Oft denke ich, wenn alles normal verläuft, werde ich, so Gott will, meine Kinder nicht überleben und mir kann der Tod nicht viel anhaben.«

Milta hatte den Verlust ihres Vaters als Kontrollverlust erlebt und als Gefahr, im totalen Chaos unterzugehen; daher erschuf sie das wiederkehrende Muster von Organisation, Planung, Leistungsstreben, um nie wieder ein so verheerendes Erlebnis haben zu müssen. Jean empfand den Verlust ihres Vaters als Zurückweisung und Verstoßensein, mit der Gefahr völliger Isolierung, in der sie sich in Nichts auflösen würde, deshalb schuf sie das wiederkehrende Muster, Beziehungen einzugehen, in denen Verlassensein nicht vorkommen konnte. Als Kind schützte sie sich, indem sie sich mit Menschen umgab. Als Einzelkind mit seltener Gelegenheit, Freundschaften zu schließen, bot sich ihr eine Vielzahl von Freunden in Büchern. Sie bevölkerte ihre Welt mit Figuren aus Geschichten und Romanen, wahre Freunde, die ihre Tagträume begleiteten und die in ihren selbst erfundenen Theaterstücken auftraten. Bücher waren immer ihre Freunde. Sie sagte mir: »Apropos Isolation: Ich würde auch noch mit neunundachtzig den Gashahn aufdrehen, wenn ich nicht mehr fähig wäre, zu lesen.«

Jean dachte sich nicht einfach imaginäre Freunde aus, um sich einen Existenzsinn zu geben. Sie entwickelte und förderte damit ihr Talent, eine gute Freundin zu sein, und schloß später viele Freundschaften.

Freundschaft ist mit Treue verknüpft. Ein guter Freund läßt uns nicht im Stich. Als ihr Vater sie verließ, stellte Jean in ihrem gerechten Zorn die Regel auf: »Wenn dich jemand verläßt, hast du das Recht, ihn zu verlassen. Wenn du jemand verläßt, hat dieser Mensch das Recht, dich zu verlassen.« Ihr Vater hatte sie verlassen, also hatte sie das Recht, ihn zu verlassen. Sie hatte ihre Kinder nicht verlassen, also hatten sie kein Recht, sie zu verlassen.

Ein wichtiger Aspekt solcher Wiederholungsmuster in unseren Lebensszenarien besteht darin, daß das Muster einerseits einengend abwehrend, aber auch ausweitend kreativ sein kann. Milta und Jean erschufen ihre Muster, als sie schwache und schutzlose Kinder waren. Diese Schwäche und Schutzlosigkeit spürten sie auch noch als erwachsene Frauen, daher behielten sie das Muster als Verteidigungsmaßnahme bei. Und sie benutzten dieses Muster mit großem Erfolg dazu, ihr Leben sinnvoll und kreativ zu gestalten.

Die Argumente beider Frauen weisen allerdings einen Schwachpunkt auf. Kein Stratege, und sei er noch so intelligent, scharfsinnig und mächtig, kann sich gegen alle Zufälligkeiten schützen. Wir vermögen nicht, die sich ständig verändernde Welt zu kontrollieren, die Universalgesetzen gehorcht, die unser Verständnis übersteigen. Ebensowenig können wir das Verhalten aller Menschen kontrollieren oder vorhersehen. Wenn wir loyal und zuverlässig sind, heißt das noch lange nicht, daß die Objekte unserer Loyalität und Zuverlässigkeit sich gleichermaßen loyal und zuverlässig erweisen.

Wir alle wenden zum Aufbau unseres Selbstbildes Regeln an, die in ihrer Struktur elementar, aber weder logisch noch vernunftgesteuert sind. Diese Regeln haben damit zu tun, wie wir Beziehungen sehen und welchen Grad und welche Art von Risiken wir bereit sind und waren, einzugehen; sie entwickelten sich aus den Schlußfolgerungen, die wir aus unseren frühkindlichen Erfahrungen gezogen haben. Wie schadhafte Grundmauern eines Hauses machen sie uns erst dann zu schaffen, wenn wir Belastungen ausgesetzt sind. Und wenn wir uns weigern zu erkennen, daß diese Regeln unlogisch und unvernünftig sind, und wir darauf beharren, daß unsere Regeln die absolute Wahrheit darstellen, beginnen wir uns Verhaltensweisen anzueignen, die in der Psychiatrie als Symptome von Geisteskrankheit bezeichnet werden.

In ihrer Entschlossenheit, den Beweis zu erbringen, daß sie alles unter Kontrolle habe, könnte Milta zunehmend zwanghaft werden und Jean könnte soweit kommen, daß sie nicht mehr wagt, ihre vier Wände zu verlassen, um sich vor der Panik zu schützen, daß ihr Selbst sich aufzulösen droht, weil sie verlassen worden war; und beide könnten die Diskrepanz zwischen Realität und Wunschdenken verleugnen, indem sie sich in die Geborgenheit einer Depression flüchten.

Weder Milta noch Jean waren so töricht, so etwas zu tun. Beide sehen ganz klar, wo sie verletzlich sind und verhalten sich klug. Milta weiß, daß sie sich nicht gegen alle Katastrophen schützen kann, und sie weiß auch, daß sie mit Unterstützung und Rückhalt ihrer Freunde in der Lage ist, das Unerwartete zu überleben. Jean weiß, daß erwachsene Kinder von der Mutter nicht gegen alle Katastrophen beschützt werden können und daß erwachsene Kinder im normalen Verlauf des Lebens sich um ihre eigenen Angelegenheiten kümmern und die Mutter vernachlässigen. Sie sagt: »Wenn sie mich vernachlässigen, werde ich vermutlich verärgert und wütend sein, aber es wird mich nicht vernichten.«

Milta und Jean wissen genau, daß wir flexibel sein müssen,

wenn wir in dieser Welt überleben wollen. Wir können versuchen, der Welt unsere Strukturen aufzuzwingen. Wenn die Welt sich aber weigert, unsere Strukturen anzunehmen, sollten wir das anerkennen und versuchen, den richtigen Punkt zu finden, an dem wir unsere Strukturen verlassen und etwas Neues erschaffen.

Milta und Jean gelingt das deshalb, weil beide sich wertschätzen und akzeptieren. Solche Gefühle für uns selbst geben uns eine innere Sicherheit, die uns gestattet, unsere Strukturen als Strukturen zu sehen, als Möglichkeiten und nicht als absolute Wahrheiten. Wenn wir uns keine Wertschätzung entgegenbringen, sind wir bestrebt, unsere Strukturen als gefestigt und unveränderbar zu sehen, da wir fürchten, zu zerbrechen und uns aufzulösen, wenn sie sich verlagern und verändern.

Eigene Wertschätzung und Akzeptanz ist eine wichtige Komponente, um sich ein Lebensszenarium voll Bedeutung zu erschaffen.

Eine bedeutungsvolle Geschichte

Wenn eine Geschichte Bedeutung haben soll, braucht sie einen Anfang, eine Mitte und ein Ende, und jeder Teil muß sinnvoll Bezug nehmen auf den nächsten.

In den vielen Jahren, die ich als Therapeutin tätig bin, haben mir viele Menschen Geschichten erzählt, die diese Kriterien der Sinngebung nicht aufwiesen. Sie sagten Dinge wie »Ich habe keine Zukunft«, oder »Meine Zukunft ist eine leere Wand«; damit nahmen sie ihrer Geschichte ein hoffnungsvolles Ende, etwas, das wir unserer Geschichte geben müssen, wenn wir unser Leben in Zuversicht und Mut leben wollen. Andere sagten: »Ich kann mich nicht an meine Kindheit erinnern« und erschufen damit eine Geschichte ohne Anfang, den wir brauchen, wenn wir uns in Zeit und Raum verankert und uns mit denen verbunden fühlen, die den Weg vor uns gegangen sind. Wieder andere sprachen von einer unglücklichen Vergangenheit und einer noch unglücklicheren Zukunft, während die Gegenwart, die Mitte ihrer Geschichte, irgendwo ist, wo sie nicht sein können. Wenn wir aber nicht in der Gegenwart leben, können wir nirgends leben, denn die Gegenwart ist alles, was wir wirklich haben.

Ihre Geschichten wiesen alle mysteriöse Lücken auf. Sie sagten Sätze wie: »Ich habe einen guten Ehemann, ein wundervolles Heim und bezaubernde Kinder. Ich habe keinen Grund, depressiv zu sein« oder: »Ich hätte mir keine besseren Eltern wünschen können. Nein, aussprechen kann ich mich nicht mit ihnen« oder: »Dorothy, es erstaunt mich sehr, daß Sie einen Zusammenhang herstellen zwischen meinen Panikanfällen und der Tatsache, daß ich als Kind sexuell mißbraucht wurde.«

Diese Lücken und Ungereimtheiten in unseren Biographien, die ihren Sinn verfälschen, entstehen dann, wenn es in unserem Leben Sachverhalte gibt, die für uns die größte vorstellbare Bedrohung darstellen – die Vernichtung unseres Selbst. Als hilflose, der Willkür Erwachsener ausgelieferte kleine Kinder steht uns keine andere Möglichkeit zur Verfügung, mit solchen Sachverhalten umzugehen, als sie zu verdrängen. Wir ›vergessen‹, daß eine bestimmte Begebenheit eingetreten ist, und wenn wir uns dann erinnern, haben wir die Begleiterscheinungen der machtvollen Gefühle vergessen (was Freud die Abwehrmechanismen der Repression und Isolierung nannte). Für das Kind sind dies notwendige und brauchbare Überlebenstechniken, die allerdings ihren Sinn verlieren, wenn sie in das Erwachsenenleben hineingetragen werden. Dann werden sie zu hemmenden, einengenden Strukturen. Sie zwingen den Betroffenen, sich in die von ihm bevorzugte Realität zurückzuziehen und sie als Versteck und Zuflucht zu benutzen, statt als Startbahn und Quelle der Kreativität. Eine solche Existenz ist ein kümmerliches Vegetieren, kein erfülltes, kreatives Leben.

Ein erfülltes und kreatives Leben

Ob wir unsere innere Realität mehr oder weniger real empfinden als unsere äußere Realität, ist in einer Art neurologischem System festgelegt, mit dem wir geboren werden. Entsprechende Forschungsergebnisse können auf zweifache Weise gedeutet werden. Manche Menschen glauben, unsere Gene bestimmen unser Schicksal. Die Verfechter dieser Theorie machen sich zu hilflosen Opfern ihres vermeintlichen genetischen Erbes. Sie können nur das sein, was ihre Gene ihnen zugestehen. Andere, zu denen auch ich mich zähle, sehen unser genetisches Erbe als unser *Potential,* das wir in unendlicher Vielfalt entwickeln und ausbauen können.

Wir müssen nicht innerhalb der Realität leben, die uns wirklicher erscheint. Wenn wir klug sind, wagen wir uns in unsere weniger wirkliche Realität und verwirklichen diese.

Prinz Hans-Adam, den ich bei einer Tagung kennenlernte und wiedersah, als ich ihn in seinem Büro auf Schloß Vaduz interviewte, ist ein charmanter, weltgewandter Gentleman, der nicht nur an Menschen und Ereignissen interessiert ist, sondern sich aktiv am Sozialgeschehen engagiert, soweit seine Regierungsgeschäfte als Staatsoberhaupt von Liechtenstein dies zulassen. Schwer vorstellbar, in ihm einen in sich gekehrten jungen Mann zu sehen, der glaubte, sich im Grunde genommen nur auf seine Gedankenwelt verlassen zu können. Er eignete sich die gesellschaftlichen Fertigkeiten an, die für ein erfolgreiches Agieren in der äußeren Realität notwendig sind. Auch Andrew Wallace, ein Mann der Tat, nicht der Worte, eignete sich die Kunst der Konversation an, besonders die Kunst, Interviews zu geben, eine Technik, die er für einen Rennfahrer zwingend notwendig erachtet, der auf Sponsoren angewiesen ist. Milta McLean Dennis lernte ich kennen, als sie mich 1986 zu meinem Buch *Miteinander leben*[5] interviewte. Sie verstand sich so geschickt darauf, mir ein Wohlgefühl zu vermitteln und mich zum Reden zu animieren, daß ich erst ein Jahr später bei einem weiteren Gespräch mit ihr feststellte, daß sie nicht als ›Beziehungsmensch‹ zur Welt gekommen war. Und Jean Hale, ein ›Beziehungsmensch‹, zeigte mir durch die Tiefe und Klarheit, mit der sie über sich sprach, daß sie die Notwendigkeit erkannt hatte, eine Reise in ihr Inneres anzutreten und sich mit ihrer inneren Realität zu befassen. Außerdem hatte sie ziemlich früh im Leben etwas herausgefunden, das viele ›Beziehungsmenschen‹ nie entdecken, daß nämlich Alleinsein keine Bedrohung ist, sondern Kraft gibt und erneuernd wirkt. Bei den oben genannten Fallbeispielen handelt es sich um Personen, die sich ihrer Schwächen und Verletzlichkeiten wohl bewußt sind und die sich dennoch Wertschätzung und Achtung entgegenbringen.

Eine stabile Ich-Stärke entwickeln

Stabile Ich-Stärke beginnt zunächst mit einem Prozeß der Bewußtmachung und des Verstehens.

Wir können ganz gut ohne Bewußtheit und Verständnis leben und das tun ja auch viele Menschen. Wir können auf Sachverhalte reagieren und handeln, ohne uns zu fragen, warum; wir können nach einer Liste von Anweisungen leben, die uns von unseren Eltern und Lehrern ausgehändigt wurde und nie die Regeln in Frage stellen, die unser Leben bestimmen. Wir können das Verhalten anderer Menschen ausschließlich danach bewerten, ob sie so sind wie wir; sollten sie diesem Bild nicht entsprechen, bezeichnen wir sie als verrückt oder schlecht. Wenn wir so leben, ist unser Leben eingeengt und kümmerlich, in Zeit und Ort begrenzt und ohne Neugier und Staunen. Wir können uns dafür entscheiden, ein solches Leben zu führen, um Schmerz und Unsicherheit zu vermeiden. Wenn wir aber Verluste erleiden und in Unsicherheit verharren, was zwangsläufig geschieht, haben wir kaum etwas, worauf wir zurückgreifen können, um mit den daraus folgenden Schmerzen und Unruhen umzugehen.

Bewußtheit ist unsere Fähigkeit zu handeln, zu fühlen und zu denken und dabei unser Handeln, Fühlen und Denken zu beobachten. Es bedeutet, auf das Verhalten anderer Menschen zu reagieren und sich zu fragen, welche Gedanken und Gefühle dieses Handeln motivieren.

Verstehen bedeutet, sich den Grund bewußt zu machen, warum Menschen sich in einer bestimmten Art und Weise verhalten; bedeutet, vorgefaßte Meinungen über Menschen mit unseren Beobachtungen zu vergleichen und danach unsere Theorien zu modifizieren oder zu verändern. Wir mögen die Theorie vertreten, alle Menschen denken und fühlen wie wir;

wenn wir feststellen, daß diese Theorie falsch ist, müssen wir umdenken und das Resultat anschließend erneut mit unseren Beobachtungen vergleichen.

Ein wichtiger Bestandteil von Bewußtheit und Verstehen ist, sich darüber klar zu werden, wie wie unseren eigenen Existenzsinn und die drohende Vernichtung begreifen, und wie unsere beiden Realitäten sich in ihrem Wirklichkeitsgrad unterscheiden. Parallel zu dieser Bewußtheit läuft das Verstehen, daß manche Menschen ihre Existenz, ihre drohende Vernichtung und ihre beiden Realitäten in ähnlicher Weise wie wir begreifen, andere jedoch nicht. Weiterhin müssen wir verstehen, daß es keine zwei Menschen gibt, die bestehende Ähnlichkeiten in gleicher Weise verarbeiten und ausdrücken. Wir sind Einzelwesen, und jeder von uns muß zu seinem eigenen Bewußtsein und seinem eigenen Verständnis finden.

Es gibt also keine zwei gleichen Selbst-Bilder. Eine stabile Ich-Stärke kann nur generell definiert werden:

Das stabile Selbst befindet sich nicht im ständigen Kampf gegen die drohende Vernichtung.

Das stabile Selbst nimmt sich als wertvoll, selbstbejahend und selbstbewußt wahr.

Das stabile Selbst hat flexible und kreative Methoden entwickelt, um seinen Existenzsinn zu verarbeiten.

Das stabile Selbst hat die weniger wirkliche Realität verwirklicht, indem es notwendige Techniken entwickelt hat, innerhalb dieser Realität zu leben.

Das stabile Selbst benutzt die bevorzugte Realität weniger als Zufluchtstätte, sondern als Quelle der Kreativität.

Das stabile Selbst hat eine Lebensgeschichte erschaffen, ohne einengende, hemmende Lücken und Unbeständigkeiten; es entwickelt sich mit steter Zuversicht und Hoffnung weiter.

Ein stabiles Selbstbild ist kein Zustand, den wir einmal erreichen und der uns für immer bleibt. Es ist immer eine Existenzform von Sein und Werden, eine fortgesetzte Entdeckungsreise.

Extravertierte und Introvertierte

Kapitel 2

Unsere beiden Realitäten

Bei der Lektüre des ersten Kapitels mögen Sie sich gefragt haben, ob die beiden Erlebensformen unserer Existenz damit zusammenhängen, introvertiert oder extravertiert zu sein. Ganz recht. Ich benutze die Worte ›extravertiert‹ und ›introvertiert‹ nur nicht gern. Durch die vielschichtigen Bedeutungen dieser Begriffe können Gespräche darüber eher verwirren. In diesem Kapitel möchte ich daher einige Anwendungsformen dieser Begriffe erläutern, und ich bemühe mich um klare Definition, wenn ich eine Person introvertiert oder extravertiert nenne.

Die Begriffe ›extravertiert‹ und ›introvertiert‹ werden in drei Hauptzusammenhängen verwendet:

1. Als Definition menschlichen Verhaltens.
2. Als Etikettierung für diese Zuordnung, die in der Psychologie als Typisierung bezeichnet wird.
3. Als jeweilige Präferenz der inneren oder äußeren Realität eines Menschen.

›Introvertiert‹ und ›extravertiert‹ als Definition menschlichen Verhaltens

Ein Mensch, der verschlossen, ruhig, nicht sonderlich gesprächig ist, wird als ›nach innen gerichtet, introvertiert‹ bezeichnet. Weicht der Betreffende nie von seinem Verhalten ab, nennen wir ihn ›einen Introvertierten‹.

Ein Mensch, der fröhlich, gesprächig, gesellig und aktiv ist, wird als ›nach außen gehend, extravertiert‹ bezeichnet. Legt dieser Mensch ein solches Verhalten ständig an den Tag, nennen wir ihn ›einen Extravertierten‹.

Die meisten von uns verhalten sich zeitweise introvertiert und dann wieder extravertiert.

Wenn wir müde, traurig, besorgt oder schüchtern sind, verschließen wir uns und verstummen. Wenn die Bedingungen, die uns müde, traurig, besorgt oder schüchtern machen, über einen langen Zeitraum anhalten, können wir so still und in uns gekehrt sein, daß die Menschen uns als einen ›Introvertierten‹ bezeichnen. Vielleicht halten wir uns selbst für einen Introvertierten.

Im umgekehrten Fall, wenn wir uns sehr glücklich fühlen, oder begeistert sind von Glücksmeldungen, oder von Freunden stimuliert werden, sind wir angeregt, gesellig und gesprächig. Manche von uns spielen die Rolle sehr gut und geben sich aufgeweckt, gesellig und gesprächig, und die Menschen unserer Umgebung können nicht sehen, wie traurig und besorgt oder schüchtern wir eigentlich sind. Wenn die Umstände, die uns anregen, gesellig oder gesprächig machen, anhalten, nennen die Menschen uns ›einen Extravertierten‹. Vielleicht halten wir uns selbst für einen Extravertierten.

›Introvertierte‹ und ›Extravertierte‹ als Typisierung

Eine Strukturform, die wir alle ständig anwenden, besteht darin, daß wir bestimmte Wesenszüge, die mehrere Menschen aufweisen, dazu benutzen, um die Menschen in Gruppen einzuteilen und jeder Gruppe ein Etikett aufdrücken. Damit bringen wir Ordnung in das Chaos einer Vielzahl von Einzelwesen, obgleich keine zwei Menschen identisch sind.

Die erste dieser Strukturen, die wir als Gruppe erschaffen, ist ›Mutter und ich‹, die wir später in die Gruppe ›Familie‹ ausweiten, im Gegensatz zu ›nicht Familie‹. Gleichzeitig erschaffen wir Gruppen, die wir ›männlich‹ und ›weiblich‹, ›Erwachsene‹ und ›Kinder‹ nennen. So fahren wir fort, Gruppen zu bilden, wo immer wir menschliche Aspekte sehen, die uns wichtig erscheinen – Freunde und Feinde, Schwarze und Weiße, Golfspieler und Nichtgolfspieler und so weiter.

So nützlich diese Technik ist, um Vereinfachungen herzustellen, so gefährlich ist sie, da wir durch die Erschaffung einer Gruppenstruktur bestimmte wichtige Merkmale jedes einzelnen in der Gruppe außer acht lassen. So gehen wir davon aus, ein Zugehöriger zu einer bestimmten Gruppe sei vollständig über die Merkmale zu erklären, die diese Gruppe aufweist. Dann sagen wir Sätze wie: »Du verhältst dich so und so, weil du ein Mann bist« oder: »Als Australier bist du sicher ein guter Sportler, weil alle Australier gute Sportler sind« oder: »Du bist Schütze und ich bin Jungfrau – wir passen gut zusammen. Schütze und Jungfrau passen immer gut zusammen.«

Solche Gefahren haben Ärzte und Psychologen allerdings nie davon abgehalten, Menschen in Gruppen einzuteilen, den Gruppen Etiketten aufzukleben und einen Zugehörigen einer bestimmten Gruppe nach diesem Etikett zu beurteilen. Wehe dem Menschen, der einer Gruppe mit der Aufschrift ›schizophren‹ oder ›hypochondrisch‹ oder ›neurotisch extravertiert‹ oder ›Persönlichkeitsbild Typus A‹ zugeordnet wurde. Er kann noch so wütend mit dem Fuß aufstampfen oder abwehrend die Hände heben und beteuern: »So bin ich nicht. Ich bin ich, ein Individuum, wie jeder andere auch.« Der Arzt oder Psychologe hat ihn einer Gruppe zugewiesen und ihm den Stempel aufgedrückt und damit hat sich der Fall.

Seit Ärzte und Psychologen Begründungen für menschliches Verhalten suchen, teilten sie Menschen in Gruppen oder *Typen* ein und jeder Mensch gehört einem Typus an. Typisierungen beruhen auf Faktoren wie ›Gemütsart‹ oder ›Temperament‹, Sternenkonstellationen, Schädelbeschaffenheit oder des bislang unerforschten Erbbildes eines Menschen oder welche Antworten ein Mensch auf festgelegte Fragen gibt.

Es kann also passieren, daß Sie enttäuscht, wütend und frustriert sind, weil Ihre Familie Sie von frühester Kindheit an daran gehindert hat, Sie selbst zu sein und das zu tun, was Ihnen Spaß macht; nach Meinung der Typologen sind Sie im Unrecht. Ihre Empfindungen sind auf Ihr ›cholerisches Temperament‹ zurückzuführen oder Sie reagieren so, weil zu Ihrer Geburtsstunde die Sonne in Ihrem Aszendenten stand, weil Ihre Schädeldecke einen Höcker aufweist, weil Sie ›manischdepressive‹ Erbanlagen haben oder weil Sie eine hohe Punktezahl für Extraversion und Neurotizismus im Eysenckschen Persönlichkeitstest aufweisen.

Typologien entmachten uns, geben ›den Experten‹ Macht über uns und verhindern unsere Veränderung.

Wer sich intensiv mit Typologien befaßt, sieht sie überall in Funktion. Sie können eine Schützefrau am Gang erkennen und einen neurotischen Introvertierten daran, wie er sich auf einer Party benimmt. Wenn wir allerdings daran interessiert sind, die Wahrheit zu erkennen und nicht eine Selbstbestätigung suchen, müssen wir fragen: »Existiert dieser menschliche Aspekt tatsächlich, oder habe ich mir bloß etwas eingeredet und es auf meine Umwelt übertragen?«

Ich war lange der Meinung, daß diese menschlichen Aspekte, die unter dem Begriff ›Introversion-Extraversion‹ bekannt sind, nur ein Phantasieprodukt einiger Psychologen seien und keinen Bezug zu realer, gelebter Erfahrung haben. Zu Beginn meiner Laufbahn als Psychologin benutzte man ein heute umstrittenes statistisches Verfahren, die ›Faktorenanalyse‹. Psychologen behaupteten, bestimmte ›Faktoren‹ gefunden zu haben, die sie einsetzten, um Versuchspersonen mit Hilfe von ›Testbatterien‹ zu befragen. Über die Existenz dieser ›Testfaktoren‹ gab es viele Diskussionen. Verfechter der Faktorenanalyse gehen von einem generellen Faktor aus, dem g-Faktor, der allen einzelnen Intelligenzleistungen zugrunde liegt. Daneben gibt es jeweils spezifische Begabungsfaktoren, s-Faktoren. Andere Psychologen lehnten die Theorie des generellen g-Faktors ab und bezogen sich auf die vielen kleinen s-Faktoren. Keine Seite sprach davon, daß ein Ergebnis der Faktorenanalyse von der Methode der Summierung und Gruppierung aller gesammelten Korrelationen abhängt. Unterdessen erforschten andere Psychologen die verschiedenen Persönlichkeitsfaktoren. (Welche Persönlichkeitsfaktoren sie erforschten, hing davon ab, welcher Professor der Psychologie ihnen den Auftrag für ihre Forschungen gab. Psychologen, die für Professor Cattell in Amerika arbeiteten, kamen zu anderen Ergebnissen als Psychologen, die im Auftrag von Professor Eysenck in England arbeiteten.) Die Ergebnisse gingen davon aus, daß wir alle Information und Persönlichkeitsfaktoren, große und kleine in uns tragen. Was mit diesen ›Faktoren‹ bewiesen werden sollte, wurde nie wirklich klar. Aber alles, was man tat, wurde in Begriffen des einen oder anderen ›Faktors‹ erklärt.

Meine eigenen Forschungen erbrachten später den Beweis der Unterscheidung zwischen Extraversion und Introversion, zunächst in meiner Arbeit mit dem Rorschachtest und später in meinen Untersuchungen auf dem Gebiet der Persönlichkeitspsychologie. Ich griff zurück auf die Schriften so gegensätzlicher Psychologen wie C. G. Jung und Hans Eysenck, die beide eine Einteilung in Extravertierte und Introvertierte vornahmen.

Jung schrieb in seinem Buch *Psychologische Typen*[1]: »Introversion und Extraversion als Einstellungstypus stellt einen grundlegenden Gegensatz dar, der den gesamten psychischen Prozeß bestimmt, den habituellen Reaktionsmodus aufbaut und somit nicht nur die jeweilige Verhaltensweise, sondern auch die Qualität der subjektiven Erfahrung festlegt. Darüber hinaus wird die Art der Kompensation gekennzeichnet, die das Unbewußte hervorbringt.« Jung vertritt die Theorie, eine harmonische Lebensform bestehe aus dem Gleichgewicht der Haltungen von Introversion und Extraversion.

Bis zu diesem Punkt stimme ich in meinen Forschungen mit Jung überein, danach allerdings gehen unsere Meinungen auseinander. Jung war der Ansicht, es genüge nicht, die Menschen in Extravertierte und Introvertierte einzuteilen. Er nahm eine weitere Kategorisierung in Grundtypen vor, die er als Denk-, Fühl-, Intuitions- und Empfindungstypen bezeichnete. Diese unterschied er wiederum gemäß der Qualität der Grundfunktionen in zwei Klassen: in die rationalen und die irrationalen Typen. Zu den ersteren gehören für ihn der Denk- und Fühl-Typus, zu den letzteren der intuitive und der Empfindungs-Typus, die wiederum in verschiedenen Kombinationen in einer Person auftreten können.

Der sog. Myers-Briggs-Typen-Indikator[2] (MBTI) weist sechzehn Kombinationen Jungscher Typen auf und beschreibt jede Kombination in positiven Begriffen. Der MBTI gewinnt zunehmend an Popularität, besonders in der Betriebspsychologie und im Gesundheitswesen, in Bereichen also, wo der freundliche Umgang miteinander oft sehr zu wünschen übrigläßt. Seminare, in denen Arbeitskollegen die Fragebogen ausfüllen und die Antworten diskutieren, können eine extrem nützliche Übung sein, in der die Teilnehmer feststellen, daß jeder eine eigenständige und einzigartige Methode hat, sich und unsere Welt wahrzunehmen. Leider kann die Zugehörigkeit zu einem Verhaltenstypus aber auch eine Ausrede für schlechtes Benehmen liefern. Der Betreffende sagt dann Sätze wie: »Natürlich nehme ich kein Blatt vor den Mund. Schließlich bin ich ein XY-Typ, und die sagen immer, was sie denken.«

Wenn ein Firmenchef die Meinung vertritt, seine gesamte Führungsspitze müsse sich aus ähnlich gelagerten psychologischen Typen zusammensetzen, wie sie der MBTI ermittelt, so hat er nicht begriffen, daß jede Organisation, sei es eine Familie oder ein multinationaler Konzern, aus Individuen mit unterschiedlichen und gegensätzlichen Wahrnehmungen bestehen muß. Nur auf diese Weise können wir einander ergänzen und unsere Schwächen überwinden; nur dadurch haben wir die Chance, Zusammenhänge zu erkennen, die sich von unserem Vorstellungsbild unterscheiden.

Wenn Sie die Beschreibungen der sechzehn Myers-Briggs-Typen lesen, würden Sie feststellen, daß Sie eigentlich nichts dagegen hätten, einer dieser Typen zu sein. Jeder scheint richtig nett und unendlich vernünftig zu sein. Ganz anders fühlen Sie sich, wenn Sie sich dem Eysenck-Persönlichkeitstest unterziehen. Er ist gespickt mit Fallen – ein Lügendetektor überführt Sie, wenn Sie geschwindelt haben; eine andere Liste erklärt Sie für mehr oder weniger verrückt, selbst wenn Sie noch nie einen Fuß in die Praxis eines Psychiaters gesetzt haben. Sie werden mir nichts, dir nichts als unverbesserlicher Introvertierter oder als festgefahrener Extravertierter hingestellt. In gleicher Weise laufen Sie Gefahr, als neurotischer Introvertierter oder neurotischer Extravertierter etikettiert zu werden.

Hans Eysenck legt keinen Wert darauf, ›nett‹ zu sein. Er ist ehrlich und offen, hat Eigenschaften, die nicht unbedingt dazu angetan sind, einen Menschen ›nett‹ zu finden. Er ist ›ein harter Realist‹ und hat nicht viel übrig für ›behutsame‹ Psychologen, auch nicht für ›verstiegene‹ Denker wie Freud und Jung.

Eysenck setzte heftige Debatten in Gang und nahm großen Einfluß auf die psychologische Forschung.

Ursprünglich bediente Eysenck sich einer Forschungsmethode, die große Versuchsgruppen erfaßte, denen eine Reihe verschiedener Tests vorgelegt wurden; die Korrelationen der Testergebnisse wurden rekonstruiert. Solche Korrelationen können laut Eysenck als »Dimensionen der Persönlichkeit«[3] betrachtet werden, wie er sein erstes, 1948 erschienenes Buch betitelte. Eine Dimension, die in seinen Forschungsergebnissen immer wieder auftauchte, nannte Eysenck ›Extraversion-Introversion‹. Als schnelles und verläßliches Meßverfahren zur Bestimmung des Standorts eines Menschen auf dieser Dimensionsskala entwickelte er den Eysenck-Persönlichkeitstest (Eysenck Personality Inventory, EPI), ein kurzer Fragebogen, der in der Persönlichkeitsforschung systematisch eingesetzt wird. Sein Konzept zeigt, daß Menschen, die als ›extravertiert‹ und solche, die als ›introvertiert‹ bezeichnet werden, sich in vielen wichtigen physischen Aspekten unterscheiden, etwa im Muster der wechselnden Körpertemperatur, Faktoren, die unsere Leistungsfähigkeit beeinflussen, oder etwa Aufschluß geben über die Schnelligkeit der Erholung nach einem Jet-lag. Introvertierte erholen sich nach einem Jet-lag langsamer als Extravertierte. Andrew Wallace, der auf der EPI-Skala einen hohen Introversionsgrad erreichen würde, hatte seine einzige ›große Karambolage‹, als er nach der Landung eines Australienfluges in Heathrow direkt nach Silverstone zum Training fuhr. Seine Reaktionen waren langsamer als sonst.

Eysenck und seine Kollegen gaben sich nicht damit zufrieden, diese Unterschiede bloß festzustellen. Sie wollten den Grund erfahren. Um diese Frage zu beantworten, untersuchten sie die neurologischen Funktionen von Extravertierten und Introvertierten. Diese an großen Gruppen von Versuchspersonen und mit einer Vielzahl von Verfahren durchgeführten Untersuchungen brachten Eysenck und seine Kollegen zur Schlußfolgerung, ein Mensch komme entweder als Extravertierter oder als Introvertierter zur Welt und verändere sich nicht. Die Basis von Extraversion und Introversion sind angeborene und genetisch festgelegte Geisteshaltungen. Eysenck schrieb:

»Introversion entsteht zunächst durch hohe Erregungsstufen in der Großhirnrinde; eine hohe Erregungsstufe entsteht wiederum durch eine hyperaktive ansteigende vernetzte Formation... die Menschen haben einen bevorzugten Reizpegel – ist er zu niedrig, fühlen sie sich gelangweilt, ist er aber zu hoch, geraten sie aus dem Gleichgewicht. Bei Extravertierten sinkt dieser Pegel rasch ab, wenn die Umgebung keine Stimulation und Erregung zu bieten hat. Diese Menschen sind demnach stimulanz- und sensationshungrig.«[4]

Für den Extravertierten ist also die Außenwelt von größter Wichtigkeit, denn nur sie bringt ihm den nötigen Stimulationsgrad. Für den Introvertierten hingegen kann die Außenwelt gefährlich sein, da sie schmerzhaft überstimulierend auf ihn wirkt. Der Rückzug in die physische Stille der inneren Realität bedeutet für den Extravertierten einen gefährlich geringen Stimulierungsgrad, während die Ruhe der Innenrealität dem Introvertierten Gelegenheit gibt, Reize auf den für ihn optimalen Pegel herabzusetzen. Alles, was wir als gefährlich wahrnehmen, nehmen wir auch als fremd wahr. Daher empfinden wir die gefährliche Realität als die weniger reale. Die sichere Realität ist unsere wahre Realität.

Alle lebenden Organismen, nicht nur wir Menschen, haben die Gabe, nicht nur Überlebensstrategien zu entwickeln, sondern auch optimale Lebensbedingungen zu schaffen. Hierfür müssen alle Organismen eine bestimmte innere Repräsentanz oder Struktur aufweisen, die sich auf die Bedürfnisse des Organismus und die Bedingungen, die dieses Bedürfnis befriedigen, beziehen. Bei manchen Organismen befindet sich diese Struktur auf einer Stufe, die wir ›Instinkt‹ nennen, und bei anderen Organismen erfordert die Struktur ein System geistiger Repräsentanz, die wir Denkvorgänge nennen.

Bis in die jüngste Zeit erhoben die Menschen in ihrer Anmaßung den Anspruch, die höchst entwickelte Lebensform, also die Krone der Schöpfung zu sein, da wir die einzigen Lebewesen sind, die denken, sprechen und Werkzeuge benutzen können. Der Anspruch auf eine solche Überlegenheit muß heute anderweitig begründet werden, denn es wird in zunehmendem Maß klar, daß viele Lebewesen eine Struktur innerer Repräsentanz benutzen, die es ihnen ermöglicht, ein Kommunikationssystem aufzubauen und in bestimmten Fällen auch Werkzeuge zu benutzen. (Um den Gedanken eines Werkzeugs zu formulieren, muß eine Vorstellung von Vergangenheit und Zukunft, sowie ein geistiges Bild erschaffen werden, auf welche Weise ein Objekt sich räumlich auf ein anderes bezieht.) Alles, was wir heute belegen können, ist, daß der Mensch die komplexeste Struktur innerer Repräsentanzen aufweist, die wir durch unsere Sprache und unser Handeln zum Ausdruck bringen.

Für unser physisches Überleben brauchen wir ein ordnungsgemäß funktionierendes neurologisches System; und um gut zu leben, brauchen wir die für das Funktionieren unseres neurologischen Systems optimalen Bedingungen. Mit der Geburt erhalten wir das Potential, Strukturen zu erschaffen, die innere Repräsentationen unserer Bedürfnisse sind, und die Bedingungen, die diese Bedürfnisse erfüllen. Bereits mit dem ersten Atemzug nehmen wir Kontakt zu unserer Außenwelt auf, suchen Kommunikation oder verschließen uns ihr. Säuglinge wenden den Kopf ab, wenn ihnen die Stimulierung zu stark ist, und weinen, wenn die Stimulierung zu gering ist. Erwachsene gleichen den Grad der Stimulierung aus mit Aussagen wie »Dreh das Radio leiser. Ich halte den Lärm nicht aus«, oder »Hier ist es stinklangweilig. Ich geh' runter in die Kneipe.«

Die Begriffe ›introvertiert‹ und ›extravertiert‹ bezeichnen also zwei Gruppen von Menschen nach dem Grad der Stimulierung, die ihr neurologisches System braucht. Die Begriffe finden außerdem Verwendung, um beide Menschengruppen nach der Bevorzugung der inneren oder äußeren Realität zu bezeichnen.

Wenn wir von *Präferenzen* sprechen, sprechen wir von *Bedeutung,* und wenn wir von Bedeutung sprechen, sprechen wir von Individuen, da wir zwar gewisse Sinnstrukturen mit anderen Menschen gemeinsam haben. Die Strukturgruppen, die jeder von uns erschafft und die wir ›ich und meine Welt‹ nennen, unterscheiden sich jedoch von allen anderen Strukturgruppen. Jeder von uns ist ein Individuum. Jeder von uns gehört mehreren Gruppierungen an, doch keine einzige Gruppe kann uns vollständig definieren.

›Introvertiert‹ und ›extravertiert‹ als Präferenz, die jeder von uns zur inneren oder äußeren Realität hat

Wir kommen zwar mit einem der beiden neurologischen Systeme zur Welt, doch sie sind lediglich als *Anlage* zu verstehen. Diese Anlage können wir auf unterschiedlichste Weise nutzen.

Das uns angeborene neurologische System bestimmt, welche Realität, die innere oder die äußere, uns realer erscheint. In der für uns wirklicheren Realität ist unser Lebenssinn verankert.

Die äußere Realität umfaßt andere Menschen; wenn also unser Lebenssinn auf unsere äußere Realität gerichtet ist, bezieht sich unsere Ich-Struktur von Anfang an auf andere Menschen. Wir erfahren unseren Ichsinn in der Beziehung zu anderen Menschen.

Innere Realität ist Alleinsein, Einssein; wenn unser Lebenssinn in unserer Innenrealität beheimatet ist, so bezieht sich unsere Ich-Struktur von Anfang an nur auf uns selbst. Wir erfahren unseren Ichsinn in unserer eigenen Individualität.

Mit dem Augenblick unserer Geburt beginnen wir, unseren Lebenssinn auszuarbeiten. Als Babys ersinnen wir Wege, um unsere Umgebung zu veranlassen, in der von uns erwünschten Weise auf uns zu reagieren. Der extravertierte Säugling entwickelt Methoden, mit denen er die Aufmerksamkeit seiner Außenwelt auf sich lenkt (etwa »Wenn ich Großmama anlächle und strample, nimmt sie mich in den Arm und spielt mit mir«). Der introvertierte Säugling entwickelt Methoden, die die Geräusche seiner Außenwelt dämpfen, mit denen er aber dennoch ihre Aufmerksamkeit auf sich lenkt (etwa »Wenn Großmama mit der Rassel scheppert, weine ich, wenn sie mir aber etwas vorsingt, lächle ich sie an«). In der Entwicklungspsychologie herrscht kein Zweifel darüber, daß Säuglinge sich von Geburt an darauf verstehen, einen Dialog mit Erwachsenen aufzunehmen und sie für eine erwünschte Reaktion zu belohnen oder sie zu bestrafen oder zu ignorieren, wenn sie eine unerwünschte Antwort geben. Die Art und Weise, wie jeder Säugling das erwirkt, hängt vom einzelnen Baby ab und von den Reizen, die seine Außenwelt ihm bietet. Erwachsene Bezugspersonen unterscheiden sich darin, wie gut sie die Kommunikationsversuche des Säuglings verstehen und auf sie reagieren.

Wir sind uns alle bewußt, wie wir unsere Existenz erfahren, lange ehe wir das in Worte fassen können. Die von mir benutzten Begriffe, um die beiden Formen zu beschreiben, wie wir unsere Existenz erfahren, sind ein Destillat aus vielen Beschreibungen, die mir im Lauf der letzten zwanzig Jahre gegeben wurden. Wenn ich also von nun an in diesem Buch das Wort *extravertiert* gebrauche, meine ich damit **die Erfahrung einer Existenz als zu einer Gruppe gehörig, als die Beziehung, die Verbindung zwischen sich und anderen.**

Den Begriff *introvertiert* benutze ich in der Bedeutung **der Erfahrung einer Existenz als die progressive Entwicklung der eigenen Individualität in Begriffen von Klarheit, Leistung und Glaubwürdigkeit.**

Extravertierte machen sich auf vielfältige Weise gruppenzugehörig. Sie können beispielsweise eine große Familie um sich scharen oder Hunderte von Freunden haben; Gruppensport betreiben; mit Partnern eine Firma leiten; einen helfenden Beruf ergreifen; Schauspieler, Musiker oder Sänger werden und in der Bewunderung ihres Publikums Erfüllung finden.

Viele Extravertierte machen in der Kindheit schlechte Erfahrungen mit anderen Menschen und fühlen sich daher im Jugendalter im Umgang mit Menschen sehr unsicher. Sie werden zu Einzelgängern, schließen nur schwer Freundschaften und halten sich vielleicht für introvertiert, sind in Wahrheit jedoch schüchterne Extravertierte. Sie können sehr erfolgreich überleben, wenn sie eine eigene Gruppe bilden, aus Phantasiegestalten, die sie von Büchern oder Filmen kennen, mit denen sie in Tagträumen Abenteuer bestehen, oder sie verehren unerreichbare Helden und Heldinnen (als Fans malen sie sich aus, daß der von ihnen verehrte Sänger oder Filmstar ihr bester Freund ist) oder sie schließen sich einer Gruppe von Vogelliebhabern an oder Modelleisenbahnbauern oder Postkartensammlern,

Menschen, die ebenso leidenschaftlich wie sie Vögel beobachten, Modelleisenbahnen bauen oder Postkarten sammeln.

Wenn sie keinerlei Vertrauen zu anderen Menschen fassen, freunden sie sich mit Haustieren an oder mit Sammelobjekten, denen sie menschliche Eigenschaften zuschreiben. Ein extravertierter Freund zeigte mir seine Garage, die er in ein Arbeitszimmer umfunktioniert hatte, in dem die überladenen Bücherregale bis zur Decke reichten, und sagte mit einer ausholenden Geste zu seinen Büchern: »Das sind meine Freunde. Ich verleihe nie ein Buch und weiß genau, wo jedes einzelne steht.« Als seine Frau mich ein paar Jahre später anrief und mir sagte, daß sie sich getrennt hatten und er ausgezogen sei, fragte ich: »Hat er seine Bücher mitgenommen?« Und als sie antwortete: »Ja, hat er«, wußte ich, daß die Trennung endgültig war. Sie war eine Introvertierte, eine wunderbare Malerin, deren Rolle als Ehefrau und Mutter ihr kaum Zeit zum Malen gelassen hatte. Die Trennung hatte sie zutiefst erschüttert und ich riet, um ihr ein wenig Hoffnung zu geben: »Du könntest die Garage als Atelier einrichten.« Sie antwortete: »Ich habe bereits eine Deckenbeleuchtung anbringen lassen.« Da wußte ich, daß sie den Verlust überstehen und einen positiven Neuanfang finden würde.

Introvertierte können ihren ausgeprägten Sinn für Klarheit, Leistung und Glaubwürdigkeit auf vielfältige Weise umsetzen. Sie werden zu Denkern, sie entwerfen Weltraumsonden, werden Experten in Fragen der Weltwirtschaft, stellen neue mathematische Formeln auf, befassen sich intensiv mit Philosophie, Religion, Kunst, Erziehung, Feminismus oder Fußball. Manche dieser Denker denken einfach, um Zusammenhänge zu verstehen; andere benutzen ihr Denken, um ihre eigenen Leistungen zu erhöhen. Ein leistungsorientierter Denker kann es bis zum Nobelpreis bringen, während ein anderer ein einträgliches Fischgeschäft betreibt. Manche Denker, die zu größerer Klarheit gelangt sind, möchten dieses neue Verständnis anderen mitteilen, um ihnen gleichfalls zu größerer Klarheit zu verhelfen und wählen einen Kommunikationsberuf, gehen in die Medienwirtschaft, werden Schriftsteller, Lehrer, Erzieher, ergreifen einen helfenden Beruf. Manche Denker suchen größere

Klarheit in der Selbstfindung. Ein Sucher nach Glaubwürdigkeit legt großen Wert auf Wahrheit und Aufrichtigkeit; er entwickelt sich zu einer Persönlichkeit, die andere bewundernswert wirklichkeitsnah und stark empfinden. Er kann aber auch zum Exzentriker werden.

Introvertierte laufen ständig Gefahr, die Verbindung zur äußeren Realität zu verlieren. Deshalb sind andere Menschen für Introvertierte lebensnotwendig, weil diese ihnen den Kontakt zur äußeren Realität gewährleisten. Viele Introvertierte erkennen das und bemühen sich darum, sich die sozialen Fähigkeiten anzueignen, die Extravertierten keinerlei Mühe machen. Diese Introvertierten werden oft für extravertiert gehalten, auch wenn sie sich selbst nicht als extravertiert einstufen. Viele Introvertierte betätigen sich kreativ in einem Bereich der Kunst. Ihre Arbeitsmethode besteht darin, die Außenwelt zu beobachten, Aspekte davon in sich aufzunehmen, sie auf die ihnen eigene Art zu verarbeiten und ihr Werk dann wieder der äußeren Realität zugänglich zu machen.

Andere Introvertierte, die in der Kindheit schlechte Erfahrungen mit Erwachsenen gemacht haben, sind im Umgang mit anderen sehr vorsichtig. Oft lösen sie ihre Kontaktschwierigkeiten, indem sie einen extravertierten Partner heiraten, der sich für beide in der Gesellschaft bewegt, oder sie ergreifen einen helfenden Beruf (meist im medizinischen Bereich), um Kontakt mit anderen zu haben, aber immer kontrolliert hinter der Schranke der beruflichen Beziehung bleiben zu können, oder sie entwickeln Beziehungen zu Tieren oder Objekten als Methode, mit der äußeren Realität umzugehen.

Scheitern Introvertierte, Kontakte zu ihrer äußeren Realität aufrechtzuerhalten und verbleiben in ihrer inneren Realität, entwickeln sie höchst phantasievolle Eigenwelten, die allerdings keine Verbindung zur Welt anderer haben. Wohlhabende Introvertierte werden als Exzentriker belächelt, die Mehrzahl der Betroffenen macht jedoch die Erfahrung, daß andere Menschen ihre Lebensweise nicht tolerieren können und sie mit Sedativen und Elektro-Schocktherapie behandeln und in geschlossenen Anstalten verwahren.

Wir können nicht nur unseren Lebenssinn in vielfacher

Weise ausarbeiten, wir können uns auch in vielfacher Weise gegen unsere Angst vor der Vernichtung unseres Selbst verteidigen.

Meine Definition der beiden Formen, wie wir die Angst vor Vernichtung des Selbst erleben, ist eine Zusammenfassung vieler Definitionen.

Extravertierte sehen die drohende Vernichtung des Selbst als **völlige Isolation, sie fühlen sich total, unwiderruflich und für immer verlassen und dazu verdammt, dahinzusiechen, sich aufzulösen und völlig im Nichts zu versinken.**

Introvertierte sehen die drohende Vernichtung des Selbst als **Kontrollverlust ihres Ich und ihres Lebens; sie brechen auseinander, stürzen ins Chaos, spalten sich ab und zerfallen zu Staub.**

Die Schutzmaßnahmen, die Extravertierte gegen diese Angst ergreifen, beziehen sich immer auf das Beibehalten ihrer Gruppenzugehörigkeit. Wenn Sie ein Extravertierter sind, der sich schätzt und akzeptiert, erwarten Sie, daß andere Menschen Sie gleichfalls schätzen und akzeptieren. Und Sie wissen, daß Sie geschätzt und akzeptiert werden; selbst wenn Sie alle Menschen Ihrer Gruppe durch eine Katastrophe verlieren würden, wird sich bald eine neue Gruppe um Sie bilden, die Sie schätzt und akzeptiert.

Sind Sie allerdings ein Extravertierter, der sich nicht akzeptiert und schätzt, werden Sie stets befürchten, abgelehnt und einsam zu sein. Um dem zu entgehen, verwenden Sie Ihre ganze Energie darauf, Ablehnung zu verhindern.

Sie sind vielleicht der Meinung, daß niemand Sie um ihretwillen liebt, sondern nur dafür, was Sie für andere tun; deshalb müssen Sie immer etwas für Ihre Mitmenschen tun. Wenn Sie schon nicht geliebt werden, so werden Sie wenigstens gebraucht, und das gibt Ihnen das Gefühl, nicht ausgeschlossen zu sein. Somit werden Sie ein aufopfernder Elternteil, Sie ergreifen einen Pflegeberuf, in dem Sie eine unermüdliche Quelle der Kraft sind, Sie bekleiden eine leitende Stellung in einem

Unternehmen, in dem Sie unentbehrlich sind. Sie verdrängen etwaige Gedanken an die Zukunft, wenn Ihre Kinder erwachsen und selbständig sind, oder wenn Sie aus Altersgründen Ihren Beruf nicht länger ausüben können. Täglich besteht die Gefahr, daß Sie auf Ablehnung stoßen, wenn Sie eigene Bedürfnisse haben und seien diese noch so gering, oder wenn Sie es wagen, Ihren Ärger zu zeigen. Deshalb bemühen Sie sich Ihr ganzes Leben, keine eigenen Bedürfnisse zu haben, nie in Zorn zu geraten, nie verärgert zu sein, oder sich Ihren Zorn und Ärger zumindest nicht anmerken zu lassen und bekommen gelegentlich zu Ihrer Schande einen unkontrollierten Wutanfall, der Sie zutiefst erschreckt. Sie leben in ständiger Angst vor Ihrer Wut. Ihre Ängstlichkeit gehört zu Ihnen wie die Luft, die Sie atmen, und Sie machen sich um die banalsten Dinge Sorgen, weil damit Ihre Gedanken abgelenkt sind von Ihrer schlimmsten Angst, daß man nämlich eines Tages aufhören könnte, so zu tun, als würde man Sie lieben, und Sie diese Ablehnung spüren läßt; das wäre das Ende für Sie.

Solche Gedanken und Befürchtungen, die Sie an frühere Zurückweisungen erinnern, können zu einem Punkt kulminieren, an dem Sie sich völlig schutzlos und verletzlich fühlen und plötzlich von namenlosem Entsetzen überwältigt sind. Das Grauen dieser Erfahrung kann auch Ihr Arzt nicht lindern, der den Zustand als ›Panikanfall‹ bezeichnet und in physikalischen Begriffen erklärt, etwa die körperliche Reaktion auf einen Sachverhalt, der als Gefahr wahrgenommen wird. Sie versuchen sich zu schützen, indem Sie Situationen vermeiden, in denen so ein Panikanfall zum ersten Mal auftrat; Sie würden sich verlegen, beschämt oder abgelehnt fühlen, würden diese Umstände erneut auftreten.

Als Extravertierter glauben Sie, daß Sie grundsätzlich schlecht und wertlos, für sich und andere Menschen nicht akzeptierbar sind; Sie sind der Meinung, daß diese Schlechtigkeit und Unakzeptierbarkeit in den Tiefen Ihrer inneren Realität zu suchen sind; und da das an sich bereits gefährlich ist, müssen Sie in die äußere Realität fliehen. Hier können Sie sich beschäftigen, mit Fleiß große Leistungen erbringen, wenn aber das Gefühl der Schlechtigkeit und der Gefahr wächst, müssen Sie sich im gleichen Maß anstrengen, bis der Grad Ihrer Aktivität keine normale Aktivität ist, sondern zur frenetischen Aktivität wird, die wir Manie nennen.

Die Schutzmaßnahmen, die Introvertierte gegen die Angst vor der Vernichtung des Selbst ergreifen, haben stets mit Kontrolle und Ordnung zu tun. Wenn Sie introvertiert sind und sich schätzen und akzeptieren, glauben Sie, die Fähigkeit zu besitzen, Kontrolle auszuüben und die Dinge in Ordnung zu halten. Da Sie an sich glauben, können Sie ein hohes Maß an Unordnung und mangelnde Kontrolle ertragen. Sie können problemlos Bereiche Ihres Lebens erkennen, die in Ordnung sein müssen und andere, weniger wichtige Bereiche bis zu einem gewissen Grad dem Zweifel, der Unordnung oder der Obhut anderer Menschen überlassen.

Wenn wir in der Kindheit schlechte Erfahrungen mit Erwachsenen machen, ziehen wir daraus gewöhnlich zwei Schlußfolgerungen. Einmal, daß wir schlecht und unakzeptierbar sind (»Wenn ich wirklich gut wäre, würden meine Eltern mich nicht so behandeln«). Zweitens, Menschen kann man nicht trauen. Jeden Moment können sie dich zurückweisen und verlassen, oder dein Leben in ein Chaos verwandeln.

Ein Introvertierter, der sich nicht schätzt und akzeptiert, nimmt an, alles in seiner Innen- und in seiner Außenwelt könne jeden Augenblick außer Kontrolle geraten, und da er zu niemand Vertrauen hat, um Ordnung zu halten, muß er ständig wachsam sein, kontrollieren und organisieren. Er stellt Normen auf, die erreicht und beibehalten werden müssen, und macht Vorschriften, um diese Normen zu erreichen und einzuhalten. Um der schlechten Meinung, die er von sich hat, entgegenzuwirken, setzt er extrem hohe Maßstäbe an (»Was nicht vollkommen ist, taugt nichts«). Er hält sich für umsichtig, wenn er nach Problemen sucht, wo es keine gibt, und er versteht sich meisterhaft darauf, Probleme vorherzusagen. Er macht sich Sorgen um Ereignisse, die irgendwann einmal auftreten könnten. Wenn er geplante Aktionen ordnungsgemäß ausgeführt hat, kann er sich Sorgen darüber machen, ob er auch alles richtig gemacht hat. Da die äußere Realität dem Introvertierten nicht ganz real erscheint, kann er sich immer Sorgen darüber machen, ob etwas wirklich geschehen ist, ob etwas wirklich so, wie es den Anschein hat, oder eigentlich ganz anders ist. Introvertierte sind erstklassige Zweifler und Sorgenmacher.

Wenn Sie als Introvertierter Ihren Organisations- und Kontrollzwang, Ihre Zweifel und Besorgnisse innerhalb der von unserer Gesellschaft als vernünftig und rechtschaffen erachteten Grenzen halten, gelten Sie als tüchtiger und respektabler Bürger. Überschreiten Sie allerdings diese Grenzen, beginnen Ihre Probleme. Sie rufen in Ihrer Familie und im Kollegenkreis Zorn und Verärgerung hervor, weil die Menschen Ihren zwanghaften Putzfimmel und Ihren Organisationswahn satt haben; Sie geraten in zunehmendem Maß in die Isolation. Diese Isolation und/oder ein weiterer Verlust Ihrer Selbstachtung läßt Ihre äußere Realität noch weniger real erscheinen und Ihr Bemühen, den Kontakt nach außen nicht zu verlieren, verstärkt Ihre Obsessionen und Zwänge. Sie müssen sich beispielsweise ständig die Hände waschen, bis die Haut platzt und blutet, oder Sie sind gezwungen, immer wieder die Lichtschalter in Ihrem Haus zu überprüfen, daß Ihnen keine Zeit mehr bleibt, zur Arbeit oder zu Bett zu gehen. Wenn solche Obsessionen und Zwänge den Kontakt zur Außenrealität nicht aufrechterhalten können, ziehen Sie sich in eine innere Realität zurück, von der Ihre Kommunikation nach außen nur noch als Halluzinationen und Wahnvorstellungen wahrgenommen wird.

Die Konstruktion des Selbst

Was wir als unser Selbst erfahren, ist eine Konstruktion, an der wir im Augenblick unserer Geburt zu arbeiten beginnen. Das Fundament unseres Selbst besteht aus unserer Wahrnehmung unseres Lebenssinns und der drohenden Vernichtung des Selbst. Alle Schlußfolgerungen, die wir aus den uns begegnenden Sachverhalten ziehen, alle unsere Meinungen, Haltungen und Überzeugungen, sowie alle unsere Entscheidungen, ob große oder kleine, beziehen sich aufeinander und auf dieses Fundament.

Psychologen wie ich bezeichnen die Komponenten, die unsere Ich-Struktur bilden, als ›Konstrukte‹. Über einen Fragenkatalog, der sogenannten *Stufenbefragung,* decken wir ihre Bezüge zueinander auf, die letztlich zum abstrakten und bedeutendsten Konstrukt führen, der Erfahrung unseres Selbst und seiner drohenden Vernichtung.

Kapitel 3

Welche Realität bevorzugen Sie?

Ich war zu einer Hochzeitsfeier nach New York gekommen und wurde bei einer Bekannten meiner Freunde untergebracht, die ich nicht kannte. Margot Ely lehrte Pädagogik an der Universität von New York. Sie wurde mir als Frau geschildert, die bei ihren Studenten beliebt und geachtet war, da sie den Versuchspersonen ihrer Forschungsarbeiten Wärme und Respekt entgegenbringt, sie nicht nur als Untersuchungsfälle oder manipulierbares Zahlenmaterial betrachtet.

Margot empfing mich mit großer Herzlichkeit und entschuldigte sich für das ihrer Meinung nach unzulängliche Zimmer, in dem ich schlafen sollte. Mir gefiel das Zimmer und ihre ganze Wohnung ausnehmend gut. Sie besaß viele schöne Bilder und Skulpturen, die sie von ihren Reisen um die Welt mitgebracht hatte. Es waren meist Darstellungen von Müttern mit Kindern.

Bald stellten wir gemeinsame Interessen fest und nach einem Abendessen wenige Tage später zeigte ich ihr, was ich mit dem Prinzip der *Stufenbefragung* meinte − eine Befragungsmethode, die aufdeckt, wie wir unseren Existenzsinn und unsere Angst vor der Vernichtung unseres Selbst wahrnehmen.

Zunächst bat ich sie, mir drei verschiedene Nahrungsmittel zu nennen.

Sie antwortete: »Gemüse, Fleisch, Getreide.«

Ich fragte: »Können Sie mir sagen, in welcher Beziehung zwei der genannten Begriffe übereinstimmen und der dritte sich von den anderen beiden unterscheidet?«

Amüsiert antwortete sie: »Getreide und Gemüse sind Pflanzen − Tiere bewegen sich, Pflanzen haben einen festen Standort. Sie wiegen sich höchstens im Wind.«

»Welcher Begriff ist Ihnen lieber?«

»Ich entscheide mich für Tiere, die herumlaufen.«

»Warum ist das wichtig?«
»Ich denke dabei an Menschen und ich bin gern mit Menschen zusammen. Auch wenn sie mir Sorgen machen und mich gelegentlich zur Verzweiflung bringen, würde ich mich für Menschen entscheiden.«
»In welcher Weise fühlen Sie sich zu Menschen hingezogen?«
»Im Urlaub fühle ich mich auch zu wogenden Getreidefeldern hingezogen«, lachte sie.
»Was würde geschehen, wenn Sie durch eine Veränderung in Ihrem Leben unfähig wären, Beziehungen zu Menschen zu haben?«
Sie antwortete: »Ich könnte Ihnen darauf eine schönfärberische Antwort geben, daß ich hoffe, diesen Zustand durch Kreativität zu beenden. Aber sogar Robinson Crusoe war nicht völlig allein, auch er hatte einen Menschen. Ich wäre einsam und verlassen. Ich würde versuchen, allein mit mir etwas anzufangen. Würde meine Persönlichkeit auch verschwinden? Würde ich meine Persönlichkeit behalten dürfen?«
»Was würde Ihrer Meinung nach mit Ihrer Person geschehen?«
»Meine Persönlichkeit würde sich verändern. Das weiß ich. Menschen reagieren auf andere Menschen und beziehen sich auf sie; wenn mir das genommen würde, müßte ich Wege finden, um eine Beziehung zu mir selbst herzustellen. Ich weiß, ich würde mich verändern. Ich wäre vermutlich ärmer, denke ich.«
»Wollen Sie mir sagen, was letztlich mit Ihnen geschehen würde?«
Margot sagte ganz leise: »Am Ende würde ich sterben.«
Bei diesem Besuch in New York lernte ich auch Molly Friedrich kennen, die später meine Literaturagentin in Amerika werden sollte. Auch sie empfing mich mit großer Freundlichkeit und erläuterte mir klar und sachlich, wie schwierig es sei, ein Buch bei einem amerikanischen Verleger unterzubringen. Einige Wochen später, an einem lauen Sommerabend, saßen Molly und ich bei einem Glas Wein auf ihrer Veranda. Ich ging mit ihr die ›Stufenbefragung‹ durch.

Meine erste Frage lautete: »Können Sie mir drei Bücher nennen, die Sie vertreten?«

Molly nannte drei Bücher von zwei Autoren.

Ich fragte: »Nennen Sie mir einen Aspekt, in dem zwei dieser Bücher sich gleichen und das dritte sich unterscheidet.«

»Die ersten beiden Titel sind vom selben Verfasser. Das dritte Buch hat ein anderer geschrieben.«

»Welches ist Ihnen lieber, das Buch, das ein anderer Autor geschrieben hat, oder die beiden erstgenannten?«

»Die Bücher desselben Autors.«

»Warum?«

»Weil er der bessere Schreiber und ein klarer Denker ist. Und weil ich mehr Material von ihm habe. Er hat mir vollständige Manuskripte vorgelegt, vom andern habe ich nur ein ausführliches Exposé. Das dritte Buch läßt also mehr Raum für Spekulation. Der Autor verspricht eine Menge. Aber ich weiß nicht, ob er überhaupt liefern kann.«

»Sie haben mir viele verschiedene Gründe genannt, ich greife einen beliebigen auf — wie wär's mit dem klaren Denker. Warum ist klares Denken für Sie wichtig?«

»Klares Denken ermöglicht mir, die Welt und meine Reaktion darauf realistisch einzuordnen.«

»Und warum ist es wichtig, die Welt und Ihre Reaktionen darauf realistisch einzuordnen?«

»Warum mir das wichtig ist? Ich möchte dem Leben ehrlich und mit klarem Kopf begegnen. Das ist ein Punkt, den ich schätze.«

»Und warum ist es wichtig, dem Leben ehrlich und mit klarem Kopf zu begegnen?«

»Weil das für mich die einzig mögliche Lebensform ist. Es gibt Dinge im Leben, die man als nicht gut erkennt. Es ist besser, ehrlich damit umzugehen. Weil ich großen Wert auf Ehrlichkeit lege.«

»Was würde passieren, wenn Sie sich in einer Situation befänden, in der Sie die Dinge nicht mehr zuordnen könnten?«

»Ich würde Hilfe suchen. Ich würde Rat suchen. Ich würde auf Ratschläge von Menschen hören, deren Meinung ich achte.«

»Wenn keiner dieser Menschen verfügbar wäre? Was würde dann mit Ihnen geschehen?«

»Wenn ich dazu nicht imstande wäre – würde ich mich grenzenlos einsam fühlen und ein Scherbenhaufen sein.«

»Das ist ein gutes Wort, ›Scherbenhaufen‹. Das muß ich mir merken. Ich benutze meist das Wort ›Chaos‹.«

»Wenn alles zusammenbricht«, sagte Molly.

Margot und Molly sind zwei ausgesprochen kluge, charmante, erfolgreiche Frauen. Jede erfährt sich selbst und nimmt die größte Gefahr auf grundverschiedene Weise wahr. Margot ist extravertiert und Molly ist introvertiert.

Wie wenden wir das Prinzip der Stufenbefragung an?

Wenn ich in meinen Vorlesungen den Begriff Sinnstruktur erläutere, gehe ich häufig mit Studenten, die sich freiwillig melden, die sog. Stufenbefragung durch, um zu veranschaulichen, daß selbst unsere trivialsten Entscheidungen auf einer Folge von Bewertungen beruhen, von denen jede abstrakter ist, als die vorangegangene und die alle irgendwann in einer Beurteilung des Existenzsinns eines einzelnen münden.

Zunächst bitte ich die befragte Person, mir drei Begriffe aus einem bestimmten Sachbereich zu nennen, das kann Nahrung, Pflanzen, Musik oder ein beliebiges anderes Gebiet sein, mit dem der/die Betreffende eine gewisse Erfahrung gemacht hat. Ein häufig gewählter Sachbereich ist Automobil. Meine erste Frage lautet dann: »Können Sie mir drei verschiedene Automarken nennen?«

Dem Befragten stehen viele Antwortmöglichkeiten zur Auswahl. In unserem Beispiel nehmen wir an, die Antwort lautet »Chevrolet, Ford Escort und Cadillac.«

Ich frage weiter: »Können Sie mir sagen, in welchem Punkt zwei der genannten Begriffe sich gleichen und einer sich davon unterscheidet?«

Hier kann der/die Betreffende wiederum verschiedene Antworten geben; was immer er/sie auch nennt, es handelt sich um ein von ihm/ihr bewertetes Konstrukt dieser Begriffe. Der Befragte könnte antworten: »Eines dieser Autos ist billig und die anderen beiden sind teuer.«

Dann frage ich: »Was ist Ihnen lieber, ein teurer oder ein billiger Wagen?«

Die Befragungsperson kann entweder ›teuer‹ oder ›billig‹ antworten. Angenommen, der Befragte in unserem Beispiel antwortet ›teuer‹, so frage ich darauf: »Warum ist ein teurer Wagen für Sie wichtig?«

Um diese Frage zu beantworten, muß der Befragte ein weiteres Konstrukt nennen, das sich auf das vorangegangene von ›teuer‹ bezieht und welchen Stellenwert es einnimmt.

Angenommen, er sagt: »Ich ziehe einen teuren Wagen vor, weil teure Wagen zuverlässiger sind als billige.«

Ich frage also: »Warum ist die Zuverlässigkeit für Sie wichtig?«

Der Befragte mag darauf eine ausführliche Antwort geben, sie wird aber immer auch die Aussage beinhalten: »Weil Menschen sich auf mich verlassen können müssen.«

Ich frage: »Warum ist es wichtig, daß Menschen sich auf Sie verlassen können?«

Auf diese Frage gibt es wieder verschiedene Antwortmöglichkeiten, die Grundaussage liegt jedoch darin, daß der ganze Sinn seiner/ihrer Existenz darin besteht, von anderen gebraucht zu werden, sich auf andere zu beziehen, Teil einer Gruppe zu sein.

Meine nächste Frage lautet: »Angenommen, es treten Veränderungen in Ihrem Leben ein, die bewirken, daß niemand auf der ganzen Welt Sie braucht, oder von Ihnen abhängt oder in irgendeiner Form eine Beziehung zu Ihnen haben möchte. Was würde mit Ihnen geschehen?«

Das ist eine sehr harte Frage, weil ich den Befragten damit zwinge, darüber nachzudenken und in Worte zu fassen, welche Umstände die Vernichtung des Selbst herbeiführen. Um diese Frage zu beantworten, machen die Versuchspersonen Aussagen wie: »Ich würde mich in Nichts auflösen«, »Ich würde eingehen«, »Das wäre mein Ende«, oder wie Margot: »Am Ende würde ich sterben.«

In unserem Fall sagt der Befragte, daß er seine Existenz als Gruppenzugehöriger, als Beziehung, als die Verbindung zwischen seinem Selbst und anderen erlebt; er sieht die Vernichtung des Selbst in der völligen Isolation, als absolute Vereinsamung, als totales und unwiderrufliches Verlassensein, in dem er verkümmert, eingeht und sich in Nichts auflöst.

Nehmen wir an, eine andere Befragungsperson hat die gleichen drei Automarken genannt, mit dem gleichen Konstrukt ›teuer – billig‹ und der Präferenz ›teuer‹.

Ich frage: »Warum ist denn ein teurer Wagen für Sie wichtig?«

Die Person antwortet: »Ein teurer Wagen ist immer ein individueller Wagen. Etwas Besonderes.«

»Warum ist individuell und besonders wichtig für Sie?«

Hier kann die Person antworten, sie möchte gern ein Individuum sein, sich von anderen Menschen unterscheiden, oder es geht ihr um ein Symbol für erbrachte Leistung, nicht nur im Sinne von kostspieligem, individuellem Besitz, sondern um sich ein individuelles Persönlichkeitsbild anzueignen. Die Antworten enthalten in ihrem Kern die Aussage einer ständigen Entwicklung individueller Klarheit, Glaubwürdigkeit und Leistungsbezug.

Wieder die harte Frage. »Angenommen, Ihre Lebensbedingungen verändern sich drastisch und Sie haben keine Möglichkeit mehr, Ihre individuelle Klarheit, Glaubwürdigkeit und Leistung zu entwickeln. Was würde mit Ihnen geschehen?«

Die Antwort bezieht sich immer auf Kontrollverlust, Zerfall, in totales Chaos stürzen oder in Mollys Worten: »ein Scherbenhaufen, der totale Zusammenbruch«.

In diesem Fall bringt der Befragte zum Ausdruck, daß er seine Existenz als progressive Entwicklung seiner Individualität im Hinblick auf Streben nach Einsicht, Leistung und Echtheit erfährt und seine Vernichtung als Kontrollverlust seines Ich und seines Lebens, als Auseinanderbrechen, Sturz ins Chaos, zu Staub zerfallen erlebt.

Stufenbefragung in der Therapie

Solche Fragen würde ich in dieser direkten und hartnäckigen Form keinem Menschen mit großen Problemen stellen, da er sich dadurch bedroht und erschüttert fühlen könnte.

Andererseits liegt mir zu einem frühen Zeitpunkt in der Therapie daran, meist schon in der ersten Sitzung, festzustellen, ob mein Klient extravertiert oder introvertiert ist. Diese Unterscheidung sagt meinem Klienten in diesem Stadium der Therapie meist noch nicht viel, mir hingegen erleichtert sie das Verständnis, wovor mein Klient sich fürchtet und welche konkreten Möglichkeiten ihm für eine Veränderung zu Gebote stehen. Ist der Klient zum Beispiel unglücklich verheiratet, wird die Möglichkeit einer Scheidung früher oder später zur Sprache kommen. Ist mein Klient introvertiert, empfindet er den Gedanken, die Familiengruppe zu verlassen, weit weniger bedrohlich, zumal ihm das Verlassen der Gruppe größere Erfolgschancen in Aussicht stellt, als einem Extravertierten.

Wenn in diesem ersten Gespräch das vom Klienten gebildete Konstrukt darauf schließen läßt, daß ihm oder ihr etwas sehr wichtig ist, frage ich nach dem Grund.

Der Klient sagt zum Beispiel: »Ich halte eine unaufgeräumte Wohnung einfach nicht aus.«

Ich frage darauf: »Warum ist es Ihnen wichtig, Ihre Wohnung in Ordnung zu halten?«

Wenn der Klient etwa antwortet: »Was sollen denn die Leute von mir denken?«, gibt er damit seine Angst zu erkennen, von der Gruppe zurückgewiesen zu werden.

Oder der Klient sagt: »Ich plane gerne und weiß gern, daß alles an seinem Platz ist«; so zeigt er damit seine Angst vor Chaos und Kontrollverlust.

Manchmal ist »Warum ist das wichtig?« zu bedeutungsvoll, um die Frage zu stellen.

Vor kurzem kam eine junge Frau namens Ester auf Wunsch ihres Stiefvaters zu mir. Im Verlauf der letzten zwei Jahre hatte sie kaum gegessen und war bis auf die Knochen abgemagert. Sie hatte mehrere Krankenhausaufenthalte hinter sich und die Familie – Mutter, Stiefvater und Ester – war von Psychologen, Fachärzten, Assistenzärzten, Fachberatern, psychiatrischen Krankenschwestern, Sozialarbeitern und Gemeindeberatern mit Fragen, Ratschlägen, Gutachten, Therapien bombardiert worden, bis alle drei überhaupt nicht mehr wußten, was sie tun sollten. Esters Stiefvater hoffte, ich möge etwas Ordnung in das Chaos bringen.

Ester erzählte mir gleich zu Beginn, daß sie großen Wert darauf lege, nicht dick zu werden. Mir war klar, daß sie auf meine Frage »Warum ist es für Sie wichtig, nicht dick zu werden?« reagieren würde, als wolle ich ihr damit vorwerfen, sie sei dumm, unreif und neurotisch und würde von ihr verlangen, sie solle gefälligst tun, was man ihr riet, nämlich ordentlich essen und erwachsen werden. Ich mußte ihr begreiflich machen, daß hinter meinem Interesse zu erfahren, warum sie nicht dick werden wolle, eine andere Absicht und Bedeutung lag.

Ich sagte: »Es gibt zwei Gründe, warum Menschen nicht dick werden wollen. Die einen glauben, sie werden von anderen Leuten abgelehnt, wenn sie dick sind. Niemand möchte etwas mit ihnen zu tun haben und sie seien völlig einsam. Das ist das Allerschlimmste, was so jemand passieren kann. Andere Menschen wollen nicht dick sein, weil sie der Ansicht sind, dadurch Kontrolle über sich und ihr Leben zu verlieren, und Kontrollverlust ist das Schlimmste, was ihnen passieren kann.«[1]

Ester hörte aufmerksam zu, als ich von abgelehnt und einsam sein sprach. Beim Wort ›Kontrolle‹ nickte sie zustimmend, und sie nickte mehrmals zu meinen Erläuterungen, warum Introvertierte magersüchtig werden.

Dieses Kopfnicken fiel mir zum ersten Mal in meinen Vorlesungen über Depression auf, als ich darüber sprach, wie wir unseren Existenzsinn und unsere drohende Vernichtung wahrnehmen. Bei meinen Ausführungen, wie Extravertierte ihre Existenz und ihre drohende Vernichtung wahrnehmen, nickten etwa die Hälfte der Köpfe der Studenten im Hörsaal. Als ich über Introvertierte sprach, begannen die anderen Köpfe zu nicken. Wenn ich im Gedächtnis behielt, wer bei welcher Erläuterung genickt hatte, erleichterte ich mir häufig die Beantwortung von Fragen am Ende der Vorlesung.

Ester war introvertiert und bewertete ihre Situation im Sinn von Kontrolle, Leistung, Klarheit und Authentizität; sie maß ihren Erfolg an den Normen, die von Menschen errichtet wurden, deren Anerkennung ihr wünschenswert war. Sie hielt es für absolut notwendig, ihr Gewicht zu kontrollieren und sich einer strikten Diät zu unterziehen, da dies der einzige Bereich ihres Lebens war, in dem sie Kontrolle ausüben konnte. Alle anderen Bereiche unterlagen der Kontrolle anderer Menschen. Sie glaubte, sich über ihr Körpergewicht und ihr Fasten verwirklichen zu können. Alle anderen Leistungen, die sie erbrachte, setzte sie herab – ihre guten Zeugnisnoten (»Meine Schwester hat ein besseres Zeugnis«), ihr Schreibtalent (»Taugt nichts, so etwas würde kein Mensch drucken«). Eine superschlanke Figur war etwas, das sie geleistet hatte, war ein persönlicher Ausdruck von Klarheit und Authentizität. Damit stellte sie unter Beweis, wie sie sagte, daß sie nicht gierig und unkontrolliert war.

Die Menschen, nach deren Anerkennung sie hungerte und deren Normen sie erfüllen wollte, waren ihre Mutter und ihr Stiefvater. Beide wollten, daß sie zu normalen Eßgewohnheiten zurückfinde, doch damit konnte Ester sich nicht einverstanden erklären. Sich diesem Ansinnen zu beugen würde bedeuten, die letzte Bastion ihrer Autonomie aufzugeben. Außerdem vermittelten die Erwachsenen ihr mit ihren Versuchen, sie zum Essen zu zwingen, zwei einander widersprechende Botschaften. »Iß mehr«, schienen sie zu sagen, »sei aber nicht gierig und unkontrolliert. Wir verabscheuen Menschen, die gierig und unkontrolliert sind.« Aus der Art, wie sie über Gier sprach, schloß ich, daß Ester in ihrer Kindheit wegen dieser Untugend hart bestraft worden war.

Hätte ich Esters Mutter und Stiefvater eine diesbezügliche Frage gestellt, hätten sie zweifellos geantwortet, das Kind lediglich zur Mäßigung angehalten zu haben. Aber Ester kann nicht maßhalten. Sie verachtet Mäßigung. Sie fühlt sich zu Extremen getrieben, also geht sie immer an Extreme. Um ihr Lebensgefühl zu erfahren, zu rechtfertigen und auszubauen und um die drohende Vernichtung ihres Selbst zu verhindern, wird sie immer darauf achten, daß sie eine superschlanke Figur hat, auch auf die Gefahr hin, mit dem Tod bezahlen zu müssen.

Ester ist ihrem gleichfalls introvertierten Zeitgenossen Andrew Wallace sehr ähnlich. Andrew trainiert seinen Körper zu größter Kraft und Reaktionsschnelligkeit, um am Steuer seines Rennwagens in atemberaubender Geschwindigkeit die gefährliche Rennpiste entlangzujagen, auch auf die Gefahr hin, mit dem Leben dafür bezahlen zu müssen. Die Menschen, deren Anerkennung er so stark wünscht, erwarten von ihm solches Handeln; wenn er ihren Erwartungen nicht entspricht, werden sie ihn zurückweisen und fallenlassen.

Der Unterschied zwischen Ester und Andrew liegt in ihrer Selbsteinschätzung.

Andrew hat eine hohe Meinung von sich selbst. Er bringt sich Wertschätzung und Akzeptanz entgegen. Er ist davon überzeugt, die Macht und Fähigkeit zu besitzen, sein Ziel zu erreichen und am Leben zu bleiben. Ester hat eine schlechte Meinung von sich selbst. Sich zu Tode hungern ist einerseits ein Erfolg, aber auch eine wohlverdiente Strafe. Ihr Tod, so glaubt sie, wäre ein Opfer, womit sie ihre Schlechtigkeit sühnen könnte.

Aus vielen Kindheitserfahrungen zog Ester die Schlußfolgerung, daß sie schlecht und wertlos sei. Was Ester jetzt braucht, sind nicht Menschen, die sich darüber aufregen, was sie ißt und sie bestrafen, wenn sie nicht ißt, sondern Menschen, die ihr mit Wort und Tat zu verstehen geben, daß sie von ihnen als der Mensch akzeptiert und geschätzt wird, der sie ist. Sie braucht einen Therapeuten, der ihr hilft, ihre Meinung, ein schlechter und unakzeptierbarer Mensch zu sein, und die Gründe, die solche Gefühle auslösten, zu untersuchen, damit sie begreift, daß diese Meinung ihrer vermeintlich angeborenen Schlechtigkeit nichts weiter ist als Ballast, den andere Menschen ihr aufgebürdet haben. Es gibt aber keinen Grund, daß wir anderen Menschen als Schuttabladeplatz dienen.

Viele Erfahrungen, die Ester zur Annahme brachten, ein schlechter und wertloser Mensch zu sein, hingen damit zusammen, daß sie etwas haben wollte und allmächtige Erwachsene ihr sagten, es sei unartig, so gierig zu sein. Sie müsse stets an andere denken, bevor sie an sich selbst denke. Vielen von uns wurde in der Kindheit ziemlich barsch eingetrichtert, als artige, brave und gute Kinder müßten wir immer die Bedürfnisse anderer Menschen vor unsere eigenen stellen, nur dann haben uns andere Menschen lieb. Wir dürfen nie gierig und egoistisch, müssen immer altruistisch sein. Aus diesem Grund kann das Verfahren der Stufenbefragung gefährlich sein.

Stufenbefragung ist kein Kinderspiel

Wenn ich in meinen Vorlesungen eine Übung mit der Stufenbefragung mache, stelle ich immer wieder fest, daß manche Menschen ohne Zögern oder Schwierigkeiten die oberste Stufe der Fragenleiter erreichen, andere hingegen beginnen bereits in der unteren Stufe zu mogeln. Sie treten mit allen Anzeichen des Widerstandes auf der Stelle.

Der Grund, warum wir uns weigern, die oberste Sprosse unserer Leiter vor einem Publikum zu erklimmen, besteht darin, daß wir meist schon beim ersten »Warum ist das wichtig?« wissen, wohin die Fragen führen, und wir unsere Antworten nicht vor einem Publikum preisgeben möchten.

Wenn wir eingestehen, wie wir die drohende Vernichtung unseres Selbst wahrnehmen, gestehen wir unsere größte Schwäche ein, und viele von uns glauben, es sei gefährlich, Schwächen einzugestehen. Wenn jemand uns quälen und zerstören möchte, hat er die Möglichkeit dazu, wenn er unsere Schwächen kennt. Extravertierte leiden die größten Qualen der Zerstörung, wenn sie in die völlige Isolation geraten. Introvertierte werden mit Isolation fertig, indem sie sich in ihre innere Realität zurückziehen, die für sie höchst interessant ist. Introvertierte leiden die größten Qualen, wenn man ihnen die Möglichkeit nimmt, ihr Zeit- und Raumempfinden zu organisieren, und ihnen sagt, sie hätten ihre äußere Realität falsch analysiert. Man muß ihnen nur die Uhr wegnehmen, sie kein Tageslicht sehen lassen, das Frühstück zu einer Zeit bringen, an dem sie das Abendessen erwarten. Um einen introvertierten Gefangenen an seiner Wahrnehmung der äußeren Realität zweifeln zu lassen, braucht ein Vernehmungsbeamter nur ein langes Gespräch mit dem Gefangenen zu führen und beim nächsten Treffen vorgeben, er habe den Gefangenen nie zuvor gesehen. Die

Geheimdienste vieler Länder besitzen Handbücher über diese Foltermethoden.

Manche Menschen weigern sich, die Stufenbefragung mitzumachen, nicht so sehr, weil sie nichts von sich preisgeben wollen, sondern weil sie nicht als böse dastehen wollen. Man hat uns eingeprägt, Egoismus sei etwas Böses und auf der obersten Stufe unserer Fragenleiter steht der reine Egoismus. Hier kommt ans Tageslicht, daß wir an uns selbst interessiert sind. Wir benutzen andere Menschen, um unsere eigene Existenz zu rechtfertigen: wir sorgen uns nur um die Entwicklung unserer eigenen Individualität.

Wir müssen uns vor Augen halten, daß wir körperlich und seelisch lebendig und ganzheitlich sein müssen, wenn wir anderen Menschen von Nutzen sein wollen. Als Tote sind wir niemandem von Nutzen. Wenn wir uns leer und zersplittert fühlen, bleibt uns nichts, was wir anderen geben könnten. Wenn wir mit anderen Menschen in gleichberechtigten, gebenden, liebevollen Beziehungen leben wollen, müssen wir uns als Ganzes fühlen. Wir müssen spüren, daß die Struktur des Selbst, das wir erschaffen haben, keiner Bedrohung ausgesetzt ist und daß wir unseren Existenzsinn ausarbeiten können.

Um das zu schaffen, müssen Sie klar und bewußt erkennen, wie Sie Ihr Lebensgefühl erfahren und die Bedrohung Ihrer Vernichtung sehen. Wenn Sie das über die Stufenbefragung herausfinden wollen, ist es vielleicht empfehlenswert, dies allein in der Abgeschiedenheit Ihrer Gedankenwelt zu tun.

Kapitel 4

Verschiedene Formen, die Dinge zu sehen und zu tun

Die Art und Weise, wie wir unser Lebensgefühl erfahren und die drohende Vernichtung unseres Selbst sehen, manifestiert sich in allem Handeln und in allen Entscheidungen – ob es darum geht, was wir zum Frühstück essen oder wen wir heiraten, ob wir uns für Schinken mit Ei oder einen bestimmten Lebenspartner entscheiden.

Da wir unsere Existenz und die Bedrohung durch unsere Vernichtung auf zwei verschiedene Arten erleben können, gehen beziehungsorientierte und leistungsorientierte Menschen mit jedem Lebensaspekt anders um. Extravertierte und Introvertierte unterscheiden sich in der Art und Begründung ihres Handelns.

Es könnte Listen geben mit der Überschrift ›So handeln Extravertierte‹ und ›So handeln Introvertierte‹, die allerdings nur als allgemeine Richtlinien dienen könnten, keineswegs als reale, absolute, unverrückbare Wahrheiten. Jeder von uns, ob introvertiert oder extravertiert, ist ein Individuum und wir alle erarbeiten unser Lebensgefühl in der uns eigenen, persönlichen Art und Weise und wehren uns auf unsere Weise gegen die drohende Vernichtung, haben also unseren eigenen persönlichen Stil, Entscheidungen zu treffen und danach zu handeln. Wir sind außerdem stets fähig, uns eine neue Form anzueignen, Entscheidungen zu treffen und danach zu handeln.

Wenn ich sage: »Introvertierte handeln nach Schema X«, so will ich damit nicht behaupten, daß Extravertierte *nie* nach Schema X handeln, und wenn ich sage: »Extravertierte handeln nach Schema Y«, so heißt das nicht, daß Introvertierte *nie* nach Schema Y handeln. Wir alle sind vielschichtige Persönlichkeiten. Doch gibt es gewisse Dinge, die Introvertierten leichtfallen, die sie selbstverständlich, ohne zu überlegen, ständig und gewohnheitsmäßig tun, die Extravertierte aber, wenn sie sich überhaupt bereitfänden, sie zu tun, einige Überwindung kosten würden. Sie würden dann Überlegungen anstellen, müßten sich vorbereiten und könnten sich wohl kaum dazu entschließen, dieses Handeln zur Gewohnheit zu machen. Umgekehrt gibt es Dinge, die Extravertierten leichtfallen, die aber Introvertierte nicht so gerne tun.

Jeder von uns ist zwar eine individuelle Persönlichkeit, doch in unserer *Körperlichkeit* gibt es Merkmale, die Extravertierte und Introvertierte gemeinsam haben.

Körperliche Merkmale

Neurologisch orientierte Psychologen erklären die Unterschiede zwischen Introvertierten und Extravertierten über den Grad des *Erregungszustands der Großhirnrinde*. Das ansteigende retikuläre Aktivierungssystem sendet Signalströme an die Großhirnrinde, die sie befähigen, die Geschehnisse der äußeren Realität aufzunehmen. Diesen Forschungen zufolge haben manche Menschen ein sehr aktives ansteigendes retikuläres Aktivierungssystem, das verstärkte Reizsignale an unsere Großhirnrinde aussendet und sie in einem stark erregten Zustand hält; andere Menschen hingegen haben ein weniger aktives ansteigendes retikuläres Aktivierungssystem, das unsere Großhirnrinde eher träge und in einem nur schwachen Erregungszustand hält. Um eine vernünftige Funktionsweise zu erhalten, muß die erste Gruppe von Menschen die Stimulierung der äußeren Realität reduzieren, wohingegen die zweite Gruppe sich zusätzliche Stimulierung von der Außenrealität holen muß.

Es ist also nicht erstaunlich, wenn Introvertierte, deren Großhirnrinde zu stark erregt ist, die Vernichtung ihres Selbst als Zerbrechen empfinden, was in der neurologisch orientierten Sprache eine überladene, überstimulierte Großhirnrinde bedeutet. Extravertierte, deren Großhirnrinde zu wenig stimuliert ist, sehen die Vernichtung ihres Selbst als Auflösung, was das völlige Abschalten der Funktion des Großhirns bedeuten würde.

Die neurologische Psychologie beschäftigt sich jedoch nicht mit Gedanken wie dem ›Selbstsinn‹. Diese Wissenschaft befaßt sich mit Kriterien, die sichtbar und meßbar sind; die Forschungstätigkeit richtet sich auf Aktivitäten von Mensch und Tier, die sichtbar und meßbar sind.

Auf diesem Forschungsgebiet tätige Psychologen haben festgestellt, daß sie die Funktionsfähigkeit des ansteigenden retikulären Aktivierungssystems ihrer Versuchspersonen nicht messen müssen, um sie in Extravertierte und Introvertierte zu unterscheiden. Wenn sie ihren Versuchspersonen die von Eysenck entwickelten Persönlichkeitstests vorlegen, erhalten sie zufriedenstellende Ergebnisse, die der Forscher dann untersuchen und auswerten kann.

Psychologen sind daran interessiert, Lernprozesse bei Mensch und Tier zu studieren; sie beobachteten Testpersonen und Ratten unter verschiedenen Bedingungen. Eines der einfachsten Verfahren ist die *klassische Konditionierung*. Dem Probanden werden, wie im Fall der Pawlowschen Hunde, zwei Reize gleichzeitig, nämlich Nahrung und das Geräusch einer Glocke unterbreitet. Zunächst veranlaßt nur der Reiz des Nahrungsangebots den Hund zur Speichelsekretion. Nach einigen Wiederholungen beginnt der Hund beim Geräusch der Glocke auch ohne Nahrungsangebot zu speicheln.

Messungen, wie stark ein Mensch beim Anblick oder beim Gedanken an Nahrungsaufnahme Speichelflüssigkeit produziert, würden wohl auf Protest der Testpersonen stoßen, deshalb ziehen die Forscher es vor, den Probanden einen Lufthauch ins Gesicht zu blasen und gleichzeitig eine Glocke ertönen zu lassen. Zunächst blinzelt die Versuchsperson, wenn sie den Lufthauch verspürt. Nach einer Weile reagiert auch sie bereits beim Ertönen der Glocke, selbst wenn kein Lufthauch erfolgt. Einige Versuchspersonen lernen diese Reaktion schneller als andere; das sind meist introvertierte Menschen. Von Introvertierten wird behauptet, sie seien anpassungsfähiger als Extravertierte.

Das ist kaum erstaunlich. Mehrere gleichzeitig eintretende Geschehnisse bedeuten für den Introvertierten schnelle Reaktion, schnelles Erfassen, Zuordnen und Behandeln, um Ordnung und Kontrolle in der Großhirnrinde zu gewährleisten. Für den Extravertierten bedeuten mehrere gleichzeitig erfolgende Geschehnisse die nötige Reizvielfalt und Spannung, die er für eine angemessene Stimulation braucht.

Eysenck, der stets seinen Finger auf menschliches Fehlverhalten und Versagen legt, behauptet, hier liege die Erklärung, warum Introvertierte *neurotische* und Extravertierte *psychopathische* Anlagen haben. Demzufolge wären psychiatrische Kliniken also mit Introvertierten und die Gefängnisse mit Extravertierten[1] besetzt.

Hier ein Beispiel, wie sich eine Geschichte nach der Lerntheorie des *Behaviorismus* abspielen könnte.

Ein introvertiertes Kind stiebitzt, wie Kinder das gern tun, Süßigkeiten und sein Vater, wie Väter das gern tun, verprügelt es zur Strafe. Das introvertierte Kind assoziiert den Schmerz der Prügel mit Stehlen und nimmt sich vor, nicht wieder zu stehlen. Gleichzeitig assoziiert es die vom Vater in ihm ausgelöste Angst, verprügelt zu werden, mit dem Vater, und es wird den Rest seines Lebens Angst vor seinem Vater haben und vor allen Menschen, die es an seinen Vater erinnern. Diese Angst kann als irrational und der Mensch mit einer solchen Angst als neurotisch bezeichnet werden.

Ein extravertiertes Kind, das den gleichen Delikt begeht und vom Vater in gleicher Weise bestraft wird, hat weniger starke Assoziationen. Es stellt keine Verbindung her zwischen Stehlen und Bestrafung und wird weiterhin stehlen, ungeachtet der Ermahnungen seines Vaters oder anderer Vaterfiguren, daß solches Verhalten nicht richtig ist. Dieses Kind könnte den Schmerz der Bestrafungen als erregende Stimulation erleben.

Freud und seine Anhänger hatten bereits vor Eysenck die große Zahl psychopathischer Charaktere bei Extravertierten festgestellt, das Phänomen jedoch mit der Entwicklung des Über-Ich erklärt. Die psychoanalytische Erklärung ist wesentlich komplexer als die behavioristische. Welcher Erklärung wir auch den Vorzug geben mögen, wir dürfen nicht den Fehler begehen zu glauben, daß jeder Introvertierte ein Neurotiker sein muß, ebensowenig wie ein Extravertierter im Gefängnis endet.

Manche Forscher haben eine Beziehung festgestellt zwischen

Körpertemperatur, der Zeit höchster geistiger Leistungsfähigkeit (ob *Morgenmensch* oder *Nachtmensch*) und Extraversion-Introversion. Dieser Theorie zufolge sind Extravertierte ›Nachteulen‹ und Introvertierte ›Lerchen‹. Jim Horne, der Leiter des Schlaflabors an der Loughborough Universität sagt, eine ›Eule‹ von einer ›Lerche‹ zu unterscheiden sei ganz einfach. Man müsse den Betreffenden nur fragen, ob er eine geistig anspruchsvolle Aufgabe lieber um sieben Uhr morgens oder um zehn Uhr abends lösen würde. Er sagt aber auch, daß diese Präferenz keinerlei Rückschlüsse auf Extraversion-Introversion zulasse.[2]

Ein Grund, weshalb verschiedene Wissenschaftler auf diesem Gebiet zu verschiedenen Resultaten gelangen, besteht vielleicht darin, daß sie sich zur Messung von Extraversion-Introversion des Eysenck-Persönlichkeitstests bedienen. Bei diesem Fragebogen erreichen Introvertierte, die gelernt haben, sich in Gesellschaft anderer wohl zu fühlen, Punktezahlen als Extravertierte; während Extravertierte, die sich vor anderen Menschen ängstigen und deshalb schüchtern sind, als Introvertierte abschneiden.

Der Eysenck-Persönlichkeitstest erhebt aber nicht nur den Anspruch, Extraversion und Introversion zu messen. Er behauptet, auch ›neurotische Tendenzen‹ zu messen. Wenn Sie die Forschungsberichte lesen, bei denen Schwankungen der Körpertemperatur auf Fragen nach der Gewöhnung an Langstreckenflüge oder Schichtarbeit gemessen werden, finden Sie die Begriffe ›neurotisch‹ oder ›stabil‹ den Begriffen ›introvertiert‹ bzw. ›extravertiert‹ vorangesetzt. Als Introvertierter sollten Sie sich demnach hüten, einzugestehen, daß Sie an Jet-lag leiden oder eine Abneigung gegen Schichtarbeit haben, denn diesen Forschungsergebnissen zufolge handelt es sich bei Menschen, die sich nur schwer an Jet-lag oder Schichtarbeit gewöhnen, um *neurotische* Introvertierte.[3]

Ich warne Sie auch davor, sich dem Wechsler-Test, dem ›Wechsler Adult Intelligence Scale‹ (WAIS) zu unterziehen, falls Sie nicht absolut sicher sind, daß Ihre Ergebnisse nicht in die Hände eines Geheimdienstes geraten. Möglicherweise sitzt immer noch ein Mann in der CIA, der nach diesem Punktesystem Spione für die USA rekrutiert oder sich an gegnerischen Spionen rächen will.

Der Psychologe John Gittinger[4] leitete in den 40er Jahren eine staatliche Dienststelle für Psychologie in Noman, Oklahoma. Er interessierte sich für Gelegenheitsarbeiter, die in den Sommermonaten als Aushilfsköche und Tellerwäscher arbeiteten und sich im Winter in psychiatrische Kliniken einweisen ließen. In den 40er Jahren sahen Psychologen ihre vorrangigen Aufgaben darin, Patienten Intelligenztests zu unterziehen. Gittinger ließ die Gelegenheitsköche und Tellerwäscher den WAIS machen. Bei der Auswertung stellte er fest, daß sie in zwei deutlich voneinander verschiedene Gruppen einzuteilen waren. Köche erwiesen sich als gut in einem Untertest über sogenanntes zahlenlogisches Verständnis. Die Tellerwäscher nicht.

Im ersten Teil dieses Zahlentests liest der Psychologe langsam und gleichmäßig eine Zahlenreihe vor, sagen wir, ›4-9-7-8-1‹. Die Testperson wird aufgefordert, die Zahlenreihe zu wiederholen und mit jeder korrekten Wiederholung wird die Reihe länger. Im zweiten Teil des Tests liest der Psychologe die Zahlenreihe vor, und die Testperson wiederholt sie von rückwärts. Also ›6-5-2-9‹ – ›9-2-5-6‹.

Um diesen Test zu bestehen, muß die Versuchsperson in der Lage sein, sich genau auf die Worte des Psychologen zu konzentrieren und alles abschalten, was sie von ihrer Aufgabe ablenkt. Genau dazu muß ein Aushilfskoch fähig sein. Der Koch bekommt die Bestellung des Gastes zugerufen und wiederholt sie korrekt. Wer das nicht schafft, muß sein Brötchen als Tellerwäscher verdienen.

Gittinger nannte die Männer, die als Köche arbeiteten und gut im Zahlenlogiktest abschnitten, ›Internalisierer‹ und die Tellerwäscher, die in diesem Test schlecht abschnitten, ›Externalisierer‹.

Er sah in dieser Gruppierung zwei gesonderte, angeborene Persönlichkeitsmerkmale, die anderen Persönlichkeitsschichten zugrunde liegen, die sich aus den Erfahrungen einer Testperson entwickelt hatten. Diese anderen Schichten konnten durch weitere WAIS-Tests kenntlich gemacht und das gesamte Muster der Testergebnisse nach einem bestimmten Verfahren interpretiert werden; nach diesem Verfahren konnten circa 1024 unterschiedliche Persönlichkeitstypen festgelegt werden.

Gittinger arbeitete lange an der Entwicklung seines Persönlichkeitsbeurteilungssystems (Personality Assessment System [PAS]), das er nie als abgeschlossen erachtete, dessen sich jedoch die CIA seit 1950 bediente. Und während der Kuba-Krise wurde Gittinger als Berater Präsident Kennedys hinzugezogen, um mögliche Reaktionen Chruschtschows in Erwägung zu ziehen.

Gittinger brachte das PAS den Beamten der CIA nahe, denen die Aufgabe zufiel, den für bestimmte Aufgaben geeigneten Spion ausfindig zu machen. Gittinger schrieb:

> Zwei Männer erhielten den Auftrag, für eine bestimmte geheimdienstliche Aufgabe die Nachbarschaft zu observieren. Zufällig brach dort ein Feuer aus. Die beiden Männer kehrten getrennt voneinander zurück und erstatteten Bericht. Ich hatte Einblick in die Testergebnisse der beiden Männer. Einer war ein Externalisierer, der andere ein Internalisierer. Der E. kam zurück und berichtete: »Ich konnte überhaupt nichts sehen, weil das Haus nebenan brannte.« Der I. hingegen lieferte einen ausführlichen Bericht seiner Beobachtungen. Danach wurde er nach dem Feuer gefragt. Seine Antwort: »Was für ein Feuer?«

Wer also einen Spion braucht, der eine Fülle genereller Information über alle eventuellen Geschehnisse sammelt, der entscheide sich für einen Externalisierer; wer an Informationen über einen bestimmten, genau gekennzeichneten Sachverhalt interessiert ist, der nehme einen Internalisierer.

Das PAS machte nicht nur die Stärken der Externalisierer und Internalisierer kenntlich; es deckte auch deren Schwächen auf und fand damit Methoden, wie der Betreffende in Verwirrung und Angst zu versetzen ist, bis hin zur spürbaren Bedrohung, den Verstand zu verlieren.

Die von der CIA durchgeführten Untersuchungen prüften zum Teil auch, wie Internalisierer und Externalisierer auf Alkohol und LSD reagierten. Dabei zeigte sich, daß Internalisierer sich nach Alkoholgenuß noch mehr verschlossen und Externalisierer ›hemmungslos‹ gesprächig wurden. Bei LSD neigten Externalisierer stärker als Internalisierer dazu, auf schlechte Trips zu gehen. Sheldon Kopp, dessen Bücher ich jedem empfehle, der sich auf die Reise der Selbsterforschung begibt, schrieb: »Manche empfinden einen schlechten Trip nicht so sehr als schreckliches Erlebnis im Innern, sondern als entsetzte Flucht vor dem Grauen, das ihnen in den unergründlichen Tiefen ihrer Seele begegnen *könnte*.«[5] Das heißt also, wenn wir unsere innere Realität nicht kennen und daher als gefährlich wahrnehmen, müssen wir davor die Flucht ergreifen.

In der Geschichte der Psychologie wimmelt es von Psychologen, die ständig vor ihrer inneren Realität geflohen sind. Nicht alle waren extravertiert. Viele waren Introvertierte, die mit ihrer inneren Realität nur dann zurande kamen, solange sie organisiert und kontrolliert war; wobei jede Emotion, ob die eigene oder die anderer Menschen, ihnen Entsetzen einjagte. Da es sich bei nahezu all diesen Psychologen um Männer handelte, konnten sie – ob extravertiert oder introvertiert – gemeinsam die traditionell männliche Überzeugung vertreten, daß Rationalität und Objektivität gut (und männlich) sei, Irrationalität und Subjektivität dagegen schlecht (und weiblich). Damit bewiesen sie die bewundernswerte Fähigkeit, der wir alle nacheifern, nämlich unsere Ängste und Abwehrmechanismen abzulehnen und sie nicht als Schwäche, sondern als Tugend zu bezeichnen.

Das Ergebnis all dessen war, daß Psychologen sich vorwiegend mit Bereichen beschäftigten, die sie Verhalten und Kognition nannten; alle unordentlichen und unüberschaubaren Aspekte des menschlichen Wesens packten sie zusammen unter den Begriffen Emotion oder Persönlichkeitsbild und reduzierten die Phänomene auf chemische Veränderungen oder ererbte Charakterzüge.

Gittinger gehörte zu den Psychologen, die erkannten, daß unsere Persönlichkeit sich darauf auswirkt, wie wir unseren Verstand einsetzen; doch solche Überlegungen paßten nicht in die Arbeitsweise der Psychologen. Es paßte ihnen nicht, sich damit auseinanderzusetzen, daß Testpersonen beim Betreten eines Versuchslaboratoriums ihre Lebensgeschichte, Hoffnungen und Ängste, Grundsätze und Ansichten nicht an der Garderobe abgeben.

Damals hielten Psychiater auch an der Überzeugung fest, daß Lebensgeschichte, Hoffnungen, Ängste, Grundsätze und Ansichten ihrer Patienten völlig bedeutungslos seien. Die Psychiatrie unterstellte, daß ihre Patienten an Geisteskrankheiten litten, hervorgerufen durch eine bestimmte körperliche Fehlfunktion – ein defektes Gen oder eine anormale biochemische Veränderung.

Dann tauchte der Soziologe George Brown auf. Er und seine Kollegen belegten, daß wir aller Wahrscheinlichkeit in Depression verfallen, wenn wir eine Vielzahl von Verlusten und Enttäuschungen in unserem Leben einstecken müssen.[6]

Natürlich hatten schon viele Menschen vor George Brown dieses Phänomen beobachtet. Allerdings war er der Erste, der seine Beobachtungen mit den Methoden der Sozialforschung überprüfte. Er führte den Begriff ›Lebensumstände‹ ein und zeigte auf, daß die Lebensgeschichte eines Menschen nicht nur danach zu bewerten sei, wie viele Ereignisse stattgefunden hatten, sondern auch nach der Belastung, die jedes dieser Ereignisse hervorrief.

Es dauerte nicht lange, bis der Begriff ›Lebensumstände‹ in den Forschungsberichten der Psychiater und Psychologen auftauchte, gemeinsam mit einer neuen Interpretation der alten Begriffe ›Streß‹ und ›Einstellung‹. Ein weiterer neuer Begriff kam hinzu, die ›Autoimmunisierung‹, womit das System körpereigener Abwehrkräfte gegen schädliche Einflüsse von außen bezeichnet wird. ›Streß‹, also die spezifischen Einstellungen und Gefühle, die wir unseren Erlebnissen entgegenbringen, wirkt sich auf die Funktion unseres körpereigenen Abwehrsystems aus. Wenn wir ein Ereignis als negativ wahrnehmen, weil wir uns dadurch verletzt, verwirrt, verängstigt, wütend, schuldig, beschämt, verärgert, neidisch, hilflos fühlen, stehen wir unter Streß. Ist der Streß, dem wir ausgesetzt sind, zu groß, bricht unser körpereigenes Abwehrsystem zusammen, und wir sind für Krankheiten anfällig. Im Falle eines Krankheitszustandes können wir den Verlauf unserer Krankheit beeinflussen, wenn wir uns eine innere Haltung zulegen, die streßreduzierend wirkt.

Um diesbezügliche Forschungen betreiben zu können, werden Fragebogen verwendet, deren Auswertung Auskunft über Extraversion-Introversion gibt. Am Forschungszentrum für Erkältungskrankheiten in Wiltshire, England, fand man heraus, daß Introvertierte, die sich mit einem Erkältungsvirus infiziert hatten, wesentlich ernsthaftere Symptome aufwiesen als Extravertierte, wobei die Anzahl von streßerzeugenden Ereignissen im Leben einer Versuchsperson einen erschwerenden Faktor darstellte. Eine Nachfolgestudie belegte, daß nicht nur der Tatbestand, ob ein Betroffener extravertiert oder introvertiert ist, sondern vor allem seine zwanghaften Gewohnheiten den Verlauf der Erkältung und die möglichen günstigen Wirkungen des Medikaments Interferon[7] beeinflussen.

Allem Anschein nach haben wir um so größere Chancen, eine physische Krankheit abzuwehren und/oder ihren Verlauf günstig zu beeinflussen, je besser wir uns selbst kennen.

Es ist also wichtig, uns selbst zu kennen; ebenso wichtig für uns alle, ob extravertiert oder introvertiert, ist unser Bedürfnis nach anderen Menschen.

Wir brauchen andere Menschen

»People who need people are the luckiest people in the world« (Menschen, die andere Menschen brauchen, sind die glücklichsten Menschen der Welt), singt Barbra Streisand. Im guten wie im schlechten, wir brauchen einander.

Extravertierte definieren ihr Lebensgefühl auf ganz direkte Weise über ihre Beziehungen zu anderen. Ihre Antworten auf die Frage »Warum ist das wichtig?« beziehen immer andere Menschen mit ein. Als ich eine gute Freundin fragte, warum sie in ihrem betriebsamen Leben als Ehefrau, Mutter, Psychotherapeutin und als Frau mit einem großen Freundeskreis auch noch einen großen Garten pflege, in dem sie biologisches Gemüse anbaue, antwortete sie nicht nur, daß ihr die Gesundheit ihrer Familie am Herzen liege, sondern daß sie auch ihre Beziehung zur Natur erhalten wolle. Sie personifiziert die Natur, mit der sie eine enge Beziehung haben möchte.

Introvertierte erwähnen in ihren Antworten auf die wiederholte Frage »Warum ist das wichtig?« meist keine anderen Menschen. Das heißt aber nicht, daß andere Menschen im Lebensgefühl Introvertierter keine große Rolle spielen. Menschen spielen sehr wohl eine wichtige Rolle im Leben Introvertierter, doch diese Menschen existieren vorwiegend im Kopf des Introvertierten und nicht unbedingt in der äußeren Realität.

Dem Introvertierten geht es um Leistung. Aber wie weiß man, ob man Leistung erbracht hat, wenn man keinen Maßstab hat, an dem man sie messen kann? Introvertierte setzen sich immer Richtlinien, die sich an Leistungen und Meinungen einer ausgewählten Gruppe orientieren, die der Introvertierte bewundert; Richtlinien, die für den Introvertierten gelten, nicht notwendigerweise für den Rest der Welt.

Die erste Gruppe im Kopf des Introvertierten sind die Elternfiguren, sie stellen eine Wiederaufarbeitung von Kindheitserfahrungen mit erwachsenen Bezugspersonen dar. Die wirklichen elterlichen Bezugspersonen mögen längst gestorben sein, doch die Figuren im Kopf des Introvertierten besitzen einen Grad an Realität und Bedeutung, die tatsächlich existierende Menschen selten (für den Introvertierten) einnehmen. Gelegentlich setzen diese Figuren unmöglich zu erreichende Maßstäbe an Perfektion und Leistung, und der Introvertierte denkt: »Ich werde nie ein so guter Mensch wie meine Mutter« oder: »Egal, was ich auch leiste, mein Vater findet es nie ausreichend.« Die Elternfiguren werden bisweilen mit der gleichen unversöhnlichen Haltung gehaßt und verachtet, wie andere Figuren bewundert werden, und stellen aus diesem Grund den absoluten Leistungsmaßstab dar. »Ich werde meiner Wut niemals nachgeben. Ich werde nie gewalttätig wie mein Vater.« »Ich muß immer stark sein. Ich werde nie schwach und unschlüssig sein wie meine Mutter.«

Die Nebenfiguren im Kopf des Introvertierten sind Idealbilder von Menschen, die das geleistet haben, was der Introvertierte leisten will; Menschen, die der Introvertierte möglicherweise nie kennengelernt hat. Oder es sind Vorstellungen von Menschen, wie die Formel-I-Manager von Andrew Wallace, die dem Introvertierten Zugang zu einer elitären Gruppe leistungsorientierter Menschen verschaffen.

Hat der Introvertierte eine bemerkenswerte Leistung erbracht, kommen zu den Figuren in seinem Kopf andere Leistungserbringer hinzu, die ebenfalls den hohen Standard erreichen, den der Introvertierte gesetzt hat. Als Introvertierte könnte ich eine nach Prioritäten geordnete Liste der Psychologen aufstellen, auf deren Lob und Anerkennung meiner Arbeit ich stolz bin und auf deren Urteil und Kritik ich großen Wert lege, während ich Kritik von Menschen, die nicht auf meiner Prioritätenliste stehen, mit den Worten abtue: »Dieser Mensch ist ein Dummkopf.« Wenn ein Introvertierter Ihnen aufrichtig sagt: »Ich schätze Ihre Meinung«, sollten Sie wissen, daß Sie das höchste Kompliment erhalten, zu dem der Betreffende fähig ist.

In dieser Beziehung sind Introvertierte ungemein snobistisch, wenn sie meist auch über genügend Manieren verfügen, um sich diese Haltung nicht anmerken zu lassen, zumal dann, wenn sie andererseits erkennen, wie verzweifelt sie andere Menschen brauchen, nicht nur die Gestalten in ihrem Kopf, sondern die tatsächlich existierenden Menschen in ihrer äußeren Realität.

Nur zu leicht ziehen Introvertierte sich total in ihre innere Realität zurück und treiben wie ein losgelassener Luftballon in ein idiosynkratisches und einsames Dasein. Um dies zu verhindern, schaffen und erhalten kluge Introvertierte Bindungen der Liebe und Fürsorge zu anderen Menschen, einem Kreis, der oft nur wenige Personen umfaßt, aber ausreicht, um die Aufmerksamkeit des Introvertierten auf seine äußere Realität gerichtet zu halten. Introvertierte ängstigen sich vor der Einsamkeit ebenso sehr wie Extravertierte, nicht weil sie fürchten, sich in der Einsamkeit in Nichts aufzulösen, sondern weil sie eine nie endende Einsamkeit im leeren Universum fürchten.

Da wir solche Ängste haben, irren wir uns manchmal in anderen Menschen. Wir legen unsere Hoffnungen und Erwartungen in andere, und wenn diese Menschen nicht unseren Wünschen gemäß reagieren, ziehen wir uns gekränkt zurück oder, was häufiger geschieht, versuchen, andere zu zwingen, unsere

Hoffnungen und Wünsche zu erfüllen und unsere Ängste zu zerstreuen. Als Adressaten unserer Hoffnungen, Wünsche und Ängste suchen wir uns gewöhnlich unsere Geliebten, Lebenspartner, Kinder und Freunde aus. Unser bestes Verhalten sparen wir für Fremde auf.

Wir brauchen die Menschen am dringendsten, von denen wir glauben, sie seien am besten geeignet, uns zu helfen, unseren Lebenssinn zu vervollständigen und uns vor der Angst vor Vernichtung zu bewahren. Je stärker dieses Bedürfnis in uns ausgeprägt ist, desto deutlicher sehen wir diese wichtigen Menschen nur in Beziehung zu uns und weniger als Menschen mit eigenen Rechten.

Als Säuglinge und Kleinkinder waren wir der Meinung, unsere Mutter sei ausschließlich dazu auf der Welt, um unsere Bedürfnisse zu befriedigen. Wir küßten sie, wenn wir sie liebten, und bissen und schlugen sie, wenn wir zornig auf sie waren. Wir kuschelten uns in ihre Arme, wenn wir Wärme brauchten, und kletterten auf ihren Schoß, wenn wir mit ihr spielen wollten. Wir hatten keine Vorstellung davon, daß sie eigene Bedürfnisse hatte, und wenn sie das Zimmer verließ, kreischten wir zornentbrannt. Wie konnte sie es wagen, uns im Stich zu lassen!

Als Säuglinge und Kleinkinder stellten wir hemmungslos Ansprüche, weil wir schwach waren und uns nicht selbst versorgen konnten. Im Verlauf unseres Heranwachsens und mit zunehmendem Selbstvertrauen erhoben wir nicht länger Einwände dagegen, daß andere Menschen ein eigenständiges Leben führten. Wir akzeptierten, daß wir nur der Mittelpunkt eines Universums sind und zwar unseres eigenen. Im Universum anderer Menschen spielen wir nur eine Nebenrolle.

Wird uns allerdings in der Kindheit eine Einstellung vermittelt, wonach wir uns selbst als schlecht und unakzeptierbar sehen, leben wir als Erwachsene in der Angst, daß die Menschen, die wir für unsere Existenz notwendig erachten, uns ablehnen und verlassen. Würden wir anderen Menschen ein eigenständiges Leben und eigene Interessen, an denen wir nicht beteiligt sind, zubilligen, würden wir uns noch mehr ängstigen. Daher können wir die Menschen, die wir leidenschaftlich lieben und brauchen und für deren Existenz und Wohlergehen wir uns und unseren gesamten Besitz opfern würden, nicht sie selbst sein lassen.

Extravertierte und Introvertierte, die sich selbst nicht achten, unterscheiden sich in ihrer Weigerung, andere Menschen sie selbst sein zu lassen, aber alle ersinnen Rollen für Menschen in dem Szenarium, das sie aus ihrem Leben gemacht haben.

Extravertierte sehen ihr Leben als großes, romantisches Bühnenwerk, in dem sie Held oder Heldin sind und alle anderen Menschen treten als Nebenfiguren auf, die sich in ihrem Denken und Handeln irgendwie auf die Zentralfigur beziehen, wobei dieses Denken und Handeln keineswegs liebevoll oder wohlwollend sein muß. Die Hauptfigur des Theaterstücks zieht es vor zu glauben: »Heute bin ich meinem Bruder auf der Straße begegnet, der grußlos an mir vorüberging, weil er mich haßt«, statt: »Mein Bruder hat mich heute auf der Straße nicht gesehen, weil er so schreckliche berufliche Sorgen hat.« Das große romantische Bühnenwerk endet nicht im ewigwährenden Glück, sondern in Tränen darüber, was hätte geschehen können. Jede Möglichkeit an ein Happy-End muß im Keim erstickt werden.

Richard gehörte zu dieser Art Extravertierter. Er war der Letztgeborene einer großen Familie, ein unerwünschtes Kind von Eltern, deren Haß aufeinander sie daran hinderte, ihren Kindern Liebe zu schenken. Als Kind fühlte Richard sich seiner um zehn Jahre älteren Schwester Moira sehr nah, die ihn liebevoll bemutterte. Als sie das Elternhaus verließ, um zu heiraten, sah der zehnjährige Richard sich in seiner Überzeugung bestätigt, er werde sein ganzes Leben lang abgelehnt und verlassen sein. In der Schule glaubte er nur dann Freunde zu gewinnen, wenn er seinen Klassenkameraden Geschenke machte und ihnen bei Schularbeiten half. Der erwachsene Richard war ein charmanter, großzügiger, attraktiver Mann, der nach Meinung von Außenstehenden einen großen Freundeskreis hatte.

Richard aber lebte in ständiger Angst und Eifersucht. Er merkte sich, wie oft Moira, jetzt eine vielbeschäftigte Ehefrau und Mutter, ihre anderen Geschwister besuchte und verglich das Ergebnis eifersüchtig mit der Anzahl ihrer Besuche bei ihm. Daß der Grund ihrer Besuche möglicherweise darin zu suchen war, daß ihre Schwestern mit kleinen oder kranken Kindern sie nötiger brauchten als ihr unverheirateter Bruder, kam ihm nicht in den Sinn. Er merkte sich auch, wie häufig Freunde ihn besuchten oder anriefen, auch hier dachte er nicht darüber nach, ob sie anderweitige Probleme oder Verpflichtungen hatten. Es war ihm unvorstellbar, daß wir in der Alltagshektik gelegentlich keine Zeit finden, Freunde zu besuchen. Wenn ein Freund, aus welchem Grund auch immer, Richard nicht, wie von ihm erwartet, besuchte, fühlte er sich von dem Betreffenden zurückgewiesen und behandelte ihn beim nächsten Wiedersehen kühl und abweisend. Manche Freunde nahmen das als eine seiner Marotten hin und ließen sich in ihrer Freundschaft nicht beirren, andere aber erwiderten diese Zurückweisung ihrerseits mit Zurückweisung, und Richard fühlte sich in seiner Erwartung bestätigt. Eine langjährige Freundin, die ihn gerne geheiratet hätte, sagte mir: »Richard sieht Zurückweisung, wo keine existiert. Ich sage ihm, daß ich ihn liebe, aber er glaubt mir nicht.«

Romantik ist eine Phantasie, die auf äußerer Realität beruht, wogegen die Tragödie ihre Wurzeln nicht so sehr in Begebenheiten hat, sondern in Prinzipien, dem Stoff, aus dem die innere Realität gemacht ist.

Introvertierte, die sich selbst nicht achten, lehnen die Vorstellung ab, das Leben sei eine sentimentale Romanze. Sie entscheiden sich für die Tragödie, in der sie die Rolle des heroischen Individualisten spielen, rechtschaffen, aber unvollkommen, Zielscheibe von Neid und Groll der Götter, einsam und dem Untergang geweiht. Jede Chance, daß die Tragödie abgewendet und der Held gerettet werden könnte, muß ausgeschlossen werden. Der rote Faden, der sich durch seine Tragödie zieht, ist die Erkenntnis des Helden, daß er die absoluten Prinzipien und Maßstäbe des Lebens zu erhalten hat, was die anderen Darsteller des Dramas oft versäumen. Die Tatsache, daß die Nebendarsteller Prinzipientreue und strenge Maßstäbe nicht zum Mittelpunkt ihres Lebens machen, wird vom Helden als Beweis ihrer Schlechtigkeit gesehen und nicht als ihr Recht auf eigene Ansichten.

In Kates Familie waren Aussagen und Meinungen der Familienmitglieder nicht deckungsgleich. In ihrer Kindheit war sie häufig Verwirrung und Ungewißheit ausgesetzt, wodurch sie die drohende Vernichtung des Selbst sehr stark empfand. Um sich dagegen zu schützen, beschloß sie, das wichtigste und absolute Prinzip, der absolute Maßstab des Lebens sei die Wahrheit. Sie nahm sich fest vor, niemals zu lügen. Kompromißloses Wahrheitsdenken empfand sie als erstrebenswerteste Tugend eines guten Menschen, der sie um jeden Preis sein wollte. Als erwachsene Frau begann sie unter Depressionen und Todessehnsucht zu leiden, konnte aber keinen Kompromiß ihrer Prinzipientreue akzeptieren; der Aspekt, der ein hohes Maß an Kompromißbereitschaft erfordert hätte, bezog sich auf ihren Ehemann Gavin und dessen keineswegs tugendhaften Lebenswandel.

Sie hatte Gavin in ihrer Kirchengemeinde kennengelernt und sich in seine warmen, braunen Augen verliebt und das, was sie für seine gottesfürchtige Seele hielt. Als sie herausfand, daß sein Interesse für den Kirchenchor mehr dem anschließenden feuchtfröhlichen Debattierclub im Gasthaus und den kaum platonisch zu nennenden Flirtereien mit weiblichen Chormitgliedern galt, war sie niedergeschmettert – nicht nur, weil sie entdeckte, daß er ein Trinker und Frauenheld war, sondern weil er sie angelogen hatte. Wenn er ihr nur die Wahrheit sagen würde, wäre alles in Ordnung. Daß die Wahrheit nicht weit oben auf Gavins Prioritätenliste stand, konnte sie nicht erkennen. Hinter seiner Tünche von Charme und Heiterkeit war er ein unsicherer Extravertierter, der sich verzweifelt danach sehnte, daß alle Welt ihn gern hatte. Er glaubte, der sichere Weg, die Sympathie anderer zu gewinnen, liege darin, ihnen zu sagen, was sie hören wollten. Auch wenn es nicht die Wahrheit war. Und er hatte nicht die Absicht, diese Überzeugung abzulegen, die ihm ein gewisses Maß an Sicherheit gab.

Lange bevor sie Gavin kennenlernte, war Kate in die Tragödie verstrickt, Leiden um der Wahrheit willen zu ertragen. Die Heirat mit Gavin war ein sicherer Weg, das Drama fortzusetzen und zu verstärken. Ihre Flucht in die Depression war sowohl die Steigerung ihrer Qualen als auch ihre Weigerung, einzusehen, daß Gavin als Mensch mit eigenen Rechten existierte, der sich intensiv darum bemühte, seinen Existenzsinn aufrechtzuerhalten und seine drohende Vernichtung abzuwenden. Er spielte sein eigenes romantisches Drama, während sie ihre Tragödie inszenierte, und beide Theaterstücke konnten nicht gemeinsam auf der Bühne ihres Ehelebens aufgeführt werden. Kate erkannte dies glücklicherweise nach langen leidvollen Jahren und trennte sich von ihm, um ihre eigene Bühne zu finden, wo sie das inszenieren konnte, was sie heute als ironische Komödie betrachtet.

Das Leben als ironische Komödie wird von Introvertierten geführt, die sich selbst achten, während selbstbewußte Extravertierte das Leben als romantisches Komödie mit einigen Happy-Ends sehen. Mit dieser Einstellung gibt es für beide Persönlichkeitstypen viel zu lachen. Zur Selbstachtung gehört auch, sich selbst und sein Leben nicht absolut ernst zu nehmen.

Auch in den Bereichen, in denen Introvertierte und Extravertierte gleiche Wahrnehmungen und Meinungen haben, unterscheiden sie sich im Stil, wie sie sich präsentieren.

Unterschiedliche Stile, Dinge zu tun

Viele von uns, ob introvertiert oder extravertiert, lieben die Mode. Mit dem Stil unserer Kleidung wollen wir ausdrücken, wer wir sind und wie wir leben. Wir wollen Menschen auf uns aufmerksam machen. Mode und Kleidung sind uns sehr wichtig. In welcher Form wir diese Bedeutung zum Ausdruck bringen, hängt davon ab, ob wir extravertiert oder introvertiert sind.

Es gibt zwei Hauptunterschiede. Der erste bezieht sich auf die Art der erwünschten Aufmerksamkeit. Introvertierte wollen von anderen bewundert werden, besonders von den Menschen, deren Meinung ihnen wichtig ist. Extravertierte wollen auf alle Menschen reizvoll wirken.

Den Begriffen der Bewunderung und Attraktion liegen die Begriffe von Trennung und Nähe zugrunde. Introvertierte ziehen Bewunderung vor, um durch Distanz die Gefahr der Verwirrung, also der Überstimulierung herabzusetzen; während Extravertierte den Reiz der Attraktivität und durch sie die Intensivierung von Beziehungen und die Möglichkeit vermehrter Stimulation vorziehen.

Die beiden Überlegungen, Stimulation herabzusetzen oder zu vermehren, manifestieren sich in der Wahl eines bestimmten Modestils. Extravertierte und Introvertierte unterscheiden sich zwischen ›dramatischer Aufmachung‹ und ›Eleganz‹, zwischen ›leuchtend bunten Farben‹ und ›kühler, schlichter Zurückhaltung‹, ›viel Schmuck, Spitzen und Rüschen‹ und ›schmuckloser, klarer Linienführung‹. Selbst bei Extravertierten und Introvertierten, die wenig an Mode interessiert sind, wird diese letzte Unterscheidung deutlich.

Unterschiedliche Auffassung in Kleiderfragen ist einer der Gründe, warum Mütter und Kinder in diesem Punkt oft uneins sind. Eine extravertierte Mutter sieht ihre introvertierten Kinder gern in bunten, auffallenden Kleidern, während das introvertierte Kind sich überfordert und verlegen fühlt, weil es damit Aufmerksamkeit auf sich zieht. Und eine introvertierte Mutter zieht ihre extravertierten Kinder in schlichten, praktischen Kleidern an, während diese sich sehnlichst nach T-Shirts mit frechen Aufschriften und Kleidern in leuchtenden Neonfarben sehnen.

In der landläufigen Meinung reden Extravertierte ununterbrochen und Introvertierte sind meist still. Ich kenne allerdings viele Extravertierte, die aus Schüchternheit schweigsam sind und viele Introvertierte, mich eingeschlossen, die sehr gesprächig sind. Wir Introvertierte reden gern viel, weil unser Kopf voller Ideen steckt und wir uns Erleichterung verschaffen, wenn wir darüber reden. Reden ist eine Flucht aus der inneren Realität und eine Chance, Kontakt zur äußeren Realität und zu Freunden aufrechtzuerhalten. Introvertierte, die pausenlos reden, wie sie mir gelegentlich in der Therapie begegnen, versuchen oft, ihre Zuhörer davon abzulenken, die Art der Kritik zu äußern, die sie in der Kindheit so sehr verletzte, und deren Narben immer noch schmerzen. Extravertierte, die viel reden, haben festgestellt, daß sie sich damit die Aufmerksamkeit anderer und damit ihren Lebenssinn sichern. Extravertierte Non-Stop-Redner, die sich ihrer Existenz ungewiß sind, handeln nach dem Grundsatz ›ich rede, also bin ich‹.

Der Hauptunterschied zwischen Extravertierten und Introvertierten besteht jedoch nicht darin, wie viel sie reden, sondern in der Art, wie sie reden.

In meiner Jugend beneidete ich Freundinnen, die sich ständig zu amüsieren schienen. Sie erlebten im Grunde genommen nichts anderes als ich auch bei Verwandtschaftsbesuchen oder Badeausflügen ans Meer und auf Parties. Für mich waren diese Erlebnisse jedoch meist nicht sonderlich aufregend, wenn nicht gar langweilig. Meine Freundinnen wußten davon immer Spannendes und Aufregendes zu berichten. Es dauerte Jahre, bis ich begriff, daß der Unterschied zwischen meinen Freundinnen und mir nicht im Inhalt des Erlebten lag, sondern an der Berichterstattung.

Mir wurde das erst klar, nachdem ich bereits mehrere Jahre als Leiterin einer Abteilung für klinische Psychologie arbeitete und mir die Aufgabe zufiel, Vorstellungsgespräche mit Bewerbern meiner Abteilung zu führen. Introvertierte, so stellte ich fest, setzen in ihren Berichten ihre Berufserfahrung herab, während Extravertierte mehr daraus machen. Werden Introvertierte beispielsweise gefragt, ob sie Erfahrung auf dem Gebiet der Eheberatung haben, so erscheinen zehn Eheberatungen in ihrem Bericht als unzulängliche Einführung in diesen Therapiebereich, während für Extravertierte zehn Fälle einer fundierten Erfahrung als Eheberater gleichkommen, wobei sie gar nicht die Absicht haben, damit zu prahlen. In der Praxis stellen sich beide Persönlichkeitstypen als gleichermaßen befähigt heraus, wie ich selbst feststellen konnte. Sie unterscheiden sich lediglich in der Art, wie sie über ihre Erfahrung sprechen.

Diese widersprüchlichen Darstellungen persönlicher Erfahrungen liegen an den unterschiedlichen Sichtweisen von Extravertierten und Introvertierten. Extravertierte nehmen eine Fülle von Details ihres Umfelds wahr. Ihre Schilderungen sind oft anschaulich und witzig und lassen ihre Begeisterung und ihre Fähigkeit zu staunen erkennen. Introvertierte legen in ihren Beobachtungen größeren Wert auf Genauigkeit. Ihre Detailgenauigkeit in der Darstellung bezieht sich auf die tiefere Bedeutung bestehender Zusammenhänge.

Ein anschauliches Beispiel dieses Phänomens liefert der Gegensatz der Schreibstile der Schriftsteller Robert Ruark (ein Extravertierter) und Quentin Crisp (ein Introvertierter). Ich hatte nie die Ehre, Robert Ruark, der mir meine Jugendjahre als abenteuerliebender Reporter verschönte, dessen Reise- und Schriftstellerleben ich sehnlichst nachzueifern wünschte, persönlich kennenzulernen. Robert Ruark schrieb über sich: »Es gab eine Zeit, in der ich überall hingegangen wäre, mich ausschließlich von den Pappmenüs der Fluggesellschaften ernährte, Gin als Schlafersatz zu mir nahm, gegen die Mau-Mau kämpfte, auf Elefantenjagd ritt, mich mit Sportkanonen prügelte, Spaß daran hatte, im Knast zu sitzen und mit Leoparden Ringkämpfe austrug, alles aus Liebe zum Dasein eines Zeitungsschreibers.«[8] Nirgendwo besser als in seinen Kindheitserinnerungen *The Old Man and the Boy* vermittelt er dieses wundervolle Lebensgefühl. Er schildert, wie sein Großvater ihn in die Künste der Jagd und des Fischfangs an der Küste von North Carolina einweihte. Meisterhaft versteht er es, seine Leser mit den Schilderungen der Schönheit der Wälder und des Meeres in Bann zu ziehen und sie mit dem Jagdfieber und der Abenteuerlust des Buben anzustecken. Er beschreibt seine Erlebnisse mit einem neuen Ruderboot: »Mir wurde nie langweilig, wenn ich allein im Boot hinausfuhr. Als Captain Blood hielt ich Ausschau nach räuberischen Piraten, auf der Schatzinsel befand ich mich auf der Flucht vor Long John Silver; ging als Zane Grey vor der Küste Neuseelands auf Schwertfischfang, oder sah mich in der Rolle von Hawkins oder Drake... Den größten Spaß hatte ich als einsamer Mann, der seine Einsamkeit genießt, weil er sich darauf versteht. Frühmorgens ruderte ich zu einer der Sandbänke hinaus, stieß das Ruder tief in den Sand und machte das Boot daran fest. Dann patschte ich durch das seichte Wasser, bohrte mit den Zehen nach Muscheln und Taschenkrebsen. Hatte ich genügend Muscheln gesammelt, warf ich das Netz nach Seesternen und Krabben aus. Beim Einholen brodelte und blubberte das Wasser von dem zappelnden, um sich schlagenden Meeresgetier, das sich klumpenweise verfangen hatte... Ich stellte fest, daß man keine menschliche Gesellschaft braucht, um sich zu amüsieren.«[9] Dieser bedeutsamen Entdeckung geht er an keiner Stelle seines Buches nach. Er stellte lediglich fest, daß ihn das Alleinsein nicht ängstigte – vorausgesetzt, er beschäftigte sich mit etwas, das ihm Spaß machte. Später führte er ein Leben voll hektischer Aktivität; er kam nie auf den Gedanken, daß es möglich sein könnte, allein und still zu sein und nicht vom Erdboden zu verschwinden.

Quentin Crisp hat das Alleinsein und die Stille zur Kunstform erhoben, die allerdings eine unbekannte Kunstform geblieben wäre, wäre seine Autobiographie *The Naked Civil Servant*[10] nicht verfilmt worden – wodurch er über Nacht berühmt wurde. Nach der Veröffentlichung des zweiten Bandes seiner Autobiographie *How to Become a Virgin*[11] verließ er England und ging nach New York, wo er mir freundlicherweise die Gelegenheit zu einem Gespräch gab.

Er sagte: »Einer meiner Bekannten behauptete einmal, meine Bescheidenheit sei wohl ironisch gemeint. Das gab mir zu denken, weil ich meine Anspruchslosigkeit ernst nehme. Ich halte mir beinahe täglich vor Augen, daß ich nichts bin und nichts habe. Wenn man anfängt zu glauben, Rechte zu haben, fängt man auch an, eine gräßliche Last zu sein... Ich wurde einmal gefragt, ob Amerikaner und Engländer eine andere Vorstellung von Glück hätten; ich äußerte mich ausführlich zu dieser Frage, ohne daß die Leute, die mir die Frage gestellt hatten, meine Ausführungen bestätigten. Ich bin allerdings fest davon überzeugt, daß ich recht habe. Die Engländer halten nichts von Bewunderung, sie verlangen Gehorsam. Amerikaner wollen geliebt werden, gelingt ihnen das nicht, wollen sie bewundert werden, gelingt ihnen auch das nicht, wollen sie zumindest bekannt sein. Stellen Sie sich vor, in einem Saal sind viele Berühmtheiten versammelt, Psychologen, Wissenschaftler, Wirtschaftsexperten, große Generäle und Admiräle und natürlich Politiker und Staatsmänner. Wenn Elizabeth Taylor hereinrauscht, werden alle Gespräche verstummen, weil sie die Berühmteste von allen ist. Eine interessante Beobachtung. Wenn Sie länger als sechs Monate in Amerika leben und einen gewissen Bekanntheitsgrad haben, flattern Ihnen ständig Einladungen ins Haus. Alle möglichen Anlässe – zur Eröffnung einer Kunstgalerie, die sich als düsteres Kellerloch am Ende der Straße herausstellt, zur Geburtstagsparty eines Menschen, dessen Namen Sie noch nie gehört haben, zur Neueröffnung einer Discothek. Wenn Sie keine großen Ansprüche stellen, können Sie sich von Erdnüssen, Salzgebäck und Champagner ernähren und brauchen nie wieder Lebensmittel einzukaufen. Sie müssen nichts weiter tun, als sich bereitwillig interviewen und fotografieren zu lassen. Das sind Sie Ihren Gastgebern für das Privileg ihrer Einladung schuldig, und ich weigere mich nie, Interviews zu geben und mich fotografieren zu lassen.« Alle Geschichten, die Quentin mir in unserem mehrstündigen Gespräch erzählte, waren geistreiche Situationsberichte, und alle enthielten Hinweise auf seine persönlichen Betrachtungen zu einer Erfahrung, um die tieferliegende Bedeutung und die dahinter steckende Moral aufzudecken.

Durch die unterschiedlichen Betrachtungsweisen erinnern sich Extravertierte im großen und ganzen besser an Details über Menschen, die sie kennenlernen – an Namen, ob jemand verheiratet ist, Kinder hat, berufstätig ist und so weiter. Bei späteren Begegnungen fällt es dem Extravertierten leichter, anhand solcher Erinnerungen wieder ein Gespräch anzuknüpfen. Ein Introvertierter, dem daran liegt, ein erfolgreiches Persönlichkeitsbild aufzubauen, erkennt die Wichtigkeit dieser Fähigkeit und arbeitet daran, sie zu erlangen. Der Introvertierte, der nicht erkannt hat, wie wichtig diese Technik ist, wird die Gewohnheit beibehalten, Details wie Namen zu vergessen, sich aber an Dinge erinnern, die nur für ihn interessant sind, und typische Theorien aufstellen, wie ›Trau keinem, der Kräutertee trinkt‹.

Unterschiede in Betrachtungsweisen sind stark geprägt von mangelndem Selbstvertrauen und Paranoia. Je unfähiger, schwächer, hilfloser und ängstlicher wir uns fühlen, desto verschlossener und unfähiger sind wir, andere Menschen so zu sehen und in Erinnerung zu behalten, wie sie wirklich sind. Also entgeht uns vieles im Leben und unsere Beobachtungen anderer Menschen beschränken sich darauf, ob sie uns mehr oder weniger Angst einjagen. Haben wir uns darüber hinaus ein Lebensdrama erschaffen, in dem wir uns als Opfer bösartiger, mächtiger Menschen sehen, dann werden wir Experten darin, solche Aspekte unserer Erfahrung herauszupicken, die unsere Überzeugungen über das Leben bestätigen. Das ermöglicht uns, alle jene Menschen zu beobachten und im Gedächtnis zu behalten, deren harmloseste Worte und Gesten sie als unsere Feinde ausweisen.

Wenn wir uns selbst Verachtung entgegenbringen und uns daher schwach, hilflos und bedroht fühlen, verschließen wir uns in unserer eigenen Sinnwelt, sind weder fähig noch gewillt, zu hinterfragen, ob unsere Wahrnehmungen über andere Menschen auch korrekt sind. In diesem Zustand fixieren wir uns ganz auf unsere eigene Bedeutungswelt, wie alle unaufgeklärten Extravertierten und Introvertierten es tun. Für diesen Typ des Extravertierten liegt jede Bedeutung in der äußeren Realität und für den so gearteten Introvertierten liegt jede Bedeutung in der inneren Realität.

Ein Beispiel lieferte mir ein Gespräch mit meinem Freund Tony über das Scheitern seiner Ehe mit Eleanor. Ich kannte die beiden seit Jahren und wußte, daß Eleanor extravertiert und Tony introvertiert war. Tony sagte über Eleanor: »Sie lebt in einem Raum und erklärt alles, was sie sieht, als von außen auf diesen Raum einwirkend. In ihrem Innern spielt sich nichts ab.«

Der Grund, warum Tony mit mir über diese persönlichen Sachverhalte sprach, lag darin, daß er der Versuchung nicht erliegen mochte, sich in seine eigene Innenwelt zurückzuziehen, und die ganz leidvolle Geschichte mit den für ihn typischen Theorien über die Menschheit und das Universum zu erklären suchte. Diese Theorien gaben ihm ein Gefühl von Ordnung und Kontrolle, die ihm die reale Welt und seine Frau, die danach trachtete, ihn zu beschämen und zu verwirren, nicht vermitteln konnten. Schlauerweise wußte er, daß ein solcher Rückzug gefährlich war und daß er weiterhin mit der äußeren Realität in Verbindung bleiben und die Ungewißheit und Verwirrung, die sie in ihm hervorrief, ertragen mußte.

Die unterschiedlichen Betrachtungsweisen haben eine tiefere Bedeutung, als nur unterschiedliche Verhaltensweisen zu sein. Sie beziehen sich auf die Gründe, warum wir Dinge tun.

Unterschiedliche Gründe, die gleichen Dinge zu tun

Während eines Besuches bei Freunden in Columbus, Ohio, zeigte ich mich beeindruckt von den untadelig gemähten Rasenflächen, die jedes Haus umgaben. Auch in England gibt es viele Gartenanlagen, in denen alle Blumen in Habachtstellung zu verharren scheinen, kein Blatt in Unordnung ist und kein Unkraut es wagen würde, verbotenes Terrain zu betreten. Es gibt aber auch viele völlig verwilderte und ungezähmte Gärten. Auf der Heimfahrt von der Universität fragte ich meinen Freund Robert, was wohl passieren würde, wenn ein Bürger von Columbus sich weigern würde, seinen Rasen zu mähen. Robert schlug entsetzt die Hände über dem Kopf zusammen. »Das wäre absolut undenkbar. In dieser Stadt muß jeder Bürger seinen Rasen mähen.«

Hätte ich mir die Zeit genommen, die Bewohner von Columbus danach zu fragen, warum sie ihren Rasen mähen, hätten sie zweifelsohne geantwortet, daß sie mit strafrechtlichen Folgen zu rechnen hätten, wenn sie ihren Rasen nicht mähen würden. Es gibt nämlich ein Gesetz, wonach Hausbesitzer für den ordnungsgemäß gepflegten Zustand ihres Rasens zu sorgen haben. Hätte ich weiterhin gefragt, warum es wichtig sei, eine strafrechtliche Verfolgung zu vermeiden, hätte ich verschiedene Antworten erhalten. Einige Bürger, nämlich die Extravertierten, würden von öffentlicher Schande sprechen und keinen Sinn darin sehen, Geld für eine polizeiliche Strafe auszugeben, das der Familie zugute kommen würde. Andere, die Introvertierten, würden von Verlust ihrer Selbstachtung und der Zerrüttung ihres Lebens sprechen. Viele Bürger würden sagen, daß sie auch ohne Strafandrohung ihren Rasen mähen würden. Die Extravertierten würden den Wunsch äußern, einen hübschen Garten zu haben, der zu den anderen Gärten der Nachbarschaft paßt; die Introvertierten würden den Wunsch äußern, einen gepflegten Garten zu haben, auf den sie stolz sein können.

Die meisten von uns haben Lebensbereiche, die sie pflegen, sauber und in Ordnung halten. Sei es unser Garten, Haus, Wagen, unsere Garage, unser Körper oder nur unser Schreibtisch. Ohne lange zu überlegen, erachten wir Sauberkeit und Ordnung als selbstverständlich. Wenn wir uns jedoch tiefere Gedanken über diese Ordnungsliebe machen, stellen wir fest, daß unsere Antworten sich auf die Vermeidung drohender Zurückweisung oder Chaos beziehen, und wir es vorziehen, die Harmonie unserer Beziehungen zu anderen zu bewahren oder unsere persönlichen Leistungen zu fördern.

Eine solche Untersuchung der Gründe unserer Rechtschaffenheit kann zur Erklärung führen, worin wir den Sinn des Lebens sehen.

Im Leben geht es um persönliche Leistungen, sagen die Introvertierten.

Im Leben geht es um die Beziehungen zu anderen Menschen, sagen die Extravertierten.

Die Gründe für unser Handeln decken sich mit den beiden unterschiedlichen Auffassungen unseres Lebenssinns.

Nachfolgend eine Darstellung einiger unserer Verhaltensweisen, die wir allerdings aus verschiedenen Gründen haben.

So wollen wir zum Beispiel alle Erfolg haben.

Erfolg

Ob es darum geht, Millionen zu verdienen, oder die Kinder rechtzeitig zur Schule zu bringen, wir alle sind bestrebt, mit dem, was wir tun, erfolgreich zu sein. Erfolg steigert unseren Selbstwert. Mißerfolg läßt unser Selbstbewußtsein schrumpfen. Ob extravertiert oder introvertiert, Erfolg ist für alle Menschen wichtig.

Für manche bedeutet Erfolg, die Ziele zu erreichen, die wir uns gesetzt haben – einen guten Job zu bekommen, ein Haus zu kaufen, Kinder zu haben. Für andere bedeutet Erfolg, Konkurrenten aus dem Feld zu schlagen, auf dem Siegerpodest zu stehen. Ob es sich um Erfolg im Sinne erreichter Ziele oder im Sinne errungener Siege handelt, die Unterschiede zwischen Extravertierten und Introvertierten haben auch hier Gültigkeit.

Extravertierte sehen Ziele und Siege in Beziehung zu anderen Menschen, sowohl in der Fürsorge für andere Menschen, als auch darin, ihre Anerkennung und Zuneigung zu gewinnen oder zu erhalten. Introvertierte sehen im Erreichen von Zielen und Erringen von Siegen Fortschritte für ihre persönliche Entwicklung, ihre hohen Maßstäbe beizubehalten und die Anerkennung jener zu erringen, deren Meinung sie respektieren.

Extravertierte können nicht minder ehrgeizig sein wie Introvertierte. Der freundliche, herzliche und allseits beliebte extravertierte Fernsehsprecher von BBC North, Harry Gration, verwandelt sich in einen Killer, sobald er die Squashanlage betritt. Er sagte mir: »Ich bin sehr ehrgeizig. Eines Tages möchte ich als Sportreporter in London arbeiten. Wettkämpfe haben mich immer fasziniert. Man will eben gelegentlich besser sein als andere – ich meine im Sport. Ich verliere nicht gern. Beim Squash führe ich regelrecht Krieg gegen meinen Partner. Wir spielen zweimal in der Woche, gehen hart ran und kennen kein Erbarmen für den anderen. Wir knallen uns die härtesten Bälle hin und verfluchen uns gegenseitig – natürlich nur während des Spielverlaufs. Ich gewinne gerne, und wenn ich verliere, ärgere ich mich. Ich brauche gelegentlich das Gefühl, daß ich etwas besser mache als ein anderer – oder zumindest ebenso gut. Man will nicht sein ganzes Leben ein Verlierer sein.«

Der Chef von David Sutton Motorsport, David Sutton, hat einen großen Namen in der Welt des Autorennsports. Der introvertierte Mann, der oft für extravertiert gehalten wird, sagte mir: »In meiner Branche herrscht knallhartes Konkurrenzdenken. Wenn ich einen Wagen für ein Autorennen baue, kann ich nicht davon ausgehen, den zweiten oder dritten Platz zu belegen. Das passiert ohnehin oft, und manchmal kommen die Wagen gar nicht ins Ziel, aber ich gehe immer an den Start mit der Überzeugung, ein Rennen zu gewinnen. Würde man anfangen, sich mit dem zweiten oder dritten Platz zu begnügen, sagt man sich nach einer Weile, ein fünfter oder sechster Platz sei gut genug. Im Wettkampfsport kann man sich nur mit einem einzig akzeptablen Ergebnis zufrieden geben, und das ist der Sieg.«

Als ich Harry und David die Frage stellte, wieso Siegen wichtig sei, wunderten beide sich zunächst, wieso ich diese selbstverständliche Frage überhaupt stelle, bevor sie in Begriffen antworteten, worin sie ihren Sinn des Lebens sehen. Für Harry ist die Welt des Sports die Welt, in die er gehören möchte, und als guter Sportler ist ihm das gewährleistet. David sieht sein Leben in Begriffen von Leistungssteigerung, etwas richtig machen, und dieses Prinzip wendet er auf alles an, sei es der Sieg in einem internationalen Rennen oder wenn er einen Zaun auf seiner Farm repariert.

Ginge es bei Erfolg nur darum, unseren Selbstwert zu erhalten und unseren Lebenssinn zu erweitern, können wir relativ problemlos einen Lebensstil entwickeln, der uns das ermöglicht. Doch für die meisten von uns ist Erfolg komplexer. Unsere Vorstellung von Erfolg ist stark geprägt von dem Druck, der in der Vergangenheit auf uns ausgeübt wurde und von der Gesellschaft, in der wir leben.

Leo Braudy schloß das Vorwort zu seinem Buch über den Ruhm *The Frenzy of Renown* mit den Sätzen: »Ich begann dieses Buch zu schreiben, als meine Eltern noch lebten. Weder mein Vater, noch meine Mutter hat die Fertigstellung erlebt. Der Verlust meiner Eltern verstärkte in mir das Gefühl, das mich veranlaßt hat, dieses Buch zu schreiben. Im Kern unseres Ehrgeizes sitzt der Wunsch nach Anerkennung der Menschen, die uns bedingungslos Beifall spenden, der daher nie erzwungen werden muß, der aber auch nie unterstellt werden kann.«[12]

Der Druck aus unserer Vergangenheit, von unseren Eltern, deren Haltungen und Handeln uns Kinder so stark geprägt haben, bewirkt, daß wir den Rest unseres Lebens damit verbringen, auf irgendeine Weise nicht nur unsere leiblichen Eltern zufriedenzustellen, sondern die Elternfiguren, die wir in uns tragen. ›Unsere Eltern zufriedenstellen‹ bedeutet, ihre totale Anerkennung, Akzeptierung und Zuneigung zu gewinnen, ihnen zu zeigen, daß sie sich irrten, so wenig von uns zu erwarten und unsere vergangenen Entbehrungen wiedergutzumachen. Leider können die Eltern, die wir in uns tragen, unersättlich und unveränderbar sein und wir versuchen fortgesetzt, Unerreichbares zu erreichen.

Unsere inneren Eltern verändern sich nicht, solange wir an

unserem Kinderglauben festhalten, wir hätten den Grund geliefert für das, was uns widerfahren ist. Wenn wir nur *wirklich* gut gewesen wären, oder *wirklich* tüchtig, wären wir nie zurückgewiesen, betrogen, bestraft, beraubt worden. Wir glauben gern, daß wir unsere eigenen Katastrophen machen, weil der Gedanke an die Alternative zu schmerzhaft ist, nämlich hilflose Opfer von Mächten zu sein, die außerhalb unserer Kontrolle und unseres Verständnisses sind.

Harry kann nicht sicher sein, daß die Zurückweisungen, die er in seiner Kindheit erlebt hatte, nicht wieder eintreffen; daher versucht er immer wieder seine Akzeptierbarkeit unter Beweis zu stellen, nicht nur als erfolgreicher Sportler, sondern auch durch seine außergewöhnlich freundliche und liebevolle Art, auch wenn alle, die ihn kennen, ihm sagen würden (und dies auch tun), daß dieser Beweis völlig unnötig ist. David, der mir erzählte, daß sein Vater seine Firma verlor und die Familie in Armut brachte, sagte: »Ich war damals fünfzehn. Ich hatte immer das Gefühl, wenn ich ein paar Jahre älter gewesen wäre, hätte ich mehr für das Geschäft tun und es vielleicht erhalten können.« Er hat tausendmal bewiesen, daß er ein besserer Geschäftsmann ist als sein Vater, aber er ist sich dessen nach wie vor nicht sicher, so wie er sich immer wieder Vorwürfe macht, nicht genug für seine Mutter zu tun, die so viel für ihn getan hat.

In meinen Gesprächen mit Harry und David beeindruckte mich die tiefe *Güte* dieser Männer. Es ist eine der Ironien des Lebens, daß Kindheitserinnerungen, die uns Erwachsenen Unsicherheiten und Zwänge auferlegen, zugleich die Erfahrungen sein können, die uns gütig machen, worüber wir keinerlei Aufhebens machen.

Nicht nur der Druck, den unsere in uns wohnenden Eltern ausüben, sondern auch der Druck der Gesellschaft wirkt sich stark auf unser Erfolgsdenken aus.

In meinen Gesprächen mit Amerikanern, die in ihren Berufen erfolgreich sind, war ich häufig beeindruckt von der Zuversicht, mit der sie von der Verwirklichung zukünftiger Ziele sprachen. Wenn Engländer oder Australier davon sprechen, ihre Ziele – ob klein oder groß – zu verwirklichen, tun sie das mit einem Zögern, als hindere sie bereits die Verbalisierung daran, sie zu erreichen. Diese zögerlichen Aussagen werden häufig von der Redewendung ›Klopf auf Holz‹ und einer entsprechenden Geste auf die nächste erreichbare Holzoberfläche begleitet.

›Klopf auf Holz‹ ist die Bestätigung, sich der Sünde des Hochmuts schuldig gemacht zu haben, eine symbolische Geste, um Neid und Gehässigkeit der Götter nicht herauszufordern, weil man sich seiner Errungenschaften gebrüstet hat.

Engländer und Australier wehren mit ihrem ›Klopf auf Holz‹ wohl nicht nur Neid und Haß der Götter ab, sondern auch den Neid und Haß ihrer Mitbürger. Australier sprechen davon, sich davor zu hüten, ›hochgeschossene Mohnblüten‹ zu sein. Einer, der aus der Menge herausragt, wird gern niedergemäht. Vielleicht kehren daher so viele ›tall poppies‹ Australien auf Nimmerwiedersehen den Rücken.

Quentin Crisp, der sein Leben in England mit seinem Leben in Amerika verglich, sagte mir: »Der wahre Unterschied zwischen England und Amerika besteht darin, daß die Amerikaner dir den Erfolg wünschen, weil sie glauben, die ziehst sie vielleicht mit, und die Engländer dir den Mißerfolg wünschen, weil sie fürchten, du könntest sie überflügeln.«

Ich lernte nur eine Amerikanerin kennen, der die Sünde des Hochmuts bewußt war. Jean Hale meinte dazu: »Ich korrigiere nicht gerne Fehler. Die einzige höchst selbstzerstörerische Eigenschaft, die ich habe, besteht darin, daß ich enorm viel Zeit darauf verwende, keine Fehler zu machen, weil ich einen Fehler kaum korrigieren kann. Ich lasse die Dinge immer schlimmer werden und kümmere mich nicht darum. Ich mache mir zu große Sorgen. Ich bin Jüdin, und wir Juden glauben oft, daß uns alles genommen wird, wenn es uns zu gut geht. Ein absolut glückliches Leben ist nicht möglich, weil zu großes Glück oder ein völlig glückliches Leben die Götter zu deiner Vernichtung herausfordert.«

Jean bedient sich hier einer Art magischen Denkens, mit dem wir uns alle täuschen und glauben, alles unter Kontrolle zu haben und in Sicherheit zu sein. Wir sehen ein, daß unser Leben in einer unvollkommenen Welt nie vollkommen sein kann, und denken, wenn wir das hinnehmen und unseren gerechten Anteil an Unvollkommenheit mit Schmerz und Angst tragen, können uns die ungerechten und unvorhersehbaren Mächte des Universums nicht treffen: wir haben einen Handel mit den Göttern abgeschlossen. Mit dieser Art von magischem Denken erkennen wir nicht, daß die Götter sich nicht auf Händel mit uns Sterblichen einlassen, ebensowenig wie Viren, Erdbeben und der Tod. Mit diesem magischen Denken erreichen wir lediglich, daß wir uns einiger Glücksmöglichkeiten berauben.

Magisches Denken hält viele Menschen davon ab, den erwünschten Erfolg zu erlangen und noch schlimmer, hindert sie daran, ihr Potential zu erforschen und es zu verwirklichen.

Der Erfolg, den viele sich wünschen, heißt Ruhm. Als Berühmtheit sind wir bedeutend, erregen Aufmerksamkeit, ernten Anerkennung und Liebe. Als Berühmtheit sind wir wirklicher als die Wirklichkeit. »Ich habe Sie im Fernsehen gesehen« hat einen weit höheren Stellenwert, als »Ich habe Sie auf der Straße gesehen«. Ruhm ist für Extravertierte und Introvertierte eine Form ihres Existenznachweises.

So wie Ruhm heute allerdings von der Gesellschaft definiert wird, erschafft er einige unlösbare Konflikte für uns. Ein berühmter Mensch kann sich nicht mehr einfach vom Rest der Menschheit abheben, wie Alexander der Große oder Heinrich VIII. sich als halbgottähnliche Herrscher von ihren Untertanen unterschieden. Heute, so schrieb Leo Braudy, »muß ein Prominenter ein von der Gesellschaft akzeptierbarer Individualist sein, der sich einerseits von ihr unterscheidet, um interessant zu sein und andererseits Ähnlichkeiten aufweist, um ihn nicht als bedrohlich oder zerstörerisch erscheinen zu lassen. Das Streben nach Ruhm verstärkt also den grundlegenden Konflikt zwischen Gesellschaft und Individuum und die Paradoxe des Ruhms entstehen aus dem Bemühen, einen Ausgleich zu schaffen zwischen der Selbsteinschätzung und den Anforderungen der Gesellschaft. Daß diese Paradoxe sich in zunehmendem Maße herauskristallisieren, liegt am Bemühen der amerikanischen und europäischen Kultur, eine öffentliche Rhetorik des Individualismus beizubehalten, die ein Netzwerk institutioneller und kollektiver Beziehungen errichtet... In Europa wird Individualismus generell als antisozial betrachtet, während er in Amerika von der Gesellschaft gefördert wird, allerdings zu den häufig undurchsichtigen Bedingungen der Gesellschaft. Jeder Amerikaner hat zugleich den Drang nach Konformität und danach, sich von anderen abzusetzen. Kein anderes Land hat in der Bildung eines modernen Staatswesen so herausfordernd viele institutionelle Unterschiede, so viele Formen des Außenseitertums hervorgebracht. Kein anderes Land legt so großen Nachdruck auf widersprüchliche Wesenszüge, selbstbewußt aber höflich, stolz aber bescheiden, einzigartig aber vertraut, der große Star und die Kleine von nebenan zu sein.«[13]

Die englische Gesellschaft hat eine Jahrhunderte überlieferte Tradition, ihre ›Exzentriker‹ zu hätscheln oder zumindest als verschrobene Spinner zu tolerieren, die sich durch ihre Verrücktheiten hervortaten. Diese Tradition ist angesichts der gesellschaftlichen Zwänge nach Konformität im Schwinden begriffen. Ein Massenblatt macht sich über den britischen Thronfolger lustig, der seine Zeit gern geruhsam in der freien Natur verbringt; und normal Sterbliche, die zu früheren Zeiten verstärktes Interesse und Vergnügen an herausragenden Leistungen und Wettbewerben hatten, müssen heute darauf achten, in der Öffentlichkeit verspottet und getadelt zu werden, wenn sie solche Leistungen und Wettbewerbe nicht ›für eine gute Sache‹ tun. Wer sich für wohltätige Zwecke lächerlich macht, erntet Applaus, wer sich aber auf der Suche nach sich selbst oder um Spaß am Leben zu haben, lächerlich macht, der wird bestraft.

Wie können wir aber unser Lebensgefühl verwirklichen, wenn wir das Risiko nicht eingehen dürfen, uns lächerlich zu machen? Unser Lebensgefühl zu verwirklichen bedeutet letztlich, in unbekannte Regionen vorzudringen, Dinge auszuprobieren, an die sich noch niemand gewagt hat, es bedeutet auch, Fehlschläge zu riskieren. Wer Dinge unternimmt, deren Erfolg garantiert ist, verwirklicht nicht sein Lebensgefühl, sondern schützt sich lediglich vor drohender Zurückweisung und vor Chaos.

Nach solchen Überlegungen hörte ich auf, die Amerikaner

für überheblich zu halten, wenn ich ihnen zuhörte, mit welcher Zuversicht sie von ihrem zukünftigen Erfolg sprachen; ich kam zur Überzeugung, daß dies nur eine uralte, magische Formel war, um mit den Schrecken dieser Welt umzugehen, ähnlich wie im dunklen Wald zu pfeifen.

Ich sprach mit meinem Freund Scott Budge, dem stellvertretenden Verwaltungsdirektor der Pace Universität, New York, einem aufmerksamen Beobachter amerikanischer und europäischer Verhältnisse, über diese Gedanken. Er machte vergleichbare Feststellungen bei den beiden Gruppierungen, mit denen er beruflich zu tun hatte, nämlich den Universitätsstudenten und dem Forty Plus Club, dessen Mitglieder Manager und leitende Angestellte sind, die von ihren Firmen die ›Papiere‹ bekommen hatten.

Scott sagte: »Studenten beurteilen einander nach ihrem Selbstvertrauen. Menschen mit Selbstvertrauen wissen genau, was sie wollen. Sie sind zielorientiert. Sie kennen ihren Weg. Jemand, der davon abweicht oder sich ein Zögern anmerken läßt, geht ein hohes Risiko ein, gedemütigt zu werden. Man muß selbstbewußt auftreten. Jeder hat Angst, daß ein anderer fehlendes Selbstvertrauen hinter der Maske der Selbstsicherheit entdecken könnte. Mangelndes Selbstvertrauen ist eine Sünde. Diese Überzeugung hat eine moralische Dimension. Diese Dimension kennen auch Manager und leitende Angestellte, die im dunklen Wald pfeifen. Wer gefeuert wird, bekommt zu spüren, daß er ohne Firmenorganisation eine Null ist. Man ist nur dann Buchhalter, wenn man in einer Firma als Buchhalter angestellt ist. Fragen Sie einen Amerikaner, wer er ist, und er wird Ihnen sagen, was er tut. Wer sind Sie? Ich bin Psychologe. Unsere Identität ist berufsbezogen. Und wenn ich in keiner Firma angestellt bin, muß etwas mit mir nicht in Ordnung sein. Entweder ich bin ein erfolgreicher Selfmademan oder ich bin ein Versager und daran trage ich selbst die Schuld.«

Und wenn sich in einer Nation die Philosophie durchgesetzt hat, daß jeder einzelne alles erreichen kann, was er sich vornimmt, dann muß ein Versagen zwangsläufig die Schuld des einzelnen sein.

Solche Überlegungen übersehen, daß es Kräfte gibt, die

außerhalb unserer Kontrolle liegen, etwa ein Wirbelsturm, der Menschenleben vernichtet, von denen unser Lebenssinn abhängt, oder ein Zusammenbruch des Aktienmarkts, der all unsere Leistungen zunichte macht.

Wie wollen wir da ohne Angst sein? Und versuchen wir nicht, unsere Ängste zu verbergen, damit andere Menschen nicht sehen, daß wir Angst haben und uns dafür verachten? Ob wir also von unseren Erfolgen mit prahlerischem Selbstvertrauen sprechen oder mit entwaffnender Bescheidenheit, wir alle treiben das gleiche Spiel, wir schützen uns gegen die drohende Vernichtung unseres Selbst.

Auf lange Sicht mögen Erfolg und Ruhm uns nicht vor dieser Bedrohung schützen, da sie die Problematik in Beziehungen zu anderen Menschen eher verstärken als mindern, Konflikte, die Extravertierte und Introvertierte in der ihnen jeweils gemäßen Form lösen müssen. Einer dieser Konflikte besteht zum Thema Führungsqualitäten.

Führungsqualitäten

Zu Beginn unseres Berufslebens, wenn wir in eine Firma eintreten, einen Beruf oder eine Lehre beginnen, der ›Junior‹ in einer Fabrik oder einem Geschäft sind, erwartet man von uns, daß wir uns den bestehenden Regeln des Systems anpassen, dem wir uns angeschlossen haben und uns den Anweisungen der Mitarbeiter mit der größeren Erfahrung beugen.

Introvertierten fällt diese Phase ihres Berufslebens gewöhnlich sehr schwer, falls sie nicht im Elternhaus zu Gehorsam und Anpassung erzogen wurden. Sie stecken sich lieber eigene Ziele und handeln nach eigenem Ermessen. Extravertierten fällt es gewöhnlich leichter als Introvertierten, sich den Gepflogenheiten eines bestimmten Systems anzupassen; sie wollen vom Team akzeptiert werden und finden daher die ersten Stufen einer Karriere weniger bedrohlich als Introvertierte, vorausgesetzt, die betreffenden Extravertierten haben eine einigermaßen hohe Meinung von sich selbst. Wenn ein Extravertierter sich allerdings selbst verachtet, glaubt er, daß jeder, vom Direktor bis zur Putzfrau, ihn verachtet.

›Ein guter Teamarbeiter‹ ist eine Auszeichnung, die Extravertierte leichter erhalten als Introvertierte. Introvertierte müssen schwer daran arbeiten, sie müssen die Sprache des Teams lernen und im Gedächtnis behalten – es gilt das ›Wir‹, nicht das ›Ich‹. Ihre hohen Maßstäbe und ihr Bedürfnis nach Klarheit und Ordnung stehen häufig in Konflikt mit den Handlungsweisen ihrer extravertierten Kollegen, die dem Introvertierten häufig schlampig und nachlässig erscheinen. Der zweifelnde Introvertierte, der gern den Dingen auf den Grund geht, wird die Arbeitsweise des Teams in Frage stellen, während der Extravertierte, der sich gern dem Kollegenteam fügt, weniger daran interessiert ist, den Status quo zu verändern.

Wird ein Introvertierter Leiter eines Teams, so hat er oft neben dem Stolz, etwas erreicht zu haben, auch das Gefühl der Erleichterung. »Jetzt kann ich mich selbst verwirklichen und die Dinge so angehen, wie ich es mir vorstelle.« Das heißt allerdings nicht, daß alle Introvertierten gute Führungskräfte abgeben. Sie sind häufig so sehr in ihre eigenen Vorstellungen verstrickt, daß sie die Bedürfnisse und Wünsche ihrer Mitarbeiter nicht wahrnehmen. Der Introvertierte, der eine Führungsposition übernimmt, fühlt sich lediglich nicht in seinem Selbstverständnis bedroht.

Für den Extravertierten bedeutet eine Führungsposition allerdings eine Bedrohung seines Selbstverständnisses; und kluge Extravertierte müssen daran arbeiten, das nötige Verständnis und die Fähigkeiten zu erwerben, ebenso wie der kluge Introvertierte daran zu arbeiten hat, ein gutes Teammitglied zu werden. Hier liegen oft die Gründe, warum kompetente und erfahrene Extravertierte in Depressionen verfallen und unsicher werden, wenn sie in eine Führungsposition aufsteigen. Die Einsamkeit der Verfügungsgewalt kann ihnen als die Isolation erscheinen, die ihr Selbst zu vernichten droht.

Viele meiner von Unsicherheiten und Depressionen geplagten Klienten waren dieser Kategorie zuzuordnen. Darunter auch Chalky, über den ich in *Ich entscheide mich für das Leben: Der Weg aus der Depression* berichtet habe. Er war nach seiner Beförderung vom Klassenlehrer zum stellvertretenden Schuldirektor in eine tiefe Depression verfallen. Er brachte zwar alle für diesen Posten erforderlichen Qualifikationen mit, aber Entscheidungen zu treffen und schlimmer noch, den täglichen Vorsitz im Lehrerkollegium unter den kritischen Augen seiner Kollegen zu führen, versetzte ihn in einen Zustand unerträglicher Angst, gegen den er sich durch die Depression schützte. Ich schrieb über Chalky: »Wenn Sie die Lebensregel aufstellen, ›es allen jederzeit recht zu machen‹ und sich bemühen ›nie jemanden zu kränken oder nie Ärger zu zeigen‹, sondern ›immer der Friedensstifter sein‹ wollen, so dürfen Sie nie eine Stellung annehmen, die Autorität und Entscheidung verlangt. In einer Stellung mit Machtbefugnissen läßt es sich nicht vermeiden, Mitarbeiter zu kränken; genauso wenig läßt sich vermeiden, kritisiert zu werden.«[14]

Ich hatte geglaubt, Chalky könne sein Problem lösen, wenn er seine Lebensregeln ändert und sich die Weisheit des alten Sprichworts zu Herzen nimmt: »Versuche es allen recht zu machen und du wirst es keinem recht machen.« Diese Erkenntnis ist allerdings nicht leicht und erfordert meist einiges Nachdenken über sich selbst und sein Leben. Für jemand, der als Kind für seine Wutanfälle bestraft und gedemütigt wurde, stellt Wut an sich, die eigene und die anderer Menschen, die drohende Vernichtung dar. Viele Extravertierte ängstigt der Gedanke, Einblick in die eigene innere Realität zu nehmen. »Es bringt nichts, sich zu sehr mit diesen Dingen zu beschäftigen«, sagen sie im Hinblick auf Psychotherapie und ziehen es als Patient und Arzt vor, Medikamente zu schlucken bzw. zu verschreiben, um die Gedanken einer Bedrohung des eigenen Ichs auszuschalten. Chalky beendete unsere Sitzungen (»Sie will, daß ich über meine Kindheit spreche«, sagte er verächtlich zu seinem Arzt, der mir davon berichtete) und löste sein Problem, indem er auf seinen Posten und das höhere Gehalt verzichtete und zufrieden in die Geborgenheit seiner Klasse und zu den Schülern, die ihn gern mochten, zurückkehrte.

Das Kernproblem liegt hier im Wunsch nach Zuneigung. Sympathieträger zu sein ist für Extravertierte so wichtig wie die Luft zum Atmen. Auch Introvertierte wollen Zuneigung, doch sie sehen darin eher einen angenehmen, nicht lebensnotwendigen Luxus. Erfolgreiche Extravertierte in Autoritätspositionen entwickeln Methoden, die ihnen die Zuneigung anderer garantieren, was immer sie tun. So trat der extravertierte Präsident Reagan, welche politischen Schnitzer er auch begangen und wie viele Menschen er enttäuscht haben mochte, mit seinem jungenhaften Charme ungeniert vor die Fernsehkameras und sicherte sich damit die Zuneigung seiner Wähler. Anders die introvertierte Mrs. Thatcher, die ausgesprochen immun gegen Sympathiekundgebungen zu sein schien; sie beharrte mit allem Nachdruck auf ihrem Recht und verwies ihre Kritiker ins Unrecht. Präsident Reagan wurde geliebt und Mrs. Thatcher bewundert, und beide waren auf ihre Weise erfolgreiche Politiker.

Mrs. Thatcher legte in Interviews Ansichten über Führungsstil und Zuneigung an den Tag, die mit jenen zu vergleichen sind, die David Sutton mir gegenüber zum Ausdruck brachte. Er sagte: »Es ist eine traurige Wahrheit, die Welt ist voller Versager, und wenn ich den Menschen meiner Umgebung ein Beispiel liefern kann, wie man mit Entschlossenheit Erfolg erzielen kann, so tue ich das. Führungsqualitäten sind sehr wichtig. Wenn eine Firma oder ein Team starke Führungskräfte hat, reagieren andere positiv darauf. Die Menschen meiner Umgebung müssen mich nicht als Sympathieträger sehen. Sie sollen mich respektieren. Wenn ich schwirige Vertragsverhandlungen führe, würde ich lügen, wenn ich sagte, ich tue es nicht für mich selbst, aber ich tue es unter anderem auch für meine Mitarbeiter und deren Familien. Ich führe die Verhandlungen als Leiter eines Teams. Ich verhandle für uns alle. Ich gebe ein Beispiel. Ich bin gern beliebt. Ich glaube nicht, daß es im Motorsport einen Menschen gibt, der mich haßt. Eine ganze Menge ist neidisch, das wohl. Ich bin gerne beliebt, aber es ist nicht die oberste Priorität für mich. Am wichtigsten ist die Führung. Meine Mechaniker wissen, daß sie sich hundertprozentig auf mich verlassen können.«

Davids Mechaniker wissen auch, daß er sie schonungslos kritisiert und zur Verantwortung zieht, wenn sie einen Fehler gemacht haben. Die extravertierte Jean Hale bedient sich anderer Methoden, um die Menschen zu bewegen, das zu tun, was sie von ihnen will. Sie sagte: »Ich war immer der Ansicht, daß

Menschen ohne Zwang, ohne Härte dazu gebracht werden sollen, das zu tun, was man von ihnen will. Da gibt es Wege. In vielen Fällen erreicht man das mit Höflichkeit und Liebenswürdigkeit. Ich arbeitete in einer Firma, in der die Sekretärinnen wie Dreck oder wie Maschinen behandelt wurden, und ich sagte immer ›bitte‹ und ›danke‹ und ›das haben Sie fabelhaft gemacht‹, oder ›Ich weiß, es ist eine Zumutung, aber würden Sie netterweise...‹ Und alle mochten mich und arbeiteten lieber und besser für mich als für andere. Ich habe mir einen sehr erfolgreichen Verhandlungsstil zurechtgelegt. Ich habe meinen persönlichen Stil im Umgang mit Menschen auf die höchste Stufe gebracht.«

Im Lauf der Jahre habe ich in der Therapie und in Workshops oft folgende Frage gestellt, die das Thema Führung und Sympathieträger zusammenfaßt:

»Angenommen, Sie befinden sich in einer Situation, in der Sie nur zwei Möglichkeiten zu handeln haben. Wenn Sie die erste Möglichkeit wählen, sichern Sie sich die Sympathie der Menschen, verlieren aber Ihre Selbstachtung, und wenn Sie die zweite Möglichkeit wählen, wird Ihnen keine Sympathie entgegengebracht, aber Sie behalten Ihre Selbstachtung. Wofür entscheiden Sie sich, für die Sympathie anderer oder dafür, Ihre Selbstachtung zu erhalten?«

Introvertierte lösen diese Frage ziemlich direkt. Ohne Zögern entscheiden sie sich dafür, ihre Selbstachtung zu bewahren, ungeachtet, ob andere sie mögen oder nicht. Extravertierte zögern. Sie wissen, daß die Entscheidung für ihre Selbstachtung die generell akzeptable Antwort ist, sie wissen aber auch, daß die Antwort für sie nicht leicht und nicht selbstverständlich ist.

Prinz Hans-Adam sagte mir, daß ihm das Problem, Sympathieträger zu sein und gleichzeitig seine Selbstachtung zu wahren, als junger Mann zu schaffen machte. Nach Abschluß seines Universitätsstudiums stand er vor der Aufgabe, das Familienunternehmen neu zu organisieren, was eine Reihe von Entscheidungen erforderlich machte, die einigen Leuten nicht in den Kram paßten. Das bereitete ihm anfänglich Kopfzerbrechen, doch seine Erfahrung gab ihm recht. Er sagte: »Ich bin lieber nicht beliebt und habe ein reines Gewissen. Ich bin ehrlich zu mir selbst. Ich habe selbst die Erfahrung gemacht, wenn ich meine Entscheidung danach fälle, meine Beliebtheit zu sichern, mag das für den Augenblick richtig erscheinen, früher oder später stieß ich jedoch auf Schwierigkeiten. Deshalb vertrete ich die Ansicht, man muß seiner Überzeugung gemäß handeln, auch wenn es sich um eine momentan unpopuläre Entscheidung handelt. Ich bemühe mich, meine Entscheidungen diplomatisch zu formulieren, da ich andere Menschen nicht vor den Kopf stoßen will. Ich versuche mich den Menschen so freundlich und höflich wie möglich mitzuteilen.

Als ich Margot Ely diese Frage stellte, entstand eine lange, lange Pause, bevor sie antwortete. Das Leben in Universitätskreisen stellt diese Frage sehr häufig.

Sie sagte: »In meiner Jugend war das ein großes Problem für mich, weil ich den sehnlichen Wunsch hatte, beliebt zu sein. Das wichtigste, was ich in meinem ersten Unterrichtsjahr lernte war, wie leicht man sich überall beliebt machen konnte und das machte mir höllische Angst. Das ist Manipulation. Es ist schrecklich. Heute habe ich das besser im Griff, ich bin mir der Sirenenklänge bewußter, ich kenne den einfachen Weg, und ich bin mir auch durchaus klar darüber, was das für mich bedeutet. Ich bemühe mich ehrlich darum, die Dinge so zu tun, daß ich nicht das Gefühl habe, mich oder meine Prinzipien zu verraten. Ich tue gelegentlich Dinge, die mir widerstreben, bin aber der Meinung, dieses Verhalten zahlt sich auf lange Sicht aus. In den meisten Fällen muß ich meinen Weg gehen. Das ist oft sehr schmerzhaft. Das wichtigste für mich ist zu wissen, warum ich eine Entscheidung getroffen habe. Ich habe zum Glück gute Freunde, mit denen ich in solchen Situationen sprechen kann. Das war einer der wichtigsten Kämpfe in meinem Leben. Ich bin mir in meinen analytischen Studien zwischenmenschlicher Beziehungen des Phänomens, in der Arbeitsweise Beliebtheit zu erlangen, klar bewußt. Ich bin mir der Tatsache bewußt, daß manche Menschen ihr ganzes Leben danach ausrichten, beliebt zu sein und dies auch erreichen, und ich weiß auch, daß ich beliebt bin. Ich hasse es wirklich, Dinge zu tun, die mir gegen den Strich gehen. Ich gehe mit mir strenger um, als mit anderen Menschen, was wiederum ein Problem ist. Einfacher wäre es, nachzugeben und anderen nach dem Mund zu reden. Aber ich weiß immer, wann ich Verrat an mir übe.«

Führungsqualitäten, Selbstachtung und Beliebtheit sind moralische Themen, für die es, wie bei allen moralbezogenen Fragen, keine absolut gültigen Antworten gibt. Die meisten von uns, vornehmlich Introvertierte, die an absolute Moralgesetze glauben, und Extravertierte, die nicht einmal über die Sitten und Gepflogenheiten ihrer Gesellschaft nachdenken wollen, geschweige denn, sie in Frage zu stellen, würden gerne glauben, daß es absolut gültige Antworten gibt. Das trifft nicht zu bei den existierenden grundsätzlichen Verschiedenheiten, wie wir unser Selbstverständnis und die drohende Vernichtung unseres Selbst erleben. Wir unterscheiden uns ja sogar in der Begründung unserer höchsten Tugenden, nämlich Wahrheit und Loyalität.

Wahrheit und Loyalität

Introvertierte nehmen es mit der Wahrheit stets sehr genau. Sie müssen die Wahrheit kennen, um ihr Universum zu organisieren und das Chaos in Schach zu halten. Introvertierte Eltern bezichtigen ihre Kinder oft der Lüge, wenn diese, wie Kinder das tun, mit der Phantasie experimentieren und die Feststellung machen, daß sie in einer Welt, in der die Wahrheit zu sagen nicht immer wünschenswert ist, mit Lügen weiterkommen. Als Introvertierte lehnte ich Lügen jeder Form strikt ab, bin aber zu der Erkenntnis gekommen, daß ich damit weniger einen hohen moralischen Standpunkt vertrat, es mir vielmehr darum ging, ein größeres Gefühl an Sicherheit zu haben. Heute bin ich der Ansicht, daß Lügen unter der Voraussetzung, ein gutes Gedächtnis zu haben, bisweilen vernünftig und wirksam sein kann. Allerdings gibt es einen Menschen, den Sie nie belügen dürfen, und der sind Sie selbst; andernfalls geraten Sie in Schwierigkeiten. Bedauerlicherweise ist der Selbstbetrug die geläufigste Form der Lüge.

Extravertierte gehen mit der Wahrheit meist etwas lockerer

um, da sie in früher Kindheit feststellten, daß Aufrichtigkeit sie höchst unbeliebt zu machen drohte. Manche extravertierten Kinder wissen genau, in welchen Situationen sich eine Lüge empfiehlt. Diese Entdeckung erfordert ein gewisses Maß an Selbstvertrauen und an Überlebenswillen. Viele extravertierte Kinder werden mit Verlassensein bestraft und bedroht (wie die Mutter ihrer bummelnden Vierjährigen im Supermarkt droht: »Wenn du dich nicht beeilst, laß ich dich hier«, oder der Vater zum Sechsjährigen, das nicht gehorchen will: »Unfolgsame Kinder kommen ins Kinderheim«) und verlieren ihr Selbstvertrauen, zweifeln sogar an ihrem Existenzrecht. Sie wachsen in der Überzeugung heran, sie dürften nie einen anderen verärgern; und ›nicht verärgern‹ bedeutet oftmals, nicht die Wahrheit sagen. Als Erwachsene verachten sie sich für ihre Lügen und ihre Schwäche und führen ein unaufrichtiges Leben in totaler Leere.

Kluge Extravertierte wissen, daß Beziehungen, in denen die Wahrheit nicht gesagt werden darf, Beziehungen ohne Kraft und Glaubwürdigkeit sind. John, einer meiner Klienten, der sich monatelang damit quälte, ob er eine Beförderung in eine hohe Position annehmen sollte oder nicht, da er wußte, welcher Kritik er auf diesem Posten ausgesetzt sein würde, und der den sehnlichen Wunsch hatte, beliebt und anerkannt zu sein, sagte zu mir: »Für mich ist die Wahrheit enorm wichtig, weil ich nur durch meine Aufrichtigkeit eine gute, wertvolle Beziehung zu anderen eingehen kann.« John nahm die neue Stellung an und behielt seine charmante, humorvolle, menschliche Art, die Wahrheit zu sagen bei und konnte sich damit durchsetzen.

Loyalität wird von Extravertierten und Introvertierten hoch geschätzt, allerdings aus unterschiedlichen Gründen. Für Extravertierte bedeutet Loyalität die Beibehaltung von Beziehungen, während sie für Introvertierte die Beibehaltung einer organisierten Struktur bedeutet, die sie mit der äußeren Realität verbindet. Extravertierte erleben Untreue als Verlassenwerden und Introvertierte als Chaos und Verlust ausreichenden Kontakts mit der äußeren Realität.

Unsere Loyalität erstreckt sich nicht nur auf andere Menschen, sondern auch auf Dinge. Manchmal erinnern diese

Dinge uns an andere Menschen, für die wir große Loyalität empfinden und manchmal empfinden wir die Dinge selbst als so menschlich, daß wir uns nicht von ihnen trennen können. Objekte, an die wir uns stark gebunden fühlen, werden Teil einer Phantasievorstellung, die Freud ›projektive Identifizierung‹ nannte. Unbewußt übertragen wir ein uns eigenes Merkmal auf eine andere Person oder ein Objekt und identifizieren uns auf bewußter Ebene mit dem, was wir der Person oder dem Objekt unterstellen.

So können Extravertierte und Introvertierte gleichermaßen starke Beziehungen zu ihrem Wagen haben und zögern, ihn zu verkaufen, auch wenn Vernunftgründe für eine Neuanschaffung sprechen. Der Extravertierte hat unbewußt seine eigene Angst verlassen zu werden, auf seinen Wagen übertragen und empfindet auf bewußter Ebene Mitleid mit dem Wagen, dem das Verlassenwerden droht. Der Introvertierte hat unbewußt seine eigene Angst vor Desorganisation und vor der Einsamkeit seiner inneren Realität übertragen und empfindet auf bewußter Ebene Mitleid mit dem Wagen, der einsam und verwirrt zurückgelassen wird.

Wenn wir es als Erwachsene versäumen, uns bewußt zu machen, daß wir die Erfahrung unseres Lebenssinns und unsere drohende Vernichtung auf andere Menschen und Dinge projizieren, füllt sich unser Leben mit irrationalen Loyalitäten und unnötigem Besitz, und unsere Versuche, uns davon zu befreien, scheitern an unseren Schuldgefühlen. Wenn wir uns einmal bewußt gemacht haben, welche überzogenen Loyalitäten zu bestimmten Menschen und Dingen wir entwickelt haben, können wir die freie Entscheidung treffen, welche Loyalitäten wir nach wie vor brauchen und von welchen wir uns trennen können.

Wir dürfen aber unsere Fähigkeit, unsere eigene Lebenserfahrung in ihrer ganzen Fülle auf andere Menschen zu projizieren, nicht verlieren, da daraus unsere Einfühlsamkeit erwächst, und Einfühlsamkeit und Liebe uns zu Menschen macht; ohne sie wären wir nur bewegliche Objekte. Einfühlsamkeit ist eine wichtige Voraussetzung für unser Interesse an anderen Menschen.

Interesse an anderen

In meinen schriftlichen und mündlichen Ausführungen über die unterschiedliche Wahrnehmung des Lebenssinns von Introvertierten und Extravertierten fürchte ich zuweilen, den Eindruck zu vermitteln, Extravertierte seien ausnahmslos herzlich und an anderen Menschen interessiert, während Introvertierte kühl ihre eigenen Interessen verfolgen. Natürlich gibt es Introvertierte und Extravertierte, die in dieses Muster passen, es ist aber durchaus nicht auf alle zutreffend. Wir alle brauchen andere Menschen und daher sind die meisten Introvertierten, wie auch die meisten Extravertierten, stark an anderen Menschen interessiert. Worin sie sich unterscheiden, ist die Art und Weise, wie sie dieses Interesse wahrnehmen und zum Ausdruck bringen.

Wir alle gehen davon aus, unserem Interesse an anderen Menschen liegen altruistische Motive zugrunde. Wir tun anderen um ihretwillen Gutes, nicht um unseretwillen. In Wahrheit können wir jedoch nur dann absolut altruistisch sein, wenn wir uns in uns selbst so sicher und wertvoll fühlen, daß wir von anderen Menschen keinen Beitrag brauchen, um unseren Lebenssinn zu erhalten, auszuarbeiten und vor der drohenden Vernichtung zu schützen.

Nur wenige von uns erleben eine solche Sicherheit und kein Mensch erlebt sie sein ganzes Leben lang. Die meisten von uns tun anderen Gutes, weil wir sie lieben und ihnen Gutes wünschen *und* weil ihre Anwesenheit unseren Lebenssinn bestätigt, und die drohende Vernichtung abwendet. Manche von uns tun anderen Menschen *ausschließlich* Gutes, weil ihre Anwesenheit ihren Lebenssinn bestätigt und die drohende Vernichtung abwendet.

Wenn wir uns achten und akzeptieren, können wir erkennen, daß die drohende Vernichtung nur eine Selbsttäuschung ist – als Extravertierte wissen wir, daß unsere Persönlichkeit im Falle des Alleinseins sich nicht auflöst und daß unsere innere Realität ein Zufluchtsort ist, keine Gefahr. Und als Introvertierte wissen wir, daß Chaos keine Gefahr bedeutet, sondern Freiheit – wir können Beziehungen eingehen, in denen Zuneigung und Fürsorge freimütig verteilt werden, ohne Verpflichtungen und Schuldgefühle haben zu müssen. Wir können Menschen lieben und ihnen Gutes wünschen, selbst wenn ›das Gute‹ uns nicht selbst betrifft. Wir können uns ihrer Zuneigung, Bewunderung und Anerkennung erfreuen, ohne den Zwang zu verspüren, uns ihre Anerkennung sichern oder sie beibehalten zu müssen.

Wenn wir nicht erkannt haben, daß die Bedrohung unserer Existenz eine Selbsttäuschung ist, sind unsere Beziehungen zu anderen immer von Gefahr überfrachtet, da wir glauben, andere Menschen hätten die Macht, uns zu vernichten. Also bemühen wir uns um Selbstschutz, indem wir unsere Zuneigung und unser Interesse an anderen einschränken und regulieren. Manche Menschen befolgen die Regel: »Ich liebe einen anderen Menschen nie total, um mich gegen den Schmerz und die unausweichliche Zurückweisung zu schützen.« Andere befolgen die Regel: »Ich schenke meine Liebe nur den Menschen, die nett zu mir sind und ziehe sie zurück, wenn sie nicht nett sind.« Wieder andere befolgen die Regel: »Ich schenke meine Liebe genau in dem Maß, wie ich Liebe erhalte; dadurch vermeide ich, betrogen zu werden.« Wen erstaunt es, daß die Menschen sich ungeliebt fühlen, die auf diese Weise geliebt werden wollen.

Introvertierte wissen, daß die Menschen, die sie lieben, ihre Verbindung zur äußeren Realität herstellen. Ohne diese Menschen fürchten sie ohne Steuermann auf einem unüberschaubaren Ozean zu treiben. Die leidenschaftliche Liebe, die introvertierte Mütter oft ihren Kindern entgegenbringen, liegt zum Teil daran, daß die Mutter das Kind als Teil ihrer inneren und äußeren Realität wahrnimmt, das Kind also der Mutter den Kontakt zur äußeren Realität ermöglicht. Wenn sie selbst an der äußeren Realität teilnimmt, verhilft die introvertierte Mutter sich durch das Kind zu größerer Stärke und Selbstsicherheit. Wenn introvertierte Mütter sich allerdings immer noch schwach und in Gefahr der Auflösung empfinden, fühlen sie sich durch die Veränderungen ihres heranwachsenden Kindes bedroht; die Mutter fürchtet, das Kind könne ihr entgleiten, wenn es erwachsen ist, sie aber möchte das Kind gern als Kind behalten.

Wenn introvertierte Mütter sich stark von der Vernichtung ihrer Persönlichkeit bedroht fühlen, benutzen sie eines ihrer Kinder als Schutz vor der Vernichtung und als einzige oder als einzig vertrauenswürdige Verbindung zur äußeren Realität; solche Kinder müssen entweder um ihr Überleben kämpfen oder sich für ihre Mütter opfern.

Extravertierte wissen, daß die Menschen, die sie lieben, die Gruppe bilden, die ihnen ihren Lebenssinn vermittelt. Ohne diese Menschen fürchten sie, wie eine Rauchwolke im Wind zu verwehen. Die hingebungsvolle Liebe extravertierter Mütter zu ihren Kindern beruht zum Teil darauf, daß das Kind die stärkste Beziehung darstellt, die die Mutter je kannte. Da das Kind Teil ihrer inneren und äußeren Realität ist, wird die innere Realität für die Mutter wirklicher. Da sie sich nunmehr in ihrer inneren Realität sicherer fühlt, wird die extravertierte Mutter stärker und selbstsicherer. Wenn extravertierte Mütter sich jedoch nach wie vor schwach und in Gefahr der Auflösung empfinden, fühlen sie sich durch die Veränderungen ihres heranwachsenden Kindes bedroht; eine solche Mutter fürchtet sich davor, das Kind könne ihr entgleiten, wenn es erwachsen geworden ist, deshalb versucht die Mutter, die Kindlichkeit ihres Kindes zu bewahren. Manche extravertierte Mütter, die sich extrem bedroht fühlen, ihre Persönlichkeit zu verlieren, benutzen eines ihrer Kinder als Schutz gegen ihre Auflösung und als einziges oder zuverlässigstes Mittel, mit ihrer inneren Realität umzugehen. Solche Kinder müssen ebenfalls um ihr Überleben kämpfen oder sich für ihre Mutter opfern. Alice Miller schilderte, wie der Anspruch der Mutter an die kindliche Opferhaltung schon bei einem kleinen Kind eine Reife im Mitgefühl und Handeln heranwachsen läßt, die das Alter des Kindes bei weitem übersteigt.[15] Bevor ich Alice Miller gelesen hatte, glaubte ich, mit einem außergewöhnlichen Verständnis für Menschen gesegnet zu sein, heute weiß ich allerdings, daß ich mir als Tochter einer depressiven und zu erschreckenden Wutausbrüchen neigenden Mutter diese Fähigkeit aneignen mußte, um zu überleben. (Auch dies ein Beispiel, wie wir unsere Abwehrkräfte gegen drohende Vernichtung als Tugend wahrnehmen.)

Da wir mit dem Gefühl heranwachsen, irgendwie nicht gut

genug, nicht völlig akzeptierbar zu sein, ist es uns unmöglich zu glauben, daß andere Menschen uns um unseretwillen lieben. Wir glauben, etwas dafür tun zu müssen, um die Zuneigung anderer Menschen zu gewinnen und zu behalten. Wenn der Druck unseres Bedürfnisses, ein guter Mensch zu sein, nicht zu groß ist, können wir aus unserem positiven Selbstgefühl heraus Positives für andere tun. Als Extravertierte spüren wir dann, daß wir eine unbegrenzte Fülle von Zuneigung und Liebe besitzen, von der andere Menschen profitieren; als Introvertierte spüren wir, daß andere Menschen von unserem Organisationstalent und unserer Klarsicht profitieren.

Unser Interesse an anderen Menschen schließt unseren Wunsch ein, andere nicht zu verletzen, da wir damit die Bedrohung unserer Vernichtung aktivieren würden. Bei Extravertierten, die andere verletzen, entsteht die Angst vor Zurückweisung und Verlassenheit, während bei Introvertierten, die andere verletzt oder falsch oder unklug behandelt haben, das schreckliche Gefühl entsteht, alles falsch gemacht zu haben und das Muster der Kontrolle und Organisation zerstört zu haben, die für unsere Lebensmaßstäbe unumgänglich sind. Die Angst, die wir empfinden, wenn wir glauben, jemand verletzt zu haben, wird Scham und Schuld genannt.

Je weniger wir uns selbst achten und akzeptieren, desto mehr sehen wir uns gezwungen, uns anzustrengen, Zuneigung, Billigung und Anerkennung anderer Menschen zu sichern.

Extravertierte, die sich selbst nicht achten und akzeptieren, glauben, sie können nie ausschließlich aufgrund gegenseitiger Zuneigung einer Gruppe angehören. Sie glauben, sich die Zugehörigkeit zur Gruppe sichern zu müssen, indem sie die Mitglieder der Gruppe dazu bringen, sie zu brauchen. Sie werden unabkömmliche Mitarbeiter in einem Team, der absolut zuverlässige und selbstlose Arzt, Krankenpfleger oder Therapeut, der selbstlose, sich aufopfernde Elternteil. Sie mögen in diesen Rollen extrem erfolgreich sein, fühlen sich aber häufig bald von den scheinbar unersättlichen Anforderungen der Menschen, die sie brauchen, überfordert. Sie sehen dem bevorstehenden Alter mit Grauen entgegen: wer wird denn noch gebraucht, wenn er alt ist? Als ich in der Schwesternausbildung arbeitete, stellte ich fest, daß viele angehende Krankenschwestern diese Angst vor dem Alter hatten. Damals glaubte ich, meine Studentinnen hätten großes Glück, von mir die Lösung des Problems vor Augen geführt zu bekommen. Da die Welt voller Menschen ist, die gebraucht werden wollen, braucht man alte und hilflose Menschen, die Hilfe brauchen; also können Extravertierte, die gebraucht werden wollen, bis ins hohe Alter die Funktionen übernehmen, Menschen zu helfen, die Hilfe brauchen. Bedauerlicherweise konnte ich bis heute kaum Erfolge mit diesem Rezept verbuchen, da Extravertierte, die gebraucht werden müssen, auch jene Extravertierten sind, die glauben, sie würden ihre Aufgabe nur dann erfüllen, wenn sie hektische Geschäftigkeit um sich verbreiten.

Introvertierte, die sich nicht achten und akzeptieren, haben das Gefühl, daß sie, welche Leistungen sie auch erbringen, sich nie auf ihren Errungenschaften ausruhen können, sondern immer danach streben müssen, mehr zu tun, um die Achtung und Anerkennung der Menschen zu erringen, deren Meinung ihnen am Herzen liegt. Sie tun anderen Gutes und können in dem Guten, das sie tun, sehr effektiv sein, aber sie tun es aus ihrem Gefühl der Verantwortung und Pflichterfüllung. Sie halten sich an die hohen Maßstäbe, die sie sich in Organisation und Kontrolle gesetzt haben. Sie fühlen sich oft gekränkt, weil sie glauben, andere erwarten von ihnen absolute Perfektion. Sie sehen dem Alter angstvoll entgegen, da sie glauben, das Alter zwinge sie, ihre Kontrolle aufzugeben und sich in die Hände anderer zu begeben, die sie als inkompetent und nicht vertrauenswürdig erachten. Sie sehen nicht, daß das Leben ein Kreislauf ist, daß es unser gutes Recht ist, nachdem wir uns jahrelang um andere gekümmert haben, Fürsorge von anderen anzunehmen. Wie Extravertierte, die sich nicht achten und akzeptieren, haben auch sie nicht begriffen, daß es oft mehr Großmut erfordert, zu nehmen, als zu geben. Wir können anderen unsere Anteilnahme zeigen, wenn wir das annehmen, was sie uns geben wollen.

Wir können deshalb nicht annehmen, was jemand uns geben möchte, weil wir diesem Menschen nicht verpflichtet sein wollen, da wir damit in eine Position der Beschämung, die wiederum Schuldgefühle hervorruft, gebracht wären. Manchmal akzeptieren wir nicht, was jemand uns geben möchte, weil das, was man uns geben will, etwas ist, was wir nicht haben wollen. Manchmal wollen Menschen uns Sex geben und manchmal scheint Sex uns die größte Bedrohung für unser Selbst zu sein.

Sexualität

Die meisten Menschen sind den größten Teil ihres Lebens an Sex interessiert. Introvertierte finden darin eine Verstärkung ihrer Individualität und eine leidenschaftliche Verschmelzung ihrer inneren und äußeren Realität. Und Extravertierte sehen darin eine glückliche Vereinigung, die ihre Existenz sichert. Sex stellt jedoch auch eine mögliche Bedrohung dar unter Umständen, die ich in meiner Arbeit mit Ehepaaren sehr genau studieren konnte.

In den 70er Jahren hatte ›Frigidität‹ bei Frauen aufgehört, eine Tugend zu sein, wie sie es für die Generation meiner Mutter darstellte. Sie wurde zu einer Störung erklärt, die ärztlicher Behandlung bedurfte. Wenn Beruhigungspillen das Leiden nicht beheben konnten, zogen die Ärzte Psychologen hinzu; aus diesem Grund kamen eine große Anzahl unglücklicher Frauen zu mir in die Sprechstunde.

Manchmal war die Ursache schnell festzustellen, was bei diesen Frauen nicht stimmte. Nichts ist sexfeindlicher als Langeweile. Wenn jeden Samstag abend sich ein und dasselbe Ritual wiederholt: Licht aus und los geht's!, ist das kein Rezept für ein dauerhaft befriedigendes Sexualleben. Manchmal war es aber sehr viel schwieriger, dem Problem auf die Spur zu kommen, denn es war nicht im Schlafzimmer zu suchen, sondern in der Art, wie die Partner ihren jeweiligen Lebenssinn und die drohende Vernichtung ihres Selbst wahrnahmen und welches Maß an Vertrauen die Partner zueinander hatten.

Nur wenn unser Selbstwert stabil ist, können wir etwas von uns geben. Wenn wir unseren Selbstwert als zerbrechlich wahrnehmen, der verschwinden oder schrumpfen könnte, dürfen wir das Wagnis nicht eingehen, uns auch nur für wenige Augenblicke hinzugeben. Für eine Frau, die sich sexuell hingibt, bedeutet das, ihr Ichgefühl aufzugeben, und das kann sie nur, wenn sie das Vertrauen hat, daß ihr Partner sie nicht vernichtet.

Für eine introvertierte Frau kann Sex also einem Kontrollverlust gleichkommen, der Chaos und Vernichtung bedeutet; und für eine extravertierte Frau kann Sex die Einsamkeit und Verlassenheit darstellen, die sie bei dem Gefühl überkommt, als Objekt zu dienen. Beide Frauentypen kann Sex an Kindheitserlebnisse erinnern, in denen sie der Willkür Erwachsener hilflos ausgeliefert waren und in denen ihr Selbstwert vernichtet zu werden drohte. Für viele Frauen ist der bleibende Schaden aus der Kindheit körperlicher und sexueller Mißbrauch durch Männer, die sie als übermächtig und grausam kennengelernt haben.

Sexuelle Aktivität ist eine für Männer adäquate Freizeitbeschäftigung. Und viele Männer gestehen nur zögernd ein, daß sie Sex dazu benutzen, um sich zu vergewissern, daß ihr Lebenssinn nicht von Vernichtung bedroht ist.

Viele Introvertierte, zumal Männer, fürchten sich am meisten vor dem Chaos, das Emotionen anrichten. Daher sind viele introvertierte Männer stolz auf ihre Gelassenheit und Rationalität und darauf, daß sie sexuelle körperliche Befriedigung erlangen können, ohne die Kontrolle über ihre Emotionen zu verlieren. Haben sie einen extravertierten Partner, ob Mann oder Frau, spürt der Partner den Mangel an Emotion, vorwiegend den Mangel an Zärtlichkeit als Zurückweisung, als Verlassensein und als drohende Vernichtung. Ein introvertierter Partner empfindet die Beziehung zu einer äußeren Realität, in der ein wichtiger Aspekt – nämlich die Emotion – fehlt oder verborgen wird, als beängstigend oder verwirrend.

Viele introvertierte Männer und Frauen, die wissen, daß sie Kontakt mit anderen Menschen brauchen, um ihren Kontakt zur äußeren Realität aufrechtzuerhalten, die aber persönliche Beziehungen fürchten (weil nichts und niemand so schnell Chaos erzeugen kann als andere Menschen), benutzen Sex als Mittel, diesen Kontakt herzustellen, ohne sich an einen anderen Menschen zu binden oder sich in den Einflußbereich eines anderen Menschen zu begeben. Sex ist ein probates Mittel, um Gespräche zu vermeiden.

Viele extravertierte Männer, die fürchten, ihr Bedürfnis nach Nähe und Zärtlichkeit sei eine weibliche Schwäche, suchen dieses Bedürfnis in der einzigen ihnen statthaft erscheinenden Form, im Sex, zu befriedigen. Ein Bedürfnis, das nur teilweise Befriedigung bringt, wird unersättlich (Psychologen sprechen von partieller Verstärkung) und extravertierte Männer erleben ihr Bedürfnis nach Nähe und Zärtlichkeit oft als unersättlichen Sexualtrieb. Sie stellen Ansprüche an ihre Partner, die diesen exzessiv erscheinen oder sie suchen sich andere oder mehrere verschiedene Partner.

Vor Jahren gestand mir ein Psychologenkollege, er habe Lust, »mit jeder Frau dieser Welt ins Bett zu steigen«. Damals hielt ich seine Worte für einen Ausdruck seiner Kraftmeierei. Heute, nachdem ich viele Männer wie ihn kennengelernt habe, weiß ich, daß dieser Spaß an Sex mit dem Bedürfnis gemischt ist, die Nähe und Zärtlichkeit zu erlangen, die ihm wichtig war, um seinen Lebenssinn zu erhalten, den er aber als Beweis seiner Charakterschwäche erachtete. Er brachte anderen Menschen Herzlichkeit, Anteilnahme, Verständnis und Hilfsbereitschaft entgegen, hatte aber Schwierigkeiten, die Zuneigung zu akzeptieren, die ihm entgegengebracht wurde. Er zweifelte daran, dieser Gefühle würdig zu sein. Dadurch, daß er sich wahllos viele Partnerinnen nahm, wies er sie zurück, ehe sie ihn zurückweisen konnten. Mit dieser Methode, das zu kontrollieren, was ihm als unabwendbare Katastrophe erschien, erschuf er seine eigene Katastrophe (seine Ehe, die mit einer grandiosen Hochzeitsfeier begangen wurde, war, wie er mir sagte, »die kürzeste Ehe in der Geschichte der Neuzeit«). Mit seinem Verhalten vermied er zudem die Möglichkeit, eine Bindung zu einer Person einzugehen, die möglicherweise stärker war als er und die ihn mit Vernichtung bedrohen könnte.

Eine sexuelle Beziehung kann eine sehr befriedigende Form sein, unseren Lebenssinn zu verwirklichen, sie kann aber auch – wie Alkohol, Rauschgift und Nikotin – eine Form sein, um die drohende Vernichtung nur scheinbar in den Griff zu kriegen.

Alkohol, Drogen und Nikotin

Alkohol und Rauschgift haben auf jeden Menschen zwar unterschiedliche Wirkung, weisen aber auch einige Ähnlichkeiten bei Extravertierten und Introvertierten auf.

Eine der Wirkungen von Alkohol und Drogen besteht darin, Hemmungen und Ängste, die jeder von uns in seiner weniger wirklichen Realität verspürt, herabzusetzen und ein Gefühl der Freiheit zu vermitteln.

Beim Extravertierten werden unter Einfluß von Alkohol oder Drogen Hemmungen und Ängste vor seiner inneren Realität herabgesetzt oder aufgelöst, er verliert die Angst, daß etwas, das er fürchtet, aber nicht benennen kann, aus seiner inneren Realität aufsteigt und seine Beziehungen zu anderen Menschen zerstört. Er spürt ein angenehmes Gefühl der Nähe und Bindung zu allen anderen Menschen und die Zuversicht, von anderen akzeptiert zu sein, die er im nüchternen Zustand nie verspürt. Es besteht aber auch die Gefahr, daß aus dieser ungeschützten inneren Realität Emotionen der Wut und Trauer auftauchen, von denen der Extravertierte im nüchternen Zustand mit Sicherheit weiß, daß niemand sie akzeptieren würde. Und oft hat er damit recht.

Beim Introvertierten werden unter Einfluß von Alkohol oder Drogen Hemmungen und Ängste vor seiner äußeren Realität herabgesetzt oder aufgelöst. Die Anspannung seiner Bemühungen, die äußere Realität zu organisieren und zusammenzuhalten, verschwindet, und der Introvertierte geht mit der äußeren Realität um, als sei sie das, wofür er sie immer gehalten hat – ein Phantasiegebilde. Er läßt sich treiben, losgelöst von aller Verantwortung, er kann sagen und tun, was ihm beliebt. Manchmal genießt er einfach den Frieden, nichts kontrollieren und organisieren zu müssen, und manchmal redet er, sprudelt alle Gedanken heraus, von denen er im nüchternen Zustand weiß, daß niemand sie akzeptieren würde. Und oft hat er damit recht.

Nikotin nimmt uns nicht die Hemmungen und Ängste vor unserer weniger wirklichen Realität, kann uns aber dazu ermutigen, ihnen entgegenzutreten. Zigaretten verändern unser Selbstbild. Zigaretten können unsere Freunde sein.

Mein Freund und Kollege Miller Mair führte mir eine anschauliche Methode vor, wie er den Abhängigkeitsgrad eines Rauchers von Zigaretten feststellt. Miller fragt seine Klienten: »Wenn Ihre Zigarette ein Mensch wäre, was für ein Mensch wäre sie?«

Stephanie Alexander, die darüber in *Jenseits der Angst*[16] las, schrieb mir: »Ich rauche seit sechs Monaten nicht mehr und bin im Grunde noch immer Raucherin. Rauchen ist wie eine Infusion von Männlichkeit, die bedrohliche Menschen auf Abstand hält und mir die Eigenschaften verleiht – Bestimmtheit, Festigkeit, Unverletzbarkeit –, die ich mit Männlichkeit verbinde, um die Weichheit und Verletzbarkeit meiner Weiblichkeit zu verdecken.«

Als Bill Hearld von der *Yorkshire Evening Press* mich über mein Buch *Jenseits der Angst* interviewte, stellten wir ziemlich schnell fest, daß er ein Extravertierter war. Im Beruf ging es ihm in erster Linie darum, seine Familie angemessen zu versorgen, nicht nur als finanziell gesicherter Ernährer, er wollte auch sinnvolle Zeit mit seinen Kindern und seiner Frau verbringen.

Ich sprach von der Gefahr, die Extravertierte wahrnehmen, wenn sie sich völlig verlassen fühlen, und er sagte: »So erging es mir, als meine erste Ehe in die Brüche ging. Ich hielt das Alleinsein nicht aus. Ich kaufte ein Haus in der Nähe meiner Eltern und das erste halbe Jahr war ich jede Nacht unterwegs. Ich ertrug es nicht, allein im Haus zu sein. Doch nach etwa sechs Monaten gewöhnte ich mich daran. Ich fing sogar an, Spaß daran zu haben.«

Seine Beförderung zum Chef der Nachrichtenredaktion konfrontierte ihn erneut mit der drohenden Isolation und Zurückweisung, doch zu dem Zeitpunkt wußte Bill bereits, daß die Einsamkeit der Autorität nicht vernichtend sein muß. Er sagte: »Zu Beginn meines Jobs als Chef der Nachrichtenredaktion, mit dem Recht Mitarbeiter anzuheuern und zu feuern, fiel mir auf, daß Gespräche in den Redaktionsräumen verstummten, wenn ich eintrat. Das war mir anfangs unangenehm, ich sprach aber mit meiner Frau darüber und fand einen Weg, damit zurechtzukommen. Schließlich müssen Beziehungen in der

Redaktion nicht sehr nah sein. Es ist besser, sie eher kühl und distanziert zu halten.«

Während unseres Gesprächs rauchte Bill. Gegen Ende der Diskussion fragte ich ihn: »Wenn Ihre Zigarette ein Mensch wäre, was für ein Mensch wäre sie?«

»Ein guter Freund«, antwortete er. »Wenn ich um sechs Uhr morgens aufwache und alle schlafen noch, weiß ich, daß ein Freund auf mich wartet. Ich rauche erst seit zehn Jahren. Ich fing damit an, als meine erste Ehe in die Brüche ging.«

Er sprach davon, daß Zigarettenrauch ihn daran erinnere, wie er als kleiner Junge auf dem Knie seines Vaters saß. Er erinnerte sich auch an den Duft der Zigarre, die sein Großvater nach dem Essen zu rauchen pflegte.

Mir wurde klar, daß keine Aufklärungskampagne über die Gefahren des Rauchens ihn eines Besseren belehren konnte. »Einen Freund kann man nicht zurückweisen«, sagte ich.

Er lächelte: »Nein, das kann man nicht.«

David Sutton berichtete: »Vor zwei Jahren habe ich aufgehört zu rauchen. In den letzten Monaten davor fühlte ich mich wie ein Mensch zweiter Klasse. Wenn ich eingeladen war und keinen Aschenbecher fand, mußte ich höflich fragen: ›Stört es Sie, wenn ich rauche?‹ Und ständig hörte ich, daß es in meinem Wagen oder daß ich nach Zigaretten stinke. Ich mußte den richtigen Zeitpunkt finden, um damit aufzuhören – den für mich richtigen Zeitpunkt. Wir verbrachten unseren Urlaub in Kalifornien, wo ich ein Haus habe. Zuvor feierten wir meinen Geburtstag mit Freunden in Antiqua. Als der Abend zu Ende war und Jill schon schlafen gegangen war, saß ich noch eine Weile herum und sagte mir einfach: ›Ich rauche nicht mehr.‹ Seit diesem Tag habe ich keine Zigarette mehr angerührt. Ich schaffte es nicht, das Rauchen einzuschränken. Entweder alles oder nichts.« (David kann halbe Sachen nicht ausstehen.) »Entweder man raucht, oder man raucht nicht. Ich mußte einfach von heute auf morgen damit aufhören. Für mich war es mehr ein gesellschaftliches als ein gesundheitliches Problem. Ich werde oft gefragt, ob ich mich besser fühle. Nein. Kann ich nicht sagen. Abgesehen davon habe ich zehn Kilo zugenommen, seit ich nicht mehr rauche. Heute bin ich ein unerbittlicher Gegner von Leuten, die rauchen. Ich werde sehr böse, wenn Menschen in meiner Gegenwart rauchen, geradezu militant.«

Ich bat ihn, mir die Zigarette als Mensch zu beschreiben. Er sagte: »Ein Freund, weil man sich hinter einer Zigarette verstecken kann. Man kann sie auch dafür einsetzen, um Zeit zu gewinnen. In einer wichtigen Besprechung weiß man oft nicht, wohin mit den Händen. Das Spiel mit Zigarette und Feuerzeug beschäftigt die Finger. Zigaretten haben mir oft geholfen. Denken Sie an das klassische Beispiel, wenn man einen Raum betritt und weiß nicht, was man auf der anderen Seite der Tür zu erwarten hat. Ich denke, die Zigarette ist ein guter Kumpel.«

Für Bill und David war die Zigarette also ein Freund, für den extravertierten Bill ein Freund, der die nötige Beziehung herstellte, um seinen Lebenssinn aufrechtzuerhalten; und für den introvertierten David ein Freund, der ihm dabei half, sich notwendige gesellschaftliche Fähigkeiten anzueignen. Als David andere Fähigkeiten zur Verfügung standen, um mit schwierigen gesellschaftlichen Situationen zurechtzukommen und das Rauchen immer mehr in Verruf geriet, hörten Zigaretten auf, seine Freunde zu sein und er schaffte es, sich das Rauchen abzugewöhnen. Bill empfand eine starke Loyalität für seine Freunde, die Zigaretten, und konnte sich nicht von ihnen trennen.

›Freunde‹ einmal als eine Art ›Übergangsobjekte‹, um den Wechsel von einer Situation in eine andere zu schaffen, und ›Freunde‹ zum Erhalt eines Lebenssinnes verkörpern zwei unterschiedliche Erfahrungsweisen. Auch in diesem Punkt unterscheiden sich Extravertierte und Introvertierte.

Unterschiedliche Erfahrungsweisen

Wer die Abfertigungshalle eines internationalen Flughafens betritt, könnte meinen, die ganze Weltbevölkerung habe sich auf die Beine gemacht. Auslandsreisen um die halbe Welt, ob geschäftlich oder privat, sind heutzutage nichts Besonderes. *Reisen* ist eine weit verbreitete Tätigkeit geworden, mit der Extravertierte und Introvertierte, wie mit allen anderen Erfahrungsbereichen, unterschiedlich umgehen.

Zu Hause ist für uns der Ort, an dem wir uns wirklich geborgen fühlen. (Zu Hause kann auch der Ort sein, wo wir uns am unsichersten fühlen, weil sich hier die Leute befinden, die die größte Macht haben, uns zu vernichten.) Als Introvertierte besitzen wir zu Hause genügend Organisation und Kontrolle, um unseren Lebenssinn aufrechtzuerhalten und als Extravertierte besitzen wir zu Hause die Menschen und Dinge, die uns zu einem genügend geachteten Mitglied einer Gruppe machen. Reisen bedroht beide Formen der Sicherheit. Auf Reisen können wir jegliche Organisation und Kontrolle verlieren und in ein gefährliches Einsamkeitsgefühl geraten.

Ich sehnte mich mein ganzes Leben danach, zu reisen und habe während der letzten zehn Jahre eine intensive Reisetätigkeit entwickelt, viele Länder und Menschen kennengelernt und persönliche Fortschritte gemacht und doch empfinde ich das Reisen noch heute gelegentlich als Bedrohung. Ich befasse mich zum Beispiel mit Gedanken an den Tod, halte allerdings einen plötzlichen Tod bei einem Flugzeugabsturz für weitaus angenehmer als langjähriges Siechtum durch ein Krebsleiden oder unaufhaltsam voranschreitende Vergreisung. Weit schwieriger fällt mir der Umgang mit einer fremden und unkontrollierbaren äußeren Realität. Nachdem ich genaue Terminpläne und Listen der einzupackenden Sachen angefertigt habe, Flugticket und Reisepaß überprüft und noch mal überprüft habe, passiert es mir gelegentlich, daß ich nachts hochschrecke und am liebsten zu Hause bleiben würde. Dann muß ich mir einreden, daß ich nichts zu befürchten habe, daß das Leben an den Orten, die ich besuche, sich kaum von dem Leben in England oder Australien unterscheidet, und selbst wenn ich eine mir völlig fremde Welt antreffe – wie auf meiner Reise allein durch Indien, als ich mir vorkam wie Gulliver auf einem fremden Planeten –, die Erlebnisse überstehen würde.

Neue Länder und neue Menschen können ungemein spannend sein, daher lieben viele Extravertierte das Reisen. Neue Länder und neue Menschen vermitteln aber oft nicht die für einen Lebenssinn notwendigen Beziehungen. Stephanie Alexander würde liebend gern England noch einmal besuchen, aber, wie sie mir schrieb: »Alleine reisen ist für mich ein Alptraum: als würde ich *tatsächlich* nicht existieren und wäre dazu verdammt, zurückgelassen zu werden oder verlorenzugehen, wie ein Paket, das man einfach übersehen hat. Ich stehe bereits Höllenqualen aus, wenn ich einen Bus besteige, dann können Sie sich vorstellen, was es für mich bedeutet, um die halbe Welt zu reisen und am anderen Ende Omnibusse und Züge zu besteigen. Darüber rede ich eigentlich nie und mich überläuft ein kalter Schauer, dies hier zu Papier zu bringen. Allein reisen ist ein einziger unendlich langer, schweißtreibender, atemloser, erstikkender Terror, während dem es mich überhaupt nicht gibt. Ich bin nur ein von Panik befallenes Bündel. Dieses Entsetzen packt mich immer wieder, seit ich als zehnjähriges Mädchen einen falschen Bus bestieg, der mich statt nach Hause zu bringen (wir waren damals gerade in ein neues Wohnviertel umgezogen) weit bis vor die Stadt fuhr. Der Bus kam zufällig an der Fabrik meines Vaters vorbei und der Fahrer begleitete mich schluchzendes Häufchen Elend ins Büro meines Vaters. Mein Vater verließ eine Besprechung und fuhr mich nach Hause – sogar jetzt da ich diese Zeilen für Sie schreibe, habe ich das Gefühl, in meiner Brust sitzt eine Ratte und nagt an meinen Eingeweiden. O Gott.«

Das Bedürfnis nach Stimulierung von außen steht für Extravertierte im Mittelpunkt ihrer Selbsterfahrung. Sie erschaffen sich *Erregung* aus jeder beliebigen Situation, und wenn die Situation den Reiz der Freude nicht bietet, so erschaffen sie wenigstens den Reiz der Angst. Jean Hale erzählte mir: »Es gibt ein kleines Spiel, das die Menschen mit sich treiben, um sich das Leben absichtlich schwerer zu machen, damit sie größere Befriedigung verspüren. Das beste mir bekannte Beispiel ist die Geschichte, als mein Neffe mich bat, eine Rede an seiner Schule zu halten. Mir war die Adresse bekannt, ohne genau zu wissen, in welcher Gegend die Schule lag. Und mein Taxifahrer verfuhr sich prompt. Ich kam dreißig Minuten zu spät, gerade noch rechtzeitig, um ans Rednerpult zu treten und meine Rede aus dem Stegreif zu halten. Es ist nichts dabei, eine Rede an der

Schule seines Neffen zu halten, man setzt sich hin, schreibt die Rede, erkundigt sich, wo die Schule liegt und macht sich rechtzeitig auf den Weg. Aber wo liegt hier der Reiz? Eine halbe Stunde zu spät zu kommen, die Rede im Taxi vorzubereiten und dann eine gute Rede zu halten – das gefällt mir. Ich habe meine Sache fabelhaft gemacht. Aber mit zunehmendem Alter mache ich solche Dinge seltener.«

Introvertierte wollen keine Stimulierung um der Stimulierung willen, was sie aber auch nicht wollen, ist gelangweilt zu sein. In meinen Interviews mit erfolgreichen Introvertierten sprachen meine Gesprächspartner immer wieder von ihrer Abscheu vor *Langeweile*, die häufig als Grund angegeben wurde, warum sie immer größere Herausforderungen annehmen.

Ian Padden hat sich einer größeren Anzahl ausnahmslos gefährlicher Herausforderungen gestellt als die meisten Menschen. Seine friedfertigste Beschäftigung ist das Schreiben und zwar über Themen, mit denen er sich sein gesamtes Erwachsenenleben beschäftigt hat – Militärspionage, konterrevolutionäre Kriegsführung, Tiefseetauchen, Erdölbohrungen in der ganzen Welt und das Fliegen, vor allem der Kunstflug. Darin liefert er in seiner kleinen, dunkelblauen Maschine manch halsbrecherische Darbietung. In unserer Unterhaltung beanstandete er den Begriff ›Errungenschaft‹. Ihm war das Wort ›Fortschritt‹ lieber. »Fortschritt ist für mich die Befriedigung meiner Neugier«, sagte er. »Etwas, das ich nicht kenne, noch nicht erlebt habe, macht mich einfach neugierig. Wenn einer zu mir sagt ›Können Sie das?‹ so antworte ich: ›Mal sehen. Vielleicht schaffe ich es. Ich habe es noch nicht probiert.‹ Es lohnt sich immer, ob ich damit nur meine Neugier befriedige, oder ob ich dafür bezahlt werde. Neugier ist mir nicht wichtig, sie ist einfach da. Ich hab' die Wahl. Es ist amüsant. Ich tue das, was mir Spaß macht. Ich tu etwas gern, weil ich gespannt bin, ob ich es schaffe. Ich probier' es einfach aus. Das gibt mir Zufriedenheit. Ich habe etwas zu tun. Ich habe versucht, rumzuhängen und nichts zu tun. Nichts ist eine große Leere. Wenn ich mal gestorben bin, ist auch eine große Leere. Man kann seinen Körper nicht kontrollieren, aber seinen Geist kann man kontrollieren. Im Geist liegt die ganze Freiheit. Wer ein Träumer ist, kann träumen.«

Ian handelt, um seiner selbst willen und um seine geistigen Fähigkeiten zu kontrollieren und zu erweitern. Quentin Crisp handelt *nicht,* und das aus dem gleichen Grund. Quentin schätzt den Müßiggang. Er lebt nach der Maxime, es mache keinen Unterschied, ob man ein Möbelstück jeden Tag oder alle vier Jahre einmal abstaubt. »Ich bewohne einen Raum, in dem alles genau seinen richtigen Platz hat. Ich verliere nur sehr selten etwas. Ordnung ist die Methode, den Lebensablauf auf sein absolutes Minimum zu reduzieren. Ich lebe so, daß ich mir keine unnötigen Überlegungen außerhalb meiner Denkvorgänge machen muß. Ich liebe es, nichts zu tun. Ich sitze den ganzen Tag herum. Ich verstehe nicht, daß man sagt, man tue etwas, um ›die Zeit totzuschlagen‹. Ich möchte meine Zeit nicht totschlagen.«

Quentin sitzt untätig da und denkt nach. Und das Denken, ihre reichhaltige und lebhafte innere Realität zu genießen ist es, was Introvertierte meinen, wenn sie sich nicht langweilen. Von der äußeren Realität brauchen sie lediglich die Stimulierung zu etwas Neuem, um darüber nachdenken zu können.

Die Redewendung *geistige Nahrung* trifft für mich den Nagel auf den Kopf. Etwas, das ich noch nicht erlebt habe, sei es die Erforschung eines Ortes, an dem ich noch nie zuvor war, sei es das Anhören der Lebensgeschichte eines Klienten, etwas Neues kennenlernen, etwas schreiben, was ich noch nicht geschrieben habe, ein neues Buch oder die Tageszeitung lesen, wird zu einer Art geistiger Nahrung, die ich in mich aufnehme und verdaue. Das ist mir seit frühester Kindheit klar bewußt, die ich in einem verschlafenen Vorort verbrachte mit einer Mutter, deren strikte Grundsätze über ein anständiges Leben wenig Neuigkeiten und wenige Menschen in mein Leben brachten. Ich flüchtete mich an den Strand oder in den Buschwald und vertiefte mich in Bücher und Zeitungen, wobei ich ihre Warnung, mir mit dem ständigen Lesen die Augen zu verderben, unbedenklich in den Wind schlug. Und wie unrecht sie hatte. Das Lesen rettete mir das Leben. Lesen bewies mir, daß ich nicht ausschließlich inmitten der Bedrohungen und Banalitäten der äußeren Realität leben mußte.

Dieses Verständnis für den Hunger von Introvertierten nach ›geistiger Nahrung‹ half mir, die BBC-Fernsehproduzentin Angela Tilby zu überzeugen, die im Zuge ihrer Recherchen für eine Fernsehsendung über eine Sterbeklinik Kontakt mit mir aufnahm. (Angela ist introvertiert, nicht nur nach meinen Erkenntnissen, sondern auch nach der Myers-Briggs-Typifikation.) Sie berichtete mir über ihre Beobachtungen in einer Sterbeklinik. Wir sprachen über die moralischen Bedenken, ob und wie man die Leiden eines todkranken Menschen mit der Kamera verfolgen dürfe. Und sie sagte: »Ich komme mir so voyeuristisch vor.« Ich überzeugte sie, daß sie das keineswegs sei. Der Voyeur macht die von ihm beobachteten Menschen zu Objekten und das ist entwürdigend und herabsetzend.

Nancy Banks-Smith, die als Fernsehkritikerin für *The Guardian* gezwungen ist, die Leiden anderer zu beobachten, vertritt den Standpunkt, daß wir etwas sehr Wichtiges für andere tun, wenn wir ihre Leiden anerkennen, die Menschen und ihr Leben ernst nehmen. Damit erkennen wir die Existenz anderer Menschen an.

Und das tut Angela. Sie nimmt Anteil, nicht nur, indem sie die Existenz und Erfahrung anderer wahrnimmt, sie in sich aufnimmt, um darüber nachzudenken, den Sachverhalt in ihre innere Realität absorbiert, ihn dort neu gestaltet und in einer neuen Umsetzung wiedergibt, sei es im Gespräch, in ihren Büchern oder in ihren Fernsehprogrammen. Ich habe diesen Vorgang seit dem ersten Tag beobachtet, an dem sie mich aufsuchte, um mit mir über die Möglichkeit einer Sendung über meine Arbeit mit Depressiven zu sprechen, über die vielen folgenden Besprechungen, ihre Interaktionen mit depressiven Menschen, die sich bereit erklärten, an der Sendung mitzuwirken, über die Dreharbeiten bis zum Endprodukt, einem eindrucksvollen Film von tiefer Schönheit. Angela hatte nicht nur eine Reihe von Interviews aufgenommen, Bilder festgehalten und daraus eine informative Sendung zusammengestellt. Sie hatte beobachtet, absorbiert, sich das Absorbierte zu eigen gemacht, die Sachverhalte strukturiert und organisiert, sie wiedergegeben, ihren Mitwirkenden vor und hinter der Kamera begreiflich gemacht, was sie von uns wollte. Sie hatte etwas erschaffen, das ihr Werk war, andererseits auch wieder nicht idiosynkratisch ihr Werk, als es sich mit den Erfahrungen anderer befaßte und andere ansprach. Ihr Film *The Mind Box*[17] ist nicht die Sichtweise einer Frau über Depressionen als moralisches Dilemma; der Film ergründet die universellen moralischen Themen, die der Zustand der Depression verbirgt und bestätigt.[18]

Meine Beobachtungen von Angelas Arbeitsmethoden, meine Gespräche mit dem Dichter und Extravertierten Ron Janoff und der introvertierten Malerin Diana Leidel halfen mir, etwas über die unterschiedlichen Formen, mit denen Introvertierte und Extravertierte den Schöpfungsprozeß eines Werkes erfahren, zu begreifen.

Rons Posten als Leiter des Management Institute der Universität New York hat nichts mit Poesie zu tun, doch Poesie hat in all den Jahren, in denen wir uns kennen, eine zentrale Rolle in seinem Leben gespielt. Ich liebe seine Gedichte, die von unvergleichlicher Bodenständigkeit sind, sie erklären, zeigen auf, weisen auf das Ungewöhnliche im Gewöhnlichen hin. In der Bewußtheit des Ungewöhnlichen im Gewöhnlichen erfahren wir uns als lebendig und bewußt, verwundert, entzückt und gleichzeitig erschreckt über die Welt und ihre Menschen.

Eines Abends sagte ich nach dem Lesen eines seiner Gedichte nicht wie gewöhnlich ›Das ist großartig‹ oder ›Das hat mir gefallen‹, ich fragte ihn statt dessen: »Warum ist Poesie für dich wichtig?«

Eine schwer zu beantwortende Frage. Ron sagte: »Das ist sehr komplex. Man packt eine gewaltige Menge Gestaltungskraft in einen sehr begrenzten Raum – das ist etwas, was mir wirklich Spaß macht, wenn mir das gelingt. Es entsteht ein großer physischer und psychischer logischer Zusammenhang. Schwer zu beschreiben. Für mich ist das essentiell.«

»Zusammenhang womit?« fragte ich.

»Zum Leben, denke ich. Damit öffnet sich ein wesentlich größerer Raum, als der, in dem unser Körper arbeiten kann. Zusammenhang mit meiner Vergangenheit, meiner Stimme oder meinen Gefühlen, ich fühle mich als Ganzes. Ich sehe das Schreiben viel eher als ein Zusammenfügen von bereits existierenden Elementen. Ich versuche für sie den Platz zu finden, an den sie passen. Es ist ein Anpassungsprozeß, etwas von außen zusammenfügen und herausfinden, wo die Resonanz in mir ist. Wenn ich Gedichte schreibe, drehe ich das Radio, den Fernseher an, hole mir Zeitungen und lasse eine Fülle zusammenhangloser verbaler Reize auf mich einwirken, während ich arbeite. Ich sammle. Ich habe ganze Schubladen voll beschriebener Zettel. Ich fange an und füge Dinge aneinander. Ich bin immer wieder erstaunt, wenn ich fertige Arbeiten hervorhole, wie ähnlich die Oberflächen sind und wie wirklichkeitsnah über lange Zeitspannen und für andere Menschen wiedererkennbar, obwohl sie völlig verschiedene Ursprünge hatten. Das ist so eine Art Schlüssel zu diesem Gefühl des Zusammenhangs, irgendwie paßt alles zusammen. Der ganze Prozeß besteht aus vielen Phasen. Erst heute habe ich ein paar Gedichte fertiggeschrieben, die ich vor zwei Jahren begonnen habe, heute habe ich sie in ihre letzte Fassung gebracht. Zusammensetzen, bündeln, kürzen, überarbeiten und einen Faden finden, viel mehr als etwas, das aus mir fließt und zu Papier gebracht wird. Als würde etwas umgestülpt.«

Als ich selbst Gedichte schrieb, war das Gedicht plötzlich vollständig in mir. Ich mußte es nur hinschreiben, gelegentlich über eine passende Formulierung und den Sprachrhythmus nachdenken. Es entstand immer aus einem Prozeß der Veränderung in mir und die auftauchenden Bilder, obgleich sie ihren Ursprung in meiner äußeren Realität hatten, waren Metaphern für einen Vorgang in meinem Innern. Ich vermag nur auf intellektuellem Wege nachzuvollziehen, wie Ron seine Gedichte schreibt.

Ich fragte Diana, wie sie das Entstehen eines Bildes erlebt.

Sie sagte: »Zeichnen oder Malen ist insofern anders als Schreiben, als man nicht auf Zusammenhänge achtet. Das Aufregende daran ist die Energie, nicht die Zusammenhänge. Intensität, Energie, das sind die Faktoren, die das Zeichnen so faszinierend machen. Konzentration. Das Malen geht mehr über den Kopf. Aber ist jedesmal überraschend und jedesmal neu und anders, und wenn es das nicht ist, hat es nichts mit Zeichnen zu tun. Dann tut man etwas anderes. Der Vorgang des Zeichnens unterscheidet sich total vom Entstehen eines

Entwurfs. Wenn ich etwas für eine Zeitschrift entwerfe, denke ich nicht daran, was dabei herauskommt oder welche Intentionen ich habe, ich sitze einfach da und schaue, was mir meine Umgebung bietet, das sammle ich und setze es zusammen. Es ist fast genau das gleiche, was Ron macht.«

Vieles vom künstlerischen Schaffen Extravertierter und Introvertierter ist weniger als es sein könnte, weil der jeweils Betroffene zu sehr von seinem/ihrem Wunsch beeinflußt ist, die Welt auf die Weise zu sehen, die Introvertierte bzw. Extravertierte so sehr schätzen. Bei Extravertierten ist es die *Schönheit;* bei Introvertierten ist es die *Vollkommenheit.* (Schönheit stößt nie auf Ablehnung; Perfektion ist totale Kontrolle und Organisation.) Also erschaffen viele Extravertierte Werke von überladener Schönheit und Sentimentalität, während viele Introvertierte in ihrem Schaffen so sehr kontrollieren und organisieren, daß ihren Werken die Lebendigkeit und Spontaneität fehlt.

Viele Extravertierte messen der Schönheit einen so hohen Stellenwert bei, daß sie *Häßlichkeit* nicht ertragen, und ›häßlich‹ sind auch alte, kranke und behinderte Menschen. Und viele Introvertierte messen der Vollkommenheit einen so hohen Stellenwert bei, daß sie vermeintlich Unvollkommenes nicht ertragen können, und das betrifft einen Großteil der äußeren Realität. Besagte Extravertierte empfinden meist Abscheu und besagte Introvertierte sind oft wütend und verärgert, Gefühle, die weder schön, noch vollkommen sind, zu haben. Diese Menschen haben nicht erkannt, daß Schönheit und Vollkommenheit von der Sichtweise des Betrachters abhängen und sie ohne den Gegensatz von Häßlichkeit und Unvollkommenheit wahrgenommen werden können.

Wenn Introvertierte über ihre Beobachtungen und Wahrnehmungen nachdenken, oder sie verinnerlichen, entwickeln sie Theorien, um ihre Beobachtungen und Wahrnehmungen zu erklären. Sie empfinden tiefe Befriedigung darin, ein Problem verstehen und erklären zu können, selbst wenn ihre Erklärung keinerlei Lösungsmöglichkeit enthält. Extravertierte werden mit Introvertierten in diesem Punkt sehr ungeduldig. Extravertierte wollen gern weitermachen und aktiv sein. Sie ziehen das *Handeln* dem *Erklären* vor. Diese unterschiedlichen Problemansätze geben Anlaß zu einer Fülle von Auseinandersetzungen und Mißverständnissen unter Psychologen, Psychiatern und Psychotherapeuten. Die Introvertierten unter ihnen entwickeln Theorien über ›dynamische Prozesse‹ oder bislang unentdeckte Gene, um sich Klarheit über menschliches Verhalten zu verschaffen. Sollte über diese Theorie ein Weg gefunden werden, ›um den Menschen zu helfen‹, ist das ein willkommenes Plus, aber nicht der Sinn der Übung. Die Extravertierten unter ihnen wollen weiterkommen und ›den Menschen helfen‹; sie sind der Ansicht, eine Methode, die sich bewährt, bedarf keiner Erklärung, warum sie funktioniert. Diese unterschiedliche Wahrnehmung des Lebenssinnes und der drohenden Vernichtung gibt auch Anlaß zu endlosen Auseinandersetzungen über den Wert der Elektroschock-Therapie oder der Psychotherapie.

Neben dem Bedürfnis nach Erklärung haben Introvertierte einen stark ausgeprägten Drang, etwas *fertigzustellen oder abzuschließen*. Ihre Aktivitäten müssen einen Anfang, eine Mitte und ein Ende haben. David Sutton erkannte diesen Drang, etwas abzuschließen bei sich selbst. Er sagte: »Ich werde sehr böse, wenn ich zu einem meiner Mitarbeiter sage: ›Bitte tu das‹ und es geschieht nicht. Dann werde ich wütend, weil die Leute ihren Job nicht richtig machen. Wenn sie die Normen nicht erfüllen, bekommen sie keine Rennerlaubnis von mir. Ich bestehe darauf, daß etwas zu Ende gebracht wird. Es muß eben getan werden.« Die abzuschließende Tätigkeit mag klein sein wie Wäschewaschen oder groß wie ein Autorennen gewinnen. Was immer es ist, einmal begonnen, wird eine Aufgabe bald schwieriger und verzwickter, wenn sie aber zum Abschluß gebracht wurde, scheint sie leicht, die Ordnung ist wieder hergestellt. Andrew Wallace sagte mir, daß in seinem Kopf während der Vorbereitungen auf ein Rennen kein anderer Gedanke Platz habe als der, das Rennen zu gewinnen; der Gedanke, einen zweiten Platz zu belegen, selbst wenn er ihm wichtige Punkte einbringt, wäre ihm unangenehm. So ergeht es allen Introvertierten, wenn sie eine gestellte Aufgabe nicht abschließen. Andrew meinte dazu: »Wenn ich nach einem Sieg aus dem Wagen steige, denke ich meist, das war ja ganz leicht; und dieses Gefühl verläßt mich nicht, bis ich mich wieder ans Steuer setze. Dann beginnen die Schwierigkeiten von neuem.« Die Überzeugung, etwas, das wir zu Ende gebracht haben, sei leicht gewesen, ist eine wirksame Methode, wie wir unser Selbstvertrauen und unseren Mut bewahren.

In der Familie und am Arbeitsplatz ist häufig der Drang Introvertierter nach Abschluß einer Tätigkeit und die Ungeduld Extravertierter über deren Beharrlichkeit, etwas abzuschließen, zu beobachten. In der Familie sitzt der extravertierte Partner bereits im Wagen und will losfahren, während der introvertierte Partner noch im Haus herumfuhrwerkt, den Staubsauger bedient oder das Werkzeug aufräumt. Am Arbeitsplatz will der Extravertierte ungeduldig die nächste Aufgabe in Angriff nehmen, während der Introvertierte stur und beharrlich eine Arbeit fertigmacht, bevor er die nächste beginnt. (Es gibt auch den umgekehrten Fall: der Extravertierte bringt eine Aufgabe zu Ende und der Introvertierte wartet ungeduldig darauf, weiterzukommen. Dies geschieht aber aus anderen Beweggründen. Dem Extravertierten geht es in erster Linie nicht darum, eine Aufgabe zum Abschluß zu bringen, sondern darum, sich nicht schämen zu müssen, den Ansprüchen einer Gruppe, beispielsweise seiner Vorgesetzten oder Nachbarn, nicht gerecht zu werden.)

Das Bedürfnis, Dinge zu Ende zu führen, hat nicht nur mit Ordnungsliebe zu tun, es ist vielmehr auch eine Methode, um das große Schreckgespenst des Introvertierten in Schach zu halten, den *Zweifel*.

Introvertierte sind große Zweifler; da die äußere Realität ihnen nicht ganz geheuer erscheint, geben sie sich selten mit dem Augenschein zufrieden. Der Realitätsbezug des Introvertierten ist stets mit einem Fragezeichen versehen. Er stellt sich Fragen, wie Chuang Tsu sie stellte, nachdem er geträumt hatte, er sei ein Schmetterling: »Träumte Chuang Tsu, er war ein Schmetterling, oder träumte der Schmetterling, er war Chuang Tsu?«[19]

Introvertierte sind Tatbeständen und Absichtserklärungen aller Menschen einschließlich der eigenen Person gegenüber skeptisch eingestellt oder sie überprüfen zwanghaft den Wahrheitsgehalt ihrer Wahrnehmungen. Die meisten Introvertierten tun beides. Sie bezweifeln, was Menschen ihnen sagen, und stellen sich ständig Fragen wie: »Hab' ich die Verandatür abgeschlossen?«, kehren um und vergewissern sich. Je weniger sie sich achten und vertrauen, desto mehr zweifeln sie und desto zwanghafter müssen sie diesen Zweifeln nachgehen.

Zweifeln und Infragestellen kann *Lernprozesse* beeinträchtigen, etwa mechanisches Auswendiglernen in der Schule. Extravertierte, die keine Zweifel an der Echtheit der äußeren Realität haben, akzeptieren fraglos Vokabeln einer Fremdsprache, nehmen sie rasch auf und geben sie mühelos wieder, während Introvertierte fragen: »Warum?« und: »Stimmt das?« Ein zu einem Muster organisierter Lernstoff, etwa eine Geschichte oder die Entwicklung einer Theorie, wird von Extravertierten und Introvertierten gleichermaßen gut erinnert.

Extravertierte nehmen das Leben so, wie es ist, machen sich keine Gedanken über seine tiefere Bedeutung und scheinen ein glücklicheres Leben zu führen als Introvertierte. (Es gibt Untersuchungen, die belegen, daß Extravertierte glücklicher sind als Introvertierte. Das bezweifle ich. Extravertierte leugnen nur bereitwilliger, unglücklich zu sein als Introvertierte dies tun.) Ihr Mangel an Skepsis macht viele Extravertierte leicht *beeinflußbar*. Hypnotiseure sind begeistert von ihnen, da sie schneller bereit sind, etwas zu akzeptieren, was eine andere Person ihnen sagt, als Introvertierte dies tun. Sie selbst sind oft weniger begeistert von sich, da sie sich so schnell mit dem identifizieren, was ein anderer ihnen sagt. Wenn ein anderer von Glück und Freude spricht, verspürt der Extravertierte Glück und Freude; gleichermaßen verspürt er aber ebenso unverzüglich Trauer und Schmerz, wenn ein anderer davon spricht. Die Lektüre eines medizinischen Fachbuchs wäre für den Introvertierten ein Anschauungsunterricht in Skepsis und für den Extravertierten ein qualvoller Horrortrip.

Hier haben wir es nicht nur mit dem Kontrast von Skepsis und Beeinflußbarkeit zu tun, sondern mit einem unterschiedlichen *Umgang mit Emotion*.

Extravertierte schätzen ihre Gefühle, weil sie wissen, daß sie über ihre Gefühle mit den Menschen und Dingen verbunden sind, die ihren Lebenssinn aufrechterhalten. In Krisenzeiten sagen sie möglicherweise: »Ich bin mir meiner Gefühle nicht sicher« und meinen: »Ich hab' mir nicht die Zeit genommen, meine Gefühle zu ordnen und sie korrekt zu benennen«, dennoch bezweifeln sie die Existenz und Realität ihrer Gefühle keineswegs. Extravertierte zeigen ihre Gefühle. Und in Krisenzeiten kritisieren Introvertierte das Jammern und Klagen der Extravertierten.

Extravertierte kritisieren an Introvertierten, daß sie keine Gefühle haben, weil sie in Krisenzeiten völlig gelassen wirken. Selbst wenn sie nicht gelassen sind – ihr Inneres mag in Aufruhr und großer Verwirrung sein –, doch nach außen wirken sie ruhig, da sie fürchten, die Gefahr eines unkontrollierbaren Chaos noch zu erhöhen, wenn sie ihre Gefühle preisgeben.

Wie wir wissen, können Emotionen einen Introvertierten in schmerzhaft hohe Stimulationsbereiche versetzen, er muß also Wege finden, wie er seine Emotionen unter Kontrolle bringt. Das erreicht er, indem er die Emotion von seiner Wahrnehmung trennt, welche die besagte Emotion auslöste, und somit die Emotion in sein Unterbewußtsein verdrängen kann. Kluge Introvertierte sind sich dieser Gewohnheit bewußt und sorgen dafür, daß sie ihre Emotionen zu einem späteren Zeitpunkt, in sicherer Umgebung, zulassen und die mit der Wahrnehmung verbundenen Gefühle von Schmerz, Wut und Angst spüren dürfen. Weniger kluge Introvertierte, die sich ihrer Vernunfthaltung rühmen und die drohende Vernichtung solch chaotischer Emotionen fürchten, hören nicht auf, ihre Emotionen zu verdrängen.

Doch verdrängte Emotion verschwindet nicht. Sie kehrt in Alpträumen und Phantasiebildern wieder, die eine mörderische Wut zum Ausdruck bringen, gegen die man sich wiederum durch obsessives Verhalten schützen muß. Verdrängte Emotionen schädigen den Körper und schwächen, wie heute in zunehmendem Maß erkannt wird, das körpereigene Abwehrsystem und machten uns für eine Vielzahl von Krankheiten anfällig.

Ein Introvertierter, der denkt: »Mein Vater vermiest mir alles, was für mich wichtig ist« und dabei nicht die Frustration, Wut und Angst verspürt, die mit diesem Gedanken verbunden sind, bedient sich des *Abwehrmechanismus der Isolation,* wie Freud das Phänomen bezeichnete. Mit Hilfe dieses Abwehrmechanismus erinnern Introvertierte sich zwar an unangenehme Kindheitserlebnisse, nicht aber an die damit verbundenen Emotionen. Der Extravertierte bedient sich lieber des *Abwehrmechanismus der Verdrängung,* indem er den Vorfall ganz vergißt. Da Emotion für den Extravertierten keine so große Bedrohung darstellt wie für den Introvertierten, ist die mit dem Erlebnis verbundene Emotion nicht so sehr ins Unbewußte verdrängt. Tritt also ein dem unterdrückten Vorfall ähnliches Ereignis ein, kommt die alte Emotion wieder hoch, ohne Erinnerung an das ursprüngliche Ereignis; sie wirkt daher befremdlich und unverständlich. So kann beispielsweise die durch sexuellen Mißbrauch in der Kindheit hervorgerufene Angst bei sexuellen Begegnungen als Erwachsener wieder auftauchen, der tatsächliche Tatbestand aber in Vergessenheit bleiben. Kluge Extravertierte unternehmen eine Reise in ihr Inneres, um vergessene Vorfälle wiederzufinden, deren Emotionen sie immer noch belasten. Weniger kluge Extravertierte weigern sich, diese Reise nach innen anzutreten, sie suchen statt dessen die Gründe für ihre Emotionen in der äußeren Realität.

Da Extravertierte Begebenheiten und Introvertierte Emotionen aus ihrer Kindheit vergessen, können beide als Erwachsene entweder in der Überzeugung das Richtige zu tun oder durch ihren Wunsch, ein Ventil für ihre gewalttätigen oder sexuellen Gefühle zu haben, die Schmerzen, Demütigungen und Ängste, die ihnen zugefügt wurden, auf ihre Kinder übertragen. Wenn wir vergessen, was es bedeutet, ein Kind zu sein, behandeln wir Kinder als Objekte, die unsere Bedürfnisse zu befriedigen haben (einschließlich unser Bedürfnis, perfekte Eltern zu sein). Und wenn wir vergessen, wie wir uns als schwache, hilflose, der Willkür rachsüchtiger Riesen ausgesetzte Wesen fühlten, können wir erklären: »Ich wurde als Kind geschlagen / sexuell mißbraucht und ich habe keinen Schaden davongetragen.«

Diese gefühllose, grausame Haltung wird von vielen Extravertierten mit großer Vehemenz abgelehnt, da sie sich bereitwillig mit dem Schmerz und dem Leiden anderer identifizieren, um die Emotionen aus der Vergangenheit mit einem gegenwärtigen Vorfall zu verknüpfen. Sie spüren die Emotionen eines leidenden, hilflosen Kindes, und da sie der Meinung sind, diese Gefühle als Erwachsene nicht haben zu können, projizieren sie sie auf andere Menschen, Kranke, Verlassene, Hungernde. Sie sind sich der Wahrheit dessen, was sie sagen, nicht bewußt, jammern »Ich weiß einfach nicht, was ich fühle« und helfen leidenden Menschen. Aus dieser Schutz-Identifizierung, als die Freud sie bezeichnen würde, werden viele gute Taten vollbracht. Extravertierte, die sich allerdings dieser inneren Vorgänge nicht bewußt sind, reiben sich in ihrer Sorge um andere auf und erleiden die Schmerzen anderer in ihrem Mitgefühl, weil sie nicht zulassen, diese Gefühle für sich selbst zu haben.

Handelt es sich bei der Emotion des Extravertierten um Angst ohne die Erinnerung an den Vorfall, der sie ausgelöst hat, sucht er in seiner äußeren Realität nach etwas, das diese Angst ausgelöst haben könnte, und findet eine Reihe von Möglichkeiten. Unser Körper befindet sich in der äußeren und inneren Realität und kann von Angst vor Krankheit und Tod befallen werden. Die äußere Realität enthält alle möglichen gefahrvollen Wesen wie Spinnen und Schlangen. In ihr können wir von kritischen, feindseligen, ablehnenden Augen gemustert werden. Die mögliche Beschämung, solchen Blicken ausgesetzt zu sein, sperrt viele Extravertierte in ihre Wohnungen ein und drückt ihnen den psychiatrischen Stempel der ›Platzangst‹ auf.

Es ist die *Unbewußtheit* unseres Handelns, die uns in Schwierigkeiten bringt, was wiederum die drohende Vernichtung mit sich bringt. Bewußtmachung scheint der Weg zum Selbstschutz zu sein, nicht nur gegen unrealistische, grausame Anforderungen, die wir an uns stellen, sondern auch gegen unrealistische, grausame Anforderungen, welche die Gesellschaft an uns in unseren Rollen als Männer und Frauen stellt.

Männer und Frauen

Althergebrachtes stirbt sehr langsam und überkommene Traditionen, wie Frauen und Männer sich zu verhalten haben, sind noch nicht einmal angeschlagen, geschweige denn im Austerben begriffen. Frauen haben bis heute Mütter zu sein und Männer die Jäger, die ausziehen, um zu kämpfen und Siege zu erringen. Auch die ehrgeizige Karrierefrau glaubt, sie müsse ›beziehungsfähig‹ sein und ihre Mitarbeiter ›bemuttern‹. Heute glaubt ein Mann aber auch, seinen Beitrag während der Schwangerschaft seiner Frau und der Geburt seines Kindes leisten zu müssen. Nora Ephron schrieb nicht sehr wohlwollend über »den hoffnungslosen Fall eines Vaters, der so tut, als sei die Schwangerschaft ebenso seine Erfahrung, wie sie die der Frau ist. Das fängt in den Vorbereitungskursen an, wo der Ehemann sich plötzlich schwanger fühlt. Glauben Sie mir, er ist es nicht. Es ist nicht sein dicker Bauch, es sind nicht seine Wehen, es sind nicht seine Schmerzen – das müssen Sie ganz allein durchstehen. Nimmt der Mann wirklich Rücksicht auf Sie? Keineswegs. Er ist vollauf damit beschäftigt, aufzupassen, was passiert. Er hält die Stoppuhr in der Hand und sagt Ihnen, wann Sie durchatmen und pressen müssen, schießt Fotos des blut- und schleimverschmierten Neugeborenen, die er im Freundeskreis beim Abendessen vorzeigt, und schwärmt, was für ein wunderschönes Erlebnis die Geburt seines Sohnes war.[20]

Die traditionelle Rolle der Frau verlangt, daß sie ihre Erfüllung (ihren Lebenssinn) darin findet, für ihre Familie zu sorgen (in Beziehungen zu anderen), und wenn sie unverheiratet und kinderlos bleibt (abgelehnt und einsam), ist sie ein wertloser Mensch (vernichtet). Von Frauen wird erwartet, daß sie extravertiert, also ›Beziehungsmenschen‹ sind.

Extravertierten Frauen fällt es leichter als introvertierten, sich den von der Gesellschaft festgelegten Normen anzupassen; sie schaffen es aber vielfach nicht, diese Rolle ihr ganzes verheiratetes Leben beizubehalten. Eine extravertierte Frau, die sich ihrer Familie gewidmet hat und außerhalb dieser Gruppierung keine Beziehungen aufgebaut und beibehalten hat, steht oft allein, wenn ihre Kinder das Haus verlassen, ihre Eltern sterben und der Ehemann das Interesse an ihr verliert. So werden viele extravertierte Frauen, die jahrelang hingebungsvolle Hausfrauen und Mütter waren, in späteren Jahren von den Schrecken der Vernichtung heimgesucht, ihr Leben schwankt zwischen Entsetzen und der kalten Öde der Depression. Das geringe Selbstbewußtsein, das sie sich erhalten haben, wird von den Ärzten noch weiter untergraben, die ihre Leiden mit dem Satz ›Das sind die Wechseljahre‹ abtun und Pillen verschreiben, die sie zu müde machen, um sich verteidigen zu können, geschweige denn eine Initiative zur Veränderung ihrer Situation zu ergreifen. Kluge extravertierte Frauen in solchen Situationen ersetzen undankbare und abwesende Familienmitglieder und Hausarbeit durch einen Freundeskreis und interessante Beschäftigungen.

Eine introvertierte Frau kann die Rolle der Ehefrau und Mutter im Sinne der Leistungserbringung verstehen – sie bietet ihrem Ehemann Rückhalt und ein gemütliches Zuhause und kümmert sich vorbildlich um die Erziehung ihrer Kinder. Mit ihrem Organisationstalent könnte sie beruflich, in einem sozialen oder künstlerischen Bereich einiges leisten. Die introvertierte Frau, die ihr Leben auf diese Weise zu gestalten versteht, hat meist eine klare Vorstellung davon, wie wichtig dieses Leistungsdenken für sie ist, und sie weiß auch, wozu sie es gebracht hätte, wenn sie sich nicht dazu verpflichtet gefühlt hätte, die Bedürfnisse ihrer Familie vor ihre eigenen zu stellen. Introvertierte Ehefrauen und Mütter denken gewöhnlich nicht: »Ich hätte großen Erfolg haben können, wenn ich mich nicht um die Familie hätte kümmern müssen«, sondern: »Ich hätte viel mehr schaffen können, wenn ich nicht ständig unterbrochen worden wäre.«

Rebecca West sagte einmal, das Leben einer Frau bestehe aus Unterbrechungen. Aus diesem Grund lernen Frauen in ihrer Arbeit sich an Unterbrechungen zu gewöhnen. Männer sind in der Zusammenarbeit mit Frauen oft verwundert und verärgert über den Arbeitsstil vieler Frauen, die mehrere Aufgaben gleichzeitig erledigen, hier ein bißchen etwas tun und da ein bißchen etwas, statt sich hinzusetzen und eine Sache konsequent zu Ende zu bringen. Was manche Männer wütend macht, ist, daß Frauen trotz ihrer scheinbaren Desorganisation ihr gesetztes Ziel rechtzeitig schaffen.

Introvertierte Frauen, die ihr Organisationstalent einsetzen, können mit diesem Arbeitsstil gute Leistungen erbringen, sie wissen aber auch, daß ihnen die für sie so wichtige *Konzentration* fehlt, wenn sie sich ›ein bißchen hier‹ und ›ein bißchen da‹ beschäftigen, wie ihre Zeit es ihnen erlaubt.

(Ich will damit nicht unterstellen, Extravertierte seien unfähig, sich ausdauernd und intensiv zu konzentrieren. Ich versuche zu erläutern, wie Introvertierte sich verhalten, wenn sie mit ihrer inneren Realität zufrieden sind. Extravertierte in ihrer äußeren Realität zufrieden zu sehen ist einfach. Ich denke oft, daß ich ein ziemlich sonderbares Bild abgeben muß, wenn ich im Zug oder in einer Bibliothek schreibe. Ich starre Leute an, ohne sie zu sehen und ich fürchte, gelegentlich murmle ich etwas vor mich hin oder schnappe nach Luft. Kein Wunder, daß Introvertierte schneller für verrückt erklärt werden als Extravertierte.)

Wenn Ihr Hauptinteresse Ihrer inneren Realität gilt, wenn Sie sich mühelos aus Ihrer äußeren Realität zurückziehen können und wenn Sie Ihre Emotionen beherrschen können, sind Sie gut gerüstet, um sich in den Zustand der Konzentration zu versenken, der für den kreativen Prozeß notwendig ist, ob es sich dabei um das Komponieren einer Symphonie oder um die Ausarbeitung einer Unternehmensstrategie für die nächsten zehn Jahre handelt. Manche introvertierte Frauen erkämpfen sich den nötigen Aufwand an Zeit und Raum, um sich in die nötige Konzentration zu versenken; andere hingegen, in der Überzeugung, die Interessen der Familie über ihre eigenen stellen zu müssen und/oder im Glauben, persönliches Leistungsstreben sei unweiblich, richten ihr Leben nicht darauf ein, das zu tun, was ihnen Erfolg, Überblick und Glaubwürdigkeit bringt, obgleich diese Kriterien für ihr Lebensgefühl so wichtig sind. Daher haben viele introvertierte Frauen, die zwar ihren Haushalt perfekt führen, ihre Familie glücklich machen oder andere hingebungsvoll pflegen, ein Gefühl der *Nutzlosigkeit* und können damit verbundene Trauer und Schuldgefühle nicht ertragen. Nimmt das Gefühl der Nutzlosigkeit überhand und kommt Bitterkeit und zerstörerischer Neid auf Menschen, die etwas leisten, hinzu, dann wird die introvertierte Frau sehr einsam und diese Einsamkeit kann zur totalen Isolation der Depression führen.

Es ist kein Zufall, daß die besten Beschreibungen der Konzentrationsfähigkeit Introvertierter in meinen Interviews mit Prominenten und Erfolgreichen von introvertierten Männern stammen. Ian Padden sagte: »Ich kann meinen Geist in jede Richtung steuern. Ich kann meinen Verstand auf eine bestimmte Sache ansetzen und lasse mich nicht ablenken. Wenn ich mich konzentriere, vergesse ich alles, was um mich herum vorgeht.« Und nachdem ich das Tonbandgerät abgeschaltet hatte, sagte er mir, daß er sich als Versuchsperson für Experimente zu sensorischen Deprivations- und Befragungstechniken zur Verfügung gestellt hatte, deren Ziel darin bestehe, den Versuchspersonen jede gewünschte Informationen zu entlocken, ohne die schädlichen Wirkungen dieser Methode für den Betreffenden zu berücksichtigen. Ian erklärte mir, wie er seine Konzentrationsfähigkeit einsetzte, um das Auftreten der mit sensorischer Deprivation verbundenen Symptome zu vermeiden. Er stellte sich komplizierte geistige Aufgaben, mit denen es ihm gelang, den sich verändernden Bewußtseins- und Wahrnehmungszuständen und den Suggestionen und Zwängen seiner Befrager zu entgehen.

Was Ian schilderte, war Konzentration als nahezu totaler Rückzug in die innere Realität, in der Introvertierte sich sicher und geborgen fühlen. Introvertierte benutzen diese Konzentration auch dazu, um eine funktionierende, aktive Beziehung zu ihrer äußeren Realität aufzubauen. Das meint die Zen-Lehre, wenn sie davon spricht, seinem Handeln volle Aufmerksamkeit zu schenken, das ist es, was sie als ›Walking Meditation‹ bezeichnet. Wenn unser Handeln ein Spiel ist, dann ist diese Aufmerksamkeit ›das innere Spiel‹ und in etwa einem ›inneren Tennisspiel‹ zu vergleichen, oder wie Andrew Wallace es schilderte, das innere Spiel (obgleich er es nicht so nannte), ein Autorennen zu gewinnen.

Andrew sagte: »Ich erinnere mich an einen Lauf im letzten Jahr in Belgien, den ich gewinnen mußte, um den Meisterschaftstitel zu bekommen. Also ein wichtiges Rennen für mich. Ich mußte gewinnen. Ich durfte keinen Fehler machen. Und während des Rennens, ich weiß nicht in welcher Runde, schaltete ich plötzlich ab. Der Wagen fuhr beinahe von selbst. Ich saß am Steuer und dachte: ›Das ist fabelhaft. Hier sitze ich und alles läuft wie geschmiert. Es kann gar nichts schiefgehen.‹ Ich fuhr den Wagen gar nicht mehr wirklich. Dabei ist eine enorme Präzision erforderlich, wenn es klappen soll. Genau in der richtigen Sekunde abbremsen, genau zum richtigen Zeitpunkt schalten, Rückspiegel, Temperaturen prüfen. Ich tat das alles, ohne mir dessen bewußt zu sein. So etwas geschieht nicht bei jedem Rennen. Nur wenn alles perfekt läuft. In zwanzig Rennen passiert das vielleicht fünf-, höchstens sechsmal. Den Lauf in Belgien gewann ich und damit den Meisterschaftstitel; es war ein erstaunliches Gefühl!«

Nicht alle introvertierten männlichen Siegernaturen entwickeln diese Konzentrationsfähigkeit, da ihr naturgegebenes Verlangen, Emotionen zu beherrschen, überdies noch durch die traditionelle Erziehung verstärkt wurde, die ihnen eintrichterte, daß alle Emotionen (außer Aggression, Sex, Neid und Gier) verachtungswürdig, weiblich und irrational seien. Wie Ian Padden sagte: »Wenn Emotionen zur Tür reinkommen, fliegen Vernunft und Logik zum Fenster raus.«

Der introvertierte Mann als gelassener, rationaler, leistungsorientierter Individualist ist die Verkörperung der traditionellen Männerrolle. Wenn der introvertierte Mann diese traditionelle Rolle ohne sie in Frage zu stellen akzeptiert, nimmt er Schaden an seiner Person, weil dieses Rollenverständnis ihn daran hindert, zu erkennen, daß die Trennung von Emotion und Kognition (Gefühl und Erkennen) nur eine zeitweise Schutzmaßnahme, nicht aber eine lebenslange Gewohnheit sein kann; was uns widerfährt, können wir nicht begreifen und meistern, wenn wir nicht die ganze Erfahrung machen, das heißt, wir müssen das, was uns widerfährt, mit dem koppeln, was wir dabei empfinden. Unter *Erfahrungen meistern* verstehe ich, Erfahrungen so aufzunehmen, daß unser Selbstwert durch unser Handeln und Denken gesund und gestärkt hervorgeht, wie tief die Erfahrungen einer Begebenheit uns auch erschüttern und wie sehr wir uns dadurch auch bedroht fühlen mögen. Der introvertierte Mann, dem das nicht gelingt, ist gespalten und geschwächt, unfähig, die Beziehungen zu bilden, die er braucht. Er begibt sich daher immer mehr in die Isolation und wird zum Opfer seiner Ängste und Zwänge.

Ähnlich nimmt der extravertierte Mann Schaden, wenn er ohne zu hinterfragen die traditionelle Männerrolle zu erfüllen sucht, indem er sich als ›Mann der Tat‹ bewährt (völlig in der äußeren Realität lebt) und ein guter ›Teamarbeiter‹ ist (Mitglied einer Gruppe). Weil er nicht den Mut hat, in seine innere Realität vorzudringen, um über seine Erfahrungen und Gefühle nachzudenken und sie dadurch zu verstehen, gelingt es ihm nicht, seine Erfahrung zu meistern. Zurück bleibt ein Gefühl der Leere, die er als Unsicherheit erlebt und häufig als Gereiztheit zum Ausdruck bringt. Die ständige Gereiztheit krankhaft unsicherer extravertierter Männer führt dazu, daß die Menschen, von denen sie für ihren Existenzsinn abhängen, sich zurückziehen, wodurch sich die Unsicherheit des Extravertierten noch steigert. Unfähig, ihr Bedürfnis nach Zärtlichkeit anzuerkennen, geschweige denn zum Ausdruck zu bringen, schikanieren und manipulieren sie ihre Frauen und Kinder und werden griesgrämige, egoistische, alte Männer, denen man aus dem Weg geht.

Frauen und Männer suchen im Kampf mit ihrem Existenzsinn, seinen Bedrohungen und den Anforderungen der Gesellschaft meist eine Lösung, die ihre Probleme auf lange Sicht verstärkt. Sie fühlen sich zu ihrem Gegenpol hingezogen, Extravertierte zu Introvertierten und umgekehrt, nur um festzustellen, daß zu große Nähe ihnen nicht immer gut bekommt. Gegensätze ziehen einander an – und stoßen einander ab.

Kapitel 5

Gegensätze ziehen einander an – und stoßen einander ab

Wir verlieben uns in jemand, von dem wir der Meinung sind, er habe Eigenschaften, die wir bewundern, weil wir sie selbst nicht haben und glauben, nicht fähig zu sein, sie zu besitzen. Das Objekt unserer Liebe erfüllt uns mit Verwunderung, Ehrfurcht und der glückbringenden Aussicht, jetzt sei uns ein Dasein beschieden, von dem wir uns bislang ausgeschlossen wähnten.

Wenn das Objekt unserer Liebe unsere Gefühle nicht erwidert, erleiden wir einen doppelten Verlust, den Verlust des Objekts unserer Liebe und den Verlust unserer möglichen Zukunftsaussichten.

Wenn das Objekt unserer Liebe unsere Gefühle erwidert und uns keine Hindernisse im Weg stehen, ein Paar zu werden, so haben wir in den folgenden Jahren Gelegenheit, über das nachzudenken, was George Bernard Shaw sagte:

»Zwei Tragödien gibt es im Leben: Die eine, nicht zu bekommen, was das Herz wünscht, die andere, es zu bekommen.«

Manche Paare ›entlieben‹ sich so schnell, wie sie sich verliebt haben und trennen sich entweder oder leben weiterhin zusammen in gegenseitigem Mißtrauen und Widerwillen. Bei manchen Paaren verwandelt sich das Verliebtsein in Liebe, und das ist ein sehr schmerzhafter Wandel, voller Mißverständnisse und Enttäuschungen.

Manche dieser Mißverständnisse und Enttäuschungen entstehen aus den verschiedenen Sichtweisen und Erwartungen von Männern und Frauen oder aus den unterschiedlichen Überzeugungen unterschiedlicher Klassen, Rassen oder Religionen, denen die Betroffenen angehören. Diesen unterschiedlichen Überzeugungen und Haltungen liegen zwei grundsätzlich verschiedene Wahrnehmungen zugrunde, die Erfahrung des Existenzsinns und die drohende Vernichtung.

Alle Ehegemeinschaften und eheähnlichen Beziehungen ohne Trauschein bestehen, wie es scheint, aus einem Extravertierten und einem Introvertierten. Es ist anzunehmen, daß es in vertraglich vereinbarten Ehen Ausnahmen von dieser Regel gibt; ich nehme jedoch an, daß Eltern, denen das Glück ihrer Kinder und nicht nur der finanzielle Aspekt einer Ehe am Herzen liegt, die Partner für ihre Kinder mit Hinblick auf die Anziehungskraft der Gegenpole wählen. Meine diesbezüglichen Studien erstrecken sich über viele Jahre und viele Paare in meiner Familie, im Freundeskreis, bei Klienten und Bekannten, doch bis heute ist mir nicht eine einzige Partnerschaft begegnet, die aus zwei Introvertierten oder zwei Extravertierten besteht. Ich bin Partnern begegnet, die sich beide für introvertiert hielten, die jedoch bei genauer Überlegung herausfanden, daß einer von ihnen ein schüchterner Extravertierter war oder ein Extravertierter, der ein leidenschaftliches Interesse an seiner/ihrer inneren Realität entwickelt hatte. Ich bin Extravertierten begegnet, die ihren Partner gleichfalls für extravertiert hielten, in Wahrheit aber ein gesellschaftlich gewandter Introvertierter war.

Es sind die unterschiedlichen Auffassungen des Existenzsinns und der drohenden Vernichtung, die ein Paar füreinander attraktiv machen. Es sind die verschiedenen Auffassungen des Existenzsinns und die drohende Vernichtung, die sie voneinander trennt. Nur wenn wir uns der Unterschiede bewußt sind und die Wahrnehmungen des anderen als gültig und zwar als ebenso gültig wie unsere eigenen akzeptieren, können wir unsere Unterschiede ausgleichen und einander wirklich und dauerhaft lieben.

Anziehungskräfte

Wie oft fragen wir uns, wenn Freunde oder Familienmitglieder eine Ehe oder Lebenspartnerschaft eingehen: »Was findet sie bloß an ihm, oder er an ihr?« Das ist meist eine rhetorische

Frage, die keiner Antwort bedarf; wir geben damit lediglich zu verstehen, daß die Ehe ein Mißgriff ist.

Das mag aus unserer Sicht stimmen. Aus der Sicht der Beteiligten stimmt es nicht, weil jeder Partner das hat, was der andere braucht – Zugang zu einer weniger wirklichen Realität.

Introvertierte sehen in ihrem extravertierten Partner die Fähigkeit, sich frei und sicher in der äußeren Realität zu bewegen. Dabei mag der fragliche Extravertierte sich gar nicht besonders frei und sicher fühlen und gar nicht begreifen, daß er oder sie ein besseres Verständnis der äußeren Realität besitzt, das dem Introvertierten fehlt. Dieses Verständnis hat vielleicht mit einem Sinn fürs Praktische zu tun; viele introvertierte Ehefrauen sehen, daß ihre extravertierten Ehemänner gern mit Werkzeugen umgehen, und viele introvertierte Ehemänner sehen, daß ihre extravertierten Frauen gern in der Küche mit Töpfen und Pfannen hantieren. Häufiger bezieht sich dieses Verständnis allerdings auf den Umgang mit anderen Menschen. Bei vielen Paaren ist es der Extravertierte, der sich der sozialen Welt stellt, mit Menschen umgeht, neue Kontakte knüpft und alte pflegt, während der Introvertierte ihn begleitet und hinter dem Extravertierten Schutz sucht.

Extravertierte tun hier etwas, das sie seit ihrer frühen Kindheit getan haben. Sie sehen, wie soziale Gruppen funktionieren, und können, wenn sie ausreichend Selbstvertrauen haben, dieses Wissen nutzbringend anwenden. Schon im Vorschulalter können Kinder ihre Spielgefährten als beliebt und unbeliebt einstufen. Psychologen, die mit diesen Kategorien von Beliebtheit und Unbeliebtheit arbeiten, haben untersucht, wie leicht solche Kinder sich einer spielenden Gruppe anderer Kinder anschließen, und stellten fest, daß beliebte Kinder nicht nur erwartungsgemäß leichter Anschluß an die Gruppe fanden, sie stellten auch fest, wie beliebte Kinder das bewerkstelligten.

»Ein Schlüssel für den Erfolg beliebter Kinder liegt in ihrer verbal und nicht verbal zum Ausdruck gebrachten Fähigkeit, die Strukturen der Gruppenaktivitäten zu verstehen, zu erkennen, was vor sich geht und wohlüberlegte Angebote zu machen, die dem Interesse der Gruppe entgegenkommen, womit eine Störung der stattfindenden Aktion weitgehend minimiert wird. Sie beachten also folgende Richtlinien: Was zu unterlassen ist: stell keine Fragen nach Information (wenn du nicht weißt, was vor sich geht, behellige andere nicht, die es wissen); sprich nicht von dir und deiner Meinung über die Gruppe oder ihre Aktivitäten (die Gruppenzugehörigen sind daran im Augenblick nicht interessiert); übe keine Kritik an den Vorgängen (dazu hast du kein Recht, da du ein Außenseiter bist). Was zu tun ist: Mach dir klar, welchen Bezugsrahmen die Gruppe hat, worauf sie fixiert ist (spielen sie Vater und Mutter, oder spielen sie Kaufmann?); mach dir die Teilnahmestruktur der Aktivität klar; beteilige dich am Geschehen mit sachbezogenen Bemerkungen oder beginne im Einklang mit den anderen zu handeln als seist du bereits ein informiertes Mitglied der Gruppe; vermeide es, Vorschläge zu machen oder Änderungen anzuregen, bis du wirklich in die Gruppe aufgenommen bist.«[1]

Diese Regeln sind von Extravertierten wesentlich leichter aufzunehmen und zu befolgen, weil sie auf Vorgänge der äußeren Realität und auf Gruppenzugehörigkeit, nicht auf Individualität Bezug nehmen. Ungeliebte extravertierte Kinder, das heißt, Extravertierte, deren Selbstvertrauen zu Hause und/oder in der Schule Schaden genommen hat, können diese Regeln verstehen, und sobald sie die Chancen haben, erfolgreich damit umgehen. Beliebte introvertierte Kinder, die Zugang zu einer Gruppe gefunden haben, erhalten sich ihre Popularität nur, wenn sie ihr Selbstvertrauen in Grenzen halten, sich Zurückhaltung auferlegen, nicht zu viele Befehle erteilen, keine Spiele diktieren, die ihren Interessen und nicht dem allgemeinen Interesse entgegenkommen.

Im Erwachsenenleben kennt die selbstbewußte, extravertierte Ehefrau die Regeln, wie man sich einer Gruppe anschließt, Kontakt mit der Pfarrei am Ort, dem Elternbeirat in der Schule und anderen Gemeindegruppen knüpft, während ihr introvertierter Ehemann sie begleitet oder zu Hause bleibt; der selbstbewußte, extravertierte Ehemann tritt dem Tennisclub oder dem örtlichen Fußballverein bei und seine introvertierte Ehefrau begleitet ihn oder bleibt zu Hause. In vielen Ehen genügen dem Introvertierten die vom Partner geknüpften Kontakte. Wenn dieser Partner aber stirbt oder ihn verläßt, ist der Introvertierte, der keinen eigenen Freundeskreis aufgebaut hat, von der Isolation aller Introvertierter bedroht, er ist einsam in einer anscheinend inhaltsleeren Welt.

Extravertierte sehen in ihrem introvertierten Partner wiederum die Fähigkeit, sich frei und sicher in einer inneren Realität zu bewegen. Der Introvertierte mag sich gar nicht sonderlich frei oder sicher fühlen und versteht vielleicht nicht, daß der Extravertierte ein Gefühl innerer Leere oder potentieller Leere empfindet. Ebenso wie Extravertierte sich nur sehr schwer vorstellen können, daß äußere Realität als unwirklich empfunden wird, so können Introvertierte sich nur schwer ein Gefühl innerer Leere vorstellen. Ein unter Streß stehender Introvertierter fühlt sich gespalten, aller Emotionen beraubt oder auf eine ›zweidimensionale‹ Ebene reduziert. Dennoch bleibt ihm ein Gefühl, diese innere Realität auszufüllen. Introvertierten fällt es sehr schwer, sich einen Existenzsinn vorzustellen, der sich der Welt als bloße Fassade ohne Hintergrund präsentiert. Daher schätzt er es nicht immer, wenn der Partner, der sich so selbstbewußt in der äußeren Realität bewegt, ihn als Anker sieht, als festen Punkt in einer sich verändernden Welt, wenn er bei ihm die innere Stabilität sucht, die der Extravertierte glaubt nicht selbst zu haben.

Es ist nicht nur das Gefühl des *Da-seins,* das der Extravertierte an seinem Partner schätzt. Es sind die festen Gewohnheiten des Introvertierten, die ein solches Maß an Sicherheit vermitteln. Wenn Sie immer ein Bedürfnis nach der Gegenwart anderer Menschen in Ihrem Leben haben und eine mehr oder weniger bewußte Angst, völlig allein gelassen zu werden, ist es sehr angenehm, einen Ehemann zu haben, der zuverlässig jeden Abend um sieben nach Hause kommt, oder eine Ehefrau, die die Kinder jeden Abend um die gleiche Zeit zu Bett bringt. Wenn Sie ein Mensch sind, der leicht erregbar bis übernervös ist, empfinden Sie einen Partner als sehr angenehm, der durch seine Ruhe oder seine vernünftigen Ansichten Ihrem leicht erregbaren Temperament Grenzen setzt.

Ein extravertierter und ein introvertierter Partner können gemeinsam eine Struktur in den beiden Realitäten jeder Person erschaffen, die sie alleine nicht erlangen würden. Um das allerdings erfolgreich zuwege zu bringen, bedarf es mehr als nur Liebe füreinander. Sie müssen Vertrauen zueinander haben.

Das stellte sich in meinem Gespräch mit Judith Stamper und Harry Gration heraus. Judith ist die Introvertierte und Harry der Extravertierte. Sie haben keine Liebesbeziehung, sondern eine Berufsbeziehung zueinander, sie moderieren die TV-Nachrichtensendung *Look North* der BBC. In England und Amerika werden solche Sendungen seit langem von einem Mann und einer Frau (in den USA kommt noch die Komponente ethnischer Unterschiede hinzu) präsentiert. Zwischen den Nachrichten gibt es kurze, manchmal neckische Dialoge. Das Gros dieser Zwiegespräche ist so peinlich, daß die Zuschauer sich in ihren Fernsehsesseln winden, doch mit Judith und Harry ist die Unterhaltung so amüsant, daß die meisten Zuschauer *Look North* nicht wegen der Qualität der Berichterstattung einschalten, sondern weil es Spaß macht, Judith und Harry zu sehen und zu hören. Das war nicht immer so. Ich erinnere mich, wie ihre Partnerschaft vor etwa vier Jahren begann. Judith schien Harrys kleine Sticheleien damals keineswegs komisch zu finden und reagierte eher gequält darauf; heute wirkt sie amüsiert und ist um keine Retourkutsche verlegen. Ich wollte von den beiden wissen, ob sie sich im Laufe der Jahre tatsächlich näher gekommen waren oder ob sie ganz einfach bessere Schauspieler und routinierter geworden sind.

Judith antwortete: »Ich bin mir seit jeher eines Konkurrenzdenkens bewußt, besonders am Sender, und wenn jemand mich kränkt, werde ich mißtrauisch. Das prägte mein Verhalten zu Beginn unserer Zusammenarbeit. Nach einer Weile begann ich ihn wirklich gern zu haben – Gott weiß, warum –, es ergab sich wohl aus unserer Arbeit. Ich kann – da sind wir uns beide einig – ich kann mich in *jeder* Situation im Studio auf Harry verlassen, er würde mir in jeder kniffeligen Situation helfen und ich ihm. Und wenn wir beide in der Klemme sitzen, lachen wir einfach los. Zwischen uns gibt es keine Rivalität und kein Konkurrenzdenken. Wenn man beim Kartenspielen alleine spielt, spielt man, um zu gewinnen. Spielt man zu zweit, will man mit dem Partner gewinnen. Wir sind nicht egoistisch, wir handeln im Sinne des Ganzen, weil wir eine gute persönliche Beziehung zueinander haben. Wir kennen einander ziemlich gut. Wir haben die gleichen Qualifikationen. Im Vergleich zu anderen finde ich uns sehr gut. Wir haben beide ein stabiles Ego. Und irgendwie sind unsere beiden Egos fähig, gut zusammenzuleben, teilweise deshalb, weil wir uns gegenseitig Komplimente machen. Noch etwas hat unsere Beziehung gefestigt, nämlich unsere solide Verteidigungshaltung gegen den Rest der Welt. Wir sitzen in einem Boot, haben beide die gleichen Interessen und können daher gemeinsam kämpfen, ob es um höhere Gegenforderungen oder um den neuesten Redaktionsklatsch geht. Zu zweit fühlt man sich stärker als alleine.«

Harry bestätigte ihre Aussage. »Meiner Meinung nach liegt der Hauptgrund, warum es mit uns klappt, darin, daß es nicht die Spur von Konkurrenzdenken zwischen uns gibt. Im Fernsehen gibt es viele Zweierteams, bei denen einer den anderen ständig auszuspielen versucht. Wir können mit reinem Gewissen sagen, daß wir nicht ein einziges Mal aus der Rolle gefallen sind. Zwischen uns gab es nie ein scharfes Wort, auch nicht privat im gesellschaftlichen Umgang, obwohl wir uns ziemlich oft sehen.«

Allerdings sind Judith und Harry nicht miteinander verheiratet. Dann hätten sie vielleicht ähnliche Probleme wie Ron Janoff und Diana Leidel. Sie erzählten mir, wie sie über die gemeinsame Arbeit an einigen Projekten zueinander fanden, und daß diese Erfahrungen der Zusammenarbeit zu den schönsten Zeiten ihrer Beziehung gehören. Ron sagte mir: »Uns gefallen Projekte, die wir gemeinsam ausarbeiten, besonders wenn es sich um eine Art Präsentation handelt, wir versuchen dem anderen die eigene Auffassung nahezubringen.« Beide sind ehrgeizig. Ron meinte: »Wir beide wollen, jeder für sich und für die Familie, erfolgreich sein. Zwischen uns herrscht ein sehr starkes Element von Konkurrenzdenken, um uns gegenseitig unsere Fähigkeiten zu beweisen und um einander auch in punkto Einkommen gleichgestellt zu sein.«

Zu Beginn ihrer Ehe ermöglichte diese Zusammenarbeit,

»unsere jeweilige Rolle bei einem Projekt zu definieren, die Geschlechtsrolle zu neutralisieren und den Aspekt der Rolle anzustreben, mit dem jeder sich am wohlsten fühlt. Wir machen keinen Unterschied zwischen ihrer und meiner Arbeit oder zwischen ihrer Rolle oder meiner Rolle.« Als sie sich allerdings an ›die gemeinsame Aufgabe der Kindererziehung‹ machten, war diese Zusammenarbeit nicht mehr ganz so einfach. Diana sagte: »Wenn Ron sich auf seinen Beruf und ich mich auf Hausarbeit und Kindererziehung verlegen müßte, würde ich vor Wut schäumen. Ich halte das für eine höchst zerstörerische Lebensform für eine Frau.«

Zum Glück besitzen beide ein gutes Organisationstalent und haben die ehrliche Absicht, die Erziehung ihres Sohnes und die Pflichten im Haushalt zu teilen. Beide sprachen davon, daß Ron beispielsweise häufig auf Geschäftsreisen und zu Konferenzen muß, Diana hingegen nicht, sie daher meist Haushaltspflichten übernehmen muß, und beide erwähnten, daß sie es hassen, Wäsche zu waschen. Das erste Problem versuchen sie zu lösen, indem sie ihre gemeinsamen Reisepläne mit Rons Konferenzen abstimmen, und das zweite, laut Ron, daß sie lieber neue Kleider kaufen, als die alten zu waschen. Diese Arbeitsteilung hat allerdings auch Nachteile. Diana sagte: »Wenn es einen Bereich gibt, in dem keiner von uns Erfahrung hat, zum Beispiel in Finanzfragen, so richtet sich unsere Kooperation gegen uns, weil wir uns beide kooperativ bemühen, diesen Bereich nicht zu berühren.«

Erfolgreiche Zusammenarbeit zwischen Ehepartnern besteht nicht nur darin, Dinge gemeinsam zu tun, sondern einander zu verstehen und zu unterstützen.

Als ich mit Milta McLean Dennis sprach, wollte ich wissen, wie Ehemann Vernon über den Ehrgeiz seiner Frau und ihren Erfolg dachte. Milta erklärte: »Mein Mann war ein Einzelkind. Sein Vater stellte seine Mutter auf ein Podest. Ständig sagte er zu Vernon: ›Wenn du eine gute Frau findest, laß sie nicht mehr gehen. Deine Frau ist dein Spiegelbild.‹ Deshalb läßt Vernon mich so sein, wie ich bin. Er versucht wirklich nicht, mich einzuengen, weil er erkennt, daß ich der Spiegel seines Persönlichkeitsbildes bin und weil ich gut bin. Ich bin eine gute Frau. Er fühlt sich von mir nicht bedroht. In Gesprächen mit seinen Freunden spüre ich, daß sie sich sehr bedroht fühlen würden, wenn sie an seiner Stelle wären.«

Zu Beginn ihrer Ehe gab es Meinungsverschiedenheiten zum Thema Kinder, Milta wollte zunächst kein Kind. »Ich wollte an meiner Karriere arbeiten. Ein Kind hätte mich daran gehindert. Ich hätte die gleiche Verantwortung übernehmen müssen, die ich mein ganzes Leben hatte. Ich wollte abwarten, und ich wollte die materiellen Dinge haben, die ich mir immer gewünscht hatte. Vernon hatte dafür wenig Verständnis. Für ihn bestand der Sinn des Lebens darin, Kinder zu haben. Er wollte alle Anschaffungen, die wir machen, jemand hinterlassen. Darüber hatte ich nie nachgedacht. Ich erkannte, wie wichtig das für ihn war. Ihm ging es nur um die Familie und darum, eine Familie aufzubauen. Das war für ihn genauso wichtig, wie Leistungsdenken für mich wichtig ist. Das habe ich lange nicht begriffen. Heute bin ich soweit, daß ich Kinder haben will, weil ich beruflich gefestigt und soweit bin, daß ich nicht mehr viele materielle Dinge in meinem Leben brauche. Der Unterschied zwischen der Kindheit meines Mannes und meiner Kindheit besteht darin, daß er eine Tafel Schokolade alleine essen konnte, während ich sie mit drei Geschwistern teilen mußte. In diesem Punkt mußten wir einen Konsens finden. Für ihn war vieles selbstverständlich, für mich nicht. Ich war ziemlich früh in meinem Leben entschlossen, mir bestimmte Dinge zu gönnen, an deren Verwirklichung ich mich von niemandem abhalten ließ. Heute bin ich an einem Punkt angelangt, an dem ich die Zuversicht habe, ein Kind großzuziehen.«

Milta hatte erkannt, daß wir erst die wichtigen Bedürfnisse befriedigen müssen, die wir aus der Kindheit in unser Erwachsenenleben hineintragen; erst dann sind wir bereit, die Verantwortungen für ein Kind zu tragen. Der Hauptgrund, warum Eltern so große Fehler in der Erziehung ihrer Kinder machen, liegt darin, daß sie Eltern mit vielen unbefriedigten Bedürfnissen geworden sind, unbefriedigt deshalb, weil die Gesellschaft ihnen keine Gelegenheit gab, diese Bedürfnisse zu befriedigen, oder weil sie zunächst glaubten, kein Recht auf ihre Bedürfnisse zu haben. Es gibt viele introvertierte Mütter, die ein unglückliches Leben führen (genau wie später ihre Kinder), weil sie sich nicht eingestehen, daß sie das Bedürfnis haben, etwas für sich selbst zu erreichen und daran Freude zu haben.

Milta und Vernon bemühen sich gemeinsam, daß jeder die aus seiner bevorzugten Realität entstehenden Bedürfnisse befriedigen kann. Für Milta steht Leistungsorientierung im Vordergrund und für Vernon die Familie. Ihr gegenseitiges Verständnis und ihr gegenseitiges Zugeständnis, diese Rechte zu haben, macht ihre Kooperation erfolgreich. Manchmal besteht die erfolgreiche Gemeinsamkeit eines Paares in der Überwindung der Grenzen ihrer bevorzugten Realitäten.

In einem Garten in Brooklyn sprach ich mit dem Schriftsteller und Designer Michael McTwigan, einem Introvertierten, der die Ansicht vertritt, daß »es unverrückbare Gesetze gibt, die immer zutreffen. Eines der ausgeprägtesten ist die Überzeugung, daß man Probleme lösen kann, daß man Dinge ausarbeiten und zu einer Lösung finden kann. Das Leben besteht aus Zielen, Fragen, Ereignissen, mit denen man zurechtkommen muß.« Ich erläuterte die Gegensätze zwischen Extravertierten und Introvertierten. Michael sagte: »Während unseres Gesprächs habe ich an meine Frau Maria gedacht, die ein Modellfall einer Extravertierten ist. Maria zwingt mich dazu, mehr gesellschaftliche Verpflichtungen einzugehen, als ich es selbst tun würde. Es macht mir nichts aus. Ich genieße es sogar. Ich bin gern mit Leuten zusammen. Aber ich würde niemanden sehen, wenn ich mir selbst überlassen wäre. Vielleicht klingt das zu drastisch, aber es stimmt schon irgendwie. Mein Leben ist in vieler Hinsicht mehr nach innen gerichtet als Marias Leben. So war ich schon immer.«

Später sprach ich mit Maria. Sie sagte: »Andere Menschen sind für mich ungemein wichtig. Es gibt Zeiten, da bin ich zu sehr auf Menschen angewiesen; und Michael hat die Gabe, mir vor Augen zu führen, daß ich von der Außenwelt nicht ständig geliebt sein oder mit ihr in Verbindung stehen muß. Wenn ich zu mir selbst zurückkehre und zu meinen inneren Kräften, finde ich auch dort Antwort. Weil ich ihn liebe und ihm vertraue, und weil er mir nicht ständig Ratschläge erteilt, kann ich seinen Rat annehmen. Auch er zieht sich zurück. Er ist so erfüllt von seiner Liebe für seine Familie und ein paar wenigen guten Freunden, daß er zufrieden damit ist. Aber in einer so kleinen Welt verliert man seine Aufgeschlossenheit. Ein Aspekt, in dem Michael wirklich frei ist, ist seine unkonventionelle Art, er kennt keine gesellschaftlichen Normen. Ich mache ihn darauf aufmerksam, wenn er ein wenig mehr aus sich herausgehen soll, Freunde sehen, etwas Verrücktes tun; und meine wirklich witzigen Freunde sind ihm ein Vergnügen. Man muß nicht immer ernst sein, wie seine Freunde. Ich liebe unbeschwerte Menschen und ich denke, das gibt ihm Kraft. Ich gestehe ihm seine Eigenheiten zu und er mir meine. Das ist ein schönes Beispiel für Anziehungskraft von Gegensätzen. Das ist die gute Seite. Die schlechte Seite ist, daß ich mich manchmal einsam fühle. Manchmal wünsche ich mir einen schnuckeligen Extravertierten zum Mann. Aber einen solchen Mann hätte ich niemals geheiratet. Mit einem solchen Mann bin ich nicht mal ausgegangen. Also wollte ich einen solchen Mann nie wirklich haben. Vielleicht ist das nur eine Phantasievorstellung, ein Wunschdenken.«

Das erfolgreiche Zusammenleben eines Paares besteht nicht nur darin, gute Gefühle beim anderen zu fördern und zu unterstützen. Es bedeutet auch, die schlechten Gefühle des anderen zu tolerieren. Die Tatsache, daß Maria über ihre Phantasie, ›einen schnuckeligen Extravertierten zum Mann‹ haben zu wollen, in Gegenwart von Michael reden konnte, bedeutete, daß sie mit ihm bereits darüber gesprochen und er sie auch in diesem Punkt akzeptiert hatte. Die schlechten Gefühle, die ein großes Maß an Toleranz erfordern, sind nicht Enttäuschung, sondern Wut und Angst.

Die Art, wie Harry und Judith mit Wut und Angst umgehen, ist für Partnerschaften zwischen Extravertierten und Introvertierten typisch, wie ich festgestellt habe. Wenn ein Paar es nicht versteht, seine Unterschiede im Umgang mit Wut und Angst zu akzeptieren, fügen sie einander viel Leid zu. Wenn sie es verstehen, die für den anderen typische Art im Umgang mit Wut und Angst zu akzeptieren, nehmen sie Anteil an den Lebensproblemen des anderen. Und das tun Harry und Judith.

Harry sagte: »Normalerweise mache ich vor der Sendung ein

paar Witze, wenn ich aber sehr nervös bin, sage ich nichts. Judith möchte genau wissen, was beruflich von ihr erwartet wird, wenn es hart auf hart kommt. Ich lasse sie dabei zufrieden und akzeptiere, daß sie in dieser Situation der Boß ist. Das hat wiederum etwas mit Vertrauen zu tun. Ich bin sehr wohl selbst in der Lage, mich aus schwierigen Situationen zu holen. Sie aber ebnet mir den Weg und ist sich möglicherweise gar nicht bewußt, daß sie das tut.«

Judith erwiderte: »Nein, das ist mir wirklich nicht bewußt, aber jetzt, da du davon sprichst, sehe ich das auch so. Ich ärgere mich krank über Kleinigkeiten und kann den Mund nicht halten, und Harry wird ganz still. Ich sage den Leuten klipp und klar meine Meinung und rede mich richtig in Rage. Aber bei großen Dingen bin ich ganz ruhig und überlege genau, wie ich da durchkomme. Harry ist genau das Gegenteil. Er macht sich Sorgen um große Dinge, glaubt, die Welt bricht zusammen, und dann sage ich: ›Bleib ruhig Harry, du darfst nichts überstürzen. Laß uns darüber reden. Es kommt alles in Ordnung.‹ Aber bei Kleinigkeiten, wenn etwas mit dem Programmablauf schiefgeht, bin ich völlig aus dem Häuschen und er sitzt nur da und schweigt.« Aus ihren Äußerungen zog ich den Schluß, daß Judith nichts dagegen hatte, sich zu ärgern, es aber nicht ertragen konnte, Angst zu haben; Harry hingegen wollte sich nicht ärgern, hatte aber nichts dagegen, Angst zu haben. Beide bejahten. Harry erklärte, er werde immer gegen Jahresende nervös, wenn es gelte, die Verträge zu erneuern.

Das führte uns zum Thema Arbeitseifer. Viele von uns sind zwar mit der Redewendung ›Eigenlob stinkt‹ groß geworden, eine Form des Eigenlobs gestehen wir uns allerdings zu, nämlich unseren Arbeitseifer; wir sind fleißiger als alle anderen. Damit dokumentieren wir, daß wir uns durch unsere Tüchtigkeit selbst aufopfern. Der Ehrgeiz, als der fleißigste Mensch weit und breit zu gelten, ist in Partnerschaften häufig sehr ausgeprägt. Wenn die Partner nicht erkennen, warum beide so arbeitseifrig sind, Scheinargumente vorbringen, wie »Ich muß meine Familie ernähren« und »Wer würde dich versorgen, wenn nicht ich?«, statt die wahren Gründe zu sehen, können ernste Mißverständnisse entstehen.

Judith und Harry sind beide harte Arbeiter und wissen, warum. Harry sagte: »Ich bin mir vollkommen darüber im klaren, daß wir eine Gebrauchsware sind und man uns wegwirft, wenn wir nicht mehr gebraucht werden.«

Ich fragte, ob bei seiner Nervosität wegen der Verträge ein Element der Ablehnung mitspiele.

»Ja, sehr stark«, antwortete Harry. »Das ist wahrscheinlich das größte Problem meines Lebens. Ich habe immer das Gefühl gehabt, daß man gegen mich eingestellt ist. Ich kann nicht erklären, warum. Ich habe immer das Schlimmste von den Menschen angenommen und manchmal so gehandelt, daß andere das Schlimmste von mir denken mußten. Das ist ein Wesenszug, den ich noch heute mit sechsunddreißig versuche, abzulegen. Und ich denke, daß ich das schaffe.«

Judith tätschelte ihm den Handrücken und sagte: »Ich würde dich nie ablehnen. Solang du mich hast, kann dir nichts passieren.« Harry grinste: »Du machst mir wieder Mut« und fuhr fort: »Ich arbeite wahnsinnig gern. Ich war so voller Arbeitseifer, daß nichts anderes für mich zählte. Werte. Freunde. Irgendwie wollte ich immer, daß die Leute, für die ich arbeitete, nach einem Arbeitstag sagten: ›Man kann über den Typen sagen, was man will, fleißig ist er, das muß man ihm lassen.‹ Das ist mein Fehler. Ich bin zu weich. Judith hat mir das oft gesagt. Man muß lernen, gelegentlich nein zu sagen, sonst verlieren die Leute den Respekt vor dir. In letzter Zeit setze ich mich gelegentlich zur Wehr. Aber ich bin noch immer ein Workaholic.«

Judith sagte zu diesem Punkt: »Ich sehne ein freies Wochenende herbei und wenn es soweit ist, würde ich lieber arbeiten. Ich bin ruhelos, möchte etwas Konstruktives tun. Ich hasse es, Zeit totzuschlagen. Auch ich bin arbeitssüchtig, allerdings aus anderen Gründen als Harry. Ich glaube, ich muß unterscheiden lernen und mich darauf konzentrieren, die Dinge zu tun, die ich wirklich tun möchte und von denen ich weiß, daß ich sie beherrsche, statt etwas zu tun, nur um beschäftigt zu sein.«

Die Paare Ron und Diana, Judith und Harry veranschaulichen, daß Konkurrenzdenken in Partnerschaften sich belebend auswirkt und Zufriedenheit schafft, sofern die Partner einander lieben und vertrauen. Ist das Konkurrenzdenken allerdings mit Neid untermischt, wird die Beziehung destruktiv. Jennifer, eine wunderbare Theaterschauspielerin, sagte mir, daß ihr introvertierter Ehemann sie beneide. »Wir wollen beide im Mittelpunkt der Aufmerksamkeit stehen.«

Neid in einer Beziehung entsteht dann, wenn einer der Partner sich nicht damit begnügt, sich an den Talenten des anderen zu freuen, sondern sie selbst besitzen möchte. Neid heißt »Du hast das, was ich besitzen will«. Eifersucht heißt »Du hast was, was eigentlich mir gehört«. Sie ist im Spiel, wenn ein Partner glaubt, der andere tue etwas, wozu er selbst sich befähigt wähnt, es gerne tun würde, aber nicht wagt, es zu tun. Ein extravertierter Ehemann beneidet möglicherweise seine introvertierte Frau um ihr Talent, eine kreative Schriftstellerin zu sein und glaubt, niemals in der Lage zu sein, selber zu schreiben. Oder eine introvertierte Ehefrau ist eifersüchtig auf die Seitensprünge ihres Mannes, da sie selbst leidenschaftliche sexuelle Begierden hat und voller Neugier ist, aber nicht den Mut aufbringen würde, sich auf sexuelle Abenteuer einzulassen, ja es nicht einmal wagen würde, sich den Wunsch nach solchen Abenteuern einzugestehen.

Wir geraten in die Fänge von Neid und Eifersucht, weil wir uns in unseren Rollen so starke Beschränkungen auferlegen. Viele introvertierte Frauen bauen sich in ihrer Absicht, gut zu sein und Gutes zu tun, ein Leben voll moralischer Redlichkeit, Arbeit und Pflichterfüllung auf, in dem kein Platz für Spaß und Unbeschwertheit ist und stellen dann fest, daß ein solches Leben ziemlich freudlos ist. Statt selbst für ihren Spaß, ihre Unbeschwertheit oder Fröhlichkeit zu sorgen, erwarten sie, daß andere dies für sie tun, und verlieben sich in charmante extravertierte Schurken. Die Frau erträgt entweder die Demütigungen, die ihr der Partner antut, der zwar charmant, aber als Lebenspartner untauglich ist, oder sie begeht den gleichermaßen großen Fehler, ihren Halunken bekehren zu wollen. Der widersetzt sich ihren Bemühungen und bereitet ihr viel Kummer, oder er fügt sich, worauf sie ihn als Schwächling verachtet.

Viele extravertierte Frauen sehnen sich nach einem starken,

zuverlässigen und aufregenden Mann, »den draufgängerischen Piraten mit geregelter Arbeitszeit und festem Einkommen«, wie der amerikanische Psychologe Robert Claiborne diese Heldengestalt einmal schmunzelnd nannte. Es gibt starke, zuverlässige, attraktive, introvertierte Männer, deren Stärke und Zuverlässigkeit allerdings mehr auf ihre eigenen Interessen und Leistungen ausgerichtet sind als auf den Wunsch der extravertierten Frau, ihren Reizhunger zu stillen und ihr Fels in der Brandung zu sein, der Garant ihres Selbstvertrauens.

Wenn wir uns davor verschließen, unsere Bedürfnisse zu kennen und wenn wir uns nicht das Recht zugestehen, Bedürfnisse zu haben, gehen wir Beziehungen ein, in denen wir vom Partner das erwarten, was wir für uns selbst tun müßten. Das ist, als würde man mit geschlossenen Augen Äpfel klauen und sich einreden, man sei kein Dieb.

Selbst wenn wir uns zu unserem Gegenpol hingezogen fühlten wie Eisenspäne zum Magnet, würden wir bald wieder auseinanderdriften, falls wir uns das Wesen dieser Anziehungskraft nicht bewußtmachen.

Abneigungen

Ich könnte ein dickes Buch darüber schreiben, inwiefern Introvertierte und Extravertierte als Paar nicht zusammenpassen. Ob ein Paar sich streitet, sich trennt, scheiden läßt, ob einer der Beteiligten in Depression verfällt, Platzangst bekommt, obsessiv, manisch oder schizophren wird, ob ein Partner den anderen umbringt, ob einer Selbstmord begeht, über welche Probleme auch immer sie sich in die Haare kriegen, ob Geld oder Untreue, Beruf oder Urlaub, Freunde oder Verwandte, der eigentliche Grund ihrer Auseinandersetzung liegt immer darin, daß keiner begreift und ernst nimmt, daß der andere eine unterschiedliche Wahrnehmung seines Lebenssinns und der drohenden Vernichtung seiner Identität hat.

Auseinandersetzungen und Mißverständnisse entstehen häufig einfach deshalb, weil keiner einsieht, daß der andere eine unterschiedliche Ebene der Stimulierung braucht. Die Partnerschaft, in der der Extravertierte sich auf Parties amüsieren will und der Introvertierte lieber einen geruhsamen Abend zu Hause verbringt, ist nichts Neues. Introvertierte empfinden ein zu großes Reizangebot nicht nur als schmerzhaft, sie gehen auch mit den Stimuli, die sie brauchen, anders um. Jo Brans lernte ihren zweiten Ehemann kennen, als sie beide unterrichteten. Heute ist er weiterhin im Lehrberuf, während sie zu Hause bleibt und schreibt. Sie sagte mir: »Als wir beide unterrichteten, fiel uns auf, daß ich abends meine Ruhe brauchte und er gerne redete. Heute ist er ein aktiver Kunstberater, hat oft auswärts zu tun, während ich zu Hause bleibe und schreibe. Wenn er abends heimkommt, fragt er: ›Wie war dein Tag?‹ Wenn ich mit einer Freundin beim Mittagessen war, will er wissen, worüber wir gesprochen haben. Und ich hab' abends nicht die geringste Lust, das alles noch mal durchzukauen. Ein Treffen mit Freunden kann mir tagelang im Kopf herumgehen. Ich spiele die Dialoge immer wieder durch. Überlege, was ich gesagt haben würde, wenn... Und wenn Willem von mir wissen will, was alles gesprochen wurde, bin ich oft noch nicht bereit, darüber zu sprechen. Ich komme später darauf zurück, wenn ich eine Art Schlußfolgerung gefunden habe oder etwas dazu sagen möchte. Willem erwartet immer, daß ich ihm etwas erzähle. Das freut mich, weil es mir zeigt, daß er sich wirklich dafür interessiert, was ich zu sagen habe.«

Leider interessieren sich nicht alle Extravertierten dafür, was ihr introvertierter Partner denkt. Sobald der Introvertierte bereit ist, sich zu einem Sachverhalt zu äußern, hat der Extravertierte bereits das Interesse verloren oder die Sache vergessen. Ohne positive Reaktion hören Introvertierte auf, ihre Beobachtungen mitzuteilen und verfallen in zunehmendem Maß in Schweigen.

Sobald die Partner vom Charme der Andersartigkeit des anderen nicht mehr entzückt sind, diese Unterschiede eher lästig finden, kommen die Vorurteile zum Vorschein, die Extravertierte und Introvertierte einander entgegenbringen. Der Extravertierte deutet Gelassenheit und Schweigen des Introvertierten als Gefühllosigkeit, und da der Extravertierte Gefühle hoch bewertet, begegnet er Gefühlsmangel mit Verachtung. Der Extravertierte spürt nicht, daß der Introvertierte hinter der Fassade von Gelassenheit und Schweigen in emotionalem Aufruhr ist, ein Zustand, der ihm im höchsten Maß beängstigend erscheint. Die Zurschaustellung von Gefühlen des Extravertierten empfindet der Introvertierte hingegen als unaufrichtiges und übertriebenes Getue. Der Introvertierte nimmt hinter der Darstellung des Extravertierten eine Leere wahr, doch statt Mitgefühl für das Entsetzen einer leeren inneren Realität des Extravertierten zu empfinden, hat der Introvertierte nur Verachtung für ihn übrig.

Ich kenne eine Reihe von Ehepaaren, die eine große Tragödie erlitten hatten und unfähig waren, gemeinsam zu trauern. Der Extravertierte sagte: »Sie ist darüber hinweg. Sie haßt es, wenn ich die Fassung verliere«, dabei ist die Introvertierte keinen Schritt in der Bewältigung der Tragödie weitergekommen und hat Angst davor, die Beherrschung zu verlieren und zusammenzubrechen, womit die Trauer ihres Ehemanns sie bedroht. In Fällen, in denen die extravertierte Frau Agoraphobikerin ist, will sie eine Bestätigung von ihrem Ehemann, die ihr zeigt, daß er außer seinem Zorn noch andere Gefühle hat. Hinter seiner Maske des gelassenen, vernunftbetonten, verständnisvollen Ehemanns hat er wiederum Angst, die Kontrolle zu verlieren, verachtet ihr Getue und zieht sich noch mehr hinter seine Fassade des Schweigens zurück, während sie, in ansteigender Angst, verlassen zu werden, in ihrem Verhalten immer hektischer und übertriebener wird.

Die Vorurteile, die Extravertierte und Introvertierte einander entgegenbringen, verhindern, daß sie die Auffassung des Existenzsinns des anderen ernst nehmen. Lebenspartner sagen selten zueinander: »Ich sehe meinen Lebenssinn darin, Leistung zu erbringen« und: »Mein Lebenssinn besteht im engen Kontakt zu anderen Menschen.« Statt dessen streiten sie – über das Thema Urlaub beispielsweise. Der Introvertierte ist gegen Urlaub. »Wenn du vom Urlaub nach Hause kommst, hast du nichts mehr davon.« Der Extravertierte ist für Urlaub. »Es ist wichtig, etwas gemeinsam mit der Familie zu unternehmen.«

Bei geringer Übereinstimmung und gegenseitigem Unverständnis über nicht verbalisierte, aber feste Standpunkte kommt es zu tiefgreifenderen Meinungsverschiedenheiten als über das Thema Urlaub.

Ist der Mann introvertiert und die Frau extravertiert, kann ihm ihr Bedürfnis nach anderen Menschen sehr auf die Nerven gehen. Er sehnt sich nach einem ruhigen Zuhause, sie will ständig Familie und Freunde um sich scharen. Er wünscht sich ihre Anteilnahme und ihre Fürsorge, während sie sich um Hinz und Kunz kümmert. Er möchte, daß sie zu Hause bleibt, sie will ausgehen und sich amüsieren. Da er unfähig ist zu sagen: »Ich brauche dich und bin eifersüchtig, daß du dich um andere Leute kümmerst und ich habe Angst, daß du mich eines Tages verläßt und nicht zurückkommst«, wird er streitsüchtig und schwer zufriedenzustellen. Wenn er dazu noch das Gefühl hat, nicht erfolgreich zu sein, am Leben vorbeizugehen, nichts von Bedeutung geleistet zu haben, dann fühlt er sich gefährlich alleingelassen, vom Chaos bedroht. Wenn er aber glaubt, erfolgreich zu sein und seinen Erfolg mehren zu können, stellt er möglicherweise fest, daß sie seine Arbeit nicht als *seine* Leistung sieht, sondern bloß als Mittel zum Zweck, das ihr das Zusammensein mit anderen ermöglicht. Statt ihm zu sagen, wie wunderbar es ist, lädt sie ihre Verwandten zum Abendessen ein. Schlimmer noch, sie sieht sich seine Leistungen an und sagt: »Wir haben alles, was wir brauchen. Mach dir das Leben doch nicht so schwer. Du arbeitest zu viel. Du bist zu ehrgeizig.« Sie meint es gut, obwohl ihre Worte aus der Angst geboren sind, sein Ehrgeiz könne sie zwingen, Familie und Freunde im Stich zu lassen, oder seine Arbeitswut ende mit seinem frühen Tod; und die Möglichkeit, ihn auf diese Weise zu verlieren, jagt ihr namenlosen Schrecken ein.

Wenn die Partner die Standpunkte des anderen nicht verstehen und akzeptieren, der Mann extravertiert und die Frau introvertiert ist, stellt der Mann sein Verlangen nach Gruppenzugehörigkeit damit zufrieden, daß er sich im Beruf als guter Teamarbeiter erweist und in der Freizeit Mannschaftssport betreibt. Außerdem hat er als Extravertierter noch die romantische und konventionelle Vorstellung eines harmonischen Familienlebens. Er sehnt sich nach der Familie, erwartet allerdings von seiner Frau, alle damit verbundenen Aufgaben zu übernehmen. Sie ist diejenige, die Geburtstagsgeschenke und Weihnachtskarten verschickt; sie soll Kekse backen und den Haushalt führen; sie soll sich um die Kinder kümmern, seine Großtante besuchen, seine Hemdenknöpfe annähen und ihm nachmittags den Tee servieren. So sehr sie ihre Kinder liebt, gerne einen perfekten Haushalt führt und ihre Verwandtschaftspflichten erfüllt, möchte die introvertierte Frau dennoch nicht völlig vom Familienleben in Anspruch genommen werden, daß ihr keine Zeit mehr für eigene Interessen bleibt. Eine meiner introvertierten Kolleginnen, deren Ehe alle äußeren Anzeichen von Erfolg und Harmonie aufwies, gestand mir, die glücklichste Zeit ihres Lebens seien jene beiden Jahre gewesen, die ihr Ehemann im Ausland arbeitete, die Kinder heirateten und in eine andere Stadt zogen und sie sich ihren wissenschaftlichen Forschungen widmen konnte. »Frieden, vollkommener Frieden, und meine Lieben weit weg vom Schuß.«

Extravertierte Ehemänner erheben zwar Einspruch, wenn ihnen vorgeworfen wird, sie hätten kein Verständnis für anderweitige Interessen ihrer Ehefrauen neben deren Haushaltspflichten, messen einem solchen Interesse aber auch keine sonderliche Bedeutung zu. (Nur Männerinteressen sind wirklich wichtig.) Die ›Interessen‹ der Frau werden bedenkenlos beiseite geschoben für wirklich Wichtiges, etwa den Fußballverein. Manche introvertierte Frauen verachten ihre ›Interessen‹, da sie nicht leistungsorientiert sind, und es sich folglich nicht lohnt, Zeit dafür aufzubringen. Andere introvertierte Frauen wissen oder stellen irgendwann fest, daß ihr Ehemann keineswegs begeistert davon ist, wenn sie ›Interesse‹ an etwas haben, das sich zur erfolgversprechenden Passion entwickelt.

Jo Brans erzählte mir, daß sie in ihrer ersten Ehe aufhörte zu schreiben. Nach zwei Kindern beschloß sie, ihr Studium wieder aufzunehmen. »Meine Mutter warnte mich: ›Wenn du das tust, ruinierst du deine Ehe‹ und sie sollte recht behalten. Ich fing wieder an zu studieren und reagierte anders auf ihn, damit konnte er einfach nicht umgehen. In dieser Ehe erlitt mein Selbstvertrauen einen erheblichen Knacks. Er spielte mir übel mit, ohne es eigentlich böse zu meinen. Ständig warf er mir vor, ich könne nicht gut mit Menschen umgehen; behauptete, ich sei schüchtern. Ich hatte mich nie für schüchtern gehalten, aber er redete es mir ein. Das gab er nicht laut und deutlich zu verstehen, er ließ mich aber in vieler Hinsicht wissen, daß ich mich hinter ihm zu verstecken habe. Ich sah in ihm den weltgewandten Extravertierten, mit all den Vorzügen, die ich damals nicht zu haben glaubte. Er stellte mich ständig als unbedarfte, mitleiderregende Person hin. Schließlich glaubte ich das Zeug, was er von mir behauptete, nicht mehr, besonders, als ich wieder zu studieren anfing. Ich war eine sehr gute Studentin. Ich gewann gute Freunde. Ich will nicht sagen, daß er daran schuld war, weil du das, was andere Leute über dich sagen, nur akzeptierst, wenn du bereit bist, es zu akzeptieren. Aber durch ihn kam ich zur Überzeugung, ich könne mich nicht gut in eine Gruppe einfügen. Doch als ich wieder zu studieren anfing, sah ich, daß ich gar nicht die schüchterne Einzelgängerin war, für die ich mich bereits hielt. Er war zutiefst erschrocken und unglücklich, als ich ihn verließ, wohl weniger, weil er mich so wahnsinnig liebte, sondern weil sein ganzes Weltbild ins Wanken geriet, als der Wurm sich krümmte, der getreten wurde. Wir sind Freunde geblieben. Wäre ich klüger gewesen und hätte mir gleich zu Beginn unserer Ehe manches klar gemacht und gesagt ›Ich habe vor, das und das zu tun‹, wäre es mit uns vermutlich gut gegangen. Ich bin sicher, er hätte keine Einwände gehabt. Ich bin überzeugt, daß er deshalb tyrannisch wurde – das Wort ist überspitzt –, weil er sich ein bestimmtes Bild von mir gemacht hatte. Willem und ich heirateten als gleichgestellte Partner.«

Eine introvertierte Frau, die ihren Wunsch nach Erfolg nicht akzeptiert, versucht den Wunsch nach Erfolg zu befriedigen ohne ihn einzugestehen, indem sie den Mann heiratet, von dem sie hofft, er habe an ihrer Stelle Erfolg. Ihr extravertierter Partner sehnt sich nach Erfolg, um seine Zugehörigkeit zur Gruppe zu garantieren und ist möglicherweise auch sehr erfolgreich. Doch sein Erfolg kann niemals ihr Erfolg sein, da widergespiegelter Ruhm kein wirklicher Ruhm ist. Hat er keinen Erfolg, ist sie enttäuscht, beschämt und wütend auf einen Mann, den sie verachtet. Ich wurde eines Tages Zeugin einer Szene, die das veranschaulichte. An der Kasse eines Supermarktes stand vor mir ein gut gekleidetes älteres Paar. Die Frau stand mit gezücktem Scheckbuch an der Kasse, während der Gatte die Einkäufe in den Einkaufswagen lud. Als er damit fertig war, fragte er sie: »Soll ich die Sachen schon in den Wagen laden?« »Tu das«, befahl sie. Als er ging, sagte sie teils zur Kassiererin und mir gewandt, teils zur Welt allgemein: »Ich hätte die Einkäufe in der halben Zeit geschafft, aber er besteht ja darauf, mitzukommen, weil er meint, mir zu helfen. Also laß ich ihm den Glauben.« In den Worten dieser Frau lag tiefe Verachtung, die ich mit Worten nicht wiederzugeben vermag.

Hier spielte sich eine Szene des Mißverständnisses in der Partnerschaft ab. In diesem Fall war der Mann der Extravertierte, der helfen, sich nützlich machen wollte, in der Hoffnung, gebraucht, wenn nicht geliebt zu werden; sie, die Introvertierte, das Organisationstalent, die Herrscherin, die Führernatur, er in der Furcht vor ihrem Zorn und sie voll Verachtung gegen seine Furcht.

Bei Ron und Diana geht das Problem der Schmutzwäsche, auch wenn beide darüber lachen, auf diesen Grundsatzkonflikt zurück. Die introvertierte Diana fühlt sich durch das Wäschewaschen blockiert, andere Projekte durchzuführen, nicht nur in ihrem künstlerischen Schaffen, sondern in ihrer Selbstverwirklichung, sich Herausforderungen zu stellen und sie zu bewältigen. Immer wenn wir daran gehindert werden, die notwendigen Bedingungen unserer Existenz zu erfüllen, bekommen wir Angst. Diese Angst kann sich, ohne als solche erkannt zu werden, im Bruchteil einer Sekunde in Wut verwandeln. Ron haßt als Extravertierter Wut, da sie eine Emotion ist, die eine Gruppe zerrüttet und Ablehnung heraufbeschwört. Er weiß zwar, daß ihre Beziehung viel zu stark ist, um durch Trivialitäten wie Wäschewaschen zerrüttet zu werden, dennoch empfindet er so etwas wie Gefahr. Daher versucht er dem Problem auszuweichen, auch wenn das bedeutet, Geld für neue Kleidung auszugeben, statt die schmutzige zu waschen. Wie oft er das tut, weiß ich nicht, aber allem Anschein nach verfügt er über eine sehr umfangreiche Garderobe.

Weil Ron und Diana ihre unterschiedlichen Reaktionen auf Angst und Wut verstehen, sind sie wie Judith und Harry fähig,

Wege zu finden, wie sie ihre Reaktionen in den Griff kriegen, um ihre Beziehung nicht zu zerstören.

Ohne Verständnis und Akzeptierung ist kein Ausgleich, keine Versöhnung möglich.

Ausgleich

Sie können davon ausgehen, daß Ihr Partner die Dinge nicht so sieht wie Sie und daß eine unterschiedliche Wahrnehmung kein Beweis dafür ist, daß er verrückt oder schlecht ist. Nicht jeder ist leistungs- und gewinnorientiert und nicht jeder sehnt sich nach Geborgenheit in der Gruppe. Genauso wenig liegt ein genereller Vorteil oder eine Überlegenheit darin, extravertiert oder introvertiert zu sein. Die Vorteile werden durch die Nachteile ausgeglichen und eine Welt, die ausschließlich aus Extravertierten oder aus Introvertierten bestünde, wäre zum Verrücktwerden.

Irgendwie müssen wir unserem Partner das Recht zugestehen, die Dinge anders zu sehen, als wir sie sehen, selbst wenn wir nicht ganz genau wissen, wie seine Wahrnehmung aussieht. Wir müssen unseren Partner verstehen, aber wir müssen auch begreifen, daß wir ihn nie ganz verstehen. Wer sagt »Ich weiß ganz genau, wie du dich fühlst«, befindet sich im Irrtum. Wir können nie genau und mit absoluter Gewißheit wissen, was ein anderer Mensch empfindet. Unsere Wahrnehmung dessen, was ein anderer Mensch fühlt, kann *bis zu einem gewissen Grad* zutreffen. Und so wie wir nicht wirklich wissen können, was es heißt, ein Kind zur Welt zu bringen, wenn wir nicht tatsächlich ein Kind zur Welt gebracht haben, so können wir nicht wissen, was es heißt, ein Introvertierter zu sein, wenn wir kein Introvertierter sind, oder ein Extravertierter zu sein, wenn wir kein Extravertierter sind. In der Partnerschaft bestehen also stets Verständnislücken.

Im Laufe meines Lebens habe ich mich wahrhaftig bemüht zu verstehen, was ein Extravertierter damit meint, wenn ihn ein Gefühl der inneren Leere überkommt, und warum die Abwesenheit lieber Menschen verheerender sein soll als simple Sehnsucht und Einsamkeit. Ich glaube, es zu verstehen, aber dieses Verstehen findet in meinem Kopf statt, nicht in meinem Herzen. Viel leichter fällt es mir nachzuempfinden, wenn ein Introvertierter sagt: »Ich krieg' es nicht zusammen. Ich habe nichts erreicht und alles gerät mir außer Kontrolle.«

Extravertierte bringen ihren introvertierten Mitmenschen ein gleichermaßen begrenztes Verständnis entgegen. Als ich mit Molly im Beisein ihres Ehemanns Mark die Stufenbefragung durchspielte, sagte er: »Ich hätte eigentlich andere Reaktionen von Molly erwartet. Möglicherweise habe ich sie mißverstanden, aber ich glaube, eine klare Vorstellung der Welt und des Lebens ist für Molly sehr subjektiv. Dagegen ist nichts einzuwenden. Molly ändert ihre Meinung darüber, was klar ist. Wenn ihr etwas klar ist, kann das morgen völlig anders sein. Molly hat manchmal leicht verrückte Ansichten.« Mark war allerdings entgangen, daß die Klarheit, die ein Introvertierter anstrebt, eine sich entwickelnde Klarheit ist. Introvertierte ohne Selbstvertrauen möchten so gern die absolute Wahrheit und absolute Klarheit besitzen, daß sie in ihrem verzweifelten Bedürfnis nach Sicherheit auch vor einer Selbstlüge nicht zurückschrecken. Introvertierte, die sich selbst schätzen, akzeptieren, daß wir niemals absolute Gewißheit und absolute Klarheit haben werden, daß wir aber Tag um Tag zunehmende Klarheit gewinnen, und daß bereits dieser Vorgang befriedigend ist.

Wenn wir einsehen, daß unser Verständnis begrenzt ist, können wir erkennen, wie wichtig es ist, Zugang zu den verschiedenen Wahrnehmungen der Realität zu haben, der äußeren wie der inneren Realität. Die Wahrnehmung unseres Partners, die sich von unserer unterscheidet, kann Realitätsaspekte erhellen, gegen die wir blind waren und Lösungen liefern, die außerhalb unserer Kompetenzen liegen. Wir können also unseren Lebenssinn durch unseren Partner erweitern.

Um dazu fähig zu sein, müssen wir uns in einer Beziehung zweier Gleichgestellter, zweier Erwachsener befinden, nicht im Machtkampf, in dem einer versucht, den anderen zu kontrollieren.

Wenn wir uns mehr damit beschäftigen, uns der drohenden Vernichtung unserer Identität zu erwehren, als unseren Lebenssinn zu erweitern, sehen wir die Funktion unseres Partners darin, uns in unserer Abwehr zu unterstützen. Wir lassen ihm keinen freien Spielraum. Wir versuchen, unseren Partner zu kontrollieren und sein Handeln so zu manipulieren, wie es unseren Wünschen entspricht. Extravertierte verlangen vom Partner, immer für sie da zu sein, sie vor Isolation und Einsamkeit zu beschützen. Introvertierte verlangen, daß der Partner sich ihren Kontroll- und Organisationsstrukturen anpaßt. Manche Ehepaare entwickeln ein Gleichgewicht der Kräfte im Sinne von »Ich bin immer für dich da, sofern du das tust, was ich dir sage: Ich werde tun, was du mir sagst, sofern ich genau weiß, wo du jede Minute deines Lebens bist.« Solche Partner sind Gefangene, die sich selbst Ketten der Angst und Schwäche angelegt haben. Manche Ehepaare befinden sich in einem zermürbenden Kriegszustand in ihren Versuchen, den Partner zur Erfüllung ihrer Bedürfnisse zu zwingen, indem sie, wenn nötig, alle ihnen zu Gebote stehenden Waffen einsetzen. Schuldzuweisung (»Nach allem, was ich für dich getan habe«), Empfindlichkeit (»Du verärgerst mich«), Vorwurf (»Du machst mich krank«), Drohung (»Ich weiß nicht mehr, was ich tue«), Erpressung (»Wenn du nicht tust, was ich will, verlasse ich dich«), Gegenerpressung (»Wenn du mich dazu zwingst, wird es dir noch leid tun«). Sie bleiben ihr Leben lang Kinder, hören ihr Leben lang nicht auf zu streiten.

Paare, die einander kontrollieren wollen, benutzen häufig das Wort ›Liebe‹. »Wenn du mich wirklich lieben würdest, würdest du tun, was ich will.« »Weil ich dich liebe, mußt du tun, was ich will.« Liebe als Kontrollinstrument ist keine Liebe. Sie wird als Druckmittel benutzt, um zu belohnen und zu bestrafen.

Wenn wir wirklich lieben, so lieben wir diese Person um ihretwillen. Die Person mag außerdem unseren Bedürfnissen entgegenkommen oder uns helfen, die drohende Vernichtung unseres Selbst in Schranken zu halten, doch das sind Zugaben, nicht der Zweck unserer Liebe. Wir wünschen dem Objekt unserer Liebe Gutes und wenn wir nicht davon betroffen sind, empfinden wir Trauer, weil uns dieses Glück nicht beschieden ist, nicht aber Zorn und Groll, denn nur weil wir einen Menschen lieben, schuldet er uns noch lange keinen Dank. Wir können wütend und erzürnt sein, wenn dieser Mensch unsere kostbare Zeit vergeudet oder unser Geld zum Fenster hinauswirft, nicht aber, weil er das Objekt unserer Liebe ist. Liebe ist ein kostenloses Geschenk.

Dieses Konzept der Liebe hat die Filmindustrie Hollywoods bis heute verleugnet. Wenn ein Darsteller in einem Film sagt »Ich liebe dich«, hat der, an den diese Worte gerichtet sind, zu antworten »Dann tue ich, was du von mir willst«, sonst lädt er sich Schuld auf. Es ist, als würden die Worte »Ich liebe dich« ein universelles, unverrückbares und absolut gültiges Gesetz in Kraft setzen, dem alle sich beugen müssen und das für jegliches unangemessenes Verhalten ein Alibi liefert. »Weil ich dich liebe, mußt du tun, was ich will.« »Ich liebe dich, aber wenn du nicht tust, was ich will, höre ich auf, dich zu lieben.« »Ich liebe dich und deshalb werde ich meinen Partner und unsere Kinder verlassen.« »Ich liebe dich, und wenn du mich nicht wieder liebst, betrinke ich mich/bringe ich mich um/bringe ich dich um/werde ich zum Dieb/gebe ich dir Schuldgefühle.« So etwas gibt Stoff für Filme und Fernsehsendungen; diese Szenarien wollen aber nicht darstellen, auf welch unsichere und kindische Weise Erwachsene versuchen, einander zu kontrollieren und manipulieren, sie geben vielmehr vor, eine wahrheitsgetreue Wiedergabe wahrer Liebe zu sein.

Wenn die wahre Liebe ohne Zwischenfälle glatt verläuft, dann lebt das Liebespaar, so will es der Mythos, in Glück und Freuden miteinander, bis an ihr seliges Ende. Dieses »in Glück und Freude bis an ihr seliges Ende« bedeutete einst, daß der Mann sich mit männlichen Dingen und die Frau sich mit weiblichen Dingen beschäftigte, und daß es Bereiche gab, in denen gegenseitiges Unverständnis herrschte. Von Männern wurde nicht verlangt, alles über Frauen zu wissen und umgekehrt. In den 60er Jahren wurde die Psychotherapie populär und mit ihr die Idee, zwei Menschen könnten einander vollständig verstehen.

Der Wunsch, verstanden zu werden, kann einfach der Wunsch sein, als die Person akzeptiert zu werden, die wir sind. Wir erwarten nicht, daß der andere weiß, warum wir so sind, wie wir sind; er soll nur wissen, daß wir so sind, wie wir sind. Aber manche Menschen, besonders solche, die ihren Selbstwert anzweifeln, bringen den leidenschaftlichen Wunsch zum Ausdruck, verstanden zu werden, was weniger der Wunsch ist, akzeptiert zu werden, als der Wunsch, weiteren Schmerz zu vermeiden. Es ist der Versuch, den Partner über sein Schuldgefühl und seine Bereitwilligkeit zu manipulieren. »Wenn du mich wirklich verstehen würdest, würdest du wissen, was mich verletzt und würdest es nicht tun.«

Die Worte ›Liebe und Verständnis‹ verbinden sich zu einem romantischen Mythos mit der Aussage: »Weil ich dich liebe und du mich liebst, wirst du tun, was ich möchte und wirst mich niemals verletzen.«

In der Kindheit bemühen wir uns, den von Erwachsenen aufgestellten Regeln und Geboten Folge zu leisten, scheitern oft kläglich und trösten uns mit dem Gedanken an ein besseres Leben, wenn wir erst einmal erwachsen sind. Denn dieses Versprechen geben uns die Erwachsenen. Wenn du brav und folgsam bist, kommt der Märchenprinz und rettet dich... Dornröschen wird in deinen Armen die Augen aufschlagen und ihr werdet in Liebe und Eintracht bis ans Ende eurer Tage leben.

Wenn der Märchenprinz im Erwachsenenleben sich weigert, das zu tun, was Sie wünschen, wie sehr Sie ihn auch lieben, und Dornröschen immer noch vor sich hin döst, ohne die geringste Ahnung oder einen Funken Interesse daran, wer Sie wirklich sind, fühlen Sie sich betrogen. »Ich war immer brav und folgsam. Wo bleibt meine Belohnung?«

Unser Glaube an den Mythos von Liebe und Eintracht hindert uns daran, zu erkennen, daß genau die Voraussetzungen, deretwegen wir uns zu unseren Partnern hingezogen fühlten, die Voraussetzungen sind, die uns daran hindern, unseren Partner ganz zu verstehen und umgekehrt. Viele Menschen wollen das nicht wahrhaben, denn damit müßten sie die fundamentale Einsamkeit menschlichen Daseins anerkennen. Wir alle müssen in unserer eigenen Welt leben.

Wenn wir uns aber nicht mit der fundamentalen Einsamkeit unseres Daseins auseinandersetzen, können wir nie die Art von Beziehung zu anderen aufbauen, die uns geborgene Wärme und Kontakt schenkt und in der wir gleichzeitig die Freiheit unseres Alleinseins genießen können. Zwei Menschen, die sich benehmen wie brave Kinder, die Vater und Mutter spielen, können eine solche Beziehung nicht eingehen, aber genau das tun so viele Paare, die ihren Eltern noch immer beweisen wollen, daß sie brav sind. (Ein Großteil unseres sexuellen Interesses hat nichts mit Liebe zu tun, sondern damit, unartig zu sein. Auch brave Kinder müssen gelegentlich unartig sein, um ihre Identität und ihre gesunde Lebenseinstellung zu erhalten.)

Wenn wir ein Leben führen, in dem Liebe als Ware gehandelt wird, die als Belohnung gewährt und als Strafe entzogen wird, werden wir sehr einsam und fühlen uns sehr bedroht. Unter solcher Bedrohung sind manche von uns gezwungen, zur heftigsten Abwehrmaßnahme zu greifen, dem Wahnsinn.

Kapitel 6

Verschiedene Möglichkeiten des Wahnsinns

Bei der Erschaffung des erfolgreichen Selbst müssen wir wissen, wie wir unser Selbst erfahren, nicht nur als Extravertierter oder Introvertierter, sondern als guter oder schlechter Mensch. Wenn ein Mensch sich als schlecht erfährt, kann er gezwungen sein, sich der verzweifelten Bewältigungsstrategien zu bedienen, die in der Psychiatrie als Symptome von Geisteskrankheiten bezeichnet werden. Viele Menschen vergeuden einen Großteil ihres Lebens damit, sich hinter solchen Bewältigungsstrategien zu verschanzen, andere sehen darin ›die dunkle Nacht der Seele‹, aus der Befreiung möglich ist.

In meinen Workshops, die ich für Teilnehmer veranstalte, die in ›helfenden Berufen‹ arbeiten, frage ich meine Zuhörer gewöhnlich: »Halten Sie sich für grundsätzlich gut oder für grundsätzlich schlecht?«

Manche machen verdutzte Gesichter und sagen: »Darüber habe ich noch nicht nachgedacht« und wenn sie darüber nachgedacht haben, entscheiden sie sich für: »Gut, denke ich.«

Die anderen reagieren ganz anders. Sie wissen sofort und genau, was meine Frage bedeutet. Die Überzeugung, grundsätzlich schlecht zu sein, bildet das Zentrum ihres Selbstbildes, ihnen geht es lediglich darum, eine publikumsgerechte Antwort zu formulieren. Sie sagen: »Natürlich schlecht« oder: »Weniger schlecht als nicht akzeptierbar. So fühle ich mich.« Ob sie die Bezeichnung ›schlecht‹ oder ›unakzeptierbar‹ wählen, sie geben an anderer Stelle der Gruppendiskussionen zu verstehen, daß sie ständig daran arbeiten, ihr Gefühl der Schlechtigkeit und Unakzeptierbarkeit zu überwinden, daß sie besonders gut sein wollen, und daß sie zu bestimmten Zeiten ihres Lebens in Depression verfallen oder Zustände durchlebten, denen die Psychiatrie den Befund einer Geisteskrankheit ausstellt. Es sind alles gute, feine, liebenswerte Menschen, was aber nur die Menschen wissen, die sie kennen. Selbst halten sie sich für schlecht.

Dieses Gefühl, ›nicht gut‹ zu sein, reicht von nicht akzeptierbar über das Gefühl grundsätzlicher Schlechtigkeit bis zur Überzeugung, daß im Kern ihres Wesens das Böse sitzt, das andere Menschen nicht nur abstoßen würde, wenn es zutage käme, sondern sie daran Schaden nehmen würden. Daher sagen manche Menschen: »Ich habe immer das Gefühl, daß mit mir etwas nicht stimmt.« Dieses ›Etwas‹ kann als unakzeptierbar in jeder Situation und in jeder Hinsicht für die eigene Person und für andere Menschen empfunden werden. Dieses ›Etwas‹ kann auch als Schlechtigkeit, als Hang zum Bösen, als bösen Impulsen und der eigenen Schlechtigkeit nachzugeben empfunden werden, was immer mit Wut zu tun hat. Oder dieses ›Etwas‹ wird als schwarze, schmutzige Verderbtheit empfunden.

Diese schwarze, schmutzige Verderbtheit kann wiederum in zweifacher Hinsicht empfunden werden. Manchmal scheint es an der Außenseite unseres Selbst zu kleben, als hätte uns jemand mit Dreck beworfen, der an unserer Seele kleben blieb. Dieses Gefühl kann uns überkommen, wenn andere Menschen uns als Erwachsene schlecht behandeln, uns zurückweisen, beschämen, herabwürdigen, uns zu Handlungen verleiten, die wir als falsch erkennen. Kein Wunder, daß es in vielen Religionen das Ritual gibt, sich von Sünden reinzuwaschen.

Manche Menschen erleben allerdings ein Gefühl der Schlechtigkeit, von dem sie auch die gründlichste spirituelle Waschung nicht reinigen kann. Sie haben ein Gefühl, als sei ihr ganzes Ich mit Schmutz, mit dem Bösen durchtränkt, das sich durch nichts entfernen läßt. Jeden Tag befinden sie sich im Kampf zwischen Gut und Böse. Manche dieser Menschen sind Patienten in psychiatrischen Kliniken, viele arbeiten aber auch in verantwortungsvollen Berufen, sorgen sich um andere und erreichen einen Grad an Güte, die andere Menschen, die sich mit ihrem Selbst wohl fühlen, nie erreichen.

Wer sich wohl mit der eigenen Person fühlt, muß sich keine Gedanken darüber machen, ob er ein guter Mensch ist.

Wer aber glaubt, schlecht, böse, unannehmbar für sich selbst und für andere zu sein, der muß sich ständig darum bemühen, gut zu sein.

Wenn Sie sich für schlecht, böse, unannehmbar für sich selbst und andere halten, und Sie eine extravertierte Persönlichkeitsstruktur haben, glauben Sie, daß die Menschen Sie zurückweisen, sobald sie Ihre Schlechtigkeit herausfinden. Und wenn Sie ein introvertierter Mensch sind, glauben Sie, nie Erfolg zu haben, nie etwas richtig zu machen, nie die Dinge unter Kontrolle zu haben. Wenn Sie sich also für schlecht halten, heißt das, daß Ihnen unentwegt die Vernichtung Ihres Selbst droht.

Warum setzen Menschen sich solcher Verfolgung aus?

›Mit mir stimmt etwas nicht‹

Babys kommen nicht zur Welt in dem Glauben, mit ihnen könne etwas nicht stimmen. Sie kommen munter und neugierig zur Welt und beklagen sich sofort, wenn ihnen etwas nicht paßt. Bald wird ihnen allerdings klargemacht, daß ihre Beschwerden nicht akzeptierbar sind. Das finden Babys ungerecht, worauf ihnen klargemacht wird, daß sie selbst nicht akzeptierbar sind.

Die Überzeugung ›Ich bin schlecht‹ ist eine Schlußfolgerung, die ein kleines Kind oft als Zwei- oder Dreijähriges aus sehr schmerzhaften Erfahrungen zieht. Das Kind (ob Mädchen oder Junge) befindet sich in einer Position, in der die Erwachsenen, denen es ausgeliefert ist, im Normalfall die Eltern, ihm große Schmerzen zufügen, denen es sich nicht entziehen kann. Oft ist das der Kampf um Reinlichkeit. Die kleine Blase oder der Darm haben große Mengen von sich gegeben oder, falls beides leer, nicht das produziert, was die Mutter befohlen hat. Oft dreht der Kampf sich um Nahrungsaufnahme. Der kleine Magen ist voll und die Mutter zwingt es zu essen. Oder der Magen ist leer und der Elternteil achtet nicht auf das kindliche Verlangen nach Essen. Manchmal wird das Kind bestraft, ohne irgendeinen Bezug herstellen zu können. Die Mutter ärgert sich über einen anderen Menschen und lädt ihre Wut auf das Kind ab. Vielleicht weist sie ihm Schuld zu oder das Kind glaubt, es habe schuld, wenn ein Elternteil stirbt oder die Familie verläßt. Manchmal fühlt das Kind sich enttäuscht oder ungerecht behandelt, gerät darüber in Zorn und wird bestraft, weil es wütend geworden ist. Oder das Kind wird Opfer sexuellen Mißbrauchs; dann wird es von dem Erwachsenen, der es mißbraucht, bedroht und von den Erwachsenen, die ihre Sorgfaltspflicht vernachlässigt haben, nicht in Schutz genommen und betrogen.

Die korrekte Beurteilung des Kindes einer solchen Situation lautet: »Meine bösen Eltern fügen mir Schmerzen zu.« Auch wenn dem Kind die Sprache fehlt, um einen präzisen Gedanken in Worte zu fassen, weiß es, daß es das Opfer eines bösen Elternteils ist.

Aber bereits dieser Gedanke läßt das Kind erkennen, daß es noch größerer Gefahr ausgesetzt ist. Damit wird der Erwachsene, von dem es abhängig ist, zu seinem Feind. Als Feind stößt der Erwachsene es zurück, läßt es allein und alles, was seine Sicherheit bedeutet, stürzt in sich zusammen, löst sich auf. Das Kind ist völlig hilflos. Es steht vor der Vernichtung seines Selbst.

Dieses Gefühl völliger Hilflosigkeit ist niederschmetternd. Solange wir das Gefühl haben, etwas zu unserem Schutz und unserer Verteidigung tun zu können – eine Tür verriegeln, die Hand eines Freundes halten – können wir auch in großer Gefahr zwar Angst haben, aber nicht vernichtet werden. Wenn wir aber allein sind und nichts tun können, um uns zu schützen, steigert sich unsere Hilflosigkeit in einen Zustand, in dem wir glauben, unser Ich wird ausgelöscht.

Und danach handeln wir. Um unseren Selbstwert zu erhalten, bringen wir Opfer. Manchmal opfern wir unseren Körper und der einzige Akt der Selbstbestimmung scheint uns im Selbstmord gegeben. Manchmal opfern wir unser Selbst. Wir geben einen Teil von uns, um unser Selbst zu retten.

Das macht das Kind, das hilflos der Macht eines gefährlichen Elternteils ausgeliefert ist. Es tut das, was Menschen häufig tun. Wenn wir Sachverhalte nicht verändern können, verändern wir ihre Definition.

Der Sachverhalt »meine bösen Eltern fügen mir Schmerzen zu« wird neu definiert. Daraus wird »ich bin böse und verdiene den Schmerz, den meine guten Eltern mir zufügen«.

Nun ist das Kind nicht mehr hilflos. Es bestimmt sein eigenes Unglück. Seine Eltern können gute Eltern bleiben. Die Ordnung ist wieder hergestellt.

Manche Kinder geraten nicht oft in Situationen, die solche Hilflosigkeit hervorrufen und eine Neudefinition erfordern. Für andere, und das sind nicht wenige, treten solche Situationen immer wieder ein und mit solcher Heftigkeit, daß das Kind gezwungen ist, einen zusätzlichen Akt der Neudefinition vorzunehmen, damit die erste Neudefinition in Kraft bleiben kann. Aus »ich bin böse und verdiene deshalb den Schmerz, den meine guten Eltern mir zufügen« wird »ich bin böse und verdiene den Schmerz, den meine guten Eltern mir zufügen, und wenn ich groß bin, werde ich böse Menschen bestrafen, so wie ich bestraft wurde«. Daher kann das Kind später als Erwachsener seine Kinder zwingen, sich für böse zu halten, um sie gut zu machen. Das erwachsene Kind kann sagen: »Ich habe als Junge Prügel bezogen, und es hat mir nicht geschadet«, ohne sich klarzumachen, daß der Schaden, der bei ihm angerichtet wurde, in seinem Denken liegt, er habe keinen Schaden erlitten. Damit hat er sich das richtige Maß an Unsensibilität für den Schmerz anderer Leute angeeignet, die der Autorität dienlich ist. Er respektiert Autorität, die Aufgaben von Soldaten, Polizisten, Gefängniswärtern, Lageraufsehern, Folterknechten, Henkern.[1]

Das Wissen um seine Schlechtigkeit gibt dem Betreffenden die Illusion von Kontrolle und Sicherheit. Wenn wir uns für grundsätzlich böse halten (uns aber unermüdlich darum bemühen, gut zu sein), gelangen wir zur Überzeugung, daß ein Unglück uns nicht zufällig trifft. Ein Unglück trifft uns, weil wir böse sind. Wir verdienen es. Wenn wir böse sind und uns sehr darum bemühen, gut zu sein, können wir verhindern, daß uns und unseren Lieben ein Unglück zustößt.

Wir halten an diesem Trugschluß von Kontrolle und Sicherheit fest, weil wir das Gefühl der Hilflosigkeit, das wir als Kind kannten, nicht ertragen können. Wenn wir nur recht gut sind, stürzen keine Flugzeuge vom Himmel, artet Wind nicht in Orkan aus und Körperzellen wuchern nicht unkontrolliert zu Krebsgeschwüren aus. Unsere Angst vor Hilflosigkeit vermischt sich mit unserem Hang zur Magie und wir verschließen die Ohren, wenn jemand sagt: »Du bist nicht böse. Du sollst dich und alles an dir achten und akzeptieren.«

Das Gefühl der Hilflosigkeit, das wir als Kind erfahren haben, kann uns so große Angst einjagen, daß wir nicht einmal die Erinnerung daran zulassen, geschweige denn darüber nachdenken. Wir kommen zur Überzeugung, daß wir diese Hilflosigkeit *nur* deshalb empfanden, weil wir ein kleines Kind und abhängig von anderen waren. Als Erwachsene müssen wir nicht von anderen Menschen abhängig sein. Wir können uns um uns selbst kümmern. Andere Menschen, verkleidet als Krankenschwestern oder Ärzte, als Polizisten und Gefängniswärter, als Straßenräuber und Vergewaltiger, als Terroristen und Kidnapper, mögen die Herrschaft über unseren Körper an sich reißen, unsere Bewegungsfreiheit einschränken und uns Alternativen nehmen, sie können jedoch nicht über unseren Geist gebieten, *wenn wir es nicht zulassen*. In einer Situation körperlicher Machtlosigkeit zu sein, ist höchst unangenehm, gefoltert und mit dem Tod bedroht zu werden, ist noch schlimmer, aber selbst diese extremen Situationen müssen unser Selbst nicht bedrohen. Berichte von Menschen, die solche extremen Situationen überlebt haben, beweisen, daß sie ihren Kidnappern und Peinigern nicht die Macht gegeben haben, ihre Identität zu vernichten.

Viele von uns händigen dieses Recht ganz normalen Menschen aus. Der Mann, der glaubt: »Wenn meine Frau mich verläßt, bin ich am Ende«, hat seiner Frau die Macht übertragen, ihn zu vernichten, wie seine Mutter es getan hat, als er ein kleiner Junge war. Die Frau, die sagt: »Ich würde alles tun, damit mein Vater aufhört, mich zu kritisieren«, hat ihrem Vater die Macht belassen, sie zu vernichten, die er damals schon über sie hatte, als sie ein kleines Mädchen war.

Wer anderen die Macht nicht entzieht, mit der diese seine

Identität vernichten können, glaubt, einen Weg gefunden zu haben, sie fester an sich zu binden. Wenn uns die Wut oder Kritik einer anderen Person gleichgültig ist, erweckt das den Eindruck, als sei uns diese Person gleichgültig geworden, zumal dann, wenn Wut und Kritik der einzige Beweis für uns darstellte, daß wir ihnen nicht gleichgültig waren, wir uns aber so sehr nach Zuneigung sehnten. Eine meiner Klientinnen, deren Mutter ständig mit ihren Angelegenheiten beschäftigt war, sagte: »Ich wollte meiner Mutter immer Liebe schenken, aber sie ignorierte das. Das gibt mir ein Gefühl, ein Nichts zu sein. Was soll ich bloß tun, damit sie mich liebt?«

Die meisten von uns waren als Kinder davon überzeugt, daß wir uns die Liebe unserer Eltern dadurch sichern könnten, wenn wir ihnen gehorchten; wir wollten so sein und so werden, wie unsere Eltern uns haben wollten. Mit etwas Glück hatten wir Eltern, die uns nicht ständig herumkommandierten und keine allzu schweren Strafen über uns verhängten; die uns also grundsätzlich die Menschen sein ließen, die wir bereits waren. Nur sehr wenigen war dieses Glück beschieden.

Die meisten von uns verbrachten ihre Kindheit damit, ihren Eltern zu gefallen, die nur schwer zufriedenzustellen waren.

Manche von uns verstanden sich ausgezeichnet darauf, unseren Eltern zu gefallen und wir erkannten unsere Unterwürfigkeit nicht. Wir kamen gar nicht auf den Gedanken, nicht folgsam zu sein. Als Erwachsene sagen wir: »Ich hatte eine glückliche Kindheit. Meine Eltern waren die besten Eltern, die ein Kind sich wünschen kann.« Ich lerne solche Menschen oft in meiner Praxis kennen, die verwirrt zu mir kommen und über Leiden klagen, die in der Psychiatrie als Befunde geistiger Störung gelten.

Ein solcher Fall war Marie, die im eiskalten Gefängnis ihrer Depression festsaß. Wie sie mir sagte, war ihre Kindheit glücklich, ihre Eltern, vornehmlich der Vater, waren wunderbare Menschen. Die Ehefrau eines Rechtsanwalts und Mutter von drei Kindern wies alle Merkmale einer gehorsamen, wohlerzogenen Tochter auf.

»Haben Sie Ihren Eltern je den Gehorsam verweigert?« fragte ich.

Sie sagte: »Mit meiner Mutter hatte ich gelegentliche Auseinandersetzungen. Nie mit meinem Vater. Ein Blick von ihm genügte.«

»Was wäre geschehen, wenn ein Blick nicht genügt hätte? Wenn Sie sich widersetzt hätten?«

Sie machte ein verdutztes Gesicht. »Ich weiß nicht. Darüber habe ich nie nachgedacht.« Das ist die Höchstform von Gehorsam – zu gehorchen und sich der Strafe für Ungehorsam nicht mehr bewußt zu sein.

Es wäre grausam gewesen, bei dieser ersten Sitzung größeren Druck auf sie auszuüben, damit hätte ich von ihr verlangt, sich ins Gedächtnis zurückzurufen, daß sie in ihrer Kindheit die Angst empfand, die sie jetzt spürte, dieses durchdringende Grauen vor der Vernichtung. Der Blick, mit dem ihr gütiger Vater sie beherrschte, war der Blick, der sie ermahnte, daß sie für die Familie unakzeptierbar sein würde, wenn sie die strengen und festgefahrenen Familiengesetze brechen würde; damit wäre sie aus der Familiengemeinschaft ausgeschlossen und in ein dunkles und gefährliches Chaos geworfen.

Nicht allen Eltern gelingt es, ihre Kinder mit Blicken zu beherrschen. Viele bedienen sich permanenter, ätzender Kritik. Damit haben Eltern einen weiteren Vorteil. Kritik ist ein Vehikel, mit dem die Eltern Frustration, Wut, Ärger und Neid auf andere Menschen auf das Kind abladen können.

Wenn Eltern ein Kommunikationsmuster aufbauen, in dem massive und permanente gegenseitige Kritik geübt wird, machen sich die Kinder, sobald sie sprechen lernen, diese Form der Interaktion zu eigen und wenden sie im Umgang miteinander an. Solches Familienleben ständiger gegenseitiger Kritik findet jeden Abend auf unseren Fernsehschirmen in Seifenopern und Situationskomödien statt, die wir mit Interesse verfolgen und über die wir lachen. Im wirklichen Leben fügt solches Verhalten allen Familienmitgliedern fortgesetzt großen Schaden zu.

Dieser Kommunikationsstil in der Familie hört nie auf und wird so selbstverständlich wie die Luft, die wir atmen. Und viele Leute machen sich gar nicht bewußt, daß sie ständig angegriffen werden, sich in einem zermürbenden Krieg befinden, der sie aufreibt und ihnen das Gefühl gibt, böse und unakzeptierbar zu sein.

Um diese beständige Kritik beizubehalten und sich gegen die Angriffe anderer Familienmitglieder zu verteidigen, muß jedes unakzeptierbare Verhalten als Charakterfehler gesehen werden, der nichts zu tun hat mit den Beziehungen des Betreffenden zu anderen Familienmitgliedern. Deshalb schreiben mir Mütter Briefe, in denen sie mir die Frage stellen: »Wie komme ich mit meinem unartigen Kind zurecht?« ohne zu begreifen, daß die Unartigkeit des Kindes eine Reaktion auf Personen und Ereignisse ist. Eine Mutter führte als Beispiel der Unartigkeit ihres sechsjährigen Sohnes an, er weigere sich, die Brille zu tragen, die der Augenarzt ihm verschrieben hatte. Es kam ihr nicht in den Sinn, daß sechsjährige Buben mit Brille von Mitschülern verspottet werden und daß die durch die neue Brille wahrgenommenen Bilder zunächst fremdartig, ja furchterregend sein können. Statt das Verhalten ihres Sohnes in seiner Beziehung zu seiner Umwelt zu sehen, unterstellt sie ihm bösartige Motive. Sie hält ihn im Grunde für schlecht. Wie ich ihrem Brief weiterhin entnahm, hat das Kind die Definition der Mutter über seine Person akzeptiert und verhält sich ihren Erwartungen gemäß. Behandeln Sie Ihr Kind so, als sei es böse und es wird sich entsprechend verhalten.

Caroline wurde von ihren Eltern, soweit sie zurückdenken kann, zu verstehen gegeben, daß sie verrückt und böse sei. Wie Eltern ihre entzückende, hübsche kleine Tochter als verrückt und böse bezeichnen können, scheint unverständlich, bis man erkennt, daß die Verrücktheit in der Ehe zweier Menschen liegt, die beide zutiefst unglücklich waren und ihre Bitterkeit und Wut an ihrem Kind ausließen, statt den Wurzeln ihrer Unzufriedenheit nachzugehen, die in der schwierigen Kindheit beider Eltern lag. Wie in vielen Familien wurde das Kind zum Sündenbock für alle Verfehlungen in der Familie erklärt. In biblischen Zeiten wurde ein mit den Vergehen eines ganzen Stammes beladener Sündenbock in die Wildnis getrieben. Kinder, die als Sündenbock herhalten müssen, haben es weniger leicht. Sie können ihrer Familie nur entfliehen, wenn sie verrückt werden oder sterben.

Kinder, die in Arbeiterfamilien zum Sündenbock gemacht werden, haben möglicherweise die Chance, von Jugendaufsichtsbehörden aus ihrer mißlichen Lage befreit zu werden. Kindern der Mittel- und Oberklasse ist dieser Rettungsweg verschlossen. Mißhandlungen an diesen Kindern kommen selten ans Licht der Öffentlichkeit, und wenn das Kind auf elterliche Mißhandlungen mit der folgerichtigen Verrücktheit oder Bösartigkeit reagiert, verbünden sich Justizbehörden und Mediziner mit den Eltern im Bemühen, die Verrücktheit oder Bösartigkeit im Kind zu lokalisieren.

So erging es auch Caroline. Ihr Vater bekleidete eine hohe Position in der Landespolitik und war ein angesehener und geachteter Mann. Nicht bekannt war allerdings, daß er seine Tochter häufig schlug und nur das Wort an sie richtete, um sie herabzusetzen. Ebensowenig war bekannt, daß seine charmante Frau, die wegen ihrer Verdienste für die Notleidenden hohes Ansehen genoß, Caroline weder vor der Brutalität ihres Vaters beschützte, noch ihr Rückhalt durch Liebe und Zuspruch gab. Sie legte allerdings großen Wert darauf, Caroline eine sorgfältige Erziehung zukommen zu lassen, was sie nicht davon abhielt, Caroline ständig mit einer Flut von Kritik zu überschütten.

Caroline ist eine begabte Malerin und eine introvertierte Frau, der weder Erfolg, noch das Recht auf Erfolg zugestanden wurde. Sie suchte die Schuld an den Katastrophen in ihrem Leben und an ihrer Arbeitsunfähigkeit ausschließlich bei sich selbst.

Das Hauptproblem, das ihrer Arbeitsweise im Wege stand, waren ihre Schlafgewohnheiten. Nachts konnte sie nicht einschlafen, ging spät zu Bett und schlief den Vormittag über. Diese Gewohnheit führte sie als Beispiel eines ihrer unverbesserlichen Charakterfehler an. Ich forderte sie auf, mir zu beschreiben, warum sie nicht einschlafen konnte und sie antwortete, sie habe Angst, einzuschlafen, weil sie von Schmerz und Bestrafung träumte und beim Aufwachen von überwältigenden Schuldgefühlen erfüllt sei.

Wenn Ihnen seit frühester Kindheit von Ihren Eltern zu verstehen gegeben wurde, daß Sie der Grund all ihres Kummers und ihrer Enttäuschungen sind, befällt Sie ein überwältigendes Gefühl der Schuld und Verdammnis. Dieses Gefühl der Schuld und Verdammnis hindert Sie daran, die Ungerechtigkeiten zu erkennen, die Ihre Eltern Ihnen aufbürden, weil bereits der Gedanke, daß Ihre Eltern ungerecht sind, den Beweis Ihrer eigenen Schwäche und Bösartigkeit darstellt.

Es fiel Caroline sehr schwer, mir von den kontinuierlichen Ungerechtigkeiten zu berichten, denen sie ausgesetzt war. Sie zog es vor, mir all die bösen Dinge zu beichten, die sie getan hatte, die Beweise ihrer grundlegenden Schlechtigkeit. Erst allmählich konnte sie sich eingestehen, was sie wußte, daß nämlich ihr Verhalten – von Eltern und Psychiatern als ›verrückt‹ und ›böse‹ bezeichnet – eine Reaktion auf die Schikanen ihrer Eltern war. Danach konnte sie eingestehen, daß sie sich wesentlich wohler fühlte, wenn ihre Eltern verreist waren.

Sie war allerdings nicht imstande, sich völlig von ihren Eltern zu lösen, da ihre Mutter sie als Rückhalt in ihrem vereinsamten Eheleben brauchte. Mich interessierte, ob Carolines Mutter es zuwege bringen konnte, ihr Verhalten Caroline gegenüber zu verändern. Anläßlich eines Besuches, bei dem sie sich über Carolines Fortschritte erkundigte, erklärte ich ihr, daß die Wurzel von Carolines Problemen in ihrem mangelnden Selbstvertrauen lag, und wagte den Vorschlag, die Mutter möge Caroline in Zukunft nicht kritisieren sondern loben. Das erwies sich als totaler Reinfall. Nach unserem Gespräch stellte die Mutter jeder Kritik an Caroline die Worte voran: »Ich weiß, ich sollte das nicht sagen, aber...« »Ich weiß, ich sollte es nicht sagen, aber dein Zimmer ist ein Saustall. Du hattest wieder deine gräßlichen Freunde zu Besuch. Du hast mein Leben ruiniert...« und so weiter und so fort.

Mit dieser Art Mutter kann man nur umgehen, wenn man über sie lacht, und dazu war Caroline in zunehmendem Maße fähig. Außerdem machte sie es sich zur Aufgabe, die Antidepressiva abzusetzen, die ein Psychiater ihr zehn Jahre lang verschrieben hatte. Als sie anfing, dieses Medikament zu schlucken, akzeptierte Caroline widerspruchslos die Diagnose des Psychiaters, sie leide an einer geistigen Störung. Das ersparte ihr, sich mit den Themen Verantwortung und Gerechtigkeit auseinanderzusetzen. Da das Medikament anfänglich eine erhebliche Besserung ihres Zustands herbeiführte, tatsächlich ihre Aktivität enorm steigerte, war sie hoch erfreut, glaubte alsbald, stabil genug zu sein, das Medikament abzusetzen, und verfiel in eine tiefe Depression, die sie nahezu bewegungsunfähig machte. Das Medikament wurde erneut verschrieben. Und als sie wieder einigermaßen funktionsfähig war, informierte sie sich über die Zusammensetzung der Droge. Es handelte sich um einen Monoaminoxydase-Hemmer, dessen Wirksamkeit den Amphetaminen sehr ähnlich ist. Caroline hatte Erfahrung mit ›Speed‹ und wußte nun, warum dieses Medikament ihre Aktivität in Gang setzte und warum das plötzliche Absetzen sich so verheerend auf ihre Psyche auswirkte. Sie wußte auch, daß sie davon loskommen mußte und daß das schwierig sein würde.

Es sollten Tapferkeitsauszeichnungen an Menschen verliehen werden, die es schaffen, von Sedativen und Psychopharmaka loszukommen. Nur mit enormer Willenskraft und Beharrlichkeit retten sie ihr Leben. Caroline schaffte es, von diesem Medikament loszukommen und sich in einen geregelten Arbeitsprozeß einzufügen. Am schwersten fiel es ihr, ihre Abhängigkeit von Zigaretten aufzugeben, die ihr, wie sie sich ausdrückte, ›treue, beständige und liebevolle Freunde‹ waren, etwas, das sie in ihrer Familie ihr Leben lang vermißte.

Oft enthält die Kritik, mit der Eltern ihre Kinder belasten, »den Schatten der Verstorbenen«[2]. Dem Kind wird unterstellt, es habe die ›Verrücktheit‹ oder ›Schlechtigkeit‹ von einem schändlichen, verabscheuungswürdigen Vorfahren geerbt. Der Glaube an ererbte Charakterzüge ist ebenfalls eine Form der Verweigerung, Verantwortung für sein Handeln zu übernehmen, und statt dessen den Grund für das eigene Fehlverhalten in schlechten Charakterzügen einer anderen Person zu suchen. Nationale Führer wenden dieses Prinzip auf die Feinde ihres Volkes an, Psychiater auf ihre Patienten und Eltern auf ihre Kinder.

Familien konstruieren ihre Familiengeschichte, um ihre Herkunft und ihren Status zu definieren. Von Kindern, die in Belfast in einer katholischen Familie zur Welt kommen, die auf eine lange Tradition der Opfer- und Kampfbereitschaft für ein freies Irland zurückblickt, erwartet das Familienszenario, wie ihre Eltern ihnen deutlich machen, daß auch sie der guten Sache durch ihre Opferbereitschaft dienen. Es wäre schändlich, sich nach England abzusetzen, um dort ein Leben in Sicherheit und Wohlstand zu führen. Ähnlich liegt der Fall bei Kindern, die in eine Familie hingeboren werden, in der es ›ein schwarzes Schaf‹ gibt, einen Onkel in einer psychiatrischen Klinik, eine Großmutter, die einen ›Nervenzusammenbruch‹ erlitt. Sie stellen möglicherweise fest, daß die von ihren Eltern übermittelte Familiengeschichte von ihnen erwartet, eine dieser Rollen zu übernehmen.

Es ist schwer, das Verfahren zu ergründen, nach dem eine Familie ihre Geschichte erschafft und interpretiert und diese Interpretation dazu verwendet, um die Zukunft ihrer Kinder zu gestalten. Die von einer Familie erschaffenen Bedeutungen sind subtil, komplex und für einen Außenstehenden schwierig zu beobachten und zu verstehen. Unvergleichlich einfacher ist es, einen Familienstammbaum zu zeichnen, die Familienmitglieder anzukreuzen, die laut Familiengeschichte eine Form ›geistiger Labilität‹ aufweisen, und das daraus entstehende Muster mit einer Genschwäche zu erklären.

Wenn Sie als Kind hören, wie Ihre Verwandten Spekulationen anstellen, ob Sie die Gene geerbt haben, denen der Grund zuzuschreiben ist, daß Onkel Henry verrückt geworden ist, fühlen Sie sich nicht beruhigt, sondern eher erschrocken und hilflos. Gegen ein ererbtes Gen können wir nichts tun. Wenn Sie glauben, das Schicksal habe Sie dazu bestimmt, verrückt oder schlecht zu sein, so wird diese Überzeugung zur selbsterfüllenden Prophezeiung.

Manchmal ist die Botschaft subtiler, die einem Kind über ererbten Wahnsinn oder Schlechtigkeit vermittelt wird. Meine Mutter pflegte mich davor zu warnen, so zu werden wie die Schwestern meines Vaters, mit der klaren Unterstellung, ich sei bereits auf dem besten Wege dahin. Ich fand nie heraus, welche schrecklichen Eigenschaften diese patenten, starken Frauen besaßen; als ich erwachsen war, hatte ich den Verdacht, daß die Warnung sich eher auf eine Unzulänglichkeit meiner Mutter bezog, statt auf unerwünschte Charakterzüge meiner Tanten. In meiner Kindheit untergrub der Gedanke, ich könne von einem gravierenden Laster befallen sein, dem auch meine Tanten erlagen, mein Selbstbewußtsein.

Abgesehen davon, daß unsere Familie uns und unser kindliches Bedürfnis, geliebt und angenommen zu werden, definiert, können wir uns selbst einen Lebenssinn erschaffen, der uns darin bestärkt, schlecht, böse und für andere Menschen unakzeptabel zu sein.

Wenn das geschehen ist, haben wir uns für die drohende Vernichtung unseres Selbst empfänglich gemacht. Als Extravertierte glauben wir Zurückweisung zu verdienen; und als Introvertierte sehen wir uns unfähig, das Chaos abzuwenden. Wir müssen uns gegen diese Bedrohung verteidigen. Als Extravertierte denken wir: »Wenn ich es nicht schaffe, daß Menschen mich lieben, muß ich dafür sorgen, daß sie mich brauchen.« Wir bemühen uns angestrengt darum, gebraucht zu werden, und laden uns schwere Bürden auf. Bald fangen wir allerdings an, die Forderungen übelzunehmen, die jene, die uns brauchen, an uns stellen, hüten uns aber, diesen Groll zu äußern, da unsere Wut die Menschen dazu bringen könnte, sich von uns abzuwenden. Und so leben wir in beständiger Angst. Als Introvertierte denken wir: »Selbst wenn ich das nicht erreiche, was ich gerne erreichen würde, kann ich Kontrolle und Planung zu meinen Leistungen machen.« Wir sind daher ständig bestrebt, jeden Bereich unseres Lebens zu kontrollieren und organisieren, dulden keine Unordnung, fordern Vollkommenheit, ärgern uns über Fehler, fürchten unseren Zorn, fürchten unsere Machtlosigkeit, totale Kontrolle zu übernehmen. Angst bestimmt unser Leben.

Diese Extravertierten und Introvertierten machen auf den außenstehenden Betrachter den Eindruck, erfolgreiche Menschen zu sein, vorausgesetzt, sie sind stark und gesund und das Leben erteilt ihnen nicht zu viele Nackenschläge. Nur sie kennen das Gefühl der Leere, beziehungsweise der Unordnung in ihrem Innern. Aber Angst und hektische Aktivität fordern einen hohen physischen Preis und der zwangsläufige physische Alterungsprozeß bringt nun mal mit sich, daß wir mit vierzig weniger aktiv sind als mit zwanzig. So sehr wir auch dagegen ankämpfen, die Menschen brauchen uns immer weniger. Unsere Kinder werden erwachsen, Familienmitglieder sterben, Freunde haben andere Interessensbereiche und kein Mensch kann das Universum kontrollieren. Extravertierte und Introvertierte, die von ihrer grundsätzlichen Schlechtigkeit überzeugt sind und sich bemühen, gut zu sein, sind immer weniger in der Lage, die guten Taten zu vollbringen, die sie für nötig erachten, um der drohenden Vernichtung zu entgehen. Daher nimmt die Bedrohung zu und die Angst verstärkt sich.

Gegen die überhandnehmende Bedrohung und Angst sind massive Abwehrmaßnahmen notwendig. Diese Bewältigungsstrategien werden in der Psychiatrie als Symptome von Geisteskrankheiten bezeichnet.

Bewältigungsstrategien der Verzweiflung

Wer sich bedroht fühlt, begibt sich an einen Ort, der Schutz und Sicherheit bietet. Werden wir von einem Wirbelsturm bedroht, begeben wir uns in das Innere eines Gebäudes und hoffen, daß es stabil genug gebaut ist, um den Naturgewalten zu trotzen. Werden wir von Bomben und Granaten bedroht, begeben wir uns in einen Schutzraum, von dem wir hoffen, daß seine Mauern dick genug sind, um den Explosionen standzuhalten. Besteht die Drohung aus Zuständen, von denen wir fürchten, daß sie unser Selbst vernichten, begeben wir uns in die Realität, von der wir hoffen, daß sie stark genug ist, um unser Selbst zusammenzuhalten.

Introvertierte ziehen sich im Falle größter Bedrohung in ihre innere Realität zurück; Extravertierte hasten in ihre äußere Realität. Sie bauen ihre Abwehrmaßnahmen in der von ihnen bevorzugten Wirklichkeit auf.

Introvertierte errichten ihre Abwehrmechanismen in ihren Gedanken, zunächst als Organisations- und Kontrollsystem, die als Obsessionen und Zwangshandlungen zum Ausdruck kommen. Sollten diese nicht stark genug sein, um das Chaos abzuwenden, ziehen sie sich völlig in ihre innere Realität zurück, entwickeln eine für sie typische Form, Geschehnisse zu deuten, und legen ein Verhalten an den Tag, das mit dem Terminus Schizophrenie belegt wird.

Extravertierte errichten ihre Abwehrmaßnahmen in der äußeren Welt, lokalisieren die Ursache ihrer namenlosen Furcht in der Angst vor Dingen (Phobien), der Angst, sich an bestimmten Orten aufzuhalten (Agoraphobie, Platzangst), und in körperlicher Angst vor Krankheit und Tod. Läßt die drohende Vernichtung sich nicht in diese Angstformen abkapseln, besteht die nächste Bewältigungsstrategie in massiver Verdrängung der Angst, also die Leugnung der inneren Realität, die durch zunehmende Aktivität in der Außenwelt, durch unreflektierte hektische Betriebsamkeit erreicht wird, die mit dem Terminus Manie bezeichnet wird.

Geistige Gesundheit ist der Vorgang, mit dem wir eine echte Bewußtheit unserer beiden Realitäten aufrechterhalten, die Existenz und Bedeutung der Inhalte beider Bewußtseinszustände nicht leugnen und versuchen, eine zusammenhängende Bedeutung zu erschaffen, die beide Realitäten umfaßt und Bezug nimmt auf die Bedeutungen, die andere Menschen erschaffen. Wenn wir die Existenz einer unserer Realitäten leugnen, oder keinen Versuch mehr unternehmen, unsere Realitäten so zu erklären, daß andere Menschen uns verstehen können, nimmt unsere geistige Gesundheit Schaden. Die letzte Abwehrmaßnahme von Extravertierten und Introvertierten heißt Geisteskrankheit, Psychose oder *Wahnsinn*.

Eine Form der Abwehr, die Extravertierten wie Introvertierten zugänglich und daher sehr populär ist, ist die Depression. Im Mittelalter flohen die Menschen in den Schutz der Burgmauern und zogen die schwere Holzbrücke über dem Burggraben hoch. Noch früher begaben die Menschen sich in den Schutz der Pfahlzäune und verrammelten das Tor, in der Hoffnung, die schweren Pfähle würden den Angriffen des Feindes standhalten. Im Zustand der Depression ziehen wir uns in den Schutz zwar unsichtbarer, aber für uns und die Menschen, die uns zu erreichen versuchen, realer und erkennbarer Mauern zurück. Dahinter leiden wir zwar sehr, wenn wir die Mauern aber stark genug bauen, können wir die Angriffe der feindlichen

Welt überstehen. Der Wächter am Tor läßt keinen herein und läßt uns nicht hinaus, denn dieser Torwächter ist unser Selbst.

Wir können die Strategie der Depression allein anwenden oder in Verbindung mit anderen Bewältigungsstrategien der Verzweiflung.

Das Bedürfnis, zu einer Abwehrmaßnahme der Verzweiflung zu greifen, entsteht aus dem Zusammenwirken zweier Faktoren. Einmal ist das die Überzeugung unserer fundamentalen Schlechtigkeit, zum anderen das Versagen jener Menschen, von denen wir die Bestätigung brauchen, daß wir Eigenwert und Bedeutung besitzen.

Die Wahl unserer Abwehrmaßnahme gegen die drohende Vernichtung wird von drei Elementen bestimmt: erstens, ob wir extrovertiert oder introvertiert sind, zweitens in welchem Maß wir uns für schlecht halten und drittens, in welchem Maß wir der Kritik und Negierung anderer Menschen ausgesetzt sind.

Ängste und Phobien

Viele Extravertierte leiden ihr Leben lang unter Ängsten und erklären das gern mit ererbten Charaktereigenschaften. »Ich bin ein ängstlicher Mensch, wie meine Mutter.« Nur selten machen sie sich klar, daß ängstliche Mütter ihren Kindern Angst *beibringen*. Sie schildern ihren Kindern die Welt als gefährlichen Ort. »Iß das nicht. Davon wirst du krank.« »Spiel nicht mit dem Feuer. Du verbrennst dich.« »Ich habe mich immer im Dunkeln gefürchtet.« »Iiii, eine Spinne. Faß sie nicht an.« »Paß auf, wenn du über die Straße gehst. Sonst überfährt dich ein Auto.« »Sprich nicht mit Fremden. Man kann nie wissen. Sie können dir weh tun.«

Mit all diesen Warnungen und Prophezeiungen im Ohr ist es kein Wunder, daß ein Kind heranwächst und ständig Angst hat.

Wenn Sie es zutiefst verabscheuen, Angst zu haben (wie Introvertierte), suchen Sie nach Wegen, um die Wirkungen der Ängste Ihrer Mutter auszuschalten (Sie werden entweder obsessiv und/oder sehr vernunftbetont). Für Extravertierte sind Ängste wiederum nützlich. Wenn sie keine angenehme Stimulierung erhalten, können sie immer noch Stimulierung durch ihre Angst erleben.

Wenn ein extrem ängstlicher Extravertierter mir etwas darüber sagt, wie unerträglich diese hartnäckige, allumfassende Angst ist, frage ich an einem gewissen Punkt stets: »Wenn ich Sie mit einem Zauberstab berühren und damit all Ihre Ängste für immer nehmen könnte, würden Sie das zulassen?« Der ängstliche Extravertierte antwortet in jedem Fall: »Nein.« Für einen Extravertierten bedeutet ein völlig angstfreier Zustand, nicht lebendig zu sein. Er würde wie eine gefühllose Pflanze dahinvegetieren. (Ganz anders verhält es sich bei Introvertierten; sie sind stolz darauf, nie Angst zu haben.)

Extravertierte bevorzugen es, eher Gefühle zu haben und zu leiden, als gar keine Gefühle zu haben. Geraldine, eine charmante und tüchtige extravertierte Frau, berichtete mir von den schlimmen Angstgefühlen und Depressionen, die sie seit der Trennung von ihrem Liebhaber heimsuchten, der sie auf besonders unverschämte Weise im Stich gelassen hatte. Ihre Freunde meinten, sie solle froh sein, ihn loszusein, sie aber sehnte sich unentwegt nach ihm und machte sinnlose und beschämende Versuche, um ihn an ihre Existenz und die schönen Stunden zu erinnern, die sie miteinander verbracht hatten.

Geraldine schilderte mir ihre Geschichte bildhaft und dramatisch und ich unterbrach sie nicht. Als sie jedoch sagte: »Für mich ist es sehr wichtig, Leidenschaft zu empfinden«, mußte ich die Zwischenfrage »Warum?« stellen.

Sie sagte: »Ich komm' nicht von ihm los. Es würde eine Leere entstehen. Dann wird aus mir eine langweilige, uninteressante alte Frau.«

Viele Extravertierte vertreten die Ansicht, Ängste seien nötig, um wenigstens irgendein Lebensgefühl zu haben. Manche verstehen es, ihre Angstgefühle auf einer für sie erträglichen, ja nützlichen Ebene zu halten. Angstgefühle kommen ihrem Reizhunger entgegen, sie fühlen sich durch ein gewisses Maß an Angst energiegeladen und begeisterungsfähig; Angst macht das Leben zur aufregenden Herausforderung. Bei vielen

Extravertierten geht die Angst allerdings über die erträgliche Schmerzgrenze hinaus und hindert sie außerdem, ihre Arbeit und ihre Beziehungen zu bewältigen. Diese Extravertierten wagen nur selten den Blick nach innen, um zu erforschen, woher ihre Ängste kommen.

Bei dieser Innenschau würden sie auf eine Emotion stoßen, die sie nicht ertragen könnten, nämlich die Wut. Als Kinder wurden sie für einen Wutausbruch bestraft. Sie haben schreckliche Handlungen wütender Erwachsener erlebt (Zeuge zu sein, wenn ein Geschwister ›eine ordentliche Tracht Prügel bezieht‹ kann genauso schlimm sein, als selbst verprügelt zu werden). Als Erwachsene machen ihnen ihre eigene Wut und die Wutausbrüche anderer Angst; und diese Angst entsteht aus der Erkenntnis, daß Wut die Beziehungen zerstören kann, von denen ihr Lebensgefühl abhängt. Also leugnen sie ihre Wut, dem folgt zwangsläufig Frustration – und das Leben Erwachsener ist voller Frustrationen. Sie lassen sich lieber demütigen, als sich gegen die Menschen zu erheben, die sie schlecht behandeln. Dadurch wächst ihre Angst.

Statt in ihre Innenwelt zu blicken und dort die Ursache und Bedeutung ihrer Angst zu suchen, suchen sie an dem Ort danach, wo sie sich am wohlsten fühlen, in ihrer äußeren Realität.

Die äußere Realität ist voller potentiell gefährlicher Gegenstände. Eine Methode, mit überwältigender, namenloser Angst umzugehen, besteht darin, sie einem gefährlichen oder pseudogefährlichen Objekt aufzuhalsen. Schlangen und Spinnen eignen sich ausgezeichnet dafür. Man kann sich vor Schlangen oder Spinnen fürchten und alles daran setzen, um eine Begegnung mit ihnen zu vermeiden. Wenn Sie nicht in den Tropen leben, laufen Sie nicht allzu häufig Gefahr, Schlangen oder Spinnen zu begegnen und werden demnach von diesen Tieren nicht sonderlich belästigt. Sollte Ihnen dennoch eine Spinne über den Weg laufen, können Sie jemand bitten, Ihnen das Biest aus dem Weg zu schaffen. Sie können Ihre Familie darauf konditionieren, daß immer jemand angelaufen kommt, wenn Sie kreischen: »In der Badewanne sitzt eine Spinne!« Die Schutzmaßnahmen Ihrer Lieben geben Ihnen das Wohlgefühl, daß man sich um Sie kümmert. Also kann eine harmlose Spinne im Badezimmer einen ansonsten langweiligen Abend beleben. (Auch Introvertierte können unter einer Spinnenphobie leiden. Für sie repräsentieren Spinnen die unkontrollierbaren, schmutzigen Seiten des Lebens.)

Wenn Sie Ihr ganzes Entsetzen vor Vernichtung auf eine Objektfamilie fixieren, kann das allerdings bedeuten, daß Sie das ganze Entsetzen erleben, wenn eines dieser Objekte Ihnen nahekommt. Wenn Sie sich unter Fremden aufhalten, werden Sie obendrein von dem Entsetzen gepackt, daß diese Menschen Zeugen Ihrer Angst werden und Sie deshalb verachten und zurückweisen. Wiederholt zeigte das britische Fernsehen die hübsche, extravertierte Herzogin von York unerschrocken am Steuerknüppel von Sportflugzeugen und Hubschraubern und in allen erdenklichen delikaten oder schwierigen Momenten gesellschaftlicher Anlässe. Einmal hatte sie eine Begegnung mit einer Riesenschlange. Zuvor hatte sie vergnügt die Tiere eines Zoos gestreichelt, doch sobald sie der Schlange ansichtig wurde, packte sie das Entsetzen. Ihr Lächeln erstarrte zur Grimasse eines stummen Schreis. Sie suchte Schutz hinter ihrem Gatten, der sie abschirmte und fortfuhr, die Betreuer mit ihren Tieren zu begrüßen. Die Fernsehkameras blieben auf Sarah gerichtet und Millionen Zuschauer konnten ihr namenloses Entsetzen sehen. Ich bin überzeugt, daß viele Fernsehzuschauer, die wissen, wie furchtbar eine Phobie zuschlagen kann, Verständnis für sie hatten. Vielen Phobikern wäre geholfen, wenn sie wüßten, daß sie mit ihrer Angst nicht allein auf der Welt sind. Und vielleicht hofften manche Phobiker, daß phobiefreien Menschen damit vor Augen geführt werde, wie furchtbar diese Form der Angst ist.

Manchmal wird das namenlose Entsetzen nicht auf ein Objekt, sondern auf eine Situation übertragen. Als ich bei Piccadilly Radio in Manchester eine Telefonberatung machte, erhielt ich den Anruf einer Frau, die mir von ihrer spezifischen Angst berichtete, ermordet zu werden. Diese Angst ist in einer Großstadt nicht völlig unbegründet, aber ihre Angst hatte auf jeden Bereich ihres Lebens übergegriffen und machte umständliche und übersteigerte Vorsichtsmaßnahmen nötig. Ihre Angst, ermordet zu werden, mußte also einen tieferen Grund haben. Ich sagte, daß ein Mensch, der ihr nach dem Leben trachte, jemand sein müsse, der sie nicht leiden könne, der nicht vertrauenswürdig sei, der ihr Schmerzen zufügen wolle, der sie vernichten wolle, jemand, mit dem sie nichts zu tun haben wollte.

Sie sagte: »Ich ziehe mich ständig vor Menschen zurück, ohne zu wissen, warum. Ich kann niemand wirklich an mich heranlassen.«

»Sie haben kein Vertrauen zu Menschen.«

»Das stimmt vermutlich. Daran habe ich noch nicht gedacht.«

Wenn sie darüber nachgedacht hätte, warum sie kein Vertrauen zu Menschen hat, hätte sie sich die Verletzungen und Demütigungen ins Gedächtnis rufen müssen, die andere Menschen ihr zugefügt hatten, und sie wäre sich ihrer Isolation deutlich bewußt geworden. Und diese Erkenntnis hätte ihr das Entsetzen der Vernichtung vor Augen geführt. Statt sich damit zu beschäftigen, konstruierte sie die Angst, daß ihr Körper zerstört würde, obgleich ihr Selbst bedroht war.

Wer beständig vor einem Objekt oder einer Situation Angst hat, wehrt sich dagegen, unvermutet von einem namenlosen Entsetzen gepackt und überwältigt zu werden. Solche Abwehrmechanismen sind jedoch nicht immer erfolgreich. Viele Extravertierte, ob sie unter Phobien leiden oder nicht, führen allem Anschein nach ein unbeschwertes, erfolgreiches Leben und werden plötzlich, ohne jede Vorwarnung, von Entsetzen überwältigt. Ihre Reaktion besteht typischerweise darin, das Entsetzen körperlich zu spüren. Wenn sie später die körperlichen Begleiterscheinungen ihrer Angst beschreiben – Zittern, Schweißausbrüche, Herzklopfen, Atemnot, Schwäche, Schmerzen, Ohnmacht – und wenn ihr Zuhörer (häufig ein Arzt) erklärt, daß es sich hierbei um körperliche Reaktionen auf Angst, nämlich um Vorbereitungen zur Flucht oder zum Kampf handelt, schenken sie dieser Erklärung wenig Glauben. Sie sind überzeugt davon, daß das, was sie fühlten, Vorboten eines schrecklichen Ereignisses sind, das ihnen bevorsteht. Sie sind der Auffassung, der einzige Weg, diesem Schicksal zu entgehen sei der, nie wieder einen Fuß dorthin zu setzen, wo die körperlichen Symptome sie zum ersten Mal überfielen, die von Ärzten als ›Panikattacke‹ bezeichnet werden. Damit erarbeiten sie ihre Bewältigungsstrategien gegen den Terror in der äußeren Realität und werden mit der psychiatrischen Diagnose der Agoraphobie (Platzangst) versehen.

Solche Extravertierte, die wichtige Teile ihres Territoriums zu Sperrzonen erklärt haben, stellen fest, daß sie kein normales Leben mehr führen können, und suchen dann vielleicht Hilfe. Sie sprechen von körperlichen Angstzuständen und beteuern, daß ihre Beziehungen funktionieren und sie eine glückliche Kindheit gehabt haben, worauf die Ärzte ihre Ängste durch Beruhigungspillen dämpfen, was dazu führt, daß zu den bisherigen Problemen dieser Extravertierten noch eine Medikamentenabhängigkeit hinzukommen kann.

Wenn der Arzt oder Psychologe sich ihre Schilderungen der körperlichen Symptome des Grauens und ihre Weigerung, den Ort des Grauens noch einmal zu betreten anhört und dann die Frage stellt: »Wenn Sie diesen Ort wieder betreten müßten und Sie diese Panik noch einmal überfiele, was wäre das Schlimmste, was Ihnen passieren könnte?«, wird das gräßliche Schicksal, für das die Panik der Vorbote ist, genannt.

Er wird eine der drei folgenden Antworten erhalten:

»Ich würde mich übergeben und alle Anwesenden würden sich vor mir ekeln.«

»Ich würde in Ohnmacht fallen und alle Anwesenden wären von mir abgestoßen.«

»Ich würde sterben und wäre vollkommen allein.«

Oder einfach:

»Ich würde von allen Menschen abgelehnt werden.«

Das ›Schlimmste‹ weist also auf die Isolation hin, und sie ist der Ursprung der Angst. Diese Isolation befindet sich in der inneren Realität des Extravertierten, er fühlt sich reduziert fast bis zu einem Punkt, an dem er ausgelöscht wird. Das wiederum rührt aus seinem Gefühl fundamentaler Schlechtigkeit her und dem Gefühl, abgelehnt, beschämt und gedemütigt zu werden.

Schamgefühl ist eine gefährliche Bedrohung, die in der inneren Realität vieler Extravertierter lauert. Wenn Ihr Lebenssinn sich daran orientiert, im Mittelpunkt eines Kreises von Bewunderern zu stehen und Sie sich in den Augen dieser Bewunderer schlecht benehmen, wird Ihnen Verachtung entgegengebracht, und Sie schämen sich. Der Wunsch, nie beschämt zu werden, beflügelt den Ehrgeiz vieler erfolgreicher Extravertierter. Allerdings ist der Wunsch, keine Scham zu verspüren, mit dem Wunsch gekoppelt, sich schamlos zu benehmen. Und wenn Sie als Extravertierter gelegentlich oder permanent dem Wunsch entsagen, geliebt und bewundert zu werden und sich in Ihrem Lebensgefühl damit zufriedengeben, aufzufallen, können Sie sich erlauben, sich schamlos zu benehmen. Das kann großen Spaß machen.

Bedauerlicherweise besteht das einzig schamlose Verhalten solcher Extravertierter, die sich als Bewältigungsstrategie der Verzweiflung in Platzangst flüchten müssen, in den Forderungen, die sie an ihre Familie stellen. Lorraine, die in den zwanzig Jahren ihrer Ehe in ihrem Haus gefangen sitzt, ist im Umgang mit Fremden stets charmant und höflich, wenn ihr Ehemann morgens ins Büro geht, wird er von ihr jedoch mit Beschimpfungen und gelegentlich mit Tellern beworfen. Sie sagte mir: »Ich bin morgens wirklich deprimiert und verzweifelt und kann den Gedanken, den ganzen Tag allein zu sein, nicht ertragen. Ich bitte ihn, nur noch zehn Minuten zu bleiben, aber er sagt, er müsse zur Arbeit gehen.« Ihr Ehemann behandelt sie, wie ihre Familie sie behandelt hatte, als sie noch ein Kind war. »Ich war die jüngste von sieben Kindern. Ein Nachzügler. In unserer Familie gab es oft Streit. Ich wurde immer beiseite geschoben, mir wurde zu verstehen gegeben, ich solle mich aus allem raushalten. Irgendwie hatte ich immer das Gefühl, ich existiere eigentlich gar nicht.«

Das Gefühl, nicht zu existieren, überkam Stephen in Form von Todesangst. Er war im Behandlungsraum mit der Untersuchung eines Patienten beschäftigt, als er plötzlich von Panik und Schmerz überwältigt wurde. Er glaubte, einen Herzanfall zu haben und seine Assistentinnen brachten ihn schleunigst ins Krankenhaus. Der Arztkollege, der ihn eingehend untersuchte, meinte, es handle sich bei dem Anfall um eine Streßreaktion, er solle zur weiteren Behandlung seinen praktischen Arzt aufsuchen. Stephen begab sich verwirrt und voller Zweifel nach

Hause. Tags darauf sah er sich unfähig, in die Praxis zu gehen. Die mit seinem Arztberuf verbundenen Gefahren – eine AIDS-Ansteckung war nur eine davon – und seine unangenehmen Seiten – die Beschwernisse der Patienten und die Verantwortung, der älteste Arzt in einer Gemeinschaftspraxis zu sein – wurden immer bedrohlicher. Seine Kollegen rieten ihm: »Mach ein paar Wochen Urlaub. Du bist überarbeitet.« Stephen willigte ein.

Einige Wochen später sah Stephen sich immer noch nicht in der Lage, seine Arbeit wieder aufzunehmen. Beruhigungspillen hatten nicht geholfen. Er erhielt den Rat: »Warum sprichst du nicht mit Dorothy Rowe?«

Er sah zwar keinen Sinn darin, warum es ihm helfen sollte, mit einer Psychologin zu sprechen, da er aber Zeit hatte, rief er mich an. Während unseres ersten Gesprächs war er sehr nervös, nicht nur wegen unserer Begegnung, sondern weil er, wie er mir sagte, immer schon ein nervöser Mensch war. »Ich kann keine Fernsehsendung zu Ende sehen und ich kann kein Buch lesen.«

Er fürchtete sich davor, bald dreißig Jahre alt zu werden und dann wohl die Hoffnung aufgeben zu müssen, eine Ehefrau zu finden. Madeleine, seine große Liebe, hatte seinen Antrag abgelehnt. Da seine Generation im allgemeinen nicht sonderlich ehewillig war, fragte ich ihn, warum ihm eine Ehe wichtig sei. Seine Antwort: »Um Teil einer Familie zu sein.« Ich fragte ihn, was passieren würde, wenn er in völliger Isolation leben müßte. Seine Antwort: »Ich würde verrückt werden oder sterben.«

Stephen war erstaunt, als ich ihn aufforderte, über seine Kindheit zu sprechen. Dabei kam allmählich die Geschichte eines Jungen zutage, der immer wieder von vernichtender Isolation bedroht war und der tapfer darum gekämpft hatte, sich zusammenzuhalten und etwas zu leisten.

Seine Eltern hatten ihn nie als den akzeptiert, der er war. Seine Mutter wünschte sich einen redegewandten, wohlerzogenen Jungen aus einer mittelständischen Familie; er aber sah sich als normalen Buben mit Yorkshire-Akzent, wie seine Kameraden. Er glaubte, er habe als Kind die Erwartungen seiner Mutter nicht erfüllt und sich als Erwachsener zu wenig um sie gekümmert, bis sie krank wurde und starb. Stephen sollte dem Wunsch des Vaters entsprechend ein ebenso guter Krickespieler werden wie er einer war. Allerdings hätte es Probleme gegeben, wenn Stephen ein Meisterspieler geworden wäre. In allen Wettbewerben sorgte der Vater dafür, daß Stephen verlor. Sein Vater wünschte auch, daß er der Familientradition gemäß Mediziner wurde und ein gehorsamer, pflichtbewußter Sohn sei. Der Junge wußte, daß er kein Sport-As war und kam sich als Versager vor. Er wäre lieber Tierarzt geworden, studierte aber dem Vater zuliebe Humanmedizin und redete sich ein, zum Veterinär hätte ihm Ausdauer und Stabilität nicht gereicht. Er hatte Angst vor seinem Vater und fühlte sich gleichzeitig für ihn verantwortlich. Als erwachsener Mann kümmerte er sich um die Finanzen seines Vaters, nahm ihn zu sich in die Wohnung und führte klaglos seine Befehle aus, auch wenn sein Vater ihn vor Freunden bloßstellte, wenn er sagte: »Junge, geh runter und hol mir Zigaretten.«

Er stand völlig unter der Knute des Vaters, der ständig damit drohte, auszuziehen, wenn Stephen sich nicht seinen Wünschen beugte. In der zerrütteten Ehe seiner Eltern kam es wiederholt zu Gewalttätigkeiten des Vaters; wenn Stephen versuchte, seine Mutter und sich selbst vor dem väterlichen Zorn zu schützen, drohte dieser, sie beide zu verlassen. Stephen kam ins Internat, wo er sich völlig verlassen fühlte. Die Drohungen, einen Schwächeren zu verlassen, schienen in dieser Familie ein probates Mittel zu sein, die Mitglieder bei der Stange zu halten. Als junger Mann hatte Stephen einmal seinem Großvater den Gehorsam verweigert. Zur Strafe weigerten seine Großeltern sich fortan, mit ihm zu sprechen, nicht einmal beim Begräbnis seiner Mutter richteten sie ein Wort an ihn.

Nach unseren monatelangen Gesprächen konnte Stephen schrittweise erkennen, daß er die beiden dringendsten Fragen, nämlich »Warum bin ich nicht arbeitsfähig?« und »Warum hat Madeleine mich abgewiesen?« nicht beantworten konnte, solange er die beiden Unbekannten der Gleichung nicht gelöst hatte, nämlich das Handeln der Menschen, ihn eingeschlossen, *und* seine Gefühle zu diesem Handeln zu analysieren. Zum ersten Mal in seinem Leben stellte er sich der Frage, welche

Pflichten wir unseren Eltern schulden, und sah ein, daß die Menschheit, sollte Kindern wirklich die Pflicht zukommen, sich für ihre Eltern zu opfern, nur zwei Generationen überdauert hätte. Von dieser Last befreit, war es ihm möglich, eine Wohnung ohne seinen Vater zu nehmen und Überlegungen zu beruflichen Alternativen anzustellen, nicht als Flucht vor Angst, sondern um sein Lebensgefühl zu entfalten und sich zu dem Menschen zu entwickeln, der er immer sein wollte.

Sobald ein Mensch sein Selbstwertgefühl wiedererlangt hat und das Leben mit anderen Augen sieht, tun sich ihm eine Fülle von Möglichkeiten auf.

Ich bin oft erstaunt über die Entwicklung meiner einstigen Klienten. Don war einer davon, dessen Geschichte ich in *Jenseits der Angst* wiedergab.

»Don bezeichnete seine Panikanfälle als völlig rätselhaft. Er war immer ein etwas unsicherer Typ gewesen – ›hypernervös‹ nannte er sich –, aber er war ein guter Arbeiter, hatte ein Handwerk gelernt und einen gut bezahlten Job mit Überstundenvergütung in einer großen Fabrik. Er verdiente genug, um Frau und zwei Kinder zu ernähren, kaufte sich ein eigenes Haus, besaß einen Wagen, und die Familie konnte sich jedes Jahr einen anständigen Urlaub leisten. Dann trat eine Veränderung ein; Don wußte nicht genau wieso, aber es gab nicht mehr so viele Überstunden und er stellte fest, daß das Geld in diesem Jahr nicht reichte, um Urlaub zu machen... Als er feststellte, daß es schwierig wurde, den Kindern die Weihnachtsgeschenke zu kaufen, die sie sich wünschten, hatte er das Gefühl, der Boden würde ihm unter den Füßen weggezogen. Seine Unsicherheiten nahmen zu. Auch seine Ängste, besonders wochentags am Morgen. Er wachte mit Angstgefühlen auf und mußte sich zwingen, aufzustehen und zur Arbeit zu gehen. Er fuhr mit dem Fahrrad in die Fabrik, und manchmal überfiel ihn unterwegs plötzlich eine überwältigende Panik. Er mußte vom Rad steigen und stand am Straßenrand, bis sein Zittern aufhörte und sein Herzklopfen sich beruhigte. Manchmal war es so schlimm, daß er umkehren und sich den Tag freinehmen mußte. Wenn er

> sich zwang, weiterzufahren, kam er zu spät zur Arbeit und bekam bald Ärger wegen seiner Unpünktlichkeit. Er konnte nicht erklären, was mit ihm los war, und nach einer Reihe von unangenehmen Auseinandersetzungen mit seinem Vorarbeiter und Kollegen am Arbeitsplatz wurde er entlassen.«[3]

Ich schrieb Dons Geschichte einige Monate nach unserem letzten Gespräch auf. Wenige Wochen danach klingelte es an meiner Tür. Ich öffnete und vor mir stand ein fremder Mann, der mich anlächelte. Groß, schlank, braungebrannt, lässig, gut gekleidet. Ich erkannte Don nur an dem Briefumschlag mit meiner Handschrift, den er bei sich trug. Er war gekommen, sagte er mir, um mich wissen zu lassen, daß ihm das gefalle, was ich über ihn geschrieben hatte. Er hatte gute Geschäfte gemacht und es zu einigem Wohlstand gebracht. Das Radfahren hatte er aufgegeben. Er fuhr einen schönen Wagen und am Wochenende kreuzte er mit seinem Neun-Meter-Segelboot auf der Nordsee.

Die Unternehmungen anderer ehemaliger Klienten sind zwar meist weniger spektakulär, aber ebenso abenteuerlich. In *Jenseits der Angst* schilderte ich Helens Fall, deren Erfahrung mit Panikattacken mit denen vieler extravertierter Ehefrauen und Mütter zu vergleichen war. Sie schien alles zu haben, was man braucht, um glücklich zu sein, einen guten Ehemann, entzückende Kinder, ein schönes Haus. Ihre Ängste schienen sie grundlos zu überfallen. Als ich die Verbindung zwischen ihrer Kindheit und ihrer Panik herstellte, war sie völlig verblüfft. »Wollen Sie damit sagen, daß Kindheitserlebnisse uns auch noch als Erwachsene treffen?« Diese Frage war um so erstaunlicher, als diese Frau als Lehrerin und Mutter ständig Einfluß auf Kinder ausübte, den diese ihr ganzes Leben nicht vergessen würden.

Eine Berufsveränderung ihres Ehemannes bedeutete den Umzug der Familie in eine andere Stadt. Nach der Veröffentlichung von *Jenseits der Angst* schickte ich Helen ein Exemplar und sie schrieb mir:

> »Ich habe momentan großen Spaß am Leben. Ich unterrichte vormittags an einer hiesigen Grundschule und abends gelegentlich in unserem Gesundheitszentrum.

Außerdem habe ich natürlich Gemeindeaufgaben übernommen, bin im Frauenverein, im Elternbeirat usw. Sie würden mich wohl kaum wiedererkennen. Ich habe mich in den letzten zwei Jahren sehr verändert und zwar zum Guten und bin sehr froh darüber. Vielleicht bin ich endlich erwachsen geworden. Wenn jemand fragt, was wohl aus Helen geworden sein mag, können Sie getrost sagen, daß sie endlich ihre Ängste im Griff hat und auf dem ›richtigen Weg‹ ist.«

Manien

Für manche Extravertierte sind die Abwehrmaßnahmen gegen Ängste, Phobien und Panikattacken nicht stark genug, um der drohenden Vernichtung standzuhalten, deshalb greifen sie zur noch stärkeren Abwehrmaßnahme der Manie.

Der Extravertierte hastet nervös in seiner äußeren Realität herum und verdrängt eifrig die angsteinflößenden Inhalte seiner inneren Realität. Wenn er die Hektik nicht mehr aushält (sie ist körperlich anstrengend und die Folgen solcher Aktivitäten erschaffen meist wachsende Probleme), wird die Drohung der Vernichtung unvermeidlich, und der Extravertierte muß sich in die Depression zurückziehen. Dieser Wechsel zwischen hektischer Aktivität und tiefer Depression veranlaßt den Psychiater zur Diagnose einer manisch-depressiven Erkrankung.

Die Psychiatrie behandelt manisch-depressive Störungen als ererbte körperliche Krankheit, obwohl es in jahrelangen Untersuchungen mit zunehmend verfeinerten Forschungsmethoden nicht gelang, ein Gen nachzuweisen, das manisch-depressive Störungen erklären könnte. In der Psychiatrie wird nicht davon gesprochen, den manisch-depressiven Patienten zu ›heilen‹, sondern den Patienten ›einzustellen‹, womit davon ausgegangen wird, daß der Patient sein Leben lang unter Aufsicht stehen muß. In ähnlicher Weise sprechen Psychiater davon, Patienten ›einzustellen‹, bei denen ›endogene Depression‹ oder ›Schizophrenie‹ diagnostiziert wurde. Die Überzeugung einer genetischen Ursache bei Manisch-Depressiven garantiert einem Psychiater eine stets wachsende Patientenzahl; außerdem muß er die Wirksamkeit seiner Behandlung nicht in Frage stellen.

Der unterstellte ›genetische Faktor‹ bei Manisch-Depressiven hat nichts damit zu tun, daß sichtbares genetisches Material mit dem Zustand manisch-depressiver Erkrankung in Zusammenhang gebracht wird, wie es etwa geschieht, wenn sichtbares genetisches Material mit anderen Krankheiten, etwa Zystischer Fibrose, Hasenscharte oder Muskeldystrophie in Zusammenhang gebracht wird. Es besteht vielmehr ein stillschweigendes Übereinkommen zwischen dem Psychiater, der seine Theorie beibehalten möchte, dem Patienten, der die Inhalte seiner inneren Realität nicht wahrhaben will, und der Familie des Patienten, die von jeglicher Verantwortung für das ungebührliche Verhalten des Patienten reingewaschen und losgesprochen werden möchte.

Ein solches Abkommen kommt in erster Linie dem Psychiater zugute. Die Eltern mögen weiterhin Schuldgefühle haben, weil sie ein bösartiges Gen vererbt haben, andere Familienmitglieder mögen sich weiterhin Sorgen darüber machen, ob sie oder ihre Kinder dieses Gen geerbt haben und alle müssen sie sich mit einem sogenannten Verrückten in der Familie abfinden, dessen Verhalten sie jederzeit in Verlegenheit bringen kann. Ein großer Vorteil, für verrückt – ob manisch-depressiv oder schizophren – erklärt zu werden, besteht darin, daß man so bösartig und gehässig sein kann, wie man will, ohne von der Familie zur Rechenschaft gezogen zu werden.

Wie gut, daß es auch Vorteile bringt, wenn man das Erbe eines Manisch-Depressiven angetreten hat, denn die Nachteile, als solcher zu gelten, sind erheblich. Die Behandlung, meist mit Lithiumsalzen und – in den USA – Elektroschock-Therapie, wenn das Verhalten des Patienten das Maß des Erträglichen für Ärzte, Pflegepersonal und Familie überschreitet, hat die Eigenschaft, den Reizhunger des Patienten, der dem Extravertierten das Leben lebenswert macht, herabzusetzen. Das Wissen, daß sich daran in Zukunft nichts ändern wird, gibt kaum Anlaß zu Hoffnung und Zuversicht und ist nicht dazu angetan, gesundes Selbstvertrauen und Selbstwertgefühl wieder herzustellen.

Die Überzeugung der Psychiatrie, daß manisch-depressive Zustände ein genetisch bedingtes Leiden sind, hat Tausende von Extravertierten, die sich dieser Abwehrmaßnahme bedienen, davon abgehalten, eine Reise in ihr Inneres anzutreten, um dort den Ursprung des Grauens zu suchen, dem sie entfliehen wollen. David Wigoder war jemand, der die Geschichte seiner Reise nach innen erzählte, die ihm die Kraft gab, seine Bewältigungsstrategie der Verzweiflung aufzugeben. Seine Reise nach innen hat er nicht aufgegeben. Und er weiß, daß sie bis zur Stunde seines Todes andauern wird.

Als David Wigoder sein Buch *Images of Destruction*[4] geschrieben hatte, entschied der Verlag, das Vorwort von dem Psychiater Anthony Storr verfassen zu lassen. Er zitiert einen Abriß von Davids Leben: »Im Alter von vierzig Jahren hatte ich zwei erfolgreiche Berufskarrieren zerstört, eine Gefängnisstrafe abgesessen, eine Firma in Konkurs gebracht, zwei wichtige berufliche Qualifikationen verloren, zwei Mordversuche verübt und mich von meiner Familie und meinen Freunden zurückgezogen.« Storr fährt fort: »Jeder Psychiater, der diese Sätze liest, vermutet, daß der Mann, der sie geschrieben hat, an einer manisch-depressiven Erkrankung leidet, einer ernsthaften psychiatrischen Störung, die etwa einen von hundert Menschen unserer Gesellschaft befällt. Die Ursachen dieser Krankheit sind noch nicht völlig erforscht, erwiesen ist nur, daß sie vielfältiger Natur sind. Ein genetischer Faktor steht jedoch einwandfrei fest, und es ist nicht erstaunlich zu hören, daß die Mutter von Mr. Wigoder eine labile Frau war, die im Alter von 35 Jahren Selbstmord beging.«

Wer das Buch tatsächlich liest, wird feststellen, daß die Theorie unnötig ist, ein Gen für Davids Verhalten verantwortlich zu machen. Kein Kind hätte in dem Elternhaus, in das David hineingeboren wurde, zu einem glücklichen und stabilen Erwachsenen heranwachsen können. David wurde immer wieder mit der Vernichtung seines Selbst durch das grausame und gefühlskalte Verhalten seiner Eltern bedroht und er mußte alles daransetzen, um sich zusammenzuhalten. Was er sich nicht eingestehen durfte, war die Tatsache, daß seine innere Realität eine mörderische Wut enthielt. Der Wendepunkt in seinem Leben, der Anfang seines Buches, ist das Eingeständnis der Existenz dieser Wut.

Als Martin zu mir kam, gab ich ihm Davids Buch zu lesen. Ich wußte, es würde ihm zum Verständnis seiner Person verhelfen und ihm Hoffnung geben.

Er brauchte Hoffnung. Als Geschäftsmann hatte er, wie er sich ausdrückte, »zwei vielversprechende und erfolgreiche Karrieren in den Sand gesetzt«. Vor unserem ersten Treffen schrieb er mir einen Brief: »Ich bin 36 Jahre alt und war in den vergangenen 20 Jahren mit einigen Unterbrechungen in ständiger psychiatrischer Behandlung. Vor etwa 15 Jahren wurde mir die Diagnose gestellt, manisch-depressiv zu sein. Von Zeit zu Zeit leide ich unter schweren Depressionen. Meiner eigenen Einschätzung nach ist meine Depression beziehungs-ablehnungs-orientiert. Mein Ablehnungsproblem ist verheerend, Ursache meiner Unsicherheit und Minderwertigkeit. Vor kurzem habe ich meine Frau und meine Kinder nach sieben Jahren Ehe verloren. Ich liebe meine Frau sehr und kann ihr nicht die geringste Schuld daran geben, mich verlassen zu haben. Mir ist mittlerweile klar, daß ich mein Problem nie in den Griff kriege, wenn ich nicht echte Hilfe bekomme. Es vergeht kein Tag, an dem ich nicht an Selbstmord denke.«

Martin war zwar seit seinem sechzehnten Lebensjahr in psychiatrischer Behandlung, aber keiner der psychiatrischen Experten hatte ihn nach seiner Kindheit und seiner Familie befragt. Darüber hatte er mit niemandem gesprochen, als er zu mir kam.

Sein Vater war ein erfolgreicher Geschäftsmann. Die Familie lebte in einem schönen Haus in der besten Wohngegend der Stadt und bot dem Betrachter ein Bild des Erfolgs. Wie es hinter den Kulissen aussah, war eine andere Sache.

Seit frühester Kindheit wurde Martin von seinem Vater für alles, was dieser als Fehlverhalten ansah, verprügelt, und davon gab es reichlich. Noch als zehnjähriger Junge passierte es Martin oft, daß er ins Bett näßte. Frierend und verängstigt blieb er liegen, in der Hoffnung, sein Vater würde das Haus verlassen, ohne das Kinderzimmer zu betreten, denn Bettnässen hatte wieder eine Tracht Prügel zur Folge, nicht etwa die elterliche Sorge, ob möglicherweise bei dem Kind eine Blasenschwäche vorliegen könne. Seine Mutter griff nie ein. Einmal, Martin war kaum sechs, hatte sein Vater ihn wieder verprügelt und in sein Zimmer geschickt. Dort zerbrach Martin den Spiegel auf seiner Kommode, ohne sich daran zu erinnern, wie es geschah. Als er die Schritte seines Vaters auf der Treppe hörte, riß er das Fenster auf, kletterte auf die Fensterbank und streckte die Arme nach der Dachrinne aus. Sein Vater packte ihn und zerrte ihn zurück, nicht um ihn vor dem sicheren Tod zu bewahren, sondern um ihn wieder einmal zu verprügeln.

Martin redete mit mir über einen Zeitraum von sechs Wochen, und ich hörte mir seine qualvollen Geschichten an. Seine von ihm getrennte Frau weigerte sich, mit ihm zu sprechen und hielt die Kinder von ihm fern. Ich war nicht erstaunt, einen langen Brief von ihm zu erhalten, in dem er sich von mir verabschiedete. Er schrieb: »Ich bin bei klarem Verstand und ich kann Ihnen sagen, daß meine Gefühle der Zurückweisung dadurch entstanden, weil ich wußte, daß meine Frau mir nicht glaubt, daß ich sie liebe. Genauso erging es mir mit meinem Vater. Als kleiner Junge liebte ich ihn, wußte aber, daß er es nicht wußte, weil er mich weiterhin so grausam behandelte. Ich wünschte so sehr, daß er mich geliebt hätte... Jetzt erst begreife ich, daß meine Frau eigentlich mein Vater ist. Niemand sonst könnte mir so großes Leid und Kummer zufügen... Ich bin mir bewußt, daß ich nicht sterben will. Aber ich weiß, daß ich mich bestrafen muß, da mein Vater tot ist und das ist meine letzte Strafe... Danke, daß Sie mir die Augen geöffnet haben. Ich bin sicher, wenn wir uns früher begegnet wären, hätte ich aus meinem ›schwarzen Loch‹ einen Blick auf ein schöneres Leben werfen können... Ich weiß, für mich gibt es keine Wiedergeburt. Weil ich es nicht wage daran zu denken, daß ich die Kindheit dieses einsamen, traurigen und trostlosen kleinen Jungen noch einmal erleben muß.«

Auf der letzten Seite, die er geschrieben haben mußte, nachdem er mit einem kolossalen Kater erwacht war, hieß es: »Liebe Dorothy Rowe, schenken Sie diesem Brief keine Beachtung. Der Tag bricht an, Musik ertönt. Ich danke Gott für meine Kinder.«

Dann verschwand Martin. Er meldete sich telefonisch aus London, ohne mir zu sagen, was er vorhabe. Sein Anwalt rief mich an, später seine Mutter. Es war ein langes Telefonat, in dem sie darüber klagte, wie schwierig Martin sei. »Er bildet sich ein, Probleme zu haben. Er sagte mir, er hätte eine unglückliche Kindheit gehabt. Dabei hat er keinen Grund, sich zu beklagen. Meine Kindheit war viel schlimmer als seine, ohne daß ich mich darüber beklagt hätte. Ich sagte ihm, daß Depression bei uns in der Familie liegt« (sie war jahrelang wegen ihrer Depressionen in psychiatrischer Behandlung), »er muß einfach lernen, damit umzugehen.«

Irgendwann zog Martin ins Haus seiner Mutter, nachdem er, wie er mir sagte, ›einen Monat in der Wildnis‹ verbracht hatte (sein Anwalt meinte, er war in Spanien). Martin übertrug sein Vermögen seiner Frau und seinen Kindern und lebte mit der Mutter zusammen; wir blieben in brieflicher und telefonischer Verbindung.

In einem unserer Telefonate sagte er: »Ich versuche mit meiner Mutter über meine Kindheit zu sprechen, aber sie winkt bloß ab. Ich erwarte keine Wiedergutmachung von ihr – das ist unmöglich – aber wenn sie sagen könnte, ja, es ist geschehen und es tut mir leid, würde ich mich bereits wesentlich besser fühlen.«

Er schrieb: »Ich kann an nichts anderes denken als an meine Frau und meine Kinder. Sie sind jede Sekunde bei mir. Ich sehe ihre Gesichter, die mich voll Haß und Verachtung anstarren... Das Leben an sich ist in Ordnung. Die Menschen sind das Problem. Warum verbringen wir so viel unserer kostbaren Zeit damit, uns und andere kaputt zu machen?... Mein ganzes Leben habe ich mich bemüht, erfolgreich zu sein, weil ich glaubte, Erfolg sei der Schlüssel zum Glück. Heute weiß ich, daß Glück den Erfolg bringt. Es hat lange gedauert, bis ich das begriffen habe. Ob ich je in der Lage sein werde, damit zurechtzukommen? Ich weiß es nicht.«

Er kam damit zurecht. Er stellte Überlegungen an, David Wigoders Beispiel zu folgen und in einer therapeutischen Gemeinschaft zu leben, bekam aber keinen Platz. Schließlich fing er wieder an zu studieren und belegte Vorlesungen in Philosophie und Psychologie. Er schrieb mir: »Es stimmt wohl, daß ich an einer unterschwelligen Depression leide. Ich weiß aber auch, daß ich einen Lebenszweck erfüllen muß. Die Hoffnung muß meine Angstgefühle überwiegen. Ich kann nicht ständig darüber nachdenken, was hätte sein können – weil die Dinge eben geschehen!«

Zu dem Zeitpunkt hatte Martin begriffen, daß seine Reizsuche und seine ehrgeizigen Aktivitäten eine Verdrängung seiner Wut und Trauer waren. Er war beglückt über sein neu entdecktes Interesse am Studium, er wußte aber auch, wie er mir sagte, daß er diese geistigen Interessen für seine Bewußtseinserweiterung nutzen mußte und nicht als Vehikel für eine emotionale Achterbahnfahrt.

Obsessionen und Zwänge

Alle Introvertierten, egal wie erfolgreich sie in ihrem Ichverständnis sind, haben mindestens eine Obsession, die sie natürlich nicht als Obsession bezeichnen. Sie nennen sie vermutlich lieber ›Organisationstalent‹ und ›hohe Normen beibehalten‹. Wenn sie sich wohl in ihrer Haut fühlen, keiner Kritik ausgesetzt sind, die sie nicht ertragen und das Leben ihnen keine Hindernisse in den Weg legt, über die sie keine Kontrollmöglichkeiten haben, dann sind ihre Obsessionen nichts weiter als eingefahrene Gewohnheiten. Wenn jedoch ihr Selbstvertrauen schwindet, wenn Kritik von außen und von ihrem eigenen strengen Gewissen wächst, und ihr Leben außer Kontrolle gerät, werden aus Gewohnheiten Zwänge, Rituale, die ausgeführt werden müssen, um zu verhindern, daß alles in Chaos versinkt und sie der Vernichtung preisgegeben sind, die sie fürchten.

Bei Phobien handelt es sich um Angst, Unsicherheit und Panik des Extravertierten vor Objekten und Situationen in der äußeren Realität. Obsessionen und Zwänge sind *Gedanken*, über die ein Introvertierter grübelt oder versucht, sie der äußeren Realität aufzudrängen. Die äußere Realität muß gezwungen werden, sich den Gedanken des Introvertierten anzupassen. Diese Gedanken haben immer mit Ordnung, Sauberkeit und Sicherheit als Schutzmaßnahme gegen Unordnung, Schmutz und Gefahr zu tun. Besitz muß eingeteilt und an bestimmten Plätzen untergebracht werden, darf nicht ungeordnet herumliegen, bestimmte Substanzen werden als schmutzig oder potentiell schmutzig bezeichnet, Waschrituale werden ausgeführt, um schmutzige Substanzen von sauberen zu entfernen, und gefährliche oder potentiell gefährliche Situationen werden erkannt und Schutzmaßnahmen dagegen ergriffen. Ein Introvertierter wird demnach, ehe er abends zu Bett geht, das Wohnzimmer aufräumen, sich sorgfältig waschen und prüfen, ob die Wohnungstür abgeschlossen und die Gashähne abgedreht sind, und dann wird er, wenn der Zweifel an ihm nagt (»Hab' ich die Wohnungstür abgeschlossen?«), Türriegel und Gashähne noch einmal überprüfen. Solche Gedanken erachten Introvertierte als überaus wichtig, und erst wenn diese Gedanken das Leben des Introvertierten bestimmen, wird der Betroffene einen Grund sehen, diese Vorstellungen in irgendeiner Weise zu verändern.

Als June mich aufsuchte, um mit mir darüber zu sprechen, wie deprimiert sie sei, erwähnte sie nichts von Zwängen. Stattdessen sprach sie von einer namenlosen, überwältigenden Traurigkeit, deretwegen sie unaufhörlich weinen mußte und dem ständigen Gefühl, herabgesetzt zu werden: »Ich komme mir vor, als bestehe ich nur aus zwei Augen, oder ich bin nur ein zweidimensionaler Mensch.« Das Gefühl der Herabsetzung ging zurück in die Zeit, als sie fünf Jahre alt war und ihr Bruder zur Welt kam. Von dem Zeitpunkt an schien sie als Mädchen nur noch zweitrangig zu sein. Nur im Sport konnte sie wie ein Junge Preise und Anerkennung gewinnen. Da beschloß sie, Sportlehrerin zu werden. Die Realität entsprach aber nicht ihren Träumen. Nachdem sie ihre Prüfungen abgelegt hatte und den Beruf der Sportlehrerin ausübte, stellte sie fest, daß sie an einem Punkt angelangt war, wo ihr weitere Aufstiegsmöglichkeiten verwehrt waren und einen Direktor über sich wußte, dessen Aufgabenbereich sie – davon war sie überzeugt – besser erfüllt hätte.

Ihre Worte ›Lob‹, ›Anerkennung‹, ›Leistung‹, ›organisieren‹ ließen auf eine Introvertierte schließen und meine Vermutung erwies sich nach einiger Prüfung als richtig. Gegen Ende unseres Gesprächs, als sie etwas entspannter geworden war, fragte ich sie, ob sie besonders ordnungsliebend sei.

June lachte. »Meine Mutter beklagt sich, daß meine Wohnung zu ordentlich ist, direkt ungemütlich und man sich gar nicht wohl fühlt. Mir gefällt sie, aber sie meint, diese Ordnung mache sie nervös. Es stimmt schon, daß ich ständig alles zurechtrücke, ich liebe gerade Linien. Ich lasse schon mal schmutzige Wäsche liegen – aber ordentlich zusammengelegt. Auch bei mir bleibt die Zeitung auf dem Tisch liegen, allerdings ordnungsgemäß gefaltet. Ich lese gern als erste Zeitung oder eine Illustrierte. Ich hab' die Seiten gern glatt und sauber, das ist vorbei, wenn jemand sie bereits angefaßt hat.«

Sie sprach von ihren Zwängen wie von amüsanten Schrullen, nicht von Aspekten ihres Wesens, über die sie sich beklagen wollte. Es waren typische Begleiterscheinungen ihres Organisationstalents. Sie hätte diese Talente gern im Beruf eingesetzt, wäre gern ihr ›eigener Boß‹ gewesen, aber ihre geringe Selbstachtung, die zum Drama gehörte, das sie sich selbst als Kind erschuf, hinderte sie daran. Sie konnte ihre Ambitionen nicht verfolgen, wie Menschen mit weniger Selbsthaß das tun können, die sagen ›wenigstens habe ich es versucht‹. Versagen wäre Unvollkommenheit und alles Unvollkommene war für sie unakzeptierbar.

Viele Introvertierte machen ihre Selbstachtung von ihren hochgesteckten Normen abhängig, so waren auch für June Normen wichtiger als Beziehungen. Als ihre beste Freundin sich in einen Mann verliebte, den June mißbilligte, entschied die Freundin – von June gezwungen, entweder den Freund oder sie zu wählen – sich für den Freund. Und June weinte vor Einsamkeit. Hohe Normen und materieller Besitz sind kein Ersatz für Freunde.

Das Problem bei Freundschaften, wie bei allen zwischenmenschlichen Beziehungen, besteht darin, daß andere Menschen daran beteiligt sind; Menschen kann man nicht ständig und in jeder Form kontrollieren und organisieren und Emotionen sind nie ordentlich. Die verschiedenen Emotionen Liebe, Haß, Angst, Wut, Neid, Ärger werden selten in ihrer reinen Form empfunden. Meist sind sie ein Gemisch – Wut mit Angst, Neid mit Ärger, Liebe mit Haß – und es fällt uns schwer, sie auseinanderzuhalten. Oft gestehen wir nur eine Emotion ein, obwohl zwei oder mehr vorhanden sind. Extravertierte gestehen lieber Angst ein, aber nicht Wut, Introvertierte lieber ihre Wut, aber nicht ihre Angst. Menschen, die sich gern selbst belügen, um glauben zu können, daß sie gut sind, gestehen sich Ärger ein, aber keinen Neid. Menschen, die darauf bestehen, daß sie wunderbare Eltern und eine glückliche Kindheit hatten, weigern sich anzuerkennen, daß Liebe mit Haß vermischt ist, was aber oft der Fall ist, da die Menschen, die wir in unserer Kindheit am innigsten liebten, auch diejenigen waren, die uns den größten Schmerz zufügten und Haß in uns erzeugten.

Es ist dieser uneingestandene Haß, der die ›harmlosen‹ Wiederholungsrituale des Introvertierten, mit denen er sich die Scheinfähigkeit erwirbt, das veränderliche Universum wenigstens teilweise zu kontrollieren, zu obsessiven Grübeleien und Aktivitäten steigert, die den Eindruck erwecken, der Introvertierte stehe unter Zwang, habe seine Entscheidungsfreiheit eingebüßt.

Erst wenn der davon Betroffene die Erkenntnis erlangt, daß es sich bei seinen Zwängen um Bewältigungsstrategien der Verzweiflung handelt, ist er fähig, diese abzulegen.

Deshalb war ich sehr glücklich, als Russell mich anrief, um mir frohe Weihnachten zu wünschen, und als ich ihn fragte, wie es ihm gehe, sagte er: »Ich habe begriffen, daß ich von diesen Ängsten nicht loskomme. Es ist meine Weigerung, mich von ihnen zu trennen, die das nicht zuläßt. Ich brauche immer noch hundertprozentige Sicherheit. Ich habe unbeschreibliche Angst vor Unsicherheit.«

Als Russell mich vier Jahre zuvor zum ersten Mal aufsuchte, hatte ich ihm gegenüber den Verdacht geäußert, seine Obsessionen und Phantasien dienten dem Zweck, ihm ein Gefühl der Sicherheit zu vermitteln, auch wenn sie Schuldgefühle in ihm hervorriefen. Er wollte mir damals nicht glauben. Wie konnte ein völlig unaggressiver Mensch wie er Mordphantasien entwickeln? Und zeigten seine Bemühungen, anderen keinen Schaden zufügen zu wollen, nicht, was für ein gütiger, aggressionsloser Mensch er sei? Ich schrieb über Russell in meinem Buch *Miteinander leben*[5]: »Russell war, wie Alice Miller sich ausdrückte, ›in dem absurden Glauben aufgewachsen (...), ein Mensch könne ständig nur liebe, gute und fromme Gedanken haben und immer nur ehrlich und wahrhaftig sein‹.[6] Ein guter Mensch, so glaubte er, wird nie wütend und kämpft niemals.«

Allerdings muß ihm einiges von dem, was ich ihm in unseren Gesprächen im Verlauf eines Jahres sagte, einleuchtend erschienen sein, da er sich nach einem beruflich bedingten Umzug in eine andere Stadt erneut an einen Therapeuten wandte, der ihm auf seiner Reise der Selbsterforschung weiterhalf.

Unsere Haßgefühle sind von dem Wunsch begleitet, das Objekt unseres Hasses zu zerstören. Als wir lernten, mit unserem Haß und unserer Zerstörungswut umzugehen, hatten manche von uns das Glück, mit Eltern gesegnet zu sein, die sie nicht furchtbar bestraften, wenn sie aggressiv waren, und die den kindlichen Satz »Ich hasse dich, Mami« als natürliche Reaktion auf eine Enttäuschung nahmen, die sie dem Kind zufügten. Unter solchen Umständen wuchsen wir heran, ohne daß unsere Haßgefühle Schaden hätten anrichten können, da wir sie verbal entladen konnten, in Sätzen wie: »Ich hätte ihn umbringen können«, »Geh zum Teufel« und in Phantasien, in denen unsere Feinde nicht nur schrecklich leiden mußten, sondern ihre Fehler einsahen, wenn wir ihnen gnädig das Leben schenkten. Wenn aber Kinder für ihre Haßausbrüche bestraft werden (die Reaktion einer Mutter: »Wie kannst du das zu deiner Mami sagen, nach allem, was ich für dich getan habe?« auf »Ich hasse dich, Mami« ruft eine Strafschuld hervor), sind sie als Erwachsene unfähig, ihren Haß in herkömmlichen verbalen Formen und Phantasien auszuleben und abzubauen. Sie müssen sich gegen jede mögliche Ausdrucksform von Haß schützen, und uneingestandener Haß hat viele Gesichter.

Eltern, die ein ›Ich hasse dich, Mami‹ hinnehmen als natürliche Reaktion auf die dem Kind auferlegten Verbote, lassen das

Kind zur Erkenntnis kommen, daß wir häufig die Menschen hassen, die wir lieben, daß Haß nicht ewig dauern muß, und die sich verändernden Gefühlsmuster in Beziehungen nicht in strikte Kategorien einzuordnen sind, sondern in ihren vielfältigen, amorphen Formen hingenommen und akzeptiert werden können.

Eltern, die ein ›Ich hasse dich, Mami‹ nicht als natürliche Reaktion auf Enttäuschung akzeptieren, geben dem Kind zu verstehen, daß das Vermischen von Liebe und Haß ein dunkles, nur dem Kind bekanntes Geheimnis und der Beweis dafür ist, daß seine Gefühle aus seiner grundsätzlichen Schlechtigkeit rühren. Für extravertierte Kinder muß das dunkle Geheimnis in den unbekannten Tiefen seiner inneren Realität verborgen bleiben, aus denen es im späteren Leben, wenn andere liebe Menschen Haßgefühle in ihnen hervorrufen, als überwältigende Panik zum Vorschein kommt. Introvertierten Kindern sagt das dunkle Geheimnis, daß es keine Ordnung in zwischenmenschlichen Beziehungen geben kann, daß Chaos regiert und es keine Sicherheit gibt.

Russells Suche nach hundertprozentiger Sicherheit war vergeblich. In dieser Welt ist nichts sicher, außer der Tod und die Steuern, und selbst diese Aspekte sind voll Ungewißheit. Wir kennen unseren eigenen Tod erst, wenn wir ihm begegnen, und Steuern – Forderungen, die andere Menschen an uns stellen – sind vielfältig und unterschiedlich und nicht unserer Kontrolle unterworfen. Die einzige Sicherheit, die wir haben, ist die Erkenntnis, daß nichts sicher ist und daß das eine wunderbare Wahrheit ist, denn darin liegt unsere Freiheit. Russell hatte große Mühe, das zu akzeptieren, weil sein striktes Gewissen nur perfekte Ordnung und absolutes Gutsein duldete.

Russell bemühte sich in all seinen schriftlichen Arbeiten um Perfektion. Wenn er aber mit einem Schriftstück fertig war, überkam ihn der Zweifel, das Mißtrauen des Introvertierten gegen die äußere Realität, und er mußte seine Arbeit immer wieder überprüfen. Es gab aber noch einen anderen Aspekt des Prüfens, der noch weit schmerzhafter war.

Wir alle sollten verstehen, warum die Mächtigen unter uns sich auf Reisen den Weg durch Geleitfahrzeuge freimachen lassen. Wenn wir normal Sterbliche versuchen, uns den Weg durch einen überfüllten Supermarkt zu bahnen oder auf einer verkehrsreichen Straße voranzukommen, würden auch wir gern eine Vorhut voranschicken, die uns die Leute aus dem Weg schafft. In solchen Situationen empfinden wir zeitweilig tiefen Haß gegen die, die uns den Weg versperren. Wenn wir aber solche Gefühle nicht akzeptieren können, wenn dieser Haß in der Gegenwart den verdrängten Haß aus der Vergangenheit aktiviert, wenn wir kein Selbstvertrauen haben, weil wir uns für grundsätzlich schlecht halten, und wenn wir unseren Wahrnehmungen unserer äußeren Realität nicht vertrauen, werden wir in einen endlosen Kreislauf der Suche verstrickt, in dem wir beweisen müssen, daß wir ein vermeintliches Verbrechen nicht begangen haben. So erging es Russell, der auf der Heimfahrt vom Büro kurzfristig von einem Radfahrer behindert wurde. Einige Minuten, nachdem er ihn überholt hatte, schoß ihm der Gedanke durch den Kopf: »Habe ich diesen Radfahrer gestreift?« Russell sah sich gezwungen, zu der Stelle zurückzufahren, um nach dem vermeintlichen Unfallopfer zu suchen. Er fand niemand und war wieder auf dem Heimweg, als er sich einen ›logischen‹ Grund dafür ausdachte, warum er den verletzten oder toten Radfahrer nicht gefunden hatte; wieder kehrte er an die Stelle zurück und nahm die Suche erneut auf. Solche zwanghaften Suchaktionen nahmen oft viele Stunden in Anspruch und er ließ sich auch nicht von den einleuchtendsten Argumenten seiner Freunde beirren. Erst die völlige Erschöpfung zwang ihn, nach Hause zu fahren, wo er nachts mit grauenvollen Zweifeln und Schuldgefühlen aufwachte.

Diese zwanghaften Suchaktionen, oder der Zwang, sich die Hände zu waschen, um sich von Schmutz zu reinigen, mit dem man anderen Schaden zufügen kann, der Zwang, Türen zu verriegeln und zu überprüfen, um Sicherheit zu gewährleisten, sind leicht zu beschreibende Obsessionen. Aber Obsessionen und Zwangsverhalten, die den davon Befallenen am meisten quälen, sind Zustände, die so obszöne, grausame und mörderische Bilder in ihm heraufbeschwören, daß sie kaum in Worte zu fassen sind.

Die Behauptung mag weit hergeholt klingen, daß Phantasien, die solche Schuldgefühle hervorrufen, Abwehrmaßnahmen gegen die Vernichtung des Selbst sind. Sie sind es aber, da sie als Instrumente dienen, um Kontrolle zu bewahren.

Wenn wir glauben, ein Verbrechen oder eine Sünde begangen zu haben, und dafür bestraft werden sollen, fühlen wir uns unsicher und verängstigt, da wir nicht wissen, wann die Bestrafung erfolgen soll und in welcher Form sie erfolgt. Sobald wir wissen, oder besser noch, entscheiden können, wie die Strafe aussieht, empfinden wir, daß der Vorteil dieser Sicherheit den Schmerz der Strafe überwiegt. Russell erzählte mir, daß ihm klar wurde, daß die gemeinen Phantasien ihn nicht zufällig überfielen. Immer dann, wenn er Spaß an einer Sache hatte, schoß ihm eine dieser ekelhaften Phantasien – in denen er kleine Kinder umbrachte oder jemanden mit einer tödlichen Krankheit ansteckte – durch den Kopf.

Russell war mit der Überzeugung groß geworden, daß er sich das Recht auf Existenz verdienen mußte, daß er kein Recht auf Annehmlichkeiten oder Vergnügen hatte; wenn ihm etwas Vergnügen machte, mußte er dafür bezahlen. Alles, was er tun konnte, war das Recht in Anspruch zu nehmen, den Preis festzusetzen, und da er sich so tief verachtete, sorgte er dafür, daß der Preis hoch war. Heute ist Russells Leben unbeschwerter und humorvoller, da er erkannt hat, daß Vergnügen nicht mit Qualen bezahlt werden muß und daß Humor einfach Spaß macht und nicht nur ein Schutzschild gegen den Schmerz ist.

Die Überzeugung, daß einem im Leben nichts geschenkt wird, ist eine Last, die viele Menschen mit sich herumschleppen und die von der Gesamtgesellschaft verstärkt wird. »Wir kommen nicht zur Welt, um Spaß zu haben«, sagte der Millionär und spätere Premierminister von Australien, Malcolm Fraser, und redete damit nicht nur kirchlicher Moralphilosophie nach dem Mund, er hielt es auch mit dem alten spanischen Sprichwort: »Nimm, was dir gefällt, sagt Gott und *bezahle dafür*.« Welch blühender Unsinn! Wir haben das Recht zu existieren, weil wir existieren, und das Leben ist voll wunderbarer Dinge, an denen wir uns ungestraft erfreuen können, vorausgesetzt, wir stopfen unsere Köpfe nicht voll mit fixen Ideen über Belohnung, Bestrafung und Kontrolle, mit all den

Dummheiten, die uns daran hindern, wir selbst zu sein und im Hier und Jetzt zu leben.

Leider werden viele zwanghafte Introvertierte beim Lesen dieser Zeilen mich für eine Gefahr für die Menschheit halten, weil ich nicht nur Meinungen vertrete, die sie für unmoralisch halten, sondern weil ich außerdem die Strukturen ins Wanken zu bringen versuche, die sie sich errichtet haben, um nicht auseinanderzufallen und verrückt oder ›schizophren‹ zu werden, wie die Gesellschaft das nennt. Wenn Introvertierte sich nämlich mit ihrer Kontrollstruktur nicht zusammenhalten können, verfallen sie in die hoffnungsloseste aller Abwehrmaßnahmen, die Schizophrenie.

Schizophrenie

Es ist unmöglich, vernünftig über Schizophrenie in Bezügen auf Erfahrungen einzelner zu schreiben, da so viele maßgebliche Kreise in dieser Form der Problembewältigung nach wie vor eine Geisteskrankheit sehen. Da ist einmal die pharmazeutische Industrie, die aus der Herstellung von Medikamenten zur Behandlung von Schizophrenie enorm hohe Profite erzielt. Dann gibt es die Psychiater, die ihr Berufsbild schützen wollen. Dann gibt es die Krankenkassen, die gern in festen medizinischen Kategorien über Geisteskrankheit denken und deren Kostenaufstellungen sie zur irrtümlichen Überzeugung bringen, es sei billiger, Menschen ein Leben lang mit Tabletten zu versorgen, die sie letztlich lebensuntauglich machen, statt ihnen die Art der Vorsorge und Zuwendung zu geben, die sie in die Lage versetzen würde, zu einem normalen Leben zurückzufinden. Unsere Gesellschaft ist voller Menschen, die große Angst vor Veränderung und das tiefe Verlangen haben, anderen ihre Vorstellungen aufzuzwingen, daß sie jeden, der eine Abweichung ihrer Denkweisen an den Tag legt, hinter Schloß und Riegel bringen wollen. Und dann sind da noch die Familien, in denen ein Angehöriger zu dieser Bewältigungsstrategie greift, mit ihren eigenen Geheimnissen, die von aller Verantwortung und Schuld reingewaschen sein wollen. Und letztlich die Betroffenen selbst, die Gewißheit brauchen und mit dieser Gewißheit die Menschen, die ihr Selbst zu vernichten drohen, sowohl strafen als auch beschützen wollen.

Die gemeinsamen Interessen dieser Gruppierungen, Schizophrenie als erbliche Geisteskrankheit zu bezeichnen, von Psychiatern ›in Schach gehalten‹, aber niemals geheilt, können Introvertierte, die sich der Schizophrenie als vorübergehende Abwehrmaßnahme bedienen, daran hindern, zu einem normalen Leben zurückzukehren. Da sie nicht die Kraft haben, sich gegen ihre Betreuer zur Wehr zu setzen, und überdies vom Wunsch beseelt sind, gute Menschen zu sein, halten sie weiterhin an ihrer Bewältigungsstrategie der Schizophrenie fest. Die Medikamente, die ihnen verabreicht werden, verringern zwar das Maß der Angst, deretwegen die Abwehrmaßnahme nötig war, haben aber die Nebenwirkung, Denk- und Aktionsvermögen ebenfalls herabzusetzen, und rufen andere unangenehme Wirkungen hervor, die den Betroffenen daran hindern, normale Gefühle zu haben und ihm die Fähigkeit nehmen, sein eigenes Leben zu führen. Er nimmt seine äußere Realität als unwirklich wahr, was ihn dazu führt, daß er ursprüngliche Lebensziele negiert und ein stark reduziertes Dasein führt.

Das Wesentliche der Schizophrenie ist nicht ein bislang unentdecktes schizophrenes Gen, sondern eine so starke Bedrohung der Vernichtung des Selbst, daß die äußere Realität unwirklich erscheint. Im Versuch, die Kontrolle wiederzuerlangen, konstruiert der Introvertierte sich eine idiosynkratische Bedeutungsstruktur, um mit der vermeintlichen Unwirklichkeit und den Gefühlen seiner eigenen Schlechtigkeit und Untauglichkeit fertig zu werden.

Extravertierte entscheiden sich in ihrem Versuch, ihren Lebenssinn beizubehalten und ihren eigenen Interessen näherzukommen, oft dafür, sich große Abschnitte der Vorgänge in ihrer äußeren Realität nicht bewußt zu machen. Sie haben oft intensive Beziehungen zu den Menschen, die sie für ihren Existenzsinn zu brauchen glauben, ohne überhaupt zu bemerken, was mit diesen Menschen los ist. Sie verdrängen alle unangenehmen, tragischen Aspekte ihres eigenen Lebens und des Lebens anderer, um ihre sentimentalen, romantischen Ansichten beibehalten zu können, die ihnen Sicherheit geben und sie davor bewahren, über unvermeidbare Probleme des Lebens und über die Verantwortungen, die wir alle für unser Handeln haben, nachzudenken. Der Extravertierte kann so große Teile der äußeren Wirklichkeit vergessen, daß Befunde wie: »hat keinen Bezug zur Wirklichkeit« und: »lebt in seiner eigenen Welt« zutreffend sind. Mag der Extravertierte noch so umfassende Bereiche seiner äußeren Realität leugnen, die Existenz der äußeren Realität verleugnet er nie.

Introvertierte hingegen *leugnen* nicht, daß die äußere Realität tatsächlich existiert. Sie *erleben* die äußere Realität als unwirklich, was sie dazu führt, die Existenz der äußeren Realität anzuzweifeln. Dieses Gefühl der Unwirklichkeit der äußeren Realität überfällt einen Introvertierten immer dann, wenn ein deutlicher Widerspruch besteht zwischen dem, was seine Wahrnehmungen ihm vorgaukeln und dem, was die äußere Realität dem Schein nach ist. Das geschieht, wenn andere Menschen die Gültigkeit der Wahrnehmungen des Introvertierten bestreiten. Brenda sagte in dieser Situation zu mir: »Die Welt ist zerbrechlich. Sie könnte sich in Nichts auflösen.« Sie befand sich im Streit mit dem Sozialamt und der staatlichen Gesundheitsbehörde, die die Fürsorge für ihre Enkelin vernachlässigt hatten, und sie stellte fest, daß Kompetenzabwälzungen und geheimgehaltene Berichte in solchen Institutionen es unmöglich machen, die Wahrheit herauszufinden. Die Wahrheit war für Brenda sehr wichtig, die in ihrer Kindheit oft belogen worden war und von ihren Betreuern große Schmerzen erleiden mußte. Sie glaubte, sich nur dann im Griff zu haben, wenn sie die Wahrheit wußte. Ihre Qualen galten zum Teil ihrer Enkelin und zum Teil der eigenen Person, weil sie zwanghaft glaubte, es gäbe niemand auf der ganzen Welt, der die Wahrheit sagte und der ihre Wahrheit akzeptierte. Wenn es keine Wahrheit gab, konnte es keine Welt geben.

Sobald die äußere Realität für einen Introvertierten unwirklich zu werden droht, kann er nicht mehr klar unterscheiden zwischen den ausschließlich in seiner inneren Realität stattfindenden Vorgängen, also der Welt der Gedanken, Gefühle, Bilder, Phantasien und den Wahrnehmungen der äußeren Realität. So kann es geschehen, daß wir unsere Wahrnehmungen als Phantasiegebilde und unsere Phantasien als Wahrnehmungen sehen. Die Gesellschaft bewertet unser Verhalten als verrückt und halluzinatorisch. Solche Trugbilder und Halluzinationen sind keine Willkür, wie Menschen glauben, die Schizophrenie für eine Geisteskrankheit halten, sondern gehören zur Sinnstruktur, die der Betreffende sich erschaffen hat. Sie beruhen, wie viele andere Emotionen, die in der Psychiatrie als ›unangemessene Affekte‹ bezeichnet werden, auf den Schlußfolgerungen, die der Betroffene aus seinen Erfahrungen gezogen hat. Angenommen, Sie haben das Gefühl, Ihr Selbstsinn wird von einem Vater erstickt, der einerseits behauptet, Zuneigung für Sie zu empfinden, andererseits alles, was Sie tun, kritisiert und Ihre Wahrheit und Ihre Werte leugnet, dann kann es geschehen, daß Sie dieses Wissen als Bild eines mächtigen Mannes speichern, der Ihnen eine Decke über den Kopf werfen will. Die Phantasien, die wir vor unserem inneren Auge sehen, können so deutlich Gestalt annehmen, daß wir uns mit einer Phantasiegestalt im selben Zimmer zu befinden glauben.

Alle Introvertierten laufen Gefahr, diesen Realitätsverlust der äußeren Wirklichkeit zu erleiden, manche sind dafür anfälliger als andere, diejenigen nämlich, die in Familien hineingeboren wurden, in denen ihnen die Akzeptanz und Anerkennung verweigert wurde, die wir alle brauchen, um unseren Lebenssinn zu erschaffen und zu erhalten. Es sind andere Menschen, die einem Introvertierten Zugang zur äußeren Realität verschaffen, und es sind andere Menschen, die seine äußere Realität unwirklich machen können.

Säuglinge müssen nicht nur gefüttert und gewärmt werden. Sie brauchen Umarmungen und Ansprache, um die Einheit zu spüren, aus der das Selbst entstehen und später abgetrennt werden kann. Laute, quengelige Babys werden umarmt und mit Worten beruhigt; die sogenannten ›braven‹ Babys werden in Ruhe gelassen und bekommen bisweilen weniger Zuwendung, als sie eigentlich brauchen. Introvertierte Babys sind nicht brav, wenn sie still sind. Sie erschaffen sich lediglich den für sie optimalen Stimulationspegel. Mütter, die ein Baby als ›brav‹ bezeichnen, weil es wenig Ansprüche stellt, oder Mütter, die ein Baby für ›verwöhnt‹ halten, wenn sie seine Bedürfnisse befriedigen, geben dem Kind manchmal nicht das ausreichende Maß an Zärtlichkeit und Ansprache. Gleichermaßen verfahren Mütter, die depressiv, abwesend oder mit ihren eigenen Sorgen und Problemen beschäftigt sind. Daher gelingt es manchen introvertierten Babys nicht, ein festes Fundament für ihren Selbstwert aufzubauen. Im späteren Leben, meist an den Wendepunkten, an denen der heranwachsende Mensch eine bestimmte Sicherheit hinter sich lassen und mit einem neuen Aspekt der äußeren Realität umgehen muß, der größere Anforderungen an ihn stellt, ist ein solches Kind überfordert. Es sieht dann nur einen Weg, um seinen zerbrechlichen Selbstwert zusammenzuhalten, und das ist der Rückzug in seine innere Realität.

Erwachsene können das Verständnis des Kindes für die äußere Realität behindern, wenn sie sich weigern, Fragen zu beantworten, oder wenn sie das Kind belügen und dadurch sein Vertrauen in seine eigenen Wahrnehmungen untergraben. So verfuhr meine Mutter. Vermutlich schon als ich sprechen lernte, drückte sie mir den unwiderruflichen Stempel auf, ich würde lügen. Sie warf mir vor, Geschichten zu erfinden, Dinge, die ich in Büchern gelesen hatte, als Wahrheit auszugeben. Wenn ich etwas sagte, das nicht ihrer Vorstellung entsprach, tat sie es als unwahr ab. Manchmal machte sie sich über mich lustig, wie Erwachsene sich gern über Kinder lustig machen, und manchmal sagte sie mir auf den Kopf zu, ich sei eine Lügnerin.

Erst als Siebenundzwanzigjährige konnte ich mich schließlich gegen ihr böses Spiel immunisieren. Sie besuchte mich am Tag der Geburt meines Sohnes und fragte, warum ich in der letzten Schwangerschaftswoche Toxämie bekommen hatte. Ich erklärte: »Mein Arzt sagte, ich bin überarbeitet. Ich hätte vor Monaten schon mit dem Unterrichten aufhören und mich schonen sollen.« Meine Mutter entgegnete mit leichtem Spott in der Stimme: »Aber Dorothy, das ist doch nicht wahr. Du hast dich noch nie überarbeitet.« (Faulheit war eine weitere unumstößliche Charaktereigenschaft, die sie mir zuschrieb.) Ich reagierte zu meinem eigenen Erstaunen nicht verletzt, sondern amüsiert und erzählte die Geschichte meinen Freundinnen und später meinen Klienten als Beispiel dafür, daß wir zuweilen einfach akzeptieren müssen, daß Eltern sich nicht ändern.

Neun Jahre zuvor hatte ich meiner Mutter und einer Frau, die bei ihr zu Besuch war, die Wahrheit über die Bombardierung der Stadt Darwin durch die Japaner im Zweiten Weltkrieg erzählt. Ich hatte die Geschichte von einem Studienkollegen (meinem späteren Ehemann) erfahren, der damals als Soldat in Darwin stationiert war; die Bombardierung galt zu der Zeit noch als geheime Kriegssache. Meine Mutter sagte zu ihrer Besucherin gewandt: »Die Leute erfinden solche Geschichten einfach«, und die Frau nickte zustimmend. Ich fühlte mich beschämt und herabgesetzt.

Dieses Gefühl von Scham und Herabsetzung war aber nicht so verheerend wie das Gefühl der Unwirklichkeit, das sie in mir als Kind erschuf, wenn sie mir Zweifel an meiner eigenen Wahrnehmung einpflanzte. Wenn ich sagte, daß etwas geschehen ist, sagte sie, so sei es nicht gewesen. Immer hatten ihre Korrekturen mit Menschen zu tun, deshalb bezogen meine Zweifel sich meist auf Menschen, nicht auf Örtlichkeiten. Ich war mir nie sicher, ob ich einem Menschen schon einmal begegnet bin und ob er derjenige war, für den ich ihn hielt. Ich hatte furchtbare Angst, daß ich mich irren könnte und eine Zurechtweisung einstecken müsse. Schließlich glaubte ich, alle Welt habe an mir so viel auszusetzen wie meine Mutter, meine Schwester und meine Lehrerinnen.

Der Mangel an Vertrauen in ihre eigenen Wahrnehmungen und ihr Wunsch, weiterer Kritik zu entgehen, hält Introvertierte davon ab, in der äußeren Realität zu agieren (und nicht ›Mangel an Willenskraft‹, wie in veralteten psychiatrischen Lehrbüchern als charakteristische Definition von Menschen mit der Geisteskrankheit Schizophrenie zu lesen ist). Während meiner gesamten Kindheit und Jugend war ich oft wie gelähmt, absolut handlungsunfähig. Deshalb stand ich mit siebzehn vor dem Eingang von Manning House, unfähig einzutreten. Es dauerte weitere zehn Jahre, bevor ich eine Lösung der Problematik meiner Zweifel zu meinen eigenen Wahrnehmungen fand. Statt Russells (unwirksame) Methode auszuprobieren, sich totale

Sicherheit zu verschaffen, entschied ich mich für die ›Als-ob-Lösung‹. Ich fragte mich nicht, ob meine Wahrnehmung wirklich den Tatsachen entsprach, ich beschloß, so zu tun, als sei etwas so, wie ich es wahrnahm. Das klappte vorzüglich. Das Problem meiner Angst vor Kritik, die ich vermied, indem ich mich aus jeder Situation davonschlich, in der meinem verwundbaren Selbst wieder ein Schlag versetzt werden konnte, bewältigte ich mit einer Sichtweise, in der mir das nicht mehr passieren konnte. Ich vertrat die Ansicht, daß jeder, der mich kritisierte, ein Idiot sei! Über die Kritik von Idioten lächelnd hinwegzusehen ist weniger bedrückend, als schmerzhafter Kritik ausweichen zu wollen.

Ich amüsiere mich zwar heute über meine Lösungsmethoden dieser Probleme, kann aber nicht lächeln über die Introvertierten, deren Zweifel am Realitätsgehalt der äußeren Realität mächtiger und überzeugender waren als meine und die einem weit höheren Maß an zerstörerischer Kritik und Demütigung ausgesetzt waren, als ich es je war. Im Lauf der letzten fünfundzwanzig Jahre lernte ich viele introvertierte Männer und Frauen kennen, meist Jugendliche und junge Erwachsene, die sich in die Bewältigungsstrategie der Schizophrenie flüchten mußten, um sich der drohenden Vernichtung zu entziehen. Sie tun mir in der Seele leid. Und ein Frösteln der Angst begleitet meine Erinnerung an eine Beinahe-Katastrophe. Ich brauchte einige Jahre, um herauszufinden, wie ich einem solchen Schicksal entronnen bin.

Als kleines Mädchen war ich der erklärte Liebling meines Vaters, meiner Großmutter, meiner Onkel und Tanten, besonders von ›Tantchen Doff‹. Die introvertierten Männer und Frauen, die ich später kennenlernte, hatten diese Form der Liebe nicht erhalten, entweder weil ihre Familie nicht fähig war, Liebe zu geben, oder weil die Eltern sich zum Zeitpunkt ihrer Geburt in einer Krise befanden. Auch wenn ich später zu unsicher und verängstigt war, um mir Liebe zu sichern, gab meine frühe Kindheit mir ein ausreichend stabiles Selbstwertgefühl, um meinen Überlebenswillen zu aktivieren. Ich mußte mich nicht, wie diese Männer und Frauen es taten, für meine Familie opfern. Eine junge Frau, deren Mutter alles, was die

Tochter unternahm, mit ängstlicher Kritik bedachte, sagte mir: »Wenn meine Mutter mich nicht hätte, um die sie sich Sorgen machen kann, müßte sie sich um sich selbst Sorgen machen, und das wäre für sie viel schlimmer. Ich glaube nicht, daß sie das aushalten würde.«

Diese Männer und Frauen wurden als die Verrückten in der Familie bezeichnet. Sie akzeptierten diese Rolle, schützten damit ihre Eltern und wahrten Familiengeheimnisse, die sich oft als wirklich gravierende Geheimnisse herausstellten. Es waren unter anderem diese gravierenden Geheimnisse, die diese jungen Leute veranlaßten, ihre eigenen Wahrnehmungen anzuzweifeln. Wenn ein christlicher Vater seiner Tochter einredet, seine sexuellen Handlungen an ihr seien eine Form des Gebets, oder eine Familie den Kindern weismacht, der Vater, der in Wahrheit eine jahrelange Gefängnisstrafe abbüßte, befinde sich auf einem ausgedehnten Auslandsaufenthalt, fühlen Kinder sich über das Geschehen sehr unsicher. Meine Familie bezeichnete mich zwar nie als verrückt und es gab keine Geheimnisse (abgesehen von meinem Urgroßvater, der als Sträfling nach Australien kam!), bei uns gab es nur die alltäglichen Ärgernisse und Eifersüchteleien, wie sie in den meisten Familien vorkommen.

Solche Menschen brauchen zumindest eine Begleitperson, die ständig gegenwärtig, verläßlich, aufrichtig, verständnisvoll, akzeptierend ist und sie nicht kritisiert, damit sie die Abwehrmaßnahme der Schizophrenie aufgeben können; dadurch kann die äußere Realität einen Grad an Wirklichkeit erreichen, die das Erschaffen einer Bedeutungsstruktur zuläßt, an der andere Menschen teilhaben können. Im Normalfall sind die Betroffenen jedoch von einer verwirrenden Menge an Klinikpersonal umgeben, die ihnen abwechselnd Anteilnahme und Kritik, Wahrheit und Lügen entgegenbringen und sie mit Medikamenten vollpumpen, die sie abstumpfen oder noch schlimmer, krank machen und ihnen den Stempel ›schizophren‹ aufdrücken, der sie für immer als Menschen dritter Klasse brandmarkt.

Introvertierte erschaffen sich eine Sinnstruktur, um sich erklären zu können, warum äußere Realität so ist, wie sie ist, und um alle Veränderungen in ihr zu kontrollieren und vorherzusehen. Verlieren sie das Vertrauen in die von ihnen erschaffene Struktur – was eintritt, wenn die äußere Realität in keinem Punkt ihren Erwartungen entspricht, oder wenn jemand, dessen Meinung sie schätzen, ihnen eröffnet, daß sie völlig im Irrtum sind – sind ihre Strukturen zerstört, und das ist eine erschreckende Erfahrung. Wenn sie jedoch erkennen können, daß die Strukturen lediglich Strukturen sind, die nicht um jeden Preis erhalten werden müssen, können sie sich davon befreien und andere, weniger lebensfeindliche Strukturen aufbauen.

In *Jenseits der Angst* schilderte ich die Geschichte von Jessica, deren sämtliche Strukturen, von ihr als ›meine Menschenkenntnis‹ bezeichnet, in Nichts zerfielen, als sie die Gemeinheiten ihres Lebensgefährten Andy herausfand. Sie berichtete: »Ich war von einem entsetzlichen Grauen erfüllt. Es war eine unbeschreiblich schlimme Erfahrung. Ich fühlte, daß gleich etwas Schreckliches passieren würde. Etwas, das ich tun würde, oder etwas, das mir zustoßen würde.« Achtzehn Monate später war sie fähig zu sagen: »Es war keine schlechte Erfahrung. Es war genau das, was ich wirklich brauchte. Wir haben feste Bilder in unserem Unterbewußtsein ohne Zugang zu ihnen zu haben, trotzdem üben sie einen starken Einfluß aus. In dieser Erfahrung des Wahnsinns gerät alles in chaotisches Durcheinander. Und das war gut für mich.«

Aus einer solchen Erfahrung kann größere Kreativität entstehen.

Der Viscount Weymouth, Alexander Thynn, Maler und Schriftsteller, ist ein Introvertierter, der zunächst darum zu kämpfen hatte, seine Identität zu bewahren, und der durch diesen Kampf in der Lage war, die Fähigkeiten und Talente eines Extravertierten zu erlernen und einzusetzen. Viele Menschen halten ihn wegen seines unkonventionellen und extravaganten Lebensstils für einen Extravertierten, er weiß aber, daß er das nicht ist. Und er weiß auch, daß wir begreifen müssen, daß die Gesetze und Konventionen unserer Gesellschaft von Menschen gemacht sind, also keine absoluten Wahrheiten, die wir blind befolgen müssen, sondern daß wir unsere eigenen Regeln aufstellen können. Das hat Alexander getan.

Alexander bewohnt einen Flügel von Schloß Longleat, wo er seine Wandgemälde malt. Er erzählte mir, daß er in eine Familie geboren wurde, in der eine strenge Hierarchie herrschte, an deren Spitze sein Vater, der Marquis von Bath residierte. Der Vater forderte von seinen Kindern absoluten Gehorsam, und Alexander war in seinen frühen Jahren ein folgsames Kind, an dem der Vater seine Freude hatte. Und wie so viele folgsame Kinder, wurde er, wie er selbst sagte ›ein schüchterner, sensibler kleiner Junge‹. Er war ein recht guter Schüler und wollte studieren.

Das paßte dem Vater keineswegs. Die Thynns, erklärte er, seien keine Intellektuellen und keiner seiner Söhne werde die Universität besuchen. Doch Alexander ließ sich nicht beirren und ging nach Oxford. Er hoffte, dem Vater mit einem guten Second-Class-Abschluß zu beweisen, daß er sich geirrt hatte. Doch er schaffte nur einen Third Class und sein Vater murrte: »Das hab' ich dir gleich gesagt.« Dem folgten bittere Auseinandersetzungen.

Alexander berichtete: »Ich befand mich in einer Identitätskrise. Ich hatte eine strenge Erziehung genossen und war an einem Punkt angelangt, an dem ich mir nicht mehr sagen ließ, welche Identität für mich richtig sei. Die Universität gab mir die Instrumente in die Hand, um die Haltungen zu zerstören, die mir auferlegt worden waren.«

Der Kampf mit seinem Vater war für Alexander mehr als eine Auseinandersetzung zwischen zwei Menschen mit verschiedenen Ansichten. Der Vater attackierte Alexanders grundsätzliches Urteil über die eigene Person und über das, was er erreichen konnte, und Alexander begann an seiner eigenen Urteilsfähigkeit zu zweifeln. »Ich war von großen Zweifeln befallen. Ob er recht hatte? Konnte es sein, daß ich nicht zu dem taugte, was ich mir in meinem Ehrgeiz vorgenommen hatte? In meiner Unsicherheit über meine Urteilsfähigkeit, die ich auf andere übertrug, begab ich mich in den Rückzug und brach Kontakte zu Freunden ab. Ich wurde zum Einsiedler. Erst später, als ich allmählich etwas Selbstvertrauen aufbaute und den Kampf gegen meinen Vater gewonnen hatte, besser gesagt, als er aufgehört hatte, mir seine Sichtweisen aufzudrängen, erst da entwickelte ich so etwas, das ich als mein Selbst bezeichnen konnte.«

Alexander fand über die Malerei zu seinem Selbstvertrauen. Seine Wandgemälde erstrecken sich über sechs Räume, riesige, farbenprächtige, höchst individuelle Werke. Er teilt seine Bilder ein in ›Kokons, Therapien und Phantasien‹. Als Gesamtheit stellen sie Alexanders Versuch einer totalen Erklärung dar; seine Lebensphilosophie ist in einem Schriftband zusammengefaßt, das sich an einer Längsseite eines großen Saales hinzieht: »Hier auf Erden erfahren wir Himmel und Hölle in den Beziehungen zu unseren Mitmenschen.«

Das Therapie-Wandbild, das Alexander ›Paranoia‹ betitelte, greift in der Thematik seine Beziehungen zu seiner Familie auf. Er sagte: »Ich stellte mir immer vor, wenn man malen darf, geht es einem besser, und mir geht es zunehmend besser. Das Bild Paranoia habe ich in einer Phase meines Lebens gemalt, in den ersten Jahren nach meinem Universitätsabschluß, als ich ziemlich paranoid war. Ich war davon überzeugt, daß Leute mich hinter Wänden und Türen belauschten, ich glaube, das haben sie tatsächlich getan. Für einen paranoiden Menschen sieht die Welt wesentlich klarer aus als für gesunde Menschen. Ärzte haben keine Ahnung. Sie sehen die Realität einfach nicht. Bei diesem Bild habe ich versucht, meine Besorgnis, meine Angstzustände, meine Paranoia aus mir herauszumalen, um sie auf die leichte Schulter zu nehmen und darüber lachen zu können. Es fängt an im Mutterleib, wir haben eine Vaterfigur, eine Mutterfigur«, er deutete auf die vielen Gestalten an den Wänden, »das alles sehende Auge... Die Kriegsmaschine... die Figur der älteren Schwester... hier ist alles voller Spukgestalten und Gespenster und im Zentrum der Paranoia befinden sich die Eltern.«

Am Ende des langgezogenen Saales hingen zwei konventionell gemalte Portraits. Sie stellten Alexanders Eltern dar, 1930 gemalt. Der Marquis, weltgewandt und elegant, sah für mich aus wie jemand, der kleine Buben gern auf die Probe stellt und hänselt. Vielleicht war ihm nicht klar, daß es auch wichtig war, freundlich zu kleinen Buben zu sein.

Der Grund, warum Alexander die Kritik seines Vaters so vernichtend fand, lag daran, daß der Junge seinen Vater seit frühester Kindheit als Vorbild sah, der Vater, der die Normen festsetzte, die Alexander erfüllen mußte, um sich seine Liebe und Anerkennung zu erringen. Der Introvertierte gibt dem, der ihm als Vorbild dient, die Macht in die Hände, mit der jener das Fundament angreift, auf dem der Introvertierte sein ganzes Lebensgebäude errichtet hat. Das Vorbild kann also zum Peiniger werden und wenn das Vorbild ein Elternteil ist, wird es doppelt zum Peiniger. Der leibliche Elternteil wird zum Peiniger und das Bild der Eltern, das wir in uns tragen, wird ebenfalls zum Peiniger. Alexander fühlte sich sowohl in seiner äußeren Realität wie in seiner inneren Realität angegriffen, einmal von seinem Vater und zum andern vom Bild seines Vaters, seinem peinigenden Gewissen. In einer solchen Situation fällt es Introvertierten, die ihr Selbstvertrauen verloren haben, schwer, eine klare Unterscheidung zwischen den beiden Peinigern zu treffen. Sie brauchen Freunde, die ihnen helfen zu unterscheiden, wann sie von realen Menschen und wann sie von ihren inneren Bildern angegriffen werden.

Bedauerlicherweise geraten sie in der Mehrzahl der Fälle in die Hände von Ärzten, die sagen: »Aber keine Rede davon, daß Ihre Eltern Sie peinigen. Ihre Eltern lieben Sie und wollen nur Ihr Bestes.« Damit stellen sie den Befund der Geisteskrankheit Paranoia oder paranoide Schizophrenie aus.

Alexander fand die richtige Therapie nicht bei Ärzten, sondern in der Kunst. Er schrieb und er malte. Er weigerte sich, seinen Vater weiterhin als das Maß aller Dinge zu sehen und nahm Kontakt auf zu Menschen, mit denen er sich im Erfolg messen konnte. Dabei fand er, was er ›ein Gefühl der Entlassung aus der Isolation‹ nannte.

Eine Art der Isolation stellt die Bewältigungsstrategie Depression dar.

Depression

Angenommen, Sie haben plötzlich das Gefühl, daß eigentlich alles, was Ihnen bislang im Leben wichtig erschien, irgendwie unbedeutend geworden ist. Sie fürchten, daß Ihre Beziehungen sich verschlechtern oder sich völlig auflösen werden. Sie bezweifeln, ob Ihre Zukunft sich so gestaltet, wie Sie es geplant haben. Sie sehen keinen klaren, gangbaren Weg vor sich. Sie zweifeln, ob Sie frühere Ereignisse richtig gedeutet haben und Sie wissen nicht, wie eine richtige Deutung aussehen könnte. Sie stellen Ihr Urteilsvermögen und Ihre Qualifikationen in Frage. Den Gefühlen, die andere Ihnen entgegenbringen, begegnen Sie mit Mißtrauen. Meinen die Leute wirklich, was sie sagen? Das Leben scheint Ihnen außer Kontrolle geraten. Sie fragen sich, ob es jemand gibt, an den Sie sich wenden können, ob je ein Ende dieser Ungewißheit in Sicht ist.

Diese Ungewißheit ist unerträglich. Die Angst ist überwältigend.

Daher schaffen Sie sich Ihre eigene Gewißheit.

Es würde Ihnen falsch erscheinen zu sagen, es sei alles in Ordnung, da dies offensichtlich nicht der Fall ist.

Also sagen Sie sich: »Ich bin ein durch und durch schlechter Mensch. Daher sind mir in der Vergangenheit böse Dinge widerfahren und werden mir auch in Zukunft nur böse Dinge widerfahren. Weil ich schlecht bin, werde ich ständig zurückgewiesen. Wer das Gegenteil behauptet, lügt. Weil ich schlecht bin, geht alles schief, was ich tue. Ich bin verantwortlich für alles, was meiner Familie und meinen Freunden zustößt. Ich habe auf der ganzen Linie versagt, meinen Verpflichtungen nachzukommen. Alles ist meine Schuld.«

Jetzt ist die gefährliche Ungewißheit gebannt. Sie haben absolute Gewißheit. Sie sind gerettet.

Gerettet im Gefängnis der Depression.

Das Wesen der Depression besteht darin, daß Sie einsam in einer Art Gefängnis sitzen, das Sie genau beschreiben können. Sie sehen Ihr Gefängnis vielleicht als tiefe Schlucht, in der Sie sich befinden, oder Sie sehen sich in einen Käfig eingesperrt oder eingehüllt in ein Leichentuch. Vielleicht ist Ihnen, als müßten Sie eine öde, steinige Wüste durchwandern; Sie tasten sich durch dichten Nebel; auf Ihren Schultern hockt ein riesiger, schwarzer Vogel und macht Ihnen das Vorwärtskommen unmöglich. Wie Ihr Bild auch aussehen mag, Sie sind allein. In dem Gefängnis sind Sie der unglückliche Gefangene und zugleich der unerbittliche Gefängniswärter. Wenn wir nur unglücklich sind, weil uns ein schlimmer Schicksalsschlag getroffen hat, schneiden wir die Verbindung zur Welt und uns selbst nicht ab. Der Trost von anderen wärmt und stärkt uns und wir trösten uns selbst. Wenn wir depressiv sind, dringt jedoch keine Wärme, kein Zuspruch durch unsere Gefängnismauern und wir strafen uns selbst auf grausame Weise.[7]

Ohne die Abwehrmaßnahme der Depression hätte die Menschheit nicht überlebt. Wenn wir uns in dieses Gefängnis einsperren, schließen wir alle Gefahren und Ungewißheiten aus, die uns zu überwältigen drohen. Wenn wir jeden Tag unserer Gefangenschaft so gestalten wie den vorangegangenen und den nächsten, lassen wir nur ein äußerstes Minimum an zu bewältigenden Problemen an uns heran, und wir sorgen dafür, daß uns nichts Neues begegnet, das uns erschrecken und belasten könnte. Wenn wir uns nur auf uns selbst fixieren, müssen wir uns nicht damit befassen, was mit anderen geschieht. Eingesperrt in unserem Gefängnis brauchen wir uns nicht mit den unausweichlichen Katastrophen zu befassen, von denen die Menschheit heimgesucht wird – Tod, Verlust und Tragödien, die die Natur oder unsere eigene Grausamkeit und Dummheit über uns bringen. In der Depression gönnen wir uns eine Verschnaufpause, bevor wir uns all den Widerwärtigkeiten erneut stellen; wir können uns aber auch für immer in die Sicherheit einsperren.

Depression ist die bekannteste aller Bewältigungsstrategien der Verzweiflung. Sie steht Extravertierten und Introvertierten gleichermaßen zur Verfügung und das Fundament ist bereits in unserer Selbstmeinung gelegt.

Dem Gefängnis der Depression liegt die Überzeugung zugrunde, daß ich schlecht, böse und für mich und andere Menschen unakzeptierbar bin, ungeachtet wie gut ich dem Anschein nach sein mag.

Wenn wir es geschickt anstellen, können wir uns lange einreden, wir seien gute Menschen und unser Gefühl der Schlechtigkeit oder des Nicht-gut-genug-Seins geschickt vor uns verbergen. Gutsein bedeutet harte Arbeit, doch mit dem Älterwerden verlieren wir die Energie und Kraft der Jugend. Wir ermüden schneller. Wir schaffen nicht mehr so viel wie früher. Die Liste unserer Fehler und Fehlentscheidungen wird länger. Wenn etwas geschieht, das unser Selbstvertrauen erschüttert, können wir uns nicht mehr auf unsere Fähigkeit, uns im Gutsein zu üben, verlassen. Wir können unseren Verdacht, im Grunde schlecht und unakzeptierbar zu sein, nicht mehr beiseite schieben.

Als Kinder akzeptierten wir deshalb so bereitwillig, was unsere Eltern uns beibrachten, daß wir nämlich schlecht seien und uns anstrengen müßten, gut zu sein, da diese Lehre, so hart sie auch sein mochte, ein Versprechen enthielt. *Wenn du brav bist, geschieht dir nichts Böses.* Das glaubten wir. Als aber böse Dinge mit uns geschahen, gaben wir uns selbst die Schuld. Wir waren nicht brav genug. Also verdoppelten wir unsere Anstrengungen, versuchten mehr zu leisten, es besser zu machen; wir stellten die Bedürfnisse anderer Leute vor unsere eigenen. Insgeheim gab uns diese Überzeugung ein Gefühl der Macht. Wir konnten durch unsere eigenen Anstrengungen das System von Belohnung und Bestrafung, das unser Universum regiert, kontrollieren. Wir fühlten uns nicht hilflos, wir fühlten uns schuldig. Statt zu sagen: »In dieser Situation hätte ich mit der Information und Erfahrung, die mir zur Verfügung stand, nicht anders handeln können«, sagten wir: »Ich hätte es besser machen müssen« und redeten uns ein, daß wir klüger und stärker und besser informiert seien, als tatsächlich der Fall war. Wenn wir uns schuldig fühlten, konnten wir uns gleichzeitig rechtschaffen und nicht hilflos fühlen.

Wir lebten also in einer Scheinwelt, die wir uns selbst errichtet hatten. Dann stieß uns eines Tages ein schlimmes Unglück zu und wir jammerten: »Ich war mein ganzes Leben lang ein guter Mensch. Warum mußte mir das passieren?«

Wir grübelten über eine Wahrheit nach, oder versuchten, vor ihr wegzulaufen, eine Wahrheit, die unsere Eltern uns vorenthielten:

Auch wenn wir noch so gute Menschen sind, können wir Unglück nicht von uns abwenden.

Vielleicht handelte es sich bei dem Unglück um etwas, von dem andere Menschen wußten, an dem andere teilhatten – unser Kind, das an Leukämie starb; unser Lebensgefährte, der uns verließ. Vielleicht war das Unglück unsere geheime Enttäuschung – die Ziele, die unsere Eltern für uns steckten und die wir gehorsam erfüllten, brachten uns kein Leben in Ruhm und Erfolg, sondern ein Leben stiller Verzweiflung; wie sehr wir uns auch bemühten, brav zu sein, unsere Eltern gaben uns nie ihre uneingeschränkte, kritiklose Liebe. Welches Unglück uns auch treffen mag, wir stellen uns immer die Frage: »Warum ist das geschehen?«

Um welches Unglück es sich auch handelt, auf die Frage ›Warum ist es geschehen?‹ gibt es nur drei Antworten.

1. Ich habe es verursacht.
2. Andere haben es verursacht.
3. Es war Zufall.

Wenn wir uns für die erste Antwort entscheiden, ›Ich habe es verursacht‹, fühlen wir uns schuldig.

Wenn wir uns für ›andere haben es verursacht‹ entscheiden, sind wir wütend und verärgert (und wenn die ›anderen‹ Personen sind, die wir nicht kritisieren dürfen, fühlen wir uns schuldig, weil wir wütend und ärgerlich geworden sind).

Wenn wir uns für ›es war Zufall‹ entscheiden, fühlen wir uns verängstigt, weil es außerhalb unserer Kontrolle ist und wieder passieren könnte.

Der Erkenntnis, daß kein Unglück sich durch untadeligen Lebenswandel abwenden läßt, daß uns also Katastrophen jederzeit durch Zufall, durch nicht kontrollierbare Umstände treffen können, entziehen wir uns, indem wir uns in das Gefängnis der Depression begeben, wo wir in einem Tumult von Schuld, Wut und Groll leben.

Manche Menschen halten sich relativ kurz im Gefängnis der Depression auf. Der Schmerz veranlaßt sie dazu, ihre Überzeugungen und Ansichten zu überdenken. Vielleicht sind sie bereits im Begriff zu verstehen, daß man mit einigen sehr unangenehmen Begleiterscheinungen leben muß, wenn man sein

Leben auf der Überzeugung aufbaut, man sei schlecht und müsse hart daran arbeiten, gut zu sein.

Wenn Sie glauben, schlecht und unannehmbar zu sein, entsteht daraus Ihre dauerhafte Angst vor anderen Menschen, die herausfinden könnten, wie schlecht Sie sind, und Sie deshalb ablehnen und kritisieren. Oder die anderen sind ebenso schlecht wie Sie, geben vor, gut zu sein und sind daher unglaubwürdig. Wenn Sie andere Menschen lange genug fürchten, beginnen Sie diese Menschen zu hassen; an Menschen, die Sie fürchten, wagen Sie sich nie nahe genug, um ihre Sorgen zu erfahren, also beneiden Sie sie, weil Sie glauben, sie hätten keine Sorgen. Sie können nie enge Beziehungen zu Menschen eingehen, wenn Sie diese Menschen fürchten, hassen und beneiden.

Wenn Sie glauben, daß Sie schlecht und unakzeptierbar sind und hart arbeiten müssen, um gut zu sein, glauben Sie an ein System von Belohnung und Bestrafung, das mit Ihren Überzeugungen über den Sinn des Lebens und über das Wesen des Todes gekoppelt ist. Wie diese Überzeugungen auch aussehen mögen, Sie ziehen daraus den Schluß, daß Sie mehr Bestrafung als Belohnung erhalten, da Sie schlecht sind; das Leben ist für Sie demnach schlimm und der Tod ist noch schlimmer.

Wenn Sie glauben, daß Sie böse und unannehmbar sind, sind Sie unfähig, lächelnd auf Ihre Vergangenheit zurückzublicken und hoffnungsvoll in die Zukunft zu schauen. In der Vergangenheit sind Ihnen nur böse Dinge zugestoßen und in der Zukunft werden Ihnen weiterhin böse Dinge zustoßen.

Wenn Sie glauben, daß Sie böse und unannehmbar sind, sehen Sie Ihre Wut als Beweis Ihrer Schlechtigkeit. Daher können Sie mit Ihrer Wut oder mit der Wut eines anderen nicht umgehen.

Wenn Sie glauben, daß Sie böse und unannehmbar sind, fühlen Sie sich immer schwach und verwundbar, und Sie bedienen sich der Abwehr, die schwache Menschen benutzen – Sie verzeihen niemals eine Kränkung (und Sie verzeihen natürlich sich selbst auch nichts).

Für manche Menschen dauert der Aufenthalt im Gefängnis der Depression lang, da sie hohe Einsätze in die Überzeugungen investiert haben, aus denen das Gefängnis der Depression erbaut ist, von denen sie sich unter keinen Umständen trennen können. Die medizinischen Behandlungsmethoden gegen Depression, Antidepressiva oder Elektroschock-Therapie, können sie vorübergehend aufmuntern, sie werden ihr Gefängnis jedoch nie verlassen können, diesen grausamen Ort der Sicherheit vor der drohenden Vernichtung, solange sie sich nicht aufrichtig mit ihren Überzeugungen im Hinblick auf ihre vermeintlich angeborene Schlechtigkeit und den begleitenden Überzeugungen auseinandersetzen.

Im Lauf der Jahre habe ich eine große Anzahl von Menschen kennengelernt, die nicht nur ihren Weg aus dem Gefängnis der Depression fanden, sondern es bis auf die Grundmauern eingerissen haben. Ich möchte hier ein Beispiel nennen.

Elisabeths Leben war, wie sie mir bei unserem ersten Gespräch versicherte, für außenstehende Betrachter ein schlichtes, heiteres Szenario. Ihre Eltern liebten sie sehr. Sie war eine gute Schülerin, im Zweiten Weltkrieg arbeitete sie im Staatsdienst, heiratete ihre Jugendliebe, ihr Mann wurde ein erfolgreicher Arzt, sie brachte drei Kinder zur Welt, die zu gut geratenen, erfolgreichen Menschen heranwuchsen, und jetzt konnten sie und ihr Ehemann einem gesicherten, beschaulichen Lebensabend entgegensehen.

Warum lag dann dieser traurige Schatten über ihrem Leben, der sie immer wieder in das schwarze Gefängnis der Depression sperrte?

Es war die Untreue ihres Mannes.

Roger hatte sie immer wieder betrogen, nicht mit verschiedenen anderen Frauen, sondern mit einer Frau – seiner Mutter. Sie war eine schwierige Person und strafte die Menschen, die sie kränkten, mit unversöhnlichem Schweigen. Gab es Differenzen zwischen der Mutter, Elisabeth und Roger, und das geschah nur allzu häufig, ergriff Robert stets die Partei seiner Mutter, nie teilte er Elisabeths Position, die sich alleingelassen und ausgestoßen fühlte.

Roger pflegte wie seine Mutter zu schmollen und Elisabeth verachtete ihn deshalb. Ansonsten war Roger ein guter Ehemann und Vater, und obschon die Ehe jeglichen Reiz verloren hatte, in der auch die Vertrauensbasis fehlte, glaubte Elisabeth, es sei besser, auf den Rat ihrer Mutter zu hören und bei Roger zu bleiben.

Während der Schilderung ihrer Geschichte nahm Elisabeth häufig bezug auf ihre Mutter — was für eine wundervolle Frau sie war, wie nah Elisabeth ihr stand, wie traurig sie bei ihrem Tod war. Der einzige, leise Anflug von Kritik wurde spürbar, als sie erwähnte, ihre Mutter habe sie möglicherweise im Hinblick auf ihre Ehe falsch beraten. Elisabeth verbesserte sich umgehend mit dem Hinweis, daß eine Frau mit drei kleinen Kindern sich damals nicht hätte scheiden lassen können. Der Rat der Mutter war also vernünftig gewesen.

Bei ihrem nächsten Besuch sprach Elisabeth eingehender von ihrer Mutter und gab mir dadurch zu verstehen, daß selbst wirklich wohlmeinende Menschen nicht nur Zensur auf unsere Biographie ausüben, sondern sich gar nicht bewußt machen, dies zu tun. Elisabeth legte großen Wert auf Wahrheit und als die Erinnerung an Zensur wieder in ihrem Gedächtnis auftauchte, versuchte sie dies nicht vor mir zu verbergen, sondern stellte sich ihr mit all den damit verbundenen Schmerzen.

Sie berichtete, daß ihre Mutter im hohen Alter ihr das Geständnis machte, sie habe ihrer Tochter einmal etwas verweigert, was ihr heute sehr leid tue. Elisabeth beruhigte die Mutter: »Nein, Mama, du hast alles richtig gemacht. Nichts braucht dir leid zu tun.«

Die Mutter ließ sich nicht beirren. Sie sagte, es tue ihr leid, daß sie Elisabeth im Krieg daran gehindert habe, zur englischen Luftwaffe zu gehen.

Elisabeth berichtigte: »Nein, Mama, du hast mich nicht daran gehindert. Ich bin es doch gewesen, die damals ihre Meinung geändert hat.«

Elisabeth erklärte, daß sie sich während der Aussprache mit ihrer Mutter genau daran erinnerte, wie sie damals Vor- und Nachteile in Erwägung gezogen hatte und zum Schluß gekommen war, es sei unklug, den Verwaltungsdienst zu quittieren und zur Luftwaffe zu gehen. Erst sehr viel später erinnerte sie sich daran, was wirklich geschehen war. Der Verwaltungsposten, den sie mit achtzehn angetreten hatte, langweilte sie bald. Sie bewarb sich bei der weiblichen Luftwaffe und erhielt einen positiven Bescheid. Erst dann eröffnete sie den Eltern ihre Absicht. Die Mutter reagierte erschrocken und gekränkt. Immer wieder brachte sie das Thema zur Sprache und jammerte: »Ich habe alles für dich geopfert, damit du eine gute Ausbildung und eine gute Stellung bekommst, und jetzt wirfst du alles weg, nur aus einer Laune heraus.« Dabei machte sie ein unglückliches, klägliches Gesicht.

Elisabeth konnte diese Schuld nicht auf sich nehmen. Sie zog ihre Bewerbung zurück, blieb in ihrer Stellung und bei der Mutter. Den Schmerz über die Eigensucht der Mutter und ihre eigenen Schuldgefühle bewältigte sie dadurch, daß sie diesen Abschnitt ihres Lebens einfach vergaß und sich eine weniger schmerzhafte Version des Sachverhaltes zulegte.

Selbst wenn wir unsere Biographien umschreiben, handeln wir reaktiv auf das, was wirklich geschah. Elisabeth wußte, daß ihre Mutter Einwände erheben würde, wenn sie das Elternhaus verläßt, um zu heiraten. Als Roger drei Jahre später sein Studium beendet hatte und sie bat, seine Frau zu werden, teilte Elisabeth ihrer Mutter klipp und klar ihre Heiratspläne mit, ohne sie um ihr Einverständnis zu bitten. Diesmal erhob die Mutter keine Einwände. Schließlich war Elisabeth als verheiratete Frau immer noch greifbar und zugänglich für die Anleitung der Mutter, die klare Vorstellungen von der Rolle der Ehefrau als Dienerin und Weggefährtin des Ehemannes hatte. »Sobald er zur Haustür hereinkommt, hat das Abendessen auf dem Tisch zu stehen.«

Elisabeth war mit der Redensart groß geworden: »Was du tust, das tue ganz« und interpretierte sie mit: »Was du tust, das tue perfekt.« Sie gestand sich nicht ein, daß sie sich zu viele Pflichten aufgebürdet hatte, die ihre Freiheit völlig beschnitten. Als sie kürzlich zu mir sagte: »Ich erinnere mich an eine Sendung im Radio, die ich Anfang der sechziger Jahre über die Frauenbefreiung gehört hatte, und dachte damals, das betrifft mich nicht. Ich bin frei. Ich erkannte nicht, daß ich von meinen Ketten so zugeschnürt war, daß ich kaum genug Luft zum Atmen hatte.«

Wovor sie sich nicht verschließen konnte, war die Frustration und Angst, die ihr Mann in ihr hervorriefen. Während ihrer ganzen Ehe wollte sie Dinge klarstellen, um zu erkennen, was in ihrer Partnerschaft nicht stimmte, und daraus Konsequenzen ziehen, um in Zukunft klüger handeln zu können. Die Dinge, die sie klären wollte, bezogen sich auf ihre Gefühle, auf das Verständnis ihres Mannes für ihre Gefühle und auf seine Unterstützung. Es war nicht leicht, mit ihm über diese Dinge zu reden. Doch gelegentlich gelang es ihr. Er hörte zu und diskutierte mit ihr und erklärte sich bereit, sein Verhalten in Zukunft zu ändern. Eine Weile hielt er sich an ihre Abmachung, schlüpfte aber bald wieder in seine alten Gewohnheiten zurück, mißachtete ihre Gefühle und gab ihr keinerlei Rückhalt. Enttäuscht und frustriert stellte sie immer wieder fest, daß all ihre Bemühungen nichts fruchteten. Sie bezeichnete eine dieser Gelegenheiten, in der er nicht einsehen wollte, was mit ihr passierte, als Erfahrung der Beinahe-Vernichtung ihres Selbst. »Mir war zumute, als schwanke ich zwischen Himmel und Hölle hin und her.«

Heute kann Elisabeth auf die Zeit ihrer Depressionen zurückblicken und sie mit der Gegenwart vergleichen. Sie sagte: »In der Depression bist du nur daran interessiert zu überleben. Wie stehe ich den Tag durch? Heute spüre ich, daß ich zu mir selbst zurückgefunden habe.«

Diese Veränderung war ihr möglich, weil sie bereit war, Aspekte ihres Lebens zu überprüfen, die sie zuvor als unbestritten erachtete. Sie konnte sich eingestehen, daß sie mit der Duldung der mütterlichen Einflußnahme auf ihre Lebensplanung weniger geleistet hatte, als möglich gewesen wäre. Statt ihre Zeit sinnlos damit zu vergeuden, sich traurige Gedanken darüber zu machen, entschied sie sich dafür, das Beste aus ihrer Zukunft zu machen. Sie schaffte es, ihren Ehemann so zu akzeptieren, wie er war, und sah ein, daß sie aufhören mußte, ihn ändern zu wollen. Sein Verhalten ihr gegenüber wurde daraufhin wesentlich aufmerksamer, wie das bei uns allen der Fall ist, wenn andere aufhören, uns eine Veränderung aufzudrängen. Sie erkannte das Machtspiel der Schuldzuweisung und hörte auf, sich Vorwürfe wegen vergangener Fehlleistungen zu machen. »Ich handelte so, wie ich es damals für richtig hielt. Ich hätte zu der Zeit nichts anderes tun können.«

Sie sah weiterhin ein, daß Eltern, was immer sie für ihre Kinder tun mögen, Fehler machen, selbst wenn sie in bester Absicht handeln. Wie jeder Psychologe Ihnen bestätigen wird, ist die beste Methode, jemand etwas beizubringen, richtige Reaktionen zu belohnen und falsche nicht zu beachten. Elisabeths Eltern beherzigten dieses Prinzip auch ohne den Rat eines Psychologen, sie gaben ihrer Tochter die ausreichende Menge an Lob und Anerkennung, die Introvertierte brauchen, um ihren Lebenssinn als gesichert zu sehen. Elisabeth sagte: »Ich erwartete ganz einfach, belohnt zu werden, wenn ich etwas gut machte. Mir war nicht klar, daß man als Hausfrau und Mutter keine Belohnungen erhält. Nicht, daß ich gelobt werden wollte, weil ich den Haushalt ordentlich führte und meinem Mann und den Kindern schmackhaftes Essen kochte. Das war es nicht. Ich wünschte mir Beweise, daß ich respektiert und geliebt werde und da kam nichts. Ich arbeitete und arbeitete, stellte ihn sozusagen immer wieder auf die Probe mit dem Gedanken: ›Wenn ich diese Situation herbeiführe, dann zeigt er mir, daß er es versteht.‹ Aber er verstand es nicht. Ich konnte nicht begreifen, was los war. Ich dachte, mit mir sei etwas nicht in Ordnung.«

Weil sie so sehr darum bemüht war, Lob zu ernten, indem sie andere zufriedenstellte, hatte sie nie angemessene Fähigkeiten entwickelt, sich selbst zu gefallen und zufriedenzustellen. Die fehlenden Belohnungen von außen gaben ihr ein Gefühl der Herabsetzung, wie die fehlende Anerkennung ihres Ehemanns ihr das Gefühl der Herabsetzung gab. Sobald sie das begriff, mußte sie sich nicht weiterhin an die Überzeugung ›Wenn ich gut bin, werde ich belohnt‹ klammern, da sie wußte, daß in dieser Überzeugung der Anspruch auf eine Art Sicherheit war, die Spontaneität, Freude und Hoffnung ausschließen.

Neue Schlachten gewinnen, statt alte zu verlieren

Was uns von für ein erfülltes Leben wichtiger Spontaneität, Freude und Hoffnung ausschließt, ist unser ständiger Kampf in alten Schlachten, statt zu erkennen, daß wir neue zu bestehen haben. Wir setzen heute noch die unzureichenden Waffen unserer Kindheit ein, statt mit den Waffen Erwachsener umzugehen, nämlich Überlegung und Klugheit.

Auseinandersetzungen im Alltag und am Arbeitsplatz haben selten mit der Gegenwart zu tun. Es sind meist Wiederholungen kindlicher Verhaltensweisen aus ungelösten Schlachten eines Kindes gegen seine Eltern.

John erzählte mir, daß er mit dem Leiter einer anderen Abteilung ein Programm ausarbeiten sollte und ihm davor graute, weil der Kollege ein dominanter Mensch war, der um jeden Preis seinen Kopf durchsetzen wollte und keine Rücksicht auf die Interessen anderer Menschen nahm. John schilderte ihre erste Besprechung, in der er sich unsicher und überfordert fühlte – genau wie er sich als kleiner Junge gefühlt hatte, wen sein tyrannischer Vater ihn dominierte und besiegte. Ich erklärte John, daß sein Kollege sich möglicherweise deshalb so irrational und unkooperativ verhalte, weil er seine neue Situation ähnlich wie John aufgrund von Kindheitserlebnissen deute. »Ja, richtig«, entgegnete John und berichtete weiter, sein Kollege sei der Sohn einer Politikerin, die für ihre glühenden Wahlkampagnen berühmt war. Der Mann hatte ihr nie verziehen, daß sie ihn als Kind zu wenig beachtet hatte. Nun verlangte er von allen Menschen seiner Umgebung, ihm die Aufmerksamkeit und Zustimmung zu geben, die seine Mutter ihm versagt hatte. Da sollten also zwei erwachsene Männer gemeinsam ein ernsthaftes Berufsproblem lösen, und beide trugen, statt miteinander zu reden, einen Kampf mit einem längst verstorbenen Elternteil aus.

Natürlich ist es angebracht, wenn wir in der Deutung einer neuen Situation auf frühere Erfahrungen zurückgreifen, wenn wir aber kontinuierlich nur einen Teil unserer Erfahrung jedesmal wieder in gleicher Weise hinzuziehen, statt die Mittel unserer früheren Erfahrungen kreativ einzusetzen, begehen wir immer wieder die gleichen Fehler.

So verfahren selbst die besten Therapeuten! Meine Freundin und Kollegin Jo Pearce sprach mit mir über ihre gegenwärtigen Konflikte mit ihrem extrem schwierigen Vater, die sie stark belasteten und worin sie den Hauptgrund ihrer quälenden Kopfschmerzen vermutete. Diese Kopfschmerzen gaben Anlaß zu weiterer Besorgnis. Ihre Mutter war ziemlich jung an einer Gehirnblutung gestorben und Jo fürchtete, auch ihr könne ein solches Schicksal bevorstehen. Außerdem erinnerte sie sich daran, daß sie sich als kleines Kind die Schuld am Tod ihrer Mutter gegeben hatte.

Jo berichtete, daß sie während der Krankheit der Mutter ständig ermahnt wurde: »Reg deine Mutter nicht auf.« Beim Tod der Mutter glaubte sie, die Kranke mit ihren Bitten um Aufmerksamkeit und Zuwendung so sehr aufgeregt zu haben, daß ihr alles zu viel geworden sei; deshalb habe sie das Kind einfach verlassen. Wenn sie heute mit Freunden über ihre Probleme spricht, fürchtet sie, abgelehnt zu werden, weil sie ihnen damit zuviel aufbürdet.

Jo hat als Extravertierte die Vorstellung und Erwartungshaltung, daß Menschen sie ablehnen und verlassen. Ich als Introvertierte habe die Vorstellung und Erwartung, daß Menschen zusammenbrechen, wenn ich ihnen meine Sorgen und Bedrängnisse auflade. Auch ich hörte in meiner Kindheit ständig die mahnenden Worte »Reg deine Mutter nicht auf«, die mir heute noch in den Ohren klingen, da meine Mutter jedesmal einen ihrer Asthma-Anfälle bekam, wenn sie sich aufregte, und da sie nahezu alles in dieser Welt mißbilligte, gab es eine Menge Dinge, über die sie sich aufregte. Mein Vater machte immer ein sehr besorgtes Gesicht, wenn Mutter krank war und mir schien es, daß auch er zu zerfallen drohte. Daher behielt ich meine Probleme lieber für mich und schränkte meine Erwartungshaltungen, daß Menschen mir zuhören und mir helfen würden, meine Lasten zu tragen, törichterweise auf ein Minimum ein.

Ein zweiter Grund, warum ich mich hütete, andere in meine Probleme einzuweihen, bestand natürlich darin, daß ich keine Kritik riskieren wollte. Ich finde meine Klienten immer sehr tapfer, wenn sie sich in eine Situation begeben, in der ich sie kritisieren kann. Und das tue ich natürlich auch, da Kritik immer im Spiel ist, wenn ich versuche, die tieferliegende Bedeutung ihrer Geschichte aufzudecken.

In unserem ersten Gespräch streifte Stephen nur kurz und hastig den Sachverhalt, daß Madeleine sich von ihm trennte, nachdem er ihr von einer früheren Liebesbeziehung erzählt hatte, in der das betreffende Mädchen eine Abtreibung vorgenommen hatte. Madeleine hatte sich daraufhin nicht nur geweigert, ihn wiederzusehen, sie hatte sich erheblicher Mühen unterzogen, ihn zu beschämen und zurückzuweisen.

Als ich die Geschichte hörte, nahm ich an, daß dies kurz vor seinem ersten Panikanfall geschehen war, bei dem er glaubte zu sterben, aber ich irrte mich. Der Vorfall lag mehr als zwei Jahre zurück, aber der Schmerz der Erinnerung hatte noch keinen Deut nachgelassen.

Bei unserer zweiten Sitzung sprach Stephen über sein Bedürfnis, aufrichtig und ehrlich zu sein. Er wollte, daß die Menschen ihn so wie er war akzeptierten und mochten, und Ehrlichkeit und Offenheit war ein wichtiger Zug an ihm. Er konnte nicht lügen. Er konnte flunkern – »das ist ein hübsches Kleid« oder »das Essen war ausgezeichnet« –, aber in wichtigen Dingen konnte er nicht lügen.

Theoretisch ist Wahrheitsliebe eine sehr gute Eigenschaft, aber in der Praxis gibt bedingungslose Wahrheitsliebe Anlaß zu Konflikten. Wenn Sie daran interessiert sind, daß die Leute Ihnen Zuneigung entgegenbringen, ist es gelegentlich empfehlenswert, Ihre Gedanken bei sich zu behalten.

Stephen und ich sprachen darüber, wie schwer es ihm fiel, seine Mitarbeiter zurechtzuweisen. Wieder betonte er, wie sehr er wünschte, die Menschen würden ihn so akzeptieren wie er sei und fuhr fort, über den Konflikt seiner Kindheit zu sprechen, als der Vater und seine Lehrer von ihm erwarteten, er müsse zäh, stark, männlich und sportlich sein, und seine Mutter von ihm die höflichen Manieren eines wohlerzogenen Jungen erwartete. Seine Mutter mißbilligte seine Spielkameraden. Stephen erzählte, daß sie ihm eines Tages verbot, mit ihnen zu spielen. Es waren gewöhnliche Arbeiterjungen, die sozial eine Stufe tiefer standen als seine Familie. Monatelang ging er seinen Freunden aus dem Weg. Eines Tages bei einer zufälligen Begegnung fragten sie ihn, warum er ihnen aus dem Weg gehe. Unfähig zu lügen, sagte er ihnen, daß seine Mutter ihm den Umgang mit ihnen verboten habe und nannte den Grund. Da er in seiner Erklärung keinerlei Kritik an der Mutter übte, kein

Wort der Verurteilung oder Ablehnung gegen sie fand, wurde er von seinen Freunden verurteilt und abgelehnt.

Ich verwies auf die Ähnlichkeit dieses Szenarios mit der Geschichte seiner Freundin, die ihn abgewiesen hatte. Erstaunt machte auch er diese Feststellung, bislang war ihm das Muster nicht aufgefallen. In einer tieferen Bewußtseinsschicht hatte er das sehr wohl getan, denn in einem unserer späteren Gespräche erzählte er mir von einem immer wiederkehrenden Traum: Er ist auf der Jagd und der Vogel, auf den er schießt, verwandelt sich in ein abstürzendes Flugzeug. Es gibt viele Verletzte. Er betritt ein Haus und gesteht, was er getan hat.

In jeder Begebenheit mit seiner Mutter und seinen Freunden, mit Madeleine und in seinem wiederkehrenden Traum, versucht Stephen mit dem Dilemma fertig zu werden: »Wenn ich die Wahrheit sage, werde ich zurückgewiesen, wenn ich aber nicht die Wahrheit sage, kann ich nicht ich selbst sein.«

Stephen löste dieses Dilemma, indem ihm klar wurde, daß das Leben sich nur dann lohnte, wenn sein Selbst leben konnte, und wenn andere Leute ihn nicht akzeptierten, war das ihr Problem, nicht seines. Sobald er zulassen konnte, er selbst zu sein, konnte er auch zulassen, sich als liebenswerten Menschen zu sehen und erkennen, daß keine Gefahr bestand, ständig von allen Menschen abgelehnt zu werden.

Sobald wir uns die Freiheit erlauben, wir selbst zu sein, kann es allerdings zu Konflikten mit Familienmitgliedern kommen, die ein begründetes Interesse daran haben, daß wir so bleiben, wie wir sind, und mögen wir noch sehr darunter leiden. Sobald Stephen zu sich gefunden hatte, konnte er Entscheidungen treffen, von denen einige seiner Schwester nicht paßten. Sie schlug mit der Waffe zurück, die ihn in der Vergangenheit immer zur Raison gebracht hatte – Beschämung. »Wenn du das tust, wirst du nie wieder eine ruhige Sekunde haben«, schleuderte sie ihm ins Gesicht, und Stephen war wieder im Begriff, in sein altes unsicheres Verhalten zurückzufallen. Doch diesmal kam der Vater ihm zu Hilfe. Nachdem er Stephen ein Leben lang herumkommandiert hatte, sagte er jetzt: »Tu, was du tun willst. Es ist dein Leben.«

Wäre Stephen nicht das Risiko eingegangen, er selbst zu

sein, hätte er nie entdeckt, daß sein Vater sich geändert hatte und nun nicht mehr ein alles niederwalzendes Ungeheuer war. Ähnlich erging es Margaret; hätte sie nicht gewagt, das zu tun, wovor sie sich am meisten fürchtete, säße sie noch immer in der Falle.

Ich schrieb in *Jenseits der Angst* über Margaret:
»Margaret kann es nicht ertragen, berührt zu werden. Sie kann es nicht ertragen, allein zu sein; wenn sie aber mit Leuten zusammen ist, kann sie es nicht ertragen, wenn sie ihr zu nahe kommen. In unserem ersten Gespräch sagte sie mir, sie wisse, daß sie ein schlechter Mensch sei. Das wisse sie seit ihrer frühen Kindheit. Sie wußte, daß sie durch und durch schlecht sei. Sie sprach von sich als Kind ohne jede Sympathie oder Anteilnahme, da ihr, wie sie mir auf meine diesbezügliche Frage zur Antwort gab, so etwas nicht zustehe. Als Kind habe sie etwas Furchtbares verbrochen, wollte mir darüber aber keine nähere Auskunft geben. Würde sie das tun, würde ich erkennen, wie schlecht sie sei, und dann würde ich nichts mehr mit ihr zu tun haben wollen. Das war das Thema unserer Sitzungen, die zweimal im Monat über mehr als zwei Jahre hinweg stattfanden.«

Schließlich gestand sie mir, daß sie als kleines Mädchen mit Freundinnen sexuelle Spiele getrieben hatte und daß ihr alle Schuld daran zugewiesen wurde, als die Erwachsenen es herausfanden. Ihre Freundinnen »spielten nie wieder mit mir, nie wieder. Und sie redeten schlecht über mich. Als ich in die Oberschule wechselte, wußten einige Jungs darüber Bescheid und redeten über mich. Deshalb verließ ich nach Abschluß der Schule sofort die Stadt. Aber ich habe bis heute Angst, man macht meinen Aufenthaltsort ausfindig und die Leute fangen an, über mich zu tratschen und ich verliere meinen Job und niemand will mehr etwas mit mir zu tun haben.«

Sie hatte ihre Heimatstadt verlassen, sobald sie alt genug war, kehrte nie wieder zurück und brach den Kontakt zu ihrer Mutter ab. Nachdem sie sich ihre Geschichte von der Seele geredet hatte, war sie fähig, behutsame gesellschaftliche Aktivitäten zu entwickeln, die ihr Spaß machten. Sie las Bücher von Quentin Crisp, dessen Ratschläge zur Selbstfindung größeren Eindruck auf sie machten als meine. Und eines Abends fragte sie mich, was ich davon halten würde, wenn sie ihre Mutter anriefe und ihr frohe Weihnachten wünschte. Wissend, daß ihr Entschluß bereits feststand, gab ich die für den Therapeuten typische Antwort, darüber könne nur sie selbst entscheiden. Wenige Wochen später besuchte sie ihre Mutter und stellte fest, daß eine ihrer früheren Freundinnen, Betty, die damals an den beschämenden Spielen teilgenommen hatte, im Nachbarhaus wohnte. Betty umarmte sie bei der Begrüßung, rief alle früheren Freundinnen und deren Familien an und ließ eine Willkommensparty für Margaret steigen. Heute kann Margaret die warmherzige, kluge und witzige Person sein, die sie im Grunde genommen immer war.

Bei keinem meiner Amerikabesuche versäume ich es, meinen Freund Gregory zu besuchen, mit dem ich auch eine regelmäßige Korrespondenz unterhalte. Gregory interessiert sich für ungewöhnliche Phänomene im Bereich von Wissenschaft und Religion, sein spezielles Interesse gilt den Mysterien des Übernatürlichen. Ich hatte ihm ein Exemplar von *Jenseits der Angst* geschickt und erhielt kurz darauf folgenden Brief:

»Ich befinde mich augenblicklich selbst in einer tiefen und befreienden psychologischen Krise. Ich las deine Bücher über Depression und fragte mich zunächst, ob ich depressiv sei. Vor kurzem befiel mich in zunehmendem Maße ein Zustand der Unsicherheit, Hoffnungslosigkeit und Angst (ohne ersichtlichen Grund), der mich veranlaßte, einen Psychiater aufzusuchen, der mir prompt die Diagnose stellte, ich sei der typische Fall eines unheilbar Depressiven. Ich bin ziemlich sicher, daß der Mann recht hat, da nahezu alle Kriterien auf mich zutreffen.

Es wird dich kaum erstaunen zu hören, daß der Psychiater mir Antidepressiva verschrieb. Seine Methode war allerdings insofern vernünftig, als er die medikamentöse Behandlung mit der Therapie bei einem klinischen Psychologen kombinierte. Unterbewußt muß ich wohl dafür bereit gewesen sein, da fast umgehend ein völlig neuer

Aspekt meiner Psyche ans Licht kam. Der war hochgiftig und mußte ausgespuckt werden.

Wie recht du hattest, als du sagtest, meine Arbeit über Dämonen hatte ›eigentlich‹ mit meinem Vater zu tun. Zu meiner unbeschreiblichen Erleichterung war ich endlich in der Lage, einzugestehen, daß mein Vater mich zeitweilig haßte wie die Pest, als ich ein kleines Kind war. Ich sehe ein Bild von mir als kleiner Junge: ich liege nachts wach im Bett und ein gräßliches, schwarzes insektenähnliches Ding flattert um mich herum und saugt mir das Blut aus den Adern. Hast du schon mal eine von einer Spinne ausgesaugte Fliege gesehen? Eine ausgetrocknete, leere Hülse, das ganze Dasein der Fliege wurde von der Spinne ausgetrunken. So ein Gefühl hatte ich – nur nicht ganz leergesaugt, da es (glücklicherweise) einen Teil von mir gibt, der am Leben blieb. Um das Entsetzen zu überleben, mußte das Selbst sich mit einem Panzer umgeben und isolieren.

Mit sagenhafter Geschwindigkeit, innerhalb weniger Tage nach diesen grauenhaften Offenbarungen, setzte bei mir ein wunderbarer Heilungsprozeß ein. Ich war fähig, in der Phantasie und mit tiefer Emotion Kontakt zu dem kleinen Jungen aufzunehmen, der ich einmal war. Ich konnte ihn trösten und ihm versichern, daß er ein guter, starker, zartfühlender Mensch und vor allem ein liebenswerter Mensch ist, den ich sehr lieb habe. Ich konnte sein Zimmer betreten, in dem er nachts vor Entsetzen starr lag und ihn in die Arme nehmen und ihn *aus dem Zimmer tragen*. Aus einem unerfindlichen Grund wollte ich mit ihm in ein Straßencafé gehen. Dort setzten wir uns in die Sonne und schauten den Passanten zu. Und ich sagte ihm, daß ich ihn nie verlassen werde.

Es war eine der eindringlichsten Erfahrungen, die ich je im Leben gemacht habe.

Dann nahm ich Kontakt auf zu dem unglücklichen Jugendlichen, der ich einmal war. Das fiel mir wesentlich schwerer, weil er genügend Zeit gehabt hatte, seine Abwehrmechanismen aufzubauen. Da war dieser unscheinbare, pickelige Junge mit den fettigen Haaren und einer labilen Ichstärke, inmitten einer unendlichen Leere, und in dieser Leere schützte er sich mit einem dicken Panzer. Es war mir leicht gefallen, ein Gefühl tiefer Liebe für den kleinen Jungen Greggy zu empfinden; wesentlich schwieriger war es für mich, den jugendlichen Greg davon zu überzeugen, daß ich ihn liebte, weil es mich tatsächlich Überwindung kostete, diese Liebe zu empfinden, und das spürte er.

Schließlich gelang es mir, über eine Erfahrung, die er gemacht hatte und auf die ich mich heute noch emotional einstimmen kann, zu ihm vorzudringen. Ich nenne dieses Phänomen meine Gott-Erfahrung. Vielleicht war es wirklich Gott. Wie dem auch sei, es war eine enorme Bestätigung für ein unglückliches, deprimiertes, einsames Kind. Ich war allein in meinem Zimmer im Haus meiner Großmutter (bei der ich zu Besuch war), als ich ohne Vorwarnung plötzlich etwas spürte, das ich nur als Allgegenwart beschreiben kann, die mir einfach zu sagen schien ›*Ich bin da*‹. Irgendwie öffnete sich die gepanzerte Schale des Halbwüchsigen in dieser Liebe und durch diese Öffnung konnte ich eintreten und endlich diesen Jungen lieben. Ich überzeugte ihn und mich, daß er keine leere Hülse war, daß er keinen Panzer brauchte, daß er tief im Innern sein eigenes liebevolles, zartfühlendes Selbst war.

Dann blieb ich bei ihm in seinen elendsten Augenblicken: die unzähligen grauen Morgenstunden, an denen er sich anzog, um zur Schule zu gehen mit einem Klumpen dumpfer Angst im Magen. Alles war grau, er fühlte sich völlig vereinsamt. An einem dieser Morgen betrat ich sein Zimmer und sagte: ›Wir gehen von hier fort.‹

Zunächst dachte ich, ich gehe mit ihm in das Café und wir drei – der kleine Greggy, der halbwüchsige und der erwachsene Greg könnten an einem Tisch sitzen, aber das klappte irgendwie nicht. Ich fragte den jungen Greg, was er gern tun würde, und er sagte, er würde gern eine lange Autofahrt durch den Westen machen. Also fuhren wir beide durch Nevada und in die Berge und ich sagte ihm:

›Ich hab' dich lieb und du mußt *nie* wieder in diese Schule und nie wieder in dieses Haus zurück, und du mußt deinen Vater nie wieder sehen, *nie wieder*.‹ ›Was ist mit meiner Mutter‹, schien er mich zu fragen und ich antwortete: ›Okay, deine Mutter hat dich wirklich gern und wir werden sie besuchen. Aber alles andere ist *endgültig vorbei*.‹ Der Junge blühte sichtlich auf und wurde lebhafter.

Diesen Kontaktaufnahmen folgten ungeheuer starke körperliche Empfindungen, die viele Tage anhielten. Ich spürte förmlich, wie die Stahlbolzen, mit denen die Panzerplatten befestigt waren, einer nach dem anderen aus ihrer Verankerung sprangen und jedesmal durchflutete mich dabei eine Glückswelle. Hunderte dieser Bolzen sind herausgebrochen und es kommen noch mehr (hoffe ich voll Zuversicht), weil es noch einige Panzerplatten gibt, aber die werden sicher auch gesprengt. Ich spüre, wie ich mein Inneres ausfülle; mein Körper ist lebendiger, als ich ihn je zuvor gespürt habe.

Vor mir liegt noch ein langer Weg, aber ich habe ›den Weg aus der Depression‹ gefunden und ich habe sogar die verwegene Hoffnung, daß ich nie wieder von Depression befallen werde. Zum ersten Mal kann ich positive Gefühle zu mir selbst akzeptieren. Ich kann dir gar nicht sagen, wie sehr ich diese Kinder liebe und bewundere, vor allem ihre Stärke und ihren Mut, sich gegen diese schrecklichen, unfaßbaren Angriffe zur Wehr zu setzen. Sie hätten sich vernichten lassen können; sie hätten verbittert und gemein werden können; aber irgendwie haben sie ihre Liebe und Kreativität bewahrt. Durch meine Liebe zu ihnen bin ich zum ersten Mal bereit, mich selbst zu lieben (natürlich bin ich jede Figur selbst!).

Deine früheren Bücher über Depression haben mich irgendwie auf diese Erfahrung vorbereitet, aber dein jüngstes Buch, das ich zu Beginn meiner Psychotherapie gelesen habe, war vermutlich von wirklich entscheidender Hilfe. Es half mir, die tieferliegenden Gefühle meiner Kindheit als blankes Entsetzen zu entlarven. Bis vor etwa einem Monat hätte ich meine Kindheit als glücklich bezeichnet, bis auf wenige unliebsame Probleme. Mir war auch die Ambivalenz meines Vaters klar. Von wegen Ambivalenz! Er haßte mich abgrundtief. Natürlich hatte er auch ein paar positive Gefühle, aber das primäre Gefühl war sein vernichtender Haß.«

Menschen wie Gregory, die solche Entdeckungen und Veränderungen an sich selbst gemacht haben, schieben diese Erfahrungen nicht beiseite, sondern sehen darin einen unversiegbaren Quell der Weisheit. Im Lauf der Zeit sehen sie diese Erfahrungen mit zunehmender Klarheit und können sich die Weisheit, die sie daraus ableiten, zunutze machen. Sheldon Kopp[8] hat viel über seine Erfahrungen geschrieben, die er gemacht hatte, als Ärzte einen lebensgefährlichen Gehirntumor bei ihm feststellten. Heute beschreibt er die Weisheit, die er aus diesen Erfahrungen gewonnen hat, folgendermaßen:
»Zu Beginn meiner Krankheit glaubte ich noch, das Leben habe eine inhärente Bedeutung und ich würde eine wichtige Rolle dabei spielen, was mir und den Menschen meiner Umgebung widerfährt. Mein Tumor kam mir vor wie ein unverdienter und tragischer Schicksalsschlag. Wie zum Teufel, sollte das in den Großen Plan passen? Es hatte nicht nur damit angefangen, daß ich das unschuldige Opfer der Mißhandlungen meiner Eltern war, ich hatte mich edelmütig über diese ungerechte Behandlung hinweggesetzt und mein Leiden umgewandelt in einen unermüdlichen Kampf gegen die Ungerechtigkeit. Wieso mußte ein guter Mensch wie ich mit einem Gehirntumor enden?

Ich brauchte zwei weitere Therapiejahre, um diese pseudounschuldige Frage zu klären. Zu wissen, daß meine Mutter mich haßte, reichte mir nicht. Ich blieb überaus empfänglich für die willkürlichen Mißgeschicke des Lebens. Ich machte zuviel Aufhebens davon, gelegentlich vom Pech verfolgt zu sein, bis mir klar wurde, daß meine Mutter, sofern sie mich wirklich haßte, dies nicht aus persönlichen Gründen tat.

Jedes beliebige Kind hätte in diesem Haus als willkommene Zielscheibe herhalten müssen. Mein Pech, daß die Wahl auf mich traf. Darin lag keine besondere Bedeutung, es gibt keinen Schadensersatz für diesen wahrlich nicht angenehmen Lebensanfang. Als Erwachsener stand es mir frei, alles zu tun, was mir zu Gebote stand, um die Leiden anderer zu lindern. Ich muß lediglich begreifen, daß meine Aufgaben im Dienste anderer weder meine Vergangenheit rächen noch meine Zukunft garantieren können.

Zu Beginn meiner Therapie stellte ich die Frage: ›Warum bin ich ein so gräßlicher Mensch?‹ Die Antwort lautete: ›Du bist kein gräßlicher Mensch. Du hältst dich nur dafür, weil du als Kind behandelt wurdest, als seist du schlecht.‹ Daraufhin stellte ich die Frage: ›Warum ich?‹ Und die Antwort lautete: ›Warum nicht?‹«

Erst wenn wir dieses ›Warum nicht‹ hinnehmen können, können wir den Mut aufbringen, unser eigenes, erfolgreiches Selbst zu sein.

Das erfolgreiche Selbst

Kapitel 7

Ihr erfolgreiches Selbst aufbauen

Unsere Fähigkeit, das ›Warum nicht?‹ anzunehmen, gibt uns unsere Freiheit. Man hat uns nicht aus einem bestimmten Grund auserwählt, Pech zu haben, ebensowenig wurden wir aus einem bestimmten Grund auserwählt, Glück zu haben. ›Warum nicht?‹ versetzt uns in die Lage, Glücksmomente auszukosten, ohne Schuldgefühle zu haben, oder die bange Erwartung, diesem Glückszustand müsse unweigerlich ein Unglück folgen. Es versetzt uns weiterhin in die Lage, daß wir Mißgeschicke und Unglück meistern, so gut wir es vermögen, ohne das dumpfe Gefühl, dieses Schicksal irgendwie verdient zu haben.

Mit Freiheit meine ich nicht frei von Arbeit und Verantwortung für andere zu sein, denn körperliches Überleben erfordert Arbeit – auch auf einer fruchtbaren tropischen Insel müssen die Kokosnüsse eingesammelt werden –, oder frei sein von Geben und Nehmen, da wir in Gemeinschaft mit anderen Menschen leben. Ich meine auch nicht frei sein von Konsequenzen für unser Tun. All unser Handeln hat Folgen, die sich meist von unseren Erwartungen unterscheiden und weitaus vielfältiger sind, als wir uns vorstellen können.

Mit Freiheit meine ich die Freiheit in uns selbst. Wir sind nicht eingeengt, gefesselt: wir werden nicht gezwungen, zu handeln. Die Welt mit ihrer Fülle von Möglichkeiten steht uns offen. Mögen wir noch so viel Arbeit haben, wir können uns Zeit nehmen, wir können zuhören, schauen und staunen. Wenn wir uns die Muße nehmen, können wir Möglichkeiten ins Auge fassen und viele Pläne machen.

Diese Freiheit kommt mit der Erkenntnis, daß wir keine Marionetten sind, die nach den Gesetzen eines Großen Plans Kosmischer Gerechtigkeit handeln, in dem unsere Bestrebungen, gute Menschen zu sein, angemessen belohnt werden (andernfalls wir mit Verwirrung, Angst und Zorn reagieren). Wir erkennen, daß unser Leiden nicht eine Strafe für unsere Schlechtigkeit ist. Es gibt drei mögliche Ursachen, auf die unser Leiden zurückzuführen ist: auf unseren Planeten Erde, der nicht primär auf unsere Bedürfnisse ausgerichtet ist und dem Überleben jeder Spezies seiner Bewohner eine unparteiische Haltung entgegenbringt; auf unseren Körper, der eine begrenzte Lebensdauer hat und störanfällig ist; und auf unser Selbst, da wir uns und andere verletzen, wenn wir uns weigern, unser Eigenverständnis zu finden. Diese Weigerung, unser Selbstverständnis zu finden, ist die Hauptursache unserer Qualen.

Die Erkenntnis, daß es keinen Großen Plan von Belohnung und Bestrafung gibt, bedeutet nicht, daß wir die Welt ausschließlich als Kausalzusammenhang von Atomen und Elementarteilchen und die Menschen als bloßes Ergebnis gewisser chemischer Zusammensetzungen und Vorgänge sehen. Diese Überzeugung wäre ebenso engstirnig und geringschätzig wie die Vorstellung, Gott sei ein reizbarer, jähzorniger, alter Mann mit strikten Prinzipien zu sexuellen Aktivitäten, der allerdings weniger strikte Prinzipien zum Thema Krieg und Hungersnot vertritt, ein Mann mit einem eigentümlichen Gerechtigkeitsempfinden, der oft blind, taub und vergeßlich scheint. Wenn uns klar wird, daß es keinen Großen Plan von Belohnung und Bestrafung gibt, müssen wir uns selbst daran machen, das Leben zu verstehen und zugleich wissen, daß unser Verständnis nie vollständig sein kann; wir müssen wissen, warum wir agieren und welche Konsequenzen unsere Aktionen nach sich ziehen können.

Die Erkenntnis, daß es keinen Großen Plan von Belohnung und Bestrafung gibt, befreit uns aus dem Kampf, unser Selbst vor der Vernichtung zu bewahren. Sie ist eine Phase im Aufbau des erfolgreichen Selbst.

Das erfolgreiche Selbst befindet sich nicht im ständigen Kampf, um die drohende Vernichtung des Selbst abzuwehren.

Die Bewältigungsstrategien der Verzweiflung, mit denen uns der Stempel einer Geisteskrankheit aufgedrückt wird, sind nicht die einzigen Abwehrmaßnahmen, derer sich Menschen in ihrem fortgesetzten Kampf gegen die Vernichtung ihres Selbst bedienen. Es gibt eine Vielzahl von Menschen, die dem Anschein nach ein normales, erfolgreiches Leben führen und deren Handeln weniger von positiven Plänen und Wünschen motiviert ist, als vielmehr von der Angst, einer nicht greifbaren Gefahr ausgesetzt zu sein. Selten wird sich diese Angst bewußt gemacht, sie ist dem Betroffenen lediglich als beschämende, geheimgehaltene Schwäche bekannt.

Gegen diese Angst haben die Menschen eine große Zahl von Abwehrmaßnahmen entwickelt, die sie als Gewohnheiten bezeichnen. Namenlose Ängste können in namentliche Besorgnis verwandelt werden. Und es wimmelt auf der Welt von Besorgnisexperten, die es schaffen, jedem Aspekt des Lebens, und sei er noch so heiter, eine besorgniserregende Seite zuzuschreiben. Namenlose Angst ist der Antriebsmotor für *Arbeit*, die eine vorübergehend lindernde Wirkung auf Angst hat. Und es wimmelt von Arbeitssüchtigen, denen es vor langweiligen Wochenenden, Urlaub und dem Altwerden graut.

Gäbe es Auszeichnungen für Besorgnis und Arbeitswut, würden sich Introvertierte und Extravertierte gleichermaßen für einen Wettbewerb eignen. Wobei Introvertierte siegen, wenn es darum geht, das Universum zu organisieren und zu kontrollieren, und Extravertierte auf dem Siegerpodest stehen, wenn es darum geht, für andere da zu sein, sich als extravertierte Betreuer Abhängige zu schaffen. In diesen allgegenwärtigen und nicht endenwollenden Wettbewerben, aus der Überzeugung entstanden und beibehalten, daß Gutsein immer belohnt und Schlechtsein immer bestraft wird, müssen die Teilnehmer, da sie den Anspruch erheben, durch eigenes Streben Erfolg zu haben, sich auch für ihr Scheitern selbst bezichtigen. Das, was wir heute Streß nennen, ist nur zu häufig auf die nur partiell erfolgreichen und kräftezehrenden Versuche der Menschen zurückzuführen, die drohende Vernichtung ihres Selbst durch Besorgnis, Arbeit und das Bemühen, gut zu sein, abzuwenden.

Warum bestehen die Menschen auf solchem Verhalten, das ihnen und ihren Lieben so viel Unglück bringt? Warum ändern sie sich nicht?

Im Mittelalter wurde von Theologen eine Liste der Sieben Todsünden erstellt; als schlimmste Sünde bezeichneten sie den Hochmut, weil *Hochmut dich daran hindert, dich zu ändern.*

Unser Hochmut ist es, der nicht zuläßt, daß wir uns der Angst vor Vernichtung stellen, sie beim Namen zu nennen und erkennen, daß es sich dabei um ein Phänomen handelt, das wir in der Kindheit erschaffen haben, das seine Wirkung auf uns verliert, sobald wir aufhören, Kinder zu sein. Unser Stolz ist der Grund, warum wir unsere Abwehrmaßnahmen gegen eine trügerische Angst Tugenden nennen; und auf unsere Tugenden und Redlichkeit sind wir nun mal stolz.

Introvertierte versuchen demnach, sich davor zu schützen, was sie als größte Gefahr sehen, indem sie sich hohe Normen in Organisation, Leistung, Klarsicht und Kontrolle setzen; sie sind nicht nur sehr stolz auf ihre hohen Richtwerte, sie sind auch stolz darauf, hohe Normen für andere Menschen zu setzen (primär ihre bedauernswerten Kinder). Extravertierte versuchen sich davor zu schützen, was sie als größte Gefahr sehen, indem sie Menschen durch Charme, Kontrolle und Manipulation dazu bringen, das zu tun, was sie von ihnen wollen, das heißt, sie verschaffen sich Zugehörigkeit und Ansehen in der Gruppe. (Sie lassen nicht zu, daß ihre bedauernswerten Kinder das Elternhaus in emotionaler Hinsicht verlassen.) Extravertierte sind sehr stolz darauf, liebenswerte Menschen zu sein.

Wenn Sie tief in Ihrem Innern wissen, daß Sie schwach und verängstigt sind, wie können Sie sich von den wenigen glitzernden Fetzen trennen, die Ihre Blößen bedecken? Wenn Sie keine Normen setzen und kein besonders beliebter Mensch sind, müssen Sie auf Ruhm und Ehre oder auf Ihre Besonderheit zurückgreifen.

Viele Menschen sind in diesem Rollenverhalten festgefahren und kommen nicht weiter. Wenn sie weiterkommen, sind sie meist durch die Ereignisse gezwungen worden, sich ihrer Angst zu stellen. Introvertierte dieser Art haben die Erfahrung gemacht, von ihren Emotionen überwältigt zu werden und jede Kontrolle zu verlieren. Extravertierte haben das Gefühl der Leere verspürt, aus der die Angst erwächst, nicht weiter zu kommen, da sie nichts und niemand begleitet.

Da Hochmut bekanntermaßen vor dem Fall kommt, kann uns dieser Umstand zwingen, uns der Angst vor Vernichtung zu stellen. Dabei muß eine solche Konfrontation nicht unbedingt die Folge von extremen Qualen sein. Wir müssen lediglich *den Entschluß fassen, uns zu ändern.* Und wie kommen wir dazu?

Unsere emotionalen Erfahrungen, die wir in unserem Körper und unserer Seele verspüren, stellen sich als *Bild* dar. Wenn wir über unsere Gefühle sprechen, beziehen wir uns auf dieses Bild. Wenn uns das Bild klar und deutlich vor Augen steht, erkennen wir seinen Sinn klarer und entscheiden danach, ob dieser Sinn auf unser Leben anzuwenden ist.

Stephanie Alexander schrieb mir zu diesem Sachverhalt, kurz nachdem sie *Jenseits der Angst* gelesen hatte:

»Ich möchte schildern, wie Angst für mich aussieht, bevor das Bild sich wieder verwischt. Es ist eine verschwommene Horrorvision, die ich viele Male hatte, doch als ich Ihr Buch las, nahm sie dreidimensionale Formen an und wurde sehr deutlich. Die Szene spielt sich in einem engen, weißen Raum ab mit hohen Wänden; ich bin an eine Gestalt gebunden, die darin eingeschlossen ist, bin aber gleichzeitig über ihr und sehe auf sie hinunter. Sie hält ihr Gesicht abgewandt, den Blick zu Boden gerichtet. Sie ist nackt, die Haut ist feuerrot, wie wund geschürft, sie hat die Arme um sich geschlungen und wirkt noch kleiner, als sie eigentlich ist (ich bin eine ziemlich große Frau, aber dieses Selbst ist winzig). Sie-ich spüren, wie weich ihr Fleisch ist und wie zerbrechlich ihre Knochen. Nichts kann sie davor bewahren, ausgeschaltet, vernichtet zu werden – sie ist verwundbar wie ein schutzloses Weichtier. Die Bedrohung geht nicht von Menschen aus. Es ist eine Bedrohung durch das Nichts. Der winzige Raum befindet sich in einem riesigen Komplex leerer weißer Mauern, die sich unmerklich auf eine völlig kahle Landschaft öffnen – flach, dürres, fahles Gras; hier findet sich nicht einmal die leere Schönheit einer Sandwüste. Ich vermute, der enge Raum befindet sich in einem Flughafen, wo man bloß ein unscheinbares Paket aus Fleisch und Knochen ist, das leicht verlorengehen könnte – weggewischt von einem Luftzug.«

Sie fuhr fort:

»Als ich in den Schlaf driftete, erhielt ich die schreckliche Nachricht, daß dieses Bild der Angst nicht vollständig sei, daß diese weißen Wände sich von Zeit zu Zeit öffnen, um scharenweise Menschen einzulassen. Dazu öffnen sich Tausende von Schaltern und unleserliche, flackernde, sich ständig verändernde Neonschilder werden sichtbar; hundert unverständliche Lautsprecherdurchsagen schwirren durch den Raum und die Menschen wissen genau, was sie tun und wohin sie gehen. Nur ich weiß es nicht und wage nicht, Fragen zu stellen. Ich klammere mich an eine Säule, kann aber nicht verhindern, daß diese Millionen Menschen zielstrebig auf mich zu und durch mich hindurchgehen.«

In ihrem ersten Brief, den Stephanie mir 1983 nach der Lektüre meines ersten Buches *Ich entscheide mich für das Leben: der Weg aus der Depression* schrieb, sprach sie davon, daß die Menschen ständig über sie hinweggingen und sie glaubte, keine Einwände dagegen erheben zu dürfen, weil sie ein schlechter, nutzloser Mensch sei. Als sie den Entschluß faßte, ihr Leben in die Hand zu nehmen, stellte sie fest, daß das Bild nicht mehr diese furchtbare Macht über sie ausübte. Sie schrieb:

»Ich bringe das alles schmunzelnd zu Papier, weil es für mich eine Erinnerung ist, keine gegenwärtige Realität. Die Geschichte enthält Elemente, die ein wenig beängstigend sind, aber gewiß nicht lähmend, und das bedeutet, daß viele Fortschritte gemacht wurden... Ich freue mich sagen zu können, auch ich kann mein Entsetzen darlegen; auch ich kann begreifen, daß ich Horrorvisionen habe. Bei einigen verstehe ich sogar den Grund. Für mich sind es echte und schreckliche Horrorvisionen, und es ist wunderbar, die Erlaubnis zu haben (oder mir selbst die Erlaubnis zu erteilen), sie anzusehen, zu beschreiben, zu begrüßen und die Hand auszustrecken, um sie zu sanft zu berühren

– auf diese Weise werden große, unförmige Ungeheuer, die aus der Finsternis angekrochen kommen, zu umgänglichen Geschöpfen. Vielleicht werden sie mit viel Liebe zu schnurrenden Schmusetierchen – zugegeben eine groteske Hoffnung, aber warum sollte ich mir nicht mal etwas Wunschdenken gönnen.«

Um diese ›riesigen und schrecklichen Horrorvisionen‹ in ›umgängliche Geschöpfe‹, wenn nicht sogar in ›schnurrende Schmusetierchen‹ zu verwandeln, mußte sie erkennen, daß ihre drohende Vernichtung des Selbst ein Trugbild ist. Wenn wir das Gefühl haben, unser Selbst zerbricht oder löst sich auf, trifft es nicht zu, daß unser *Selbst* zerbricht und sich auflöst; was zerbricht und sich auflöst, ist die *Sinnstruktur*, die wir uns errichtet haben.

Die Sinnstruktur ist eine Gruppe zusammenhängender Grundsätze oder Behauptungen, die verdeutlichen, was wir unter unserem Selbst und unserer Beziehung zur Welt verstehen. Gewöhnlich nehmen wir diese Sinnstruktur als real, gefestigt und wahr hin; stellt sich aber heraus, daß sie das nicht ist, daß die Wirklichkeit sich von dem, was wir angenommen haben, unterscheidet, bekommen wir Angst. Als säßen wir in einem Wagen, führen eine Straße entlang und plötzlich sind der Wagen, die Straße, ja selbst der Boden unter uns verschwunden und wir stürzen durch den unendlichen Raum. Die Sinnstruktur einer extravertierten Frau mag sich um die Aussage drehen: »Ich bin verheiratet mit einem guten, sympathischen, aufrichtigen Mann, den ich liebe und der mich liebt, und wir werden unser ganzes Leben zusammenbleiben.« Wenn sie entdeckt, daß er Geld in seiner Firma unterschlagen hat und mit seiner langjährigen Geliebten nach Südamerika geflohen ist, löst sich ein Großteil ihrer Sinnstruktur auf, was sie allerdings empfindet, als sei sie selbst in Gefahr, sich aufzulösen. Die Sinnstruktur eines introvertierten Mannes mag sich um die Aussage drehen: »Ich bin ein außerordentlich tüchtiger Geschäftsmann und in zehn Jahren werde ich leitender Direktor meiner Firma sein.« Am Tag seiner Kündigung bricht ein Großteil seiner Sinnstruktur zusammen, er aber empfindet die Situation, als sei *er* derjenige, der zusammenbricht.

Viele Menschen bestehen ein Leben lang darauf, daß ihre Sinnstruktur die reine und absolute Wahrheit ist, der die Welt zustimmen *muß*. Also kann die vom Ehemann verlassene Frau sich einreden, er habe das Geld aus Liebe zu ihr unterschlagen, die Geschichte mit der Geliebten sei eine Lüge, und eines Tages werde er zu ihr zurückkehren. Der gefeuerte Geschäftsmann kann sich einreden, er sei das Opfer einer Verschwörung und er werde die daran Beteiligten zur Rechenschaft ziehen. Er werde seine Firma zwingen, sich bei ihm zu entschuldigen und ihm einen besser bezahlten Posten zu geben.

Eine andere Möglichkeit wäre, daß die Frau und der Mann sich eingestehen: »Ich habe mich geirrt«; mit dieser Aussage *unterscheiden sie zwischen dem Selbst, das fortbesteht und der Sinnstruktur, die zwar zerbrechen und sich auflösen, aber immer wieder aufgebaut werden kann*. Sie können ihre Enttäuschung und Wut anerkennen und ertragen, ihr Selbstvertrauen wieder herstellen mit Aussagen wie: »Bin ich froh, diesen Kerl loszusein« und: »Ich war zu gut für diese Firma« und sich damit eine neue Sinnstruktur aufbauen.

Wenn wir in der Praxis des Lebens und nicht nur in unserem Denken fähig sind, unseren Selbstwert von der Sinnstruktur zu trennen, die unser Selbstwert errichtet hat, wissen wir, daß wir unseren Selbstwert behalten, obwohl wir in unserer Sinnstruktur irrten. Wir mögen uns verlassen und unglücklich fühlen, aber wir lösen uns nicht auf. Wenn wir unsere Sinnstruktur als Struktur sehen, sind wir in der Lage zu erkennen, daß alles Sein im Fließen begriffen ist. Wir erkennen, daß unsere festen und dauerhaften Kategorien von Organisation und Kontrolle lediglich Fiktionen, Täuschungen vermeintlich bleibender Werte in einer sich verändernden Welt sind. Sobald uns das bewußt ist, stehen wir nicht länger unter dem Zwang, zu kontrollieren und zu organisieren, sondern tun das nur, um uns das Leben angenehm zu gestalten.

Das Leben *ist* Veränderung und deshalb ist es interessant. Wir können unser Leben vergeuden und verlangen, daß niemand von uns erwarten kann, unsere Sinnstruktur zu verändern. Wir können aber auch Freude daran haben, immer wieder etwas Neues in unserem Leben zu entdecken.

Die Grundsätze, die wir auf unser Selbst anwenden, bilden einen Teil unserer Sinnstruktur. Wenn wir Grundsätze anwenden, wie »Ich schätze und akzeptiere mich, nicht nur meine Stärken, sondern auch meine Schwächen«, fällt es uns nicht schwer, unsere Sinnstruktur einfach als Struktur zu sehen; und wir fühlen uns stark und zuversichtlich genug, sie wenn nötig zu verändern. Wenn wir aber Grundsätze anwenden wie: »Ich bin schwach und unannehmbar und muß bestrebt sein, meine Schwäche, Schlechtigkeit und Unannehmbarkeit zu überwinden, indem ich sehr gut bin«, dann kommt uns schon der leiseste Verdacht, unsere Sinnstruktur bestehe womöglich nur aus unseren Denkweisen, die obendrein noch falsch sein mögen, als ›riesiger und schrecklicher Horror‹ vor.

Unsere Grundsätze über unser Selbst sind nicht immer in Worte gefaßt. Sie können sehr mächtig in Bildern existieren.

> »Stephanies Selbstbild ist zu schwach, um anderen zu widersprechen, die sich nichts aus ihr zu machen schienen. Die Wurzeln hierfür liegen in ihrer Kindheit. Sie wuchs als Einzelkind mit ihren Eltern in Südafrika auf und wurde besonders von der Mutter ständig darauf hingewiesen, daß ihre Familie zur besseren Gesellschaft gehöre – weit weg von den verhaßten englischen Verwandten und den Südafrikanern weit überlegen. Ihre Eltern achteten darauf, sie nicht zu ›verwöhnen‹ (auffälliges Verhalten, ›Eitelkeit‹ und ›Selbstmitleid‹ wurden strikt mißbilligt), waren andererseits aber großzügig und liebevoll. Für Stephanie war das Elternhaus ein besonderer und glücklicher Ort.
>
> Stephanie war ihren Eltern dankbar, ihr all das zu ermöglichen, was sie selbst in ihrer Jugend entbehren mußten. Sie wußte, daß ihnen das Recht zustand – und die Macht, dieses Recht einzufordern –, als Gegenleistung von ihr Vollkommenheit zu erwarten. Außerdem fürchtete sie insgeheim, daß sie als schwächstes Glied des wunderbaren Familienkreises ihre Position verlieren könnte –

vielleicht irgendwie verbannt würde –, wenn sie sich nicht wirklich darum bemühte, sie zu behalten.

Die Familienbande lockerten sich auf natürliche Weise, als Stephanie in einer anderen Stadt studierte. Doch als sie einundzwanzig war, zerbrach plötzlich alles. Ihre Eltern kamen bei einem Autounfall ums Leben, sie selbst überlebte schwerverletzt. Verlassen und sich plötzlich der körperlichen Zerbrechlichkeit bewußt, suchte sie sich zu schützen, indem sie den Kreis neu bildete und das schwache und verletzbare Opfer von Eltern wurde, die im Tod noch mächtiger geworden waren – da sie ihnen alles verdankte – und deren vermeintliche Forderungen sie nie erfüllen konnte. Schlimmer noch, sie begann, diese Macht anderen zu übertragen, bemühte sich gut zu sein, anderen zu gefallen und sie für sich einzunehmen. Jedes Versagen zeichnete ein deutlicheres Bild ihrer Person als rechtloses Nichts, und ein Bild der anderen als stark, mächtig und beherrschend. Niemand fand etwas Liebenswertes an ihr, weil es nichts Liebenswertes an ihr gab.

Je tiefer sich dieses Bild eingrub, desto mehr wurde es ein fester Bestandteil der Landschaft – und desto weniger verständlich, daß sie es selbst gezeichnet hatte und es auch wieder selbst ausradieren oder übermalen könnte.«[1]

Wenn wir uns das nicht bewußtmachen, sind wir für immer in der Kindheit festgefahren. Wir sehen unsere Verwandten, Freunde und Bekannten, unsere Kollegen, unsere Chefs, wir sehen alle Menschen in einer irgendwie gearteten höher gestellten Position, Ärzte, Polizisten, Politiker, Verkäufer und Premierminister, Busschaffner und Präsidenten, und wir sehen sie als mächtige Riesen. Wir erwarten von ihnen, daß sie ihre Macht dazu benutzen, sich um uns zu kümmern und wenn sie das nicht tun, fühlen wir uns ins Unrecht gesetzt. Gleichzeitig fürchten wir, daß sie ihre Macht gegen uns einsetzen und uns für unsere Verfehlungen bestrafen. Also bemühen wir uns angestrengt darum, gut zu sein.

Wenn wir jedoch akzeptieren, daß wir Erwachsene in einer Welt der Erwachsenen sind, erkennen wir, daß die sogenannten

›Autoritätspersonen‹ nichts weiter sind als normale Männer und Frauen, manche von ihnen fehlbar, scheinheilig und beschränkt, und andere gleichfalls fehlbar, aber ehrlich und liebevoll, die unsere Achtung, aber nie unsere Ehrfurcht verdienen. Als Erwachsene haben wir Heldenverehrung nicht mehr nötig. Sicherlich, als Erwachsene müssen wir die Hoffnung aufgeben, daß andere Menschen sich um uns kümmern, so wie gute Eltern sich um ihre Kinder kümmern. Aber wie können wir frei sein, wenn wir immer erwarten, daß jemand sich um uns kümmert? Wenn Menschen sich um uns kümmern, erwarten sie von uns, daß wir uns ihren Wünschen gemäß verhalten.

Wir bauen unseren Selbstwert in der Kindheit auf. Introvertierte Kinder sind leistungsorientiert und suchen sich Vorbilder, nach deren Anleitung sie Ziele setzen. Sie hoffen, daß ihre Vorbilder ihnen Anerkennung und Bewunderung schenken, stellen aber fest, daß ihre Idole ihnen Kritik entgegenbringen und daß Kritik verheerend sein kann. Extravertierte Kinder brauchen Gruppenzugehörigkeit und hoffen, daß die Menschen der Gruppe sie akzeptieren und gern haben, stellen aber fest, daß ihnen auch Ablehnung und Abneigung entgegengebracht werden, und daß Ablehnung und Abneigung verheerend sein können. Kinder sehen nur einen Weg, um Kritik, Ablehnung und Abneigung zu vermeiden, nämlich immer brav zu sein.

Als Kinder erkennen wir nicht, daß andere Menschen uns nur dann kritisieren, ablehnen und Abneigung entgegenbringen können, wenn wir das zulassen. Solange wir das nicht erkennen, bleiben wir Kinder.

Als Erwachsene wissen wir, daß andere Menschen uns Kritik, Ablehnung und Abneigung in Worten und Taten entgegenbringen können. Wenn wir allerdings nicht bereit sind, Kritik anzunehmen, müssen wir es nicht tun. Wir können uns strikt an den Grundsatz halten: »Wer mich kritisiert, ablehnt oder wem ich nicht sympathisch bin, ist ein Idiot, und von Idioten nehme ich keine Notiz.«

Um aber nicht allzu dickköpfig und hochnäsig zu erscheinen,

können wir diesen Grundsatz abändern und fundierte Kritik von Leuten annehmen, deren Meinung wir respektieren und die unsere Meinung respektieren. Wir können zulassen, daß andere Menschen Anschauungen und Grundsätze vertreten, die nicht mit unseren übereinstimmen, daß diese Menschen uns daher ablehnen oder unsympathisch finden. Aber wir nehmen solche Ablehnung und Abneigung nicht persönlich. Ihre Ablehnung und Abneigung setzt uns in keiner Weise herab.

Diese Position des Erfolgreichen Selbst können wir allerdings nur dann einnehmen, wenn wir die Überzeugung unserer grundsätzlichen Schlechtigkeit und Unannehmbarkeit über Bord geworfen haben.

Sich selbst schätzen und akzeptieren

Das Erfolgreiche Selbst kennt seinen Eigenwert, ist selbstbejahend und selbstbewußt.

Die Entdeckung des ›Warum nicht?‹ bedeutet, daß Sie sich selbst nicht länger ernst nehmen müssen und *sich selbst nicht länger ernst nehmen ist ein integrierter Bestandteil der Selbstbejahung und des Selbstbewußtseins, so wie es ein integrierter Bestandteil der persönlichen Freiheit ist.*

Wenn wir bedroht werden und um unser Überleben kämpfen müssen, nehmen wir uns sehr ernst. Wie Soldaten an der Front müssen wir uns ständig bewußt sein, von wo uns Gefahr drohen könnte, wir müssen stets wachsam und kampfbereit sein. Doch im Gegensatz zu Soldaten, die Perioden der Rast und Entspannung kennen, müssen wir ständig auf der Hut sein. (»Das Leben ist ein Kampf« ist ein Motto, das sich viele Menschen zu eigen gemacht haben.) Daher müssen wir uns ständig jedes Wortes und jeder Geste bewußt sein, auch oder besonders in Witzen und Scherzen, die andere Menschen machen, falls eine scheinbar harmlose Bemerkung oder Geste in Wahrheit ein Dolch ist, der uns ins Herz gestoßen wird. Wir müssen auch auf unsere eigenen Bemerkungen und Gesten als Schutzmaßnahmen achten, um Verletzung oder Provokationen zu vermeiden, die zu weiteren Angriffen einladen. Wir sehen uns in Gefahr, weil wir unsere Schwächen kennen. Da wir unsere Schwächen kennen, gehen wir davon aus, daß wir bedeutungslos sind und keine Rolle in der Planung des Geschehens spielen. Die Tatsache, daß Menschen uns angreifen und hassen, heißt, daß wir ihnen in gewisser Weise etwas bedeuten. Deshalb ändern wir nichts am Konzept unseres Überlebenskampfes. Denn das würde bedeuten, ein Nichts, ein Niemand, ein winziges Sandkorn in einer riesigen Wüste zu sein. Überleben ist also kein Kinderspiel.

Die Falle, sich in Gefahr zu wähnen, weil Sie schwach sind, und in Gefahr sein zu müssen, um sich eine Bedeutung beizumessen, wird durch das Verlangen nach Belohnung für gutes Betragen und das Vermeiden von Bestrafung für schlechtes Betragen weiter verschärft. Damit wird der Glaube an eine gerechte Welt gefestigt, in der Gutes belohnt und Schlechtes bestraft wird.

Einer weit verbreiteten Meinung zufolge braucht der Mensch ein Wertesystem von Belohnung und Bestrafung, sonst gäbe es nur schlechte Menschen auf der Welt. Die Verfechter dieser Ansicht machen sich nicht bewußt, daß sie ihre Überzeugung der eigenen Schlechtigkeit generell auf alle Menschen übertragen. Sie gehen davon aus, daß Babys grundsätzlich als schlechte Menschen geboren werden. Dabei entgeht ihnen, mit welcher *Freude* Kinder ihren Eltern helfen und ihnen gefallen wollen, sofern die Erwartungen der Eltern das Leistungsvermögen der Kinder nicht übersteigen. Es gibt keine größeren Freuden im Leben, als miteinander und füreinander da zu sein, das allerdings ist nur unter der Voraussetzung von gegenseitigem Vertrauen und Akzeptieren möglich. Eltern sehen in ihren Kindern das Böse oder das potentiell Böse, statt sie zu lieben wie sie sind. Und statt sie in ihrer natürlichen Entwicklung heranwachsen zu lassen, wie Pflanzen sich natürlich heranbilden, kontrollieren und strafen sie ihre Kinder. Und wie eine beschnittene und festgebundene Pflanze in ihrem Wachstum und ihrer natürlichen Schönheit eingeschränkt wird, geschieht das auch mit Kindern. Die Eltern beschneiden das Potential der Kinder und nehmen sich selbst die Freuden gegenseitiger Liebe und Zuneigung. Glücklicherweise besitzen wir die Fähigkeit zu denken und können uns ändern.

Wir können uns bewußtmachen, daß wir Menschen für schlecht halten, weil wir Angst vor ihnen haben, statt Angst vor Menschen zu haben, weil sie schlecht sind.

Als kleine Kinder können wir noch nicht verstehen, daß unsere Eltern uns für schlecht halten, weil sie Angst vor uns haben. (Sie haben Angst vor uns, weil sie ihre eigene Schwäche und Unzulänglichkeit fürchten. Sie fürchten, daß sie ihre Kinder oder die Kontrolle über sie verlieren.) Statt dessen wachsen wir in der Überzeugung auf, daß wir irgendwie, mögen wir uns noch so sehr bemühen, gut zu sein, schlecht und unannehmbar sind (und als Erwachsene fürchten wir unsere Kinder ebenso, wie unsere Eltern uns gefürchtet haben).

Wie können wir uns von dieser Überzeugung befreien? *Wie können wir die Fähigkeit wiederfinden, so zu sein, wie wir geboren wurden?*

Das Gefühl, schlecht und unakzeptierbar zu sein, ist wie ein großer, schwerer Sack, den man uns auf den Rücken gebunden hat und der uns zu Boden drückt. Wir müssen diesen Sack von unseren Schultern nehmen, ihn öffnen und seinen Inhalt untersuchen. Beim Durchforsten finden wir einige Stücke, die bei näherem Ansehen keine ungeheuerlichen, nicht zu bewältigende, schwerwiegende Schrecken sind, sondern wertvolle kleine Schmuckstücke, die wir uns in die Tasche stecken können. Wir leeren den Sack, werfen den Ballast weg und setzen unsere Reise unbeschwert als freie Menschen fort.

Zu dem Unrat, den wir wegwerfen, gehören auch die negativen Gedanken, die wir über unser Aussehen und unsere Fähigkeiten haben.

Eine Menge Kritik, die uns in der Kindheit trifft, bezieht sich auf unser Aussehen, und das belastet uns sehr. Immer sind wir zu groß oder zu klein, zu dick oder zu dünn, unser Haar ist zu gerade oder zu gekraust, unsere Haut ist zu blaß oder zu braun, unsere Beine sind zu lang oder zu kurz, unsere Nase ist zu groß oder zu klein. Unser Bewußtsein der Körperpartien, die anderen Leuten gefallen, ist völlig überlagert vom Bewußtsein der Teile, die anderen nicht gefallen. Wir können uns im Verlauf unseres Heranwachsens nicht von diesen Belastungen befreien, da uns durch Illustrierte, Zeitungen, Film und Fernsehen die Botschaft vermittelt wird, daß du völlig bedeutungslos bist, wenn du nicht jung, schlank und schön bist.

(Wenn wir ebenso viel Zeit und Mühe darauf verwenden würden, zu taxieren, wie gut wir mit anderen auskommen, so wie wir unser Aussehen taxieren, dann würde sich unser Leben erheblich ändern.)

Zwar sind wir uns einer alles überschattenden Kritik bewußt, dennoch wissen wir meist nicht, daß unser Eindruck über unser Aussehen (was die Psychologen unser *Körperschema* nennen) falsch ist. Wir schauen in den Spiegel und sehen etwas, das gar nicht da ist.

Wie viele andere Kinder auch hatte ich mit zehn und elf einen ziemlichen Wachstumsschub, was zum Anlaß endloser Bemerkungen und Klagen meiner Mutter führte, zumal ich größer wurde als sie. Nicht daß es sich dabei um eine das Normalmaß überschreitende Körpergröße gehandelt hätte. Meine Mutter war einen Meter achtundfünfzig und ich wuchs zu meiner vollen Körpergröße von einen Meter sechzig aus. Ich hielt mich allerdings für unnatürlich groß, überragte Leute, die das richtige und angebrachte Körpermaß hatten. Dieses Bild wurde in der Schule verstärkt, als wir uns in einer Reihe der Größe nach aufstellen mußten und ich unter den drei Größten stand.

Dieser Eindruck, eine Riesin zu sein, zusammen mit dem Gefühl, ein Fettkloß zu sein (meine Schwester pflegte meine ähnlich gebaute Freundin Joyce und mich als ›Elefantenbabys‹ zu bezeichnen), verband sich mit der Wahrnehmung, daß ich andere Menschen niedertrampeln könnte, wenn ich zu heftig auftrat. Ich zog mich immer mehr in mich zurück und entwickelte gleichzeitig eine beschützerische Haltung zu den Menschen, die ich gern hatte. Hätte ich ein Bild von mir angefertigt, wie ich meine Beziehungen zu anderen sah, hätte ich mich als großes, vorgebeugtes Wesen gezeichnet, das die Arme schützend über kleine, verletzbare, aber makellos gebaute Menschen breitet. (Ich will damit zu verstehen geben, daß unser Körperschema nicht nur ein geistiges Bild davon ist, ›wie ich aussehe‹, sondern ein integrierter Aspekt, wie wir uns in Beziehung zur Welt und zu anderen Menschen sehen.)

Im Alter von neununddreißig benutzte ich dieses Bild noch immer, ohne zu erkennen, daß es falsch war. Ich war damals mit Jake und Janet Empson befreundet, die wie ich kurz vor ihrer Habilitation standen und mit denen mich viele gemeinsame Sorgen und Nöte verbanden. Ich glaubte sie beide meines Schutzes bedürftig, besonders die kleine Janet. Ich hatte keinen Zweifel über unsere Größenverhältnisse. Hätte man uns wie in der Schule aufgefordert, uns der Größe nach aufzustellen, wäre der hagere, schlaksige Jake als erster gekommen (es fiel mir nicht schwer, einen Mann größer als mich zu sehen), dann ich und schließlich die kleine Janet.

Eines Abends in meiner Wohnung erwähnte ich in irgendeinem Zusammenhang, daß ich größer sei als Janet.

»Nein, bist du nicht«, sagte Janet. »Ich bin größer als du. Ich denke immer an dich als die kleine Dorothy.«

Mir blieb der Mund offen stehen. Wie konnte eine intelligente Frau, noch dazu eine angehende Psychologin sich derartig irren. Ich legte heftigen Protest ein. Nein, keineswegs. Ich sei die größere von uns beiden.

Jake, unser Experimentalpsychologe, wußte die Lösung: »Stellt euch Rücken an Rücken. Da drüben vor den Spiegel, damit ihr euch sehen könnt.«

Wir taten, wie uns geheißen, und zu unser beider Erstaunen sahen Janet und ich, daß wir genau gleich groß waren.

Diese Entdeckung bewirkte mehr, als mir vor Augen zu führen, daß Janet und ich Frauen mittlerer Körpergröße waren. Sie versetzte mich außerdem in die Lage, meine Schutzhaltung für meine Klienten aufzugeben. Die kluge, freundliche, fürsorgliche Therapeutin, die sich schützend über ihren Klienten beugt, hindert ihn nämlich daran, erwachsen zu werden und weist dem Therapeuten eine unpassende Rolle zu. Meine Vorstellung einer Therapie ist mittlerweile die zweier Menschen in einem unermeßlichen weiten und tiefen Wasser. Mein Klient schlägt wild um sich und erhöht dadurch die Gefahr zu ertrinken. Mein einziger Vorteil besteht in meinem Wissen, daß wir uns ruhig verhalten und *dem Wasser vertrauen* müssen, damit es uns trägt. Ich lasse nicht zu, daß mein Klient sich an mich klammert, denn dann würden wir beide ertrinken. Ich strecke ihm nur meinen Arm entgegen und gebe ihm mit meinen Fingerspitzen solange Halt, bis er selbst erkennt, was ich bereits weiß.

Die Neubestimmung ihres Körperbildes erfordert für manche Menschen große Mühe, weil ihre Kindheitserfahrungen ihnen das Gefühl gaben, ihr Körper gehöre ihnen gar nicht.

Eine unserer Aufgaben in früher Kindheit besteht darin, einen Selbstwert aufzubauen, der sich mit unserem Körper deckt. Das geschieht, indem wir Kontrolle über unseren Körper gewinnen, herausfinden, was Ich-und-mein-Körper tun können. Kinder verlieren jedoch diese Kontrolle über ihren eigenen Körper und die Ich-und-mein-Körper-Gemeinsamkeit, wenn Erwachsene den Körper des Kindes als Objekt behandeln. Das geschieht, wenn Erwachsene ihren Leidenschaften gegen den Körper des Kindes im Zorn oder Sex ungezügelten Lauf lassen. Das geschieht auch, wenn Eltern in ihrem Wunsch, gute Eltern zu sein und im Glauben, damit ein aufdringliches Interesse an der Darmtätigkeit ihres Kindes an den Tag legen zu müssen, den Körper des Kindes als Objekt behandeln, indem sie Rektum und Genitalbereich inspizieren. In ähnlicher Weise versäumen es Ärzte, die beruflich bedingt ihre Patienten nur als Körper, nicht wie Menschen behandeln, das Recht des Kindes auf körperliche Intimsphäre zu wahren. Für viele Kinder ist die Art, wie sie von Eltern und Ärzten aus Hygiene- und Gesundheitsgründen behandelt werden, nicht zu unterscheiden von sexueller Nötigung. Durch diese Erfahrungen erlebt das Kind seinen Körper als von seiner Person getrenntes Objekt, statt in einem einheitlichen Ich-und-mein-Körper zu leben. Die Abspaltung von Körper und Selbst bedeutet, daß das Kind sich nicht um ›das Objekt Körper‹ kümmert, ihm keine Sympathie und Fürsorge entgegenbringt. Die Bilder, die das Kind von seinem ›Objekt Körper‹ hat, trennen den Körper vom Ich und es empfindet sich in der Erinnerung als Objekt, als welches es behandelt wurde.

Ebenso wie wir unsere Vorstellung über unser Aussehen und

unsere Beziehungen zu anderen ordnen und nötigenfalls ändern müssen, müssen wir unsere Überzeugungen über unser Tun ändern. Kritik und Verachtung, die uns als Kinder von Eltern und Lehrern entgegengebracht wurden, brachten uns zur Überzeugung, daß unsere Fähigkeiten auch in den Bereichen, in denen Eltern und Lehrer von uns Leistungen erwarteten, begrenzt seien. Viele Dinge, die uns Spaß gemacht hätten, waren uns verboten, weil sie als ›feige‹ galten oder weil ›ein Mädchen so etwas nicht tut‹ oder weil sie ›ordinär und billig‹ waren. Bemerkungen wie ›das ist nicht dein Stil‹, ›das schickt sich nicht‹, ›du hast es nicht nötig, Geld zu verdienen‹, ›reine Zeitverschwendung, da du ohnehin heiratest‹ haben uns geprägt. Wir traten in unser Erwachsenenleben nicht nur mit einer begrenzten Bandbreite von Fertigkeiten und Interessen ein, sondern auch ohne Kenntnis der Möglichkeiten, die das Leben bietet. Unsere Wahrnehmung über uns selbst, unsere begrenzten Fertigkeiten, Interessen und Fähigkeiten hindern uns daran, unseren Lebenssinn zu entfalten und die Maßnahmen zu ergreifen, die es ermöglichen, uns Wertschätzung und Akzeptanz entgegenzubringen.

Wenn ich über die Notwendigkeit schreibe, die Überzeugung aufzugeben, daß wir schlecht und unakzeptierbar sind, klingt das, als sei das ganz einfach. Ist es aber nicht. Sie können Ihre Meinung ›das Waschmittel X ist nicht gut‹ ändern in ›das Waschmittel X ist gut‹, ohne viel von Ihrer Sinnstruktur und Ihren Handlungsweisen zu verändern. Aber ›Ich bin schlecht und unannehmbar‹ in ›Ich mag alles an mir, auch meine Schwächen‹ zu verändern, bedeutet, daß jeder Bereich Ihrer Sinnstruktur sich irgendwie verändert und damit verändert sich jeder Gedanke und jede Handlungsweise in irgendeiner Form. Anscheinend können wir unsere Meinung ändern, wenn es um Waschmittel geht, aber bei Sachverhalten mit tieferem Gehalt bedarf es mehr.

Im Lauf der Jahre habe ich viele Menschen beobachtet, die sich verändert haben von ›Ich bin schlecht und unannehmbar‹ in ›Ich mag alles an mir, auch meine Schwächen‹, und sie haben alle das gleiche getan. Es beginnt damit, daß sie zum Schluß kommen, daß ihr Leben einfach zu elend ist, um es länger zu ertragen, und daß sie etwas dagegen unternehmen wollen. Sie suchen einen Therapeuten auf oder schließen sich einer Gruppe an, nehmen an Wochenendseminaren der Begegnung oder an Schauspieltherapiekursen teil. Sie lesen Erice Berne und Fritz Perls, Alan Watts, Sheldon Kopp und nicht zu vergessen, Dorothy Rowe. Sie arbeiten sich durch *Passages* und *Cinderella Komplex, The Women's Room* und *The Female Eunuch*. Sie befassen sich mit Freud und Jung oder mit religiösen Schriften. Und wenn jemand so viel Fachliteratur gelesen hat wie kein anderer Therapieklient vor ihm, weiß er am Ende auch nichts anderes, als daß er zur eigenen Wertschätzung und Akzeptanz kommen muß. Die Klienten wissen von fast allen psychologischen und philosophischen Theorien, warum das so ist, doch dieses Wissen ist nur intellektueller Natur. Es befindet sich in ihren Köpfen, nicht in ihren Herzen. Bevor nicht jede Faser ihres Seins davon erfüllt ist, hat sich nicht viel verändert.

Ein wenig hat sich wohl verändert. Anstelle der unverrückbar strengen Sinnstruktur ist etwas mehr Flexibilität getreten. Gregory erlebte das als »die Stahlbolzen, die meinen Panzer zusammenhielten und die einer nach dem anderen aus ihrer Verankerung sprangen«. Vergessene Ereignisse kamen wieder zum Vorschein und erinnerte Ereignisse wurden neu interpretiert. Was auch geschieht, aus dieser Flexibilität bildet sich der Gedanke: »Ich werde etwas tun.« Dieses Etwas kann eine große Umwälzung sein – eine Stellung bekommen, obgleich jedes Argument, warum das unmöglich war, allen, die es hören wollten, bekannt war; sich zur Ehescheidung zu entschließen, obgleich bislang jeder Gedanke, daß die Ehe nicht intakt sei, entrüstet zurückgewiesen worden war; ein Studium aufzunehmen, obgleich bislang Alter und geistige Unzulänglichkeit diese Möglichkeit ausschloß. Es kann sich aber auch nur darum handeln, etwas Verlorenes wiederzufinden – einen Sport wieder aufnehmen, der aus familiären Gründen vernachlässigt wurde, ein Bild nur für sich und nicht für andere malen, einem Freund einen Gruß schicken, mit dem man Streit hatte. Was immer dieses ›Etwas‹ ist, es stellt eine Aktion dar, in der die innere und äußere Realität vereint werden. Es handelt sich nicht um die hektische Betriebsamkeit des Extravertierten, der sich bemüht, die schwierigen Bereiche der äußeren und inneren Wirklichkeit zu vermeiden, oder um die obsessive Organisation der äußeren Wirklichkeit des Introvertierten. Es ist *eine Aktion, mit der die innere und äußere Realität wohldurchdacht und dennoch spontan vereint werden, ein kreativer, neuer Akt.* Eine Aktion, die nicht nach Anleitung eines anderen Menschen unternommen wird, sondern eine persönliche Entscheidung. Sie ist riskant, da sie scheitern kann. Sie ist schwierig, weil die notwendigen Fähigkeiten und Erfahrungen bis zu einem gewissen Grad fehlen, aber eine Aktion ohne persönliche Verantwortung, Risiko und Schwierigkeiten würde nicht die Wirkung dieser Aktion haben, die das Wesen der Sinnstruktur verändern soll. Aus dem Akt ›Ich bin schlecht und unannehmbar‹ wird allmählich ›Ich mag alles an mir, auch meine Schwächen‹.

Der kreative Akt, der das Selbstwertgefühl wiederherstellt, versetzt den Betroffenen in die Lage, die Inhalte des Sackes, vor denen er am meisten Angst hat, auszupacken, die verborgenen Kindheitserinnerungen und das verschwiegene Gefühl seiner Schlechtigkeit.

Die verborgenen Kindheitserinnerungen beziehen sich auf die Ereignisse, die uns zur Überzeugung brachten, wir seien schlecht und unannehmbar. Wenn wir sie wieder hervorholen und sie aus der Sicht des Erwachsenen betrachten, sehen wir ein kleines Kind, das durch die Aktionen Erwachsener leidet. Wenn wir uns immer noch nicht mögen, sehen wir das Kind, das wir einmal waren ohne Mitleid. Wenn wir uns aber mögen, empfinden wir Mitleid mit dem Kind, und Mitleid ist eine schmerzhafte Emotion.

Noch schwerer fällt es uns, den Erwachsenen anzusehen.

In früher Kindheit wurde uns beigebracht, daß nur böse und undankbare Kinder Kritik an ihren Eltern üben. Manche von uns würden so etwas nie wagen und bleiben bis ins hohe Alter gehorsame und dankbare Kinder. Manche von uns durchlebten die Phase der Jugendrebellion, in der wir unsere Eltern ständig kritisierten, uns aber dabei schuldig fühlten. Das machte unsere Revolte sehr schmerzhaft und konfus und da unsere Eltern gemeinhin unser aufrührerisches Benehmen nicht tolerierten und unsere Schuldgefühle benutzten, um uns zu manipulieren und zu strafen, gingen wir aus dieser Phase hervor und waren unseren Eltern noch fremder als zuvor. Wir waren nach wie vor nicht in der Lage, sie als Menschen zu sehen, die mit ihren eigenen Problemen zu kämpfen hatten, wobei wir mehr ein Objekt für ihre Gefühle als Menschen mit eigenen Rechten waren. Kritik an unseren Eltern versetzte uns immer noch Schuldgefühle.

Schuldgefühle und der Versuch, Schuld durch Gesten der Versöhnung zu tilgen (beispielsweise zu Hause anrufen, regelmäßige Besuche im Elternhaus, Geschenke an die Eltern, Eltern zu sich einladen, sich vor jeder Entscheidung fragen: »Was würde Mutter dazu sagen?«, obgleich Mutter bereits seit zwanzig Jahren unter der Erde liegt), ist eine Abwehrmaßnahme gegen das gegenseitige Haßgefühl, das in einer Eltern-Kind-Beziehung existiert.

Schuldgefühle und der Versuch, Schuld durch Gesten der Versöhnung zu tilgen, dienen außerdem dazu, uns vor Mitleid mit unseren Eltern zu bewahren. Kinder, die ihre Eltern lieben, empfinden manchmal Mitleid mit ihnen und spüren, wie quälend Mitleid ist. Ich werde nie vergessen, daß ich als Siebenjährige meine Mutter bat, mir ein Federmäppchen für die Schule aus der Stadt mitzubringen. Ich erklärte ihr, das Mäppchen müsse unbedingt auch einen Anspitzer für meine Bleistifte haben. Als sie vom Einkauf zurückkam, gab sie mir das Mäppchen, das sie gekauft hatte. Es war hübsch und blau und enthielt Bleistifte. Jeder Bleistift hatte eine spitz zulaufende Schutzkappe aus Metall, aber der Anspitzer fehlte. Enttäuscht wies ich meine Mutter darauf hin; sie deutete auf eine Kappe und fragte mit Unschuldsmiene: »Ist das denn kein Anspitzer?« Ich erinnere mich noch heute, daß ich tiefes Bedauern für meine Mutter empfand, die den Unterschied zwischen einem Anspitzer und einer Bleistiftkappe nicht kannte. Ich beeilte mich, ihr zu versichern, wie schön das Mäppchen sei, obgleich ich insgeheim tief enttäuscht war. Rückblickend weiß ich natürlich, daß meine Mutter den Unterschied zwischen Bleistiftkappe und Spitzer kannte. Es tat ihr leid, daß sie sich nicht die Zeit genommen hatte, das Mäppchen beim Kauf genau anzusehen, hatte sich aber in ihrer typischen Art verteidigt, indem sie Unwissenheit vorschützte, statt ihren Fehler einzugestehen.

Als Siebenjährige sah ich nur ihre Schutzlosigkeit. Wenn meine Klienten heute zornig und angstvoll reagieren, wenn wir auf Kritik an Eltern zu sprechen kommen, weiß ich, daß nicht nur Schuldgefühle, sondern auch Mitleid im Spiel ist, was Angst und Wut bei ihnen hervorruft. Mitleid kann oft schwerer zu ertragen sein als Schuld.

Schuld ist eine höchst unangenehme Empfindung, kann aber auch gnädig sein. Mit unseren Schuldgefühlen erbringen wir den Beweis, daß wir im Grunde gut sind, auch wenn wir etwas Schlechtes getan haben. Wir können unsere Schuldgefühle durch Sühne und Buße abschwächen. Wir können Schuldgefühle durch unser Tun und Unterlassen vorhersehen und verhindern. Mitleid kann uns unvermutet überfallen. Unser Herz zieht sich im plötzlichen Schmerz zusammen, Tränen schießen uns in die Augen und wir wissen nicht warum. Kommen sie vom Schmerz, gelten sie dem Objekt unseres Mitleids oder uns selbst? Vielleicht treffen alle drei Faktoren zu, denn in unserem Mitleid nehmen wir nicht nur eine andere Person wahr, sondern die elementare Traurigkeit des Lebens und unseren eigenen engen Bezug zu dieser Traurigkeit.

So schmerzhaft Mitleid sein kann, durch unsere Fähigkeit zu Mitleid können wir uns in die Kindheitsszenen zurückversetzen, die uns beibrachten, daß wir schlecht und unannehmbar sind, können die Angst, den Haß, die Hilflosigkeit wiedererleben, ohne das Gefühl haben zu müssen, in der Falle zu sitzen, wie damals als Kind, sondern mit dem Verständnis, daß Menschen einander durch ihre Unwissenheit und Aggression verletzen. Wir mögen noch nicht in der Lage sein, unseren Eltern zu vergeben, da Verzeihen ein sehr langwieriger Prozeß ist, aber wir können Mitleid mit ihnen haben, so wie wir Mitleid mit dem Kind haben können, das wir einst waren, und uns mit Trauer an die Vergangenheit erinnern. Diejenigen unter uns, die in ihrer Kindheit gelitten haben − und wer wäre davon ausgenommen? −, können nie wieder völlig unbeschwert leben. Dennoch ist es besser, frei und mit Trauer zu leben, als im Gefängnis der Verdrängung und Depression zu sitzen. Wenn wir unsere Trauer zulassen, können wir die Trauer anderer anerkennen und ihnen dadurch näherkommen.

Unsere eigene Traurigkeit anzuerkennen und anzunehmen, hilft uns, die Bereiche in uns anzuerkennen und anzunehmen, die wir als Beweis unserer elementaren Schlechtigkeit sehen.

Aus diesem gefürchteten Dunkel erheben sich jene Mächte, die in uns den Wunsch wachrufen, alle störenden und bedrohlichen Menschen und Dinge beiseite zu schieben, um zu überleben und weiterzuleben. Wenn diese Mächte als Wut und Haß und Mordlust erlebt werden, werden sie als böse empfunden, und wenn wir zulassen, daß sie sich in Grausamkeit, Gewalttätigkeit und Mord Ausdruck verschaffen, tun wir Böses, fügen anderen und der Welt, in der wir leben, Schaden zu. Wenn diese Mächte als der feste Entschluß erlebt werden, weiterzuleben, andere Menschen zu schützen und etwas zu schaffen, werden sie als Mut und Vitalität empfunden. Und das sind Eigenschaften, die wir an uns schätzen.

Unser Problem im Zusammenleben mit anderen besteht immer darin, wie wir unsere bösen, destruktiven Kräfte beherrschen, ohne unsere kreativen Kräfte lahmzulegen oder auszumerzen, da beide den gleichen Ursprung haben.

Die Funktion allen Lebens ist das Leben. Alle Lebewesen, vom Einzeller bis zum menschlichen Organismus, sind bestrebt, zu leben. Ich kann zwar nicht sagen, was eine Amöbe empfindet, wenn ihr Lebenskampf beeinträchtigt wird, ich kann allerdings sagen, was mit den Menschen geschieht. Sobald wir daran gehindert werden, unser Leben fortzuführen, sei es, den nächsten Atemzug zu tun oder ein multinationales Unternehmen aufzubauen, steigt Wut in uns hoch und diese Wut verwandelt sich ebenso schnell in Aggression, den Drang, weiterzuleben und den Weg weiter zu verfolgen, den wir uns vorgenommen haben. Als komplexe Lebewesen haben wir eine Vielfalt von Möglichkeiten entwickelt, wie wir unsere Aggression zum Ausdruck bringen, von der Wut eines Neugeborenen, das sich mit seinem ersten Schrei gegen den Erstickungstod zur Wehr setzt, über die Gewalttaten eines Soldaten oder eines Mörders bis zu den Knifflichkeiten der Juristensprache folgen unsere Reaktionen als lebende Geschöpfe jeden Tag in jeder Hinsicht dem gleichen Muster.

Frustration = Wut = Aggression

Alle Gesellschaften, alle Rassen und Kulturen in der Geschichte der Menschheit wußten seit jeher, daß wir Aggression zum Überleben brauchen. Gleicherweise ist seit jeher bekannt, daß Aggression innerhalb einer Gruppe sich höchst zerstörerisch auf die Gruppe auswirkt. Jede Gruppe sagt von sich: »Wir sind nicht aggressiv. Unsere Feinde sind die Aggressoren. Wir müssen uns gegen unsere Feinde zur Wehr setzen.« Die Aggression innerhalb der Gruppe wird nach außen projiziert, die Mitglieder der Gruppe können sich als rechtschaffen betrachten; und junge Männer, deren Vitalität eine Bedrohung des Friedens und der Stabilität der Gruppe darstellen, können in den Kampf geschickt werden und als Helden sterben. Feinde sind für den Aufbau unserer Gesellschaftsordnung ein wichtiger Faktor.[2]

Als wir unsere Kriege noch überschaubar und regional begrenzt führten, als Soldaten auf dem Schlachtfeld und nicht in Städten und Dörfern kämpften, die Anführer noch leibhaftig an den Gefechten teilnahmen, jeder Mann seine eigenen Waffen schmiedete, war das eine Form, mit Aggression und Neid umzugehen, die zwar Leid und Not über viele Menschen brachte, nicht aber unsere Existenz als Spezies bedrohte. Als die Rituale der Schlachtenordnungen abgelegt wurden und die Zivilbevölkerung in die Kampfhandlungen miteinbezogen war, als die Führer sich in die Sicherheit ihrer Bunker zurückzogen und die Waffenhersteller Reichtum und Macht anhäuften, wurde der gefährliche Aspekt der Aggression, seine blinde Zerstörungswut innerhalb dieser einen Gruppe, der wir alle angehören, nämlich der Menschheit, unkontrollierbar; und wenn in einer Gruppe blinde Zerstörungswut herrscht, wird diese Gruppe zerstört. Selbst wenn wir uns gegenwärtig nicht durch einen Atomkrieg zerstören, werden wir bald diesen Planeten für unsere Spezies unbewohnbar gemacht haben, da wir eifrig und aggressiv an der Ausbeutung der Bodenschätze und der Natur unseres Planeten arbeiten.

Was uns davon abhält, eine neue Form des Zusammenlebens zu finden, sind nicht nur gierige und machthungrige Führer, sondern unsere eigene Unfähigkeit zu begreifen, daß Aggression ein elementarer Bestandteil unseres Wesens ist. Wir selbst, nicht nur unsere Feinde, sind aggressiv.

Häufig werde ich von Organisationen, die sich mit Friedens- und Umweltfragen beschäftigen, eingeladen, um Vorträge über die Funktionen von Feindbildern zu halten. Am Ende meines Vortrages werde ich jedesmal von Friedensverfechtern angesprochen, die mir in höchst aggressiver Form zu verstehen geben, daß sie nie im Leben auch nur den leisesten Anflug von Aggression verspüren. Ich bin jedesmal versucht zu sagen: »Wen wollt ihr eigentlich auf den Arm nehmen?«, wissend, daß die einzige Person, die sie zum Narren halten, sie selbst sind. Da ich allerdings um mein körperliches Wohl besorgt bin und nicht verprügelt werden will, versuche ich es mit Charme. Wenn mein Charme ihre Aggression ein wenig beschwichtigen kann, weise ich gelegentlich darauf hin, daß es ihr gutes Recht sei, zu behaupten, Aggression sei für sie undenkbar, sie aber plötzlich ihre Aggression entdecken würden, wenn ich ihnen beispielsweise Mund und Nase zuhalten würde. Keiner von ihnen würde den Erstickungstod passiv hinnehmen. Jeder würde sich zur Wehr setzen, da unser Überlebenswille stärker ist als unser Wille, gut zu sein. So wie der Mann, der mir versicherte, er habe noch *nie* Aggression verspürt und der seine Kinder in *Liebe* erziehe. (Ich konnte förmlich hören, wie er seine Kinder mit den Worten strafte: »Das schmerzt mich mehr, als es dich schmerzt, weil ich dich *liebe*.«) So sehr er seinen Kindern *Liebe* einhämmern mochte, wären diese Kinder von außen bedroht, würde er sich zwischen seine Kinder und ihren Aggressor stellen und dem Aggressor Aggression entgegenbringen, um seine Kinder zu beschützen.

Uns geht es immer ums Überleben. Das würden wir zwar gerne in Würde und Gelassenheit tun, wenn uns das aber nicht gelingt, tun wir es so gut wir können und mit allen Mitteln, wie niedrig, listig und zerstörerisch sie sein mögen. Wir würden gerne glauben, daß es nicht um unseren Überlebenskampf geht, sondern darum, gute Menschen zu sein; und wir gestehen uns nicht gerne ein, daß wir gut sind, um zu überleben. Wir hassen es einzugestehen, daß die gesamte Palette unseres schlechten Benehmens — wenn wir mürrisch, unlogisch, ungeduldig, unzufrieden, bedrückt, taktlos, rücksichtslos, bitter, verärgert, kritisch, streitsüchtig, weinerlich, zerstreut, fordernd, beleidigend, erpresserisch, manipulativ, gewalttätig sind — alles Formen der Aggression sind, mit denen wir uns skrupellos und zielstrebig um unser Überleben bemühen. Wir mögen glauben, daß wir fürsorglich, vernünftig, selbstlos und zurückhaltend sind, und wir mögen glauben, daß ein gütiger Gott seine schützende Hand über uns hält, aber wenn es um die Wurst geht und wir mit dem Rücken zur Wand stehen, wissen wir, daß die einzige Person, die uns retten kann, wir selbst sind. Wir wollen körperlich und als eigenes Selbst überleben. Wenn beides nicht zu haben ist, entscheiden manche von uns sich für das Selbst. Deshalb wählen Menschen den Freitod.

Aggression ist Gefühl und Aktion und beides umfaßt den Versuch, unsere Sinnstruktur einer Welt aufzuzwingen, die möglicherweise zögert, sich anzupassen. Wenn unsere Sinnstruktur das Vorhaben ›Ich werde diese Tür öffnen‹ enthält und die Tür läßt sich nicht öffnen, fühlen wir in schneller Folge Frustration, Wut und Aggression und schlagen die Tür ein. Wenn unsere Sinnstruktur den Satz ›Meine Kinder müssen mir gehorchen‹ enthält und sie das nicht tun, schlagen wir sie (Gewalt ist eine Form der Aggression) oder wir werfen ihnen vor: »Wie kannst du dich so verhalten, nach allem, was ich für dich getan habe« (Schuldzuweisung ist eine Form der Aggression) oder: »Wenn du das tust, dann liebe ich dich nicht mehr« (die Drohung, jemand zu verlassen, ist eine Form der Aggression).

Der Grund, warum manche Menschen sich nicht eingestehen, daß sie aggressiv sind, liegt darin, daß ihnen als Kinder eingetrichtert wurde, Aggressivität ist böse und ein böser Mensch hat keine natürliche Existenzberechtigung. Demnach hat man kein Recht, sich zu schützen, wenn man angegriffen wird, und wer den geringsten Versuch unternimmt, sich zu schützen, ist böse. Da die Reaktion der Aggression auf Angriff so natürlich ist wie das Atemholen, müssen sie sich schützen und zurückschlagen und gleichzeitig vorgeben, das nicht zu tun. Wenn jemand wie ich ihnen auf die Schliche kommt, sind sie verärgert und sogar aggressiv – wen würde das wundern?

Solange wir jedoch unsere Aggression verleugnen, sind wir unfähig, wirksame Methoden zu finden, damit umzugehen. Seit einigen Jahren gibt es von Psychologen geleitete Kurse im *Selbstbehauptungstraining*, die ich jedem empfehle, der Schwierigkeiten im Umgang mit seiner Aggression hat und dem es schwerfällt, mit der Aggression anderer Menschen umzugehen. Es gibt verschiedene Techniken, mit denen Psychologen ihren Schülern helfen, Aggression bei sich selbst zu entdecken und ihre Existenzberechtigung einzusehen. Wer sich Wertschätzung entgegenbringt, findet wirksame Methoden, seine Aggression auszudrücken, ohne destruktiv zu sein und mit der Aggression anderer umzugehen, ohne sich verletzt zu fühlen und solche Aggression persönlich zu nehmen, das heißt, sich von ihr abwerten zu lassen.

Der Grund, warum viele Leute sich scheuen, ihre Aggression einzugestehen, liegt zum Teil daran, daß ihre Aggression mit Neid vermischt ist.

Einfacher Neid – »Ach, hätte ich das gern!« – ist harmlos, da er mit Bewunderung vermischt ist und kann, da von Selbstvertrauen getragen, Antrieb zur Aktivität sein, um das Gewünschte zu erreichen. Wenn wir allerdings andere um etwas beneiden, das außerhalb unserer Reichweite ist, weil wir uns schwach, unfähig und ungerecht behandelt fühlen und es nicht zu verdienen glauben, mischen sich in unseren Neid Haß, Groll und destruktive Aggression.

In der Kindheit wird uns meist beigebracht, gewöhnlich unter Umständen, die Bestrafung, Schuldzuweisung, Lächerlichkeit und Verachtung beinhalten, daß Neid etwas Böses sei. Die Mehrzahl der Erwachsenen hat große Schwierigkeiten, ihren Besitz mit anderen zu teilen, weil sie in der Kindheit als Erziehungsmaßnahme gezwungen wurden, Spielsachen und andere Schätze zu teilen, lange bevor sie die geistige Fähigkeit erlangt hatten, den Gedanken des Teilens zu begreifen. Als Erwachsene schaffen sie es vielleicht, einige ihrer Besitztümer mit ihren Kindern – die ja Anhängsel ihrer selbst sind – zu teilen, nehmen es aber bitter übel, wenn ihre Steuern für die Wohlfahrt von Fremden aufgewendet werden. Wenn alle Eltern ihre Kinder im Verlauf ihrer Entwicklung herausfinden ließen, welche Befriedigung und welchen Nutzen das Teilen mit anderen bringt, statt dem Kind das sogenannte ›gute‹ Benehmen aufzuzwingen, würden sich Strukturen und Funktionsweise der Politik in unserer Gesellschaft erheblich verändern. Was wäre Politik ohne Gier und Neid? Bedauerlicherweise wird ein so veränderter Ansatz in der Kindererziehung nicht stattfinden, weil wir den mörderischen Neid nicht konfrontieren können, der in dem schwarzen Loch unserer sogenannten elementaren Schlechtigkeit lauert.

Solange wir uns nicht mit diesem Neid konfrontieren, erkennen wir auch nicht, daß er unangebracht ist. Die meisten Objekte dieses Neides sind gar nicht beneidenswert. Natürlich haben Sie Ihren zehn Jahre älteren Bruder beneidet, der groß, gutaussehend und flott war und alles tun durfte, Sie aber klein und schwach waren und zu Hause bei der Mutter bleiben mußten. Was aber bewundern Sie heute noch an ihm, da er ein Versicherungsvertreter mit Bierbauch, Glatzenansatz und zwei gescheiterten Ehen ist? Wären nicht Zorn und Mitleid darüber angebracht, daß er seine Chancen so wenig genutzt hat? Mittlerweile ist manches von dem, was wir so sehr ersehnten, in Reichweite gerückt. Falls wir es noch immer haben wollen, brauchen wir nur das Selbstvertrauen, um danach zu greifen.

Unser mörderischer Neid ist oft nicht nur in unserer inneren Finsternis verborgen, sondern stolziert in der Maske unserer Rechtschaffenheit einher. Als folgsame Kinder beneideten wir andere Kinder, die herumlaufen und spielen durften, und als Erwachsene mißbilligen wir die ›Jugend von heute‹ und unterstützen Maßnahmen, um den Kindern Kontrolle und Gehorsam aufzuzwingen. »Die Erziehungsmethoden werden lasch«, sagen wir und rühmen die Vorzüge öffentlicher Prüfungen und starrer Lehrpläne, die den Schülern das Lernen zur Qual machen. Wir tadeln die Jugend von heute, die Dinge tut, die wir einst insgeheim tun wollten, es aber nicht wagten. Wir bejahen Wehrdienst und Strafanstalten, statt Rehabilitation von Straffälligen. Mörderischer Neid möchte zerstören, was er nicht kriegen kann.

Unseren Neid verleugnen heißt, nicht den Mut zum eigenen Selbst zu haben. Das hat eine weitere schädigende Wirkung. Wir erkennen nicht immer, daß wir das Neidobjekt anderer Menschen sind. Wir stellen fest, daß Menschen uns Böses antun, ohne zu wissen, warum und können uns nicht angemessen verteidigen.

Wenn Ihnen beigebracht wurde, Neid sei etwas Böses und Sie daraufhin Ihren Neid unterdrücken und verleugnet haben, sehen Sie nicht, in welchem Maß Neidgefühle in unserer Gesamtgesellschaft angestiegen sind. Wenn Sie gelernt haben, sich als inkompetent und wertlos zu sehen, erkennen Sie nicht, daß ein anderer Sie als kompetent und wertvoll erachten und Sie beneiden kann. Da Sie diesen Neid nicht auf sich bezogen sehen, erfahren Sie nicht die Freude und Hochstimmung, bewundert und beneidet zu werden, genauso wenig können Sie sich gegen mörderischen Neid schützen.

Freud und die Freudianer machten eine Menge Aufhebens davon, daß Frauen die Männer beneiden, und nannten es ›Penisneid‹. Feministinnen wiesen diese Unterstellung zurück und entgegneten, Frauen neideten den Männern nicht den Penis, sondern die Macht, die er verkörpert. Bei diesen Auseinandersetzungen wurde völlig übersehen, daß auch Männer Frauen beneiden, was viele Frauen nicht fassen können. Ich erinnere mich an den Schock, den meine Freundin Nan mir versetzte, als sie von meinem untreuen Ehemann behauptete: »Er beneidet dich.« Den gleichen Schock habe ich in den Gesichtern vieler Klientinnen gesehen, die ich darauf hingewiesen habe, daß der ach so vernünftige und kompetente Ehemann seine depressive und unsichere Frau beneidet, denn in dieser Beziehung hat der Ehemann langsam, aber stetig und unbeirrbar, häufig hinter der Maske des liebevollen, fürsorglichen Partners, das Selbstvertrauen seiner Frau untergraben. Als Introvertierter handelt er so, um sie unter Kontrolle zu halten, damit sie in seine Organisation paßt; als Extravertierter handelt er so, um zu verhindern, daß sie ihn verläßt. In einer Partnerschaft zwischen Extravertierten und Introvertierten ist Neid immer im Spiel, denn während jeder die Kompetenz des anderen in der weniger realen Wirklichkeit bewundert, neidet er ihm zugleich diese Fähigkeit.

Nur im Wahrnehmen und Akzeptieren unserer eigenen Aggression können wir die Aggression und den Neid klar und sachlich erkennen, der uns von anderen entgegengebracht wird, und sind somit fähig, uns angemessen gegen die destruktiven Kräfte von Aggression und Neid zu schützen. Die Flucht in die Depression ist keine geeignete Schutzmaßnahme.

Wir können uns gegen destruktive Aggression und Neid anderer schützen, wenn wir uns nicht in Situationen manipulieren lassen, in denen diese Formen von Aggression und Neid zum Ausdruck gebracht werden. Sind derartige Situationen nicht zu vermeiden, was im Regelfall dann geschieht, wenn die Menschen, die destruktive Aggression und Neid zum Ausdruck bringen, uns nahe stehen (Neid von Eltern gegen Kinder ist häufig Anlaß bitterer Kritik von Eltern an den Kindern). Die geeignete Schutzmaßnahme in diesem Fall besteht darin, diese Attacken nicht persönlich zu nehmen. Wir können uns eine Denkweise aneignen, wonach neidische Aggression die Sache des Neiders ist – und nicht die unsere. Mögen andere diese Empfindungen getrost haben, wir sind nicht verpflichtet, darauf zu reagieren oder gar ein schlechtes Gewissen zu haben. Wir haben keinen Grund, uns dafür zu entschuldigen, Eigenschaften und Vorzüge zu haben, deretwegen andere Menschen uns beneiden, wir müssen unsere Eigenschaften nicht verleugnen und unsere Vorteile nicht nutzen. Wir müssen uns nicht für unsere Existenz entschuldigen, noch müssen wir dulden, daß Menschen, die uns nahe stehen und uns wirklich lieb sind, sich das Recht nehmen, uns auf grausame und ungerechte Weise zu kritisieren und uns körperlich oder verbal zu mißbrauchen.

Wenn wir in der Lage sind, die uns entgegengebrachten destruktiven Aggressionen und Neidgefühle als das Problem des Neiders zu sehen und nicht als das unsere, sind wir in der Lage, zu erkennen, daß der andere vielleicht unser Verständnis und unseren Rückhalt braucht. Wenn wir zulassen, daß der Neider uns unverschämte Dinge an den Kopf wirft, lassen wir zu, daß er sich von seinen Gefühlen der Wut, von Haß und Neid befreit. Unsere Gefühle akzeptieren heißt unter anderem erkennen, daß *keine Emotion ewig anhält*. Wir können weder unbegrenzt lange lachen, noch unbegrenzt lange sexuelle Gefühle äußern, ebensowenig können wir Wut unbegrenzt lange ausdrücken. Wir werfen dem anderen Schimpfworte an den Kopf, werfen auch schon mal mit Gegenständen um uns oder wir werfen uns selbst zu Boden, schlagen schreiend um uns, und dann flaut die Wut ab. Es ist ein tröstlicher Gedanke, jemanden um uns zu wissen, der uns wütend sein läßt, der unsere Exzesse und Übertreibungen nicht kritisiert, uns keine Schuldgefühle gibt, uns nicht demütigt, weil wir die Beherrschung verloren haben, und die Szene, die wir gemacht haben, nicht persönlich nimmt. Familien, die einander als die Individuen akzeptieren, die wir alle sind, begegnen einander mit Respekt und lassen jeder den anderen von Zeit zu Zeit sich daneben- oder exzessiv benehmen, ohne einander hinterher Schuld zuzuweisen und Vorwürfe zu machen.

Wenn wir in die verborgenen Winkel unseres Selbst blicken und dort unsere Aggressionen, Neidgefühle, Wut und Haß entdecken, geht uns zwar unser Gefühl der Rechtschaffenheit verloren, andererseits entdecken wir ein Gefühl der Einheit mit allen anderen Menschen. Das hilft uns die Gründe zu verstehen, warum manche Menschen so schreckliche Dinge tun.

Mit ›verstehen‹ meine ich nicht ›entschuldigen‹. Psychologen und Sozialarbeiter, die von Verständnis für Kriminelle, Jugendliche, Drogenabhängige oder Homosexuelle sprechen, werden häufig beschuldigt, Humanitätsapostel zu sein, die gefährlich nachsichtig sind und damit lediglich die Bösartigkeit des betroffenen Personenkreises fördern. Die Ankläger sind stets gesetzestreue Bürger, die einst brave und folgsame Kinder waren. Um ein folgsames Kind zu sein, braucht man Eltern, die kein Verständnis für das Kind aufbringen. Wir alle haben den Wunsch, verstanden zu werden, und ein unerfüllter Wunsch ruft Schmerzen, Leere und Neid hervor. Ein Großteil des Konkurrenzdenkens zwischen Männern, das als Neid auf Macht und Besitz anderer zum Ausdruck kommt, ist in Wahrheit Neid und Sehnsucht nach Zärtlichkeit und Verständnis, die einem Jungen versagt werden, wenn der traditionelle Erziehungsprozeß einsetzt, der ihn zum Mann macht. Wer kein Verständnis für andere aufbringt, wurde selbst nicht verstanden.

Mit ›verstehen‹ meine ich *Zusammenhänge sehen*. Wenn wir

verstehen, daß Aggression eine Reaktion auf Frustration ist, und wenn wir wissen, daß ein gewisser junger Mann sich eine Sinnstruktur erschaffen hat, in der er glaubt, keinerlei Anerkennung zu erhalten, außer in seiner Liebe zu Waffen, wenn er sich bei allem, was er gern tun möchte, frustriert fühlt, dann können wir die Kette der Zusammenhänge sehen, die eines Tages dazu führte, daß dieser junge Mann seine Mutter und seine Nachbarn erschoß. Wir billigen diese Tat nicht, sehen sie aber auch nicht als unerklärliche Affekthandlung.

Diese Form von Verständnis müssen wir entwickeln, wenn wir uns von Zeit zu Zeit den Luxus des Verzeihens gönnen. Uns sind böse Dinge zugestoßen, wir haben selbst Böses getan und die Erinnerung an diese Vorfälle mit ihrem Schmerz, Groll, ihrer Wut und ihren Rachegelüsten ist eine schwere Last, die wir mit uns herumschleppen. Nur Verzeihen kann uns von dieser Last befreien.

Über das Verzeihen wird viel Unsinn geredet. Man spricht davon, als sei es eine Sache, die in unserem Ermessen liege. Das ist Unsinn. Natürlich können wir sagen: »Ich verzeihe ihm, daß er mir so furchtbar weh getan hat« und geben uns den Anschein menschlichen Großmuts, wollen dabei aber bloß weitere Schwierigkeiten vermeiden. Als Gordon Wilson von den Splittern der Zeitzünderbombe getroffen wurde, die seine Tochter töteten, sagte er, er trage den Attentätern nichts nach. Das war eine weise Maßnahme, um seinen Rachegelüsten vorzubeugen. Er sagte nicht, er sei niemals voll Zorn, daß seine schöne Tochter auf diese grausame Weise sterben mußte, noch, daß er sie nicht betrauern würde, noch daß er sich keine Gedanken über die rätselhaften Ratschlüsse Gottes machte. Er liebte seine Tochter und ihr Tod ist ein Schmerz, den er sein restliches Leben mit sich herumtragen muß.

Menschen, die sagen: »Ich verzeihe dir, aber ich kann es nicht vergessen«, wollen den Eindruck erwecken, großmütig und charakterstark zu sein. Dieses ›nicht vergessen‹ bedeutet eigentlich Bitterkeit und den Wunsch nach Rache und manchmal bedeutet es, sich daran zu erinnern, woher die Gefahr droht. Wer einen Fuß durch den Biß eines Krokodils verloren hat, wäre töricht, das andere Bein in die Nähe seines mörderischen Rachens zu bringen. Das ›nicht vergessen‹ bedeutet auch, daß Sie noch immer die Erinnerung an eine Verletzung mit sich tragen. Es ist etwas, das Sie zu vergessen sich nicht leisten können und daher haben Sie das Stadium des Verzeihens noch nicht erreicht.

Verzeihen ist etwas, das wir tun; wie das Glücksempfinden ist es aber auch etwas, das unserem Tun spontan folgt. Es ist keine gute Eigenschaft, sondern ein Segen. Wir können unser Vergessen nicht erzwingen, ebensowenig wie wir unsere Glücksgefühle erzwingen können. Wir können Bedingungen schaffen, unter denen wir glücklich sein können und wir können Dinge tun, die uns glücklich machen, aber Glücksempfinden bleibt ein Nebenprodukt dessen, was wir tun. In ähnlicher Weise können wir etwas tun, dessen Nebenprodukt das Verzeihen ist. Wir können uns bemühen, unser Verständnis dafür zu erweitern, warum diese quälenden Ereignisse eingetreten sind. Wir können etwas tun, was die Kontinuität unseres Lebens und unser Selbstwertgefühl wiederherstellt.

Es ist wesentlich leichter, einem untreuen Partner zu vergeben, wenn Sie nach der Scheidung zu Ruhm und Wohlstand kommen, statt in finanzieller Entbehrung und Not zu darben. Es ist wesentlich leichter, das Verzeihen für sich selbst zu entdecken, wenn Sie sich wirklich um Verständnis für sich selbst bemühen und neue und kreative Unternehmungen wagen. Wenn wir uns auf Verständnis und Aktionen konzentrieren, stellen wir eines Tages fest, daß wir uns von einer Last befreit haben, und dieser Zustand der Unbeschwertheit heißt Verzeihen.

Gregorys Schilderung seiner Reise in die innere Realität war mit der Erkenntnis, daß sein Vater ihn haßte, noch nicht beendet. Er mußte mit seinem eigenen Haß umgehen und setzte dabei seine Aggression durch Bildvorstellungen ein.

In seinem nächsten Brief erläuterte Gregory mir, daß
> »...diese Visionen und Gespräche keine Halluzinationen, sondern Bildvorstellungen sind. Ich fand, daß ich mit den Vorgängen in meinem Inneren durch Imagination und Personifikationen umgehen kann.«

Weiter schrieb er:

»Mein Psychologe machte mir vor einigen Monaten den Vorschlag, ich solle meinen Vater, nachdem es mir endlich gelungen war, ihn zu ›töten‹, in umgewandelter Form wieder zum Leben erwecken. Damals lehnte ich empört ab. ›*Nein!* Er ist tot und ich möchte, daß er tot bleibt!‹ Vor kurzem fand jedoch die Versöhnung statt. Das hat nichts mit dem Haß meines Vaters gegen mich oder meinem Haß gegen ihn zu tun. Ich bin bloß heute fähig, die positive, gute Seite in ihm und mir, also unsere Beziehung als Ganzes zu sehen, die ziemlich ambivalent war: das heißt, er haßte und er liebte mich. Ich mußte die Realität des Hasses akzeptieren und später konnte ich die Realität der Liebe akzeptieren. Ich bin heute sogar in der Lage zu verstehen, *warum* er mich haßte und kann seine Gefühle zu einem gewissen Grad nachempfinden. Als ich an Weihnachten meine Mutter besuchte, ging ich auf den Friedhof und habe zum ersten Mal (er starb vor fünfzehn Jahren) an seinem Grab geweint, nicht vor Zorn oder Bedauern, sondern aus Liebe. Ich fing auch an (gelegentlich, nicht zwanghaft) einen Pullover oder eine Jacke von ihm zu tragen, die ich geerbt hatte und die ich bislang nicht anziehen wollte.

Auch nach der Episode mit dem jugendlichen Greg, in der ich ihn so zurückhaltend fand – ich hatte eine Vision von uns beiden, in der er meine Umarmung zuließ, sie aber nicht erwiderte. Ich konnte ihm noch so gut zureden, ihm sagen, daß er trotz seines pickeligen Gesichts und seiner Introvertiertheit ein guter, kluger, liebenswerter Mensch sei und daß der Horror unseres Familienlebens nicht sein Fehler sei – all das schien an ihm abzuprallen: er hatte keine Lust. Er war immer noch verbittert und wütend – auch auf *mich:* irgendwie glaubte er, ich betrüge ihn, ich sei nicht aufrichtig zu ihm.

Ich bot ihm dies und jenes an, ohne an ihn heranzukommen, bis ich ihn schließlich direkt fragte, was *er* wirklich wollte.

Er *brauchte* die Bestätigung, daß ich seinen destruktiven Haß hinnahm. Er wollte zurück in die Stadt, in der er aufgewachsen war und ich sollte ihn begleiten. In der Phantasie kauften wir uns einen Panzerwagen. Wir stellten die Kinder seiner Schule, die sich über ihn lustig gemacht und ihn gekränkt hatten, in einer Reihe auf und erschossen sie. Dann begruben wir sie draußen vor der Stadt in der Wüste. Wir fuhren mit dem Panzer zurück und gingen gegenüber dem Schulgebäude in Stellung und zerbombten es bis auf die Grundmauern (ich bin froh, sagen zu können, daß sich zu diesem Zeitpunkt niemand in dem Gebäude befand). Am schlimmsten war, daß wir zurückfuhren zu unserem Haus und unsere Kanonen darauf einrichteten.

›Wollen wir das wirklich?‹ fragten wir einander, denn mit dem Haus verbanden uns neben den scheußlichen auch viele schöne Erinnerungen. Nach reiflicher Überlegung kamen wir zu dem Schluß, daß wir es tun mußten und zerbombten es. Dann besahen wir uns den Schaden. Alles war zerstört. Alles, *außer* der Couch meines Vaters, der Thron, von dem er seine schrecklichen Befehle und Maßregelungen erteilte. Die Couch verbrannte nicht; sie kokelte und stank und verbreitete einen beißenden Rauch, der uns fast erstickte. ›Das Ding bringt uns um‹, schrie Greg. Ich rannte und holte einen Flammenwerfer und gemeinsam machten wir ihm den Garaus.

Nachdem der Thron meines Vaters nun endlich zerstört war, konnte ich mich mit der Erinnerung an ihn aussöhnen.

Greg war jetzt viel heiterer und konnte mich umarmen, wenn auch ohne große Begeisterung. ›Was möchtest du *jetzt* tun?‹ fragte ich ihn etwas irritiert und ungeduldig.

Jetzt brauchte er die Bestätigung, daß ich seinen *Selbsthaß* akzeptierte. Das gehörte zu den schmerzhaftesten Szenen in meiner ganzen Therapie. Das Bild dieses Selbsthasses war ein langer, glühender Bandwurm, der in seinen Gedärmen hauste und dessen Haß rot pulsierte. Mein Ego schaffte es nicht, das Scheusal allein rauszuziehen und ich war vor Schreck wie gelähmt. Es wollte meinen Körper nicht verlassen. Ich rief Jesus zu Hilfe. Jesus erschien in meiner Auffahrt in einem alten VW-Käfer (!). ›Nimm dieses Ding aus mir raus‹, rief ich ihm zu. Seine Antwort: ›Reg dich nicht auf. Beruhige dich. Bitte es einfach, zu gehen und es wird gehen.‹ ›Machst du Witze?‹ fragte ich Jesus. ›Bitte es einfach zu gehen‹, wiederholte Jesus. Also tat ich es und der Bandwurm gehorchte. Langsam rollte er sich auf und kroch aus meinem Körper, kroch aus dem Haus und auf den Rücksitz des VW-Käfers und Jesus fuhr damit weg.

Zu meinem Entsetzen kam Jesus wenige Minuten später in seinem VW zurück und fragte mich: ›Willst du ihn noch mal sehen?‹ ›*Nein!*‹ schrie ich. ›Bist du verrückt? Ich hab' dir doch gesagt, du sollst das ekelhafte Ding kaputtmachen!‹ Jesus lächelte sanft und öffnete die Tür des VW. Aus dem Wagen stieg – kein roter, scheußlicher Wurm, sondern ein Engel von so strahlender, gleißend heller Schönheit, Majestät und liebevoller Kraft, daß ich kaum wagte, ihn anzusehen.

Daraufhin geschahen zwei Dinge: (a) Greg umarmte mich innig und unsere Aussöhnung war vollzogen; (b) meine langjährigen Verdauungsstörungen verbesserten sich schlagartig. Ist das ein Wunder?

Ich stelle fest, daß ich neue Energiereserven habe und daß ich in zunehmendem Maße fähig bin, diese positive Energie auf andere Menschen zu übertragen. Es ist ein herrliches Gefühl.«

Das Gefühl, daß wir von Grund auf schlecht und unakzeptierbar sind und schwer daran arbeiten müssen, gut zu sein, kostet eine Unmenge an Energie. Kein Wunder, daß wir enorme Kraftreserven und Begeisterungsfähigkeit in uns aufspüren, wenn wir die Überzeugung unserer Schlechtigkeit zusammen mit dem Zwang, gut sein zu müssen, wegwerfen und feststellen, daß wir einfach *sein* können.

Jetzt haben wir die Freiheit, unseren Lebenssinn auszuarbeiten.

Den Selbstsinn ausbauen

Das erfolgreiche Selbst hat flexible und kreative Formen entwickelt, um den Lebenssinn auszubauen.

Bevor wir unseren Lebenssinn vervollständigen können, müssen wir mit ihm vertraut sein, und um mit ihm vertraut zu sein, brauchen wir das Gefühl, daß die Art der Erfahrung unseres Lebenssinns für uns richtig und geeignet ist.

In einem Workshop, in dem ich meine Studenten in die Technik der Stufenbefragung einwies, forderte ich sie anschließend auf, das Verfahren in kleinen Gruppen in der Praxis anzuwenden. Rachel, eine schöne, lebhafte, junge Frau aus einer wohlhabenden jüdischen Familie, wie sie mir später sagte, kam alsbald in höchster Aufregung zu mir und bat mich, mit ihr die Stufenbefragung noch einmal durchzuspielen. Sie wollte prüfen, ob das, was sie herausgefunden hatte, stimmte. Sie suchte sich die zu beschreibenden Gegenstände aus und wir arbeiteten den Fragenkomplex durch. Und prompt stand an der Spitze ihrer Leiter wieder ihre Persönlichkeitsentfaltung und Leistungsorientierung. Sie freute sich maßlos über diese Entdeckung.

Später erklärte sie mir den Grund. Ihr ganzes Leben war ihre Familie davon ausgegangen, daß sie dem traditionellen Frauenbild entspreche. Ihre Eltern freuten sich zwar über ihre guten schulischen Leistungen, legten aber auf ihre Erziehung weniger Wert als auf die ihres Bruders. Sie betrachteten das Studium der Tochter als angenehmen und nützlichen Zeitvertreib zwischen Schule und Ehe, legten Wert darauf, daß sie gut aussah und sich gut anzog. Rachel hatte dagegen nichts einzuwenden, da sie Spaß an schönen Kleidern und Komplimenten hatte. Irgendwie fühlte sie sich aber ständig unzufrieden. Sie glaubte, sich auf die Ehe und Gründung einer Familie freuen zu müssen, doch diese Vorstellung erfüllte sie mit dunklen Ahnungen statt mit Glücksgefühlen, und sie fragte sich, ob mit ihr etwas nicht in Ordnung sei.

Jetzt war alles klar. Sie war also doch kein nach außen gerichteter Mensch. Sie irrte nicht, wenn sie den Wunsch in sich spürte, als Psychologin etwas leisten zu wollen. Sie hatte ihre innere Ruhe gefunden.

Rachel hatte genügend Selbstvertrauen, ein gesundes Selbstwertgefühl und glaubte zuversichtlich, ihre Eltern davon überzeugen zu können, daß die Rolle der Ehefrau und Mutter nicht ihr primäres Lebensziel sei. Sie hatte nicht vor, ihren Lebenssinn zu negieren, um sich den Erwartungen ihrer Familie zu beugen, wie so viele Menschen das tun. Wie viele introvertierte Frauen machen sich insgeheim Vorwürfe, weil sie keine Erfüllung in einem Dasein sehen, das nur aus Familie und Haushaltspflichten besteht, und wie viele extravertierte Männer leben in ständiger Angst, da sie glauben, sich in den Augen der Familie mit ihrem Leistungsstreben bewähren zu müssen. Werden diese introvertierten Frauen und extravertierten Männer dafür gelobt, daß sie die Rollen, die ihre Familien für sie ausgewählt haben, so gut erfüllen, kommen sie sich vor wie Hochstapler.

Fühlen wir uns aber in unserem Lebenssinn wohl, so machen wir die Feststellung, daß uns die Erfüllung der Forderungen unseres Lebenssinns – Leistungsorientierung oder Beziehungsorientierung – ganz leicht fällt. Natürlich begegnen wir auch Hindernissen, aber alles, was wir tun, ist von einem Gefühl der Zufriedenheit und Richtigkeit getragen. Ereignisse in unserer Außenwelt machen es möglicherweise nötig, daß wir harte Entscheidungen treffen, doch auch hierbei wissen wir, welche Entscheidung für uns richtig ist, wir fällen sie weniger, indem wir Pro und Contra abwägen, sondern erhalten vielmehr eine Antwort, die aus unserem Innern kommt. Wir wissen, daß nichts Gutes dabei herauskommt, wenn wir nicht auf unsere innere Stimme hören. Eine Entscheidung, die wir treffen, um anderen zu gefallen oder um unangenehme Folgen zu vermeiden, hinterläßt ein Gefühl in uns, nicht richtig gehandelt oder uns selbst betrogen zu haben.

Wenn wir uns nach anderen Menschen richten, um von ihnen zu erfahren, was wir tun und denken sollen, die uns sagen sollen, wie tüchtig wir sind, wenn wir meinen, andere Menschen müßten uns das Recht zu existieren geben, reißt die Verbindung zu unserer inneren Stimme ab. Wir wissen nicht mehr, was für uns richtig ist. Nicht zu wissen, was für uns richtig ist, hinterläßt das unangenehme Gefühl, gegen unsere Natur gehandelt zu haben. Vielleicht wollen wir unser ganzes Leben gute, folgsame Kinder sein, weil wir glauben, dadurch Schutz und Sicherheit zu erhalten; wir werden aber unweigerlich feststellen, daß wir unser Selbst gegen einen Trugschluß eingetauscht haben. Rechtschaffenheit schützt uns nicht vor Katastrophen.

Während ich dieses Buch schrieb, wurden viele Menschen in England und den Vereinigten Staaten in Angst und Schrecken versetzt durch die Feststellung, daß die Menschen und Institutionen, in deren Obhut sie sich glaubten, sie im Stich ließen. Der National Health Service (staatlicher Gesundheitsdienst) existiert in England seit so langer Zeit, daß er beinahe als Naturgesetz gilt. Niemand müsse sich vor Krankheit und Gebrechlichkeit fürchten, denn der NHS ist für uns da, hieß es immer. Und plötzlich sagte die Regierung: »Wir haben zu wenig Geld, um die Kosten zu decken.« Krankenhäuser werden geschlossen, es herrscht Ärztemangel und die Proteste dagegen sind von dem leidenschaftlichen Gedanken getragen: »Ich habe immer brav meine Beiträge und meine Steuern bezahlt. Die Regierung muß sich um mich kümmern.« In ähnlicher Weise galt für viele Amerikaner die Stabilität des amerikanischen Wirtschaftssystems und die Macht des Dollars als Naturgesetz. Sie waren der Überzeugung, daß ihnen als loyale, rechtschaffene amerikanische Bürger nichts passieren konnte, auch als die USA sich als Schuldnernation zu den Dritte-Welt-Ländern gesellte. Und als der Dollar absackte und der Aktien- und Börsenmarkt zusammenkrachte, sahen sie mit Entsetzen, daß sie keineswegs abgesichert waren und daß ihre Regierung keineswegs schnelle und wirksame Maßnahmen zum Schutz der Bürger ergriff.

In unserem Wunsch nach guten Eltern, die sich um uns kümmern, verlagern wir unsere Hoffnungen an unsere leiblichen Eltern, die sich als fehlbar erwiesen, auf unsere Regierung und glauben den Politikern, wenn sie sagen, sie werden uns schützen und sich um unsere Interessen kümmern. Natürlich sagen Politiker das seit jeher (sie sind allzeit bereit, gute Eltern für gute Kinder zu spielen), ohne dazu die Fähigkeiten zu besitzen.

Keine Regierung kann die wirtschaftlichen, weltumfassenden Kräfte kontrollieren, die sich auf alle Menschen auswirken. Ebensowenig kann eine Regierung das Klima beeinflussen, das sich weltweit auf alle Bewohner der Erde auswirkt. Wirtschaftliche und klimatische Kräfte interagieren miteinander. So profitieren beispielsweise Großindustrie und Kleinbauern kurzfristig davon, wenn der Regenwald abgeholzt wird, doch der Raubbau an den Wäldern trägt mit Schuld am ›Treibhauseffekt‹, dem Erwärmen der Erde, was weitreichende und letztlich verheerende Folgen für das Weltklima haben wird. Gegenwärtig leugnen die meisten Regierungen dieses Problem, weil sie das Ansehen genießen wollen, die Bevölkerung zu schützen.

Selbst wenn alle Politiker absolut altruistisch wären, ohne jede Habgier, ohne Machthunger und ohne Verpflichtungen gegen Reiche und Mächtige, könnten sie ein Land nicht regieren, ohne irgendeine Bevölkerungsgruppe zu betrügen, zu enttäuschen oder ihr Schaden zuzufügen. Wenn sie zu all den oben genannten Tugenden noch die bei Politikern allerdings selten anzutreffende Tugend hätten, nie und unter keinen Umständen zu lügen, müßten sie eingestehen, daß es wirtschaftliche und klimatische Kräfte gibt, die außerhalb der Kontrolle des mächtigsten Diktators liegen; sie müßten weiterhin eingestehen, daß es auch in Sachverhalten innerhalb ihrer Kontrolle Bereiche gibt, in denen, welche Entscheidung auch getroffen wird, irgend jemand einen wie immer gearteten Nachteil zu erleiden hat. Es ist eine fundamentale Lebensregel, daß wir alle anderen Möglichkeiten ausschließen, sobald wir nach einer bestimmten Entscheidung handeln. Man kann nicht seinen Kuchen behalten und ihn gleichzeitig aufessen. Wenn eine Regierung die Entscheidung trifft, eine Fabrik in einem Waldgebiet aufzubauen, werden einige Menschen davon profitieren, weil Arbeitsplätze geschaffen werden und andere, denen der Wert des Waldes am Herzen liegt, sind im Nachteil. Es gibt keinen Sachverhalt, der ausschließlich positive oder ausschließlich negative Konsequenzen hat. Das Leben von Jesus Christus hat viele Menschen dazu inspiriert, aus Liebe und Zuneigung für andere zu handeln, und es hat ebenso viele Menschen zu Gewalt und Mord inspiriert. Im Zweiten Weltkrieg starben viele Kinder in

England, gleichzeitig bemühte sich die Regierung zum ersten Mal in der Geschichte des Landes, dafür zu sorgen, daß alle englischen Kinder genügend zu essen bekamen und nicht verhungern mußten.

Wenn wir als Erwachsene begreifen, daß wir unser Wohlergehen nicht blind in die Hände anderer Menschen legen können, müssen wir ein wesentlich stärkeres und breiter gefächertes Interesse an den Vorgängen unseres Umfelds aufbringen. Wir können uns nie völlig sicher fühlen, aber je eingehender wir uns informieren, desto fähiger sind wir, mögliche Gefahren zu erkennen und Wege zu finden, sie zu vermeiden. Viele Menschen glauben, wenn sie nichts über Atomkrieg lesen oder wenn sie keine Berichte über Erdbeben im Fernsehen verfolgen, finden solche Katastrophen nicht statt. Diese Meinung erspart ihnen die Mühsal, sich Wissen anzueignen und Aktionen zu unternehmen, die die erstgenannte Katastrophe abwenden und die Auswirkungen der zweitgenannten entschärfen könnten. Ihre Bequemlichkeit ist verständlich, da sie durch die Form ihrer Erziehung gelernt haben, Lernprozesse zu verabscheuen. Als Kinder wurden sie dafür bestraft, neugierig zu sein, und ein Großteil ihrer Energie fließt in ihr Bemühen, gute Menschen zu sein und die drohende Vernichtung ihres Selbst abzuwehren.

Wenn wir uns von der Last befreien, gut sein zu müssen in der Hoffnung auf Belohnung, und wenn wir uns das Recht eingestehen, wir selbst zu sein und unseren eigenen Lebenssinn zu erfahren, entdecken wir, daß wir enorme Energien und Begeisterungsfähigkeiten besitzen, die uns befähigen, unseren Lebenssinn auszubauen. Machen wir uns doch einmal bewußt, wie begrenzt unsere Erziehung war. Wir mögen akademische Titel und Diplome erworben haben, aber wer von uns hat das künstlerische Potential erforscht, das uns bei der Geburt mitgegeben wurde? Wir mögen weit gereist sein, da uns aber beigebracht wurde, alles in Begriffen von ›mein Land‹ (gut) gegen ›dein Land‹ (schlecht) zu sehen, haben diese Reisen uns keinerlei Aufklärung gebracht. Wenn wir unseren Lebenssinn ausbauen, können wir Orte aufsuchen, die wir nie gewagt hätten zu betreten, sehen, was wir nie gewagt hätten zu sehen und tun, was wir nie gewagt hätten zu tun.

Das Wagnis zu gehen, zu sehen und zu tun, bringt wohl eine Reihe gefährlicher Prüfungen und Abenteuer mit sich. Es scheint aber weniger gefährlich, einen aktiven Vulkan zu besteigen, als zu den Menschen, die zu wissen glauben, was für uns gut und richtig ist, ›Nein‹ zu sagen. Zwei Menschen, die dieses Wagnis eingingen, sind Baroness Masham of Ilton und Dr. Su Brinkworth.

Lady Masham war eine Pferdenärrin und leidenschaftliche Reiterin. Als junge Frau stürzte sie bei einem Querfeldein-Rennen und zog sich lebensgefährliche Verletzungen zu. In der Klinik wurde ihr eröffnet, daß sie den Rest ihres Lebens im Rollstuhl verbringen müsse.

Lady Masham hätte ihr Leben in die Hände von Betreuern legen können. Sie aber heiratete, adoptierte zwei Kinder, interessierte sich weiterhin leidenschaftlich für Pferde und den Reitsport und ging in die Politik. Als Abgeordnete im Oberhaus setzte sie sich tatkräftig für Verbesserungen in Gesundheitsfragen mit Schwerpunkt auf die Bedürfnisse von Körperbehinderten ein.

Ich hatte Lady Masham einige Male in Fernsehsendungen gesehen, meist im lebhaften Gespräch mit Reportern vor dem House of Lords. In meinem persönlichen Gespräch mit ihr stellte ich fest, daß sie lieber über ihre Interessensbereiche als über sich selbst spricht. In einem offiziellen Fernsehinterview wurde sie einmal gefragt, wie sie mit ihrer Behinderung zurechtkomme, und sie antwortete: »Wenn eine Tür sich schließt, öffnet sich eine andere.«

Ich war hocherfreut, das von ihr zu hören. Ich kenne so viele Menschen, die der festen Überzeugung sind: »Wenn eine Tür sich schließt, knallt Gott dir jede andere Tür auch noch vor der Nase zu.«

Auch Lady Masham kannte eine große Anzahl von Menschen, die an solch pessimistischen Ansichten festhielten. Sie übte vernichtende Kritik an ›den Experten‹ für Rückgratverletzungen, die gern den Rat geben, ›den Patienten keine zu großen Hoffnungen zu machen‹. Sie sagte: »Ich stoße immer wieder auf solche Meinungen. Ich gründete eine Gesellschaft der Rückgratverletzten (Spinal Injuries Association), weil viele Betroffene große Schwierigkeiten haben und wirklich jemand brauchen, der sich für ihre Belange einsetzt. Als man mir sagte: ›Sie werden nie wieder reiten können‹, erwiderte ich: ›Und ich werde doch reiten.‹ Viele querschnittsgelähmte Patienten nehmen eine solche Haltung ein. Ein Arzt sagte einem jungen Piloten, der sich einen Halswirbel gebrochen hatte, daß er nie wieder Auto fahren könne. Es ist eine grenzenlose Dummheit, so etwas zu sagen, weil man es nicht wissen kann. Man braucht Hoffnung. Man darf die Hoffnung nie verlieren. Der junge Mann schaffte es, Auto zu fahren und er kostete jede Sekunde aus, als er an der Klinik vorfuhr, um dem Arzt zu beweisen, daß er es geschafft hatte.«

Durch ihre Arbeit kam sie mit vielen Menschen in Kontakt, die depressiv und leidend waren. Sie erkannte, daß schlechte Erfahrungen ebenso wie gute dazu dienen, unseren Lebenssinn zu vervollständigen. Sie sagte: »Einmal bekam ich Depressionen. Ich bin eigentlich kein depressiver Typ, aber ich weiß, was das heißt und kann andere Menschen nun besser verstehen.«

Lady Masham faßte ihr Leben und ihre Arbeit folgendermaßen zusammen: »Im parlamentarischen Leben arbeiten wir in Gruppen, weil wir nur in der Gruppe Resultate erzielen. Ich arbeite auch alleine, aber ich hole Rat bei anderen ein. Ich brauche den Rückhalt anderer. Ich arbeite lieber mit anderen zusammen. Ich finde, wenn eine Sache verbessert werden kann, muß man das tun. Für mich ist es sehr wichtig, zu wissen, daß ich Empfindungen für andere habe, daß ich auf andere Menschen reagieren kann.«

Lady Masham, eine extravertierte Frau, vervollständigte ihren Lebenssinn, indem sie Beziehungen mit vielen verschiedenen Menschen aufbaute, Beziehungen, in denen sie gefordert war, sich Wissen, Techniken, Bewußtsein und Verständnis anzueignen. Su Brinkworth, eine in New York praktizierende englische Psychologin, die durch rheumatische Arthritis stark behindert ist, nutzte ebenfalls das Unglück, das ihr widerfahren war, um ihren Lebenssinn zu vervollständigen.

Die introvertierte Su schilderte mir, wie wichtig es für sie war, ihre Emotionen zu steuern, »damit ich den Überblick habe und eine Stabilität, beides gibt mir die Möglichkeit zu wachsen. Für mich ist der Verlust des Selbst nicht nur Chaos und Zerfall, er bedeutet auch festgefahren sein. Auf das Abstellgleis geschoben. Es findet keine Entwicklung statt, kein Wachstum, keine Teilnahme an der Welt als Ganzes. Es ist unendlich wichtig, sich von Bitterkeit, Verletzungen und Ängsten zu lösen und voranzukommen. Ich habe ein starkes Bedürfnis zu verstehen und zu gestalten, wenn nicht zu kontrollieren, zumindest etwas zu tun, um die Dinge – mich, mein Leben, das Leben anderer zu verbessern. Im Leben geht es immer wieder darum, daß man einen Schlag versetzt bekommt, sich aufrappelt, wieder einen Schlag versetzt bekommt, sich wieder aufrappelt. Wenn man aber weiß, daß man wieder niedergeschlagen wird, sieht man den Schlag kommen, kann sich ducken und der Schlag geht ins Leere; man muß nur darauf gefaßt sein und lernen, etwas vorherzusehen. Mit jedem Aufraffen wächst man ein bißchen. Wird stärker, profunder und vielseitiger.«

Su hatte reichlich Gelegenheit, sich aufzurappeln. Sie kam als gesunde glückliche Frau mit ihrem Ehemann nach New York. Als sie krank wurde und ihr Mann sie verließ, stand sie da – ohne die nötigen Qualifikationen, um als Psychologin in New York arbeiten zu können, ohne Geld und ohne Familie, die ihr Rückhalt und Unterstützung gegeben hätte.

Sie berichtete, wie ihre Arthritis vor zehn Jahren anfing. »Ich saß vor dem Fernseher, als mir plötzlich ein Schmerz wie ein Blitzschlag in die linke Schulter fuhr und all meine Gelenke durchzuckte. Diese Schmerzen kamen in regelmäßigen Abständen wieder, meist wurde ich davon gegen drei Uhr morgens geweckt. Früh kam ich nur schwer aus dem Bett. Als ich endlich einen Arzttermin bekam, fühlte ich mich wieder etwas besser. Die Untersuchungen erbrachten keinerlei Befund, der Arzt meinte, mir fehle gar nichts. Achtzehn Monate lang wurden solche Fehldiagnosen erstellt. Bis dahin hatte die Krankheit bereits ein fortgeschrittenes Stadium erreicht. Dann kam der nächste Schlag. Ein Internist stellte mir strahlend und voll Stolz ob seines Fachwissens die richtige Diagnose. Er trat mit einigen Medizinstudenten im Schlepptau, die in ihren weißen Kitteln aussahen wie in einem billigen Werbespot, an mein Bett und eröffnete mir, daß ich ein besonders schwerer Fall sei – möglicherweise der schwerste in seiner langjährigen Praxis, und daß die Zeit, die durch Fehldiagnosen verstrichen sei, gravierende Schäden angerichtet habe. Ich würde ›in zwei Jahren meine Hände nicht mehr gebrauchen können und in drei Jahren im Rollstuhl sitzen‹ und trotz Phasen scheinbarer Besserung würde die Krankheit ›meine Gelenke auffressen‹. Ich erwies mich als gute Patientin, da ich reglos liegenblieb, als er meine Gliedmaßen eines nach dem anderen hochhob und den Studenten die Symptome meiner Krankheit erläuterte. Ich stand unter Schock. Nachdem der Mann mit seinem Troß abgezogen war, schaute ich in den Spiegel um zu sehen, ob ich noch in einem Stück war, ich fühlte mich zersplittert. Ich war unfähig zu sprechen. Nach etwa drei Tagen Starre wurde ich wütend, und das war das Beste, was mir passieren konnte. Ich dachte: ›Okay, – verflucht soll ich sein, wenn ich meine Hände nicht mehr gebrauchen kann oder im Rollstuhl sitzen muß. Wenn das passiert, lasse ich mich auf ein rot lackiertes Motorrad schnallen und überfahre den Kerl und rase hinterher die Fifth Avenue mit einer Fahne auf dem Rücken rauf und runter.‹«

Su mußte ungeheure Schmerzen und Beschwernisse ertragen und viele Operationen über sich ergehen lassen. In dieser Zeit machte sie ihre Doktorarbeit und qualifizierte sich für den Beruf als klinische Psychologin. (Der Beruf des klinischen Psychologen in den USA hat weniger damit zu tun, sich die Fähigkeiten eines kompetenten Psychologen anzueignen und Einfühlungsvermögen und Verständnis für die seelischen Nöte der Menschen mitzubringen. Die Kandidaten müssen sich eine Unmenge von Fachwissen aneignen und wieder ausspucken, sie müssen Nackenschläge einstecken und sich wieder aufrichten und das in schier endlos sich wiederholender Folge. Bevor die Hohen Herren Zutritt in ihren exklusiven Club gewähren, muß man sich als braves, folgsames Kind erwiesen haben und ein gerüttelt Maß an Züchtigung einstecken.) Su sagte, seit sie eine feste Anstellung habe, gehe es ihr viel besser. »Anfangs konnte ich mir nicht mal leisten, einmal am Tag anständig zu essen. Ich hatte panische Angst, aus der Wohnung geworfen zu werden, weil ich die Miete nicht bezahlen konnte und auf der Straße sitzen würde. Sobald ich mir ohne Gewissensbisse etwas zu essen kaufen konnte, ein Dach über dem Kopf hatte und mir etwas anzuziehen kaufen konnte, fühlte ich mich körperlich wohler. Ich lernte eine Menge und heute kann ich dieses Wissen an die Patienten weitergeben, mit denen ich arbeite. Das gibt mir ein Gefühl, daß alles einen Sinn hatte und lohnend war und das erleichtert mir vieles. Ich glaube, daß ich zu verschiedenen Zeiten mit verschiedenen Dingen fertig geworden bin.«

Su hatte unter anderem gelernt, ihre Vorstellungskraft einzusetzen; diese Technik wandte sie auch bei ihren Patienten an. Sie sagte: »Ich kann mir verschiedene Möglichkeiten, mit einer Situation umzugehen, vorstellen. Zum Beispiel Schwierigkeiten mit dem Boß, oder einen nächsten Schritt planen. Wenn man sich einen Vorgang mit seinen vielen Facetten vorstellen kann, lebt man ihn vor und man bewegt etwas. Dadurch wächst man schneller, man wartet nicht einfach, bis Erfahrungen geschehen, durch die man lernt; man läßt Erfahrungen mental geschehen. Das war etwas, was mir während meiner Krankheit klar wurde. Man liegt im Krankenhaus, kann nicht in Urlaub fahren, kann nicht Golfspielen. Aber man kann es im Kopf tun, und man hat das gleiche Gefühl, als würde man es wirklich tun. Ich kann mir heute noch vorstellen, wie es war, als ich noch laufen konnte. Ich spüre den Wind in meinen Haaren und auf meiner Haut, ich spüre, wie erhitzt ich bin, ich spüre meine stampfenden Beine. Ich kann seit zehn Jahren nicht mehr laufen. Aber es gibt mir viel mentale Energie und Kraft, wenn ich es mir vorstelle.«

Ich fragte Su, ob sie sich die Alternative überlegt habe, das Leben einer Behinderten zu führen. Sie sagte: »Anfangs, als alles noch schrecklich durcheinander war, kam ich in eine Klinik; dort saß eine Frau im Rollstuhl in bejammernswerter Verfassung. Ihre Hände sahen aus wie welke Blätter und sie weinte die ganze Zeit. Ich dachte: ›Na schön, so kann ich auch leben.‹ Eine andere Frau war so voll Zorn, daß sie ständig alle Leute beleidigte. Und ich dachte: ›Oder ich kann so leben.‹ Und ich sah, was die Frau bei den Leuten anrichtete. Mit einem solchen Verhalten würde ich mich von anderen Menschen abkapseln.

Ich setzte meinen Verstand ein, um meine Möglichkeiten abzuwägen; ich hatte außerdem eine Menge Erfahrungen aus meiner Kindheit, als ich mich wirklich unterdrückt fühlte und nicht aufgegeben hatte. Meine Situation mochte noch so ausweglos erscheinen, ich sah immer Möglichkeiten, die sich mir boten. Man kann immer etwas tun, auch wenn es nur winzige Schritte sind. So lange ich noch ein bißchen Energie habe, gibt es einen Ausweg, gibt es einen nächsten Schritt. Ich bin Ärzten begegnet, die mir sagten, daß ich das nicht schaffe, was ich heute mache. Man gab mir zu verstehen, daß ich keinen vollwertigen Beruf ausüben könne. Heute übe ich nicht nur einen Beruf aus, ich gebe Vorlesungen, habe eine Privatpraxis und ein Privatleben. Das macht mir fast Angst. Vielleicht sieht meine Zukunft ganz schwarz aus, aber komischerweise bin ich glücklicher als je zuvor. Ich habe mehr Kraft und innere Ruhe als früher.«

Su sprach häufig von ihren Freunden und von der Wärme und Liebe, die zwischen ihnen fließt. Sie erklärte: »Zunächst bewältigte ich die Situation mit Trauer und großer Wut; ich konzentrierte mich auf mein Studium, um meinen Verstand zu gebrauchen, auch wenn mein Körper verrottete. Dann erkannte ich, daß meine Unabhängigkeitsbestrebungen deshalb so übertrieben waren, weil ich mich von meiner Familie und meinem Mann so im Stich gelassen fühlte und ich zu keinem Menschen Vertrauen hatte. Es gab eine Menge Leute, die helfen konnten und die helfen wollten, wenn ich das annehmen und sie an mich heranlassen könnte; damit würde ich ihnen helfen, mir zu helfen. Je mehr ich andere Menschen akzeptieren und lieben konnte, desto mehr konnte ich mich akzeptieren und lieben. Je mehr ich meine Grenzen und mich wieder als ganze Person akzeptieren konnte, desto besser konnte ich funktionieren.«

Su hatte herausgefunden, daß sie kein ganzer Mensch sein konnte, wenn sie sich völlig in der Realität abkapselte, der sie vertraute, ihrer inneren Realität. Um ganz zu sein, mußte sie sich in ihre weniger reale Wirklichkeit wagen.

Die weniger wirkliche Realität wirklich werden lassen

Das Erfolgreiche Selbst hat die weniger wirkliche Realität wirklich gemacht, indem es die nötigen Fähigkeiten entwickelt hat, um in dieser Realität zu leben.

Als Zweiundzwanzigjährige bestieg ich einen Zug am Hauptbahnhof von Sydney, um nach Bankstown zu fahren, einen dreißig Meilen im Westen gelegenen Vorort. Es war mein erster Arbeitstag als Lehrerin. In Sydenham stieg eine Gruppe junger Frauen zu, die in meiner Nähe Platz nahmen. Eine von ihnen fiel mir auf. Sie war schön, groß gewachsen, schlank und hatte eine besondere Ausstrahlung. Sie redete und lachte herzlich und lebhaft.

Die Gruppe stieg ebenfalls in Bankstown aus und während ich hinter ihnen herging, wurde mir klar, daß wir das gleiche Ziel hatten, die Bankstown Home Science School. Am späten Vormittag traf ich die Gruppe im Lehrerzimmer wieder und dort begann meine Freundschaft mit Nan Olive, die nach ihrer Heirat einige Jahre später Nan Purnell heißen sollte; eine Freundschaft, die bis heute anhält. Wenn ich in England gefragt werde: »Haben Sie Sehnsucht nach Australien?«, lautet meine aufrichtige Antwort: »Meine Freundin Nan fehlt mir.«

Nans Großzügigkeit kennt keine Grenzen und ich könnte ein Buch darüber schreiben, was sie mir alles gegeben hat. Hier möchte ich nur drei wichtige Dinge nennen, die ich von ihr gelernt habe.

Ich war eine hoffnungslose Lehrerin. Ich hatte keine Ahnung, wie ich das Interesse einer Klasse wecken und sie zur Mitarbeit bewegen konnte. Ich hatte weniger Interesse daran, eine bessere Lehrerin zu werden, als daran, bessere Methoden im Umgang mit Menschen zu finden. Bei Antritt meines Studiums nach meiner ersten unüberwindlichen Schwellenangst hatte ich es geschafft, Manning House zu betreten, aber ich hatte immer noch große Angst davor, mich in andere soziale Situationen zu begeben. Ich beteiligte mich gern an Gesprächen über Themen, die mich interessierten, hatte aber keine Ahnung, wie ich mich mit Leuten unterhalten sollte, die mir begegneten.

Das konnte Nan. Sie konnte auf Menschen zugehen, die sich dadurch geschmeichelt und warmherzig aufgenommen fühlten. Sie behielt etwas von jedem Menschen im Gedächtnis, dem sie begegnete, und sprach ihn bei der nächsten Begegnung darauf an, womit sie dem Betreffenden das Gefühl gab, etwas Besonderes zu sein. Sie hatte eine gute Beobachtungsgabe und bemerkte Dinge, über die jemand möglicherweise nicht gesprochen hätte. Sie hatte unerschöpfliche Mittel, andere Menschen zu bewegen, über sich selbst zu reden. Sie stellte Fragen, nicht um Kritik zu üben, sondern aus echter Anteilnahme heraus und verstand es, interessiert und aufmerksam zuzuhören, und sah dem Gesprächspartner dabei in die Augen. Wenn sie von ihren Erfahrungen sprach, tat sie das nicht, um im Mittelpunkt zu stehen, wie viele Extravertierte das tun, sondern um ihrem Zuhörer etwas zu vermitteln, das für ihn wichtig und interessant war.

Diese Züge beobachtete ich an ihr und machte sorgfältige Notizen. Dann begann ich sie zu kopieren, anfangs nicht sonderlich erfolgreich, doch mit der Zeit, da ich mir ihre Fähigkeiten zu eigen machte, fielen mir die Begegnungen mit Menschen immer leichter. Und noch heute, vierunddreißig Jahre später, greife ich auf das zurück, was ich von Nan gelernt habe, ob ich ein Telefongespräch führe, über den Zaun mit meiner Nachbarin plaudere oder mit einem Klienten spreche.

Moderne Psychologen sprechen von sozialen Fähigkeiten und leiten Gruppen, in denen sie schüchternen Menschen diese Techniken vermitteln. Falls diese Techniken allerdings nicht in die Ichstruktur des Betreffenden eingehen, bleiben sie lediglich Partytricks, die dem Betreffenden in Streßsituationen gar nichts nützen.

Die einfühlsame und komplexe Kunst der Konversation mit anderen Menschen kann bei einem schüchternen Extravertierten ein natürliches Talent zum Blühen bringen und bei einem schüchternen Introvertierten eine Methode sein, die äußere Realität wirklicher, gefestigter und weniger veränderbar zu gestalten.

Ich machte die Feststellung, daß alle erfolgreichen und sozial gewandten Introvertierten, mit denen ich sprach, sich an die Umstände und die Menschen erinnern, die sie zu dem Schritt bewogen, sich diese sozialen Fähigkeiten anzueignen. Die Unternehmensberaterin Susyn Reeve, die Ron Janoff mir als »die erfolgreichste Person, die ich kenne« schilderte, sagte mir, daß sie bereits als kleines Mädchen ihre ältere Schwester als sehr ›gewandt‹ sah. »Was ich von ihr lernte, ist mittlerweile Teil meiner Person geworden. Früher beobachtete ich mich in Aktion und stellte mir vor, ich sei sie.«

Susyn hat sich allerdings »ein gewisses Maß an Schüchternheit behalten, das mir als Schutzmaßnahme dient«.

Schüchternheit ist für Introvertierte eine notwendige Schutzmaßnahme gegen die Kritik, die von jedem Menschen kommen kann, dessen Anerkennung sie sich wünschen. Susyn sagte: »Ich bin sehr gesprächig, aber ein Teil von mir ist genau das Gegenteil. Es kann passieren, daß ich Angst bekomme und eine Situation als Prüfung betrachte, und die Menschen, mit denen ich zusammen bin, zu meinen Richtern mache. Dann kann ich nicht einmal mehr über das Wetter reden. In meinem Beruf erschaffe ich Situationen, in denen andere Menschen miteinander reden. Um zu verhindern, daß ich Menschen zu meinen Richtern mache, halte ich mir bewußt vor Augen, daß ich diese Erfahrung mit diesen Menschen zu einer wertvollen Erfahrung mache, welche Folgen auch immer daraus entstehen. Diese Überlegung macht mich frei. Ich bin weniger fixiert, etwa auf zukünftige Vertragsverhandlungen. Ich bin in der Gegenwart, mit einem Menschen zusammen und konzentriere mich auf das, was passiert.«

Susyn beschreibt hier den Prozeß, der äußeren Realität Aufmerksamkeit zu schenken und durch diesen Prozeß der Aufmerksamkeit eine Koordination innerer und äußerer Realität zu erreichen. Das ist die *Erfahrung im Hier und Jetzt*, wo wir uns am lebendigsten fühlen. Gedanken an die Vergangenheit und Zukunft haben in einer solchen Erfahrung keinen Platz, auch nicht die Angst, ob diese gegenwärtige Erfahrung sich in Zukunft als selbstvernichtend herausstellen wird, wie ähnliche Erfahrungen in der Vergangenheit.

Die Fähigkeit, in der Gegenwart zu leben, sich an den Dingen und Situationen zu erfreuen, so wie sie sind, ist ein vom Erfolgreichen Selbst geschätztes und häufig aufgegriffenes Phänomen.

Das erfolgreiche Selbst schätzt zudem die Fähigkeit, in der Einsamkeit glücklich und zufrieden zu sein.

Dem Introvertierten fällt das Alleinsein nicht schwer, da seine innere Realität, der Kern des Alleinseins immer präsent ist. Introvertierte können nicht nur mit ihren Gedanken allein sein, viele können auch ohne Gedanken allein sein. Sie beschreiben die Erfahrung, in einen inneren Raum einzutreten, den eine Frau mir einmal als ›einen sanften Braunton‹ schilderte, in dem sie sich ohne Gedanken aufhalte. (In einer *Punch*-Karikatur spricht eine elegante Dame einen alten Bauern an, der alleine vor seinem Kaminfeuer sitzt. Sie fragt ihn, wie er seine Zeit verbringt und er entgegnet: »Manchmal sitz' ich da und denke nach und manchmal sitz' ich nur da.«) In diesem Raum verstummt sogar die Stimulierung des Nachdenkens und das schrille, schmerzhafte Gefühl, das der Introvertierte empfindet, wenn zuviel passiert, verebbt.

Nicht alle Introvertierten haben sich diese Fähigkeit bewahrt. Ich vermute, daß Introvertierte damit zur Welt kommen, die meisten sie aber verlieren, wenn Leistungsdruck und Angst vor Zeitvergeudung überhandnehmen. Jene, die sich diese Fähigkeit bewahren, erachten sie möglicherweise als störend. Eine meiner Kolleginnen schilderte mir, daß sie sich am Ende eines anstrengenden Arbeitstages zu Hause hinsetzt und ein paar Minuten an gar nichts denkt. Sie wußte nicht genau, ob sie darin eine vernünftige Entspannungstechnik oder etwas Bedrohliches sehen sollte. Letztlich können alle unsere Fähigkeiten zu Handicaps werden, wenn wir uns zu stark von ihnen bedroht fühlen. Die Frau, die den Frieden ihres ›sanften Brauntons‹ genoß, stellte fest, daß er sich in eiskaltes Schwarz verwandelte, wenn sie deprimiert war. Introvertierte, die ihr Selbstvertrauen verloren haben und nicht länger fähig sind, innere von äußerer Realität zu unterscheiden, empfinden die Fähigkeit, das Denken abzuschalten, als Wohltat in ihrer Verwirrung und gleichzeitig als Handicap. In der Psychiatrie kann dieser ›Gedankenstop‹ Symptom einer Geisteskrankheit sein.

Die Fähigkeit, allein zu sein, erfordert *die Fähigkeit, zwischen Alleinsein und Einsamkeit zu unterscheiden.*

Die Fähigkeit, allein zu sein, bedeutet die Erkenntnis, daß unser Lebenssinn nicht an die Gegenwart anderer Menschen gebunden ist. Selbst wenn wir völlig allein gelassen werden, existieren wir alle weiter, Extravertierte wie Introvertierte. Eine solche Erfahrung mag schmerzlich sein, da wir uns alle einsam fühlen und uns nach anderen Menschen sehnen.

Vor einigen Jahren jammerte Terry mir stundenlang vor, daß seine Familie, Freunde und Kollegen ihn ungerecht behandelten, niemand nehme darauf Rücksicht, daß er das Alleinsein nicht ertragen konnte. Er brauchte immer jemand, der seinen Existenzsinn bestätigte. Eines Tages rief er mich an, um mich wissen zu lassen, wie es ihm ging. Wie sich herausstellte, ging es ihm glänzend. Er hatte seine komplizierten Beziehungen zu mehreren Frauen gelöst und seinen Job aufgegeben, der ihn zwang, in der Öffentlichkeit aufzutreten, was ihn einerseits erschreckte und andererseits reizte. Er war Farmer geworden. Die Kühe, sagte er, waren das aufmerksame Publikum, das er brauchte. Und wie, fragte ich, war er darauf gekommen?

Terry antwortete: »Ich stellte fest, daß ich nicht sterbe, wenn ich allein bin.«

Er berichtete weiter, daß ihm diese Erkenntnis aufgezwungen worden war. Seine Firma schickte ihn mehrere Monate auf Erholungsurlaub, gleichzeitig beschlossen seine Frauen, seine Familie und die meisten seiner Freunde, daß sie sein unmögliches Verhalten satt hatten, und weigerten sich, weiterhin mit ihm zusammenzusein. Terry war sein ganzes Leben in hektischer Betriebsamkeit darum bemüht, eine solche Situation zu vermeiden, weil er glaubte, Alleinsein bedeute Vernichtung. Jetzt stellte er fest, daß das gar nicht stimmte. Er hatte sich jedoch auf diese Erkenntnis vorbereitet. Er beschäftigte sich mit *Tao te Ching* von Lao Tse und mit Zen-Buddhismus, lernte Meditationstechniken und fand heraus, daß er sich in seiner inneren Realität aufhalten konnte, ohne seine Gedanken ständig mit Ereignissen seiner äußeren Realität zu beschäftigen.

Viele einsame Extravertierte, die fürchten, daß ihr Lebenssinn verschwindet, vermeiden das Alleinsein, indem sie sich eine Phantasiewelt von Aktivitäten und Beziehungen in der Außenwelt erschaffen. Diese Phantasien haben außerdem den Zweck, zu verdrängen, daß ihre Welt langweilig und unangenehm ist. In diesen Phantasien spielt der Extravertierte eine dramatische, aufregende Rolle und unterhält zu einer Menge Figuren Beziehungen. Manchmal nehmen solche Figuren auch in der äußeren Realität Gestalt an und werden zu seinen ständigen Begleitern. Im Regelfall werden diese ›imaginären Spielgefährten‹ abgelegt, wenn ein Kind in die Adoleszenz eintritt, gelegentlich bleiben sie aber auch für den erwachsenen Extravertierten heimliche Begleiter.

Einsame, unverstandene extravertierte Kinder setzen ihre Phantasie vernünftig ein, um sich zu trösten, um den Halt nicht zu verlieren und um sich Mut zum Weiterleben zu machen und hoffnungsvoll in die Zukunft zu blicken. Wenn das Kind sich allerdings zu häufig in seiner Phantasiewelt aufhält und die äußere Realität als Bühne sieht, auf der es seine Phantasien auslebt, geht diese Überlebenstechnik auf Kosten seiner Beziehungen zur wirklichen Welt und den tatsächlichen Konsequenzen seiner Aktionen. Gefangen in seiner Phantasie und im Wunsch, den unangenehmen Aspekten der Realität aus dem Weg zu gehen, entgehen dem Kind viele Vorgänge in seinem Umfeld. Als Erwachsener kann er sich nur lückenhaft an seine Kindheit erinnern. Nur durch genaue Beobachtungen der Vorgänge in der Kindheit schulen wir unser Verständnis für das Verhalten der Menschen und lernen wir zu begreifen, warum ein Ereignis dem anderen folgt. Das extravertierte Kind, das mit Phantasiefiguren beschäftigt ist, entwickelt kein Einfühlungsvermögen in tatsächlich existierende Menschen und stellt keine Zusammenhänge her zwischen dem, was es selbst tut und was andere tun. So sieht das extravertierte Kind möglicherweise keinen Zusammenhang zwischen seinem späten Nachhausekommen von der Schule und der Tatsache, daß seine Mutter es dafür bestraft, noch weniger begreift es, daß der Zorn der Mutter ihrer Sorge entspringt. Als Erwachsener ist er verblüfft und verärgert, wenn seine Frau sich darüber aufregt und in Wut gerät, bloß weil er mit seinen Freunden im Golfclub einen Abend lang getrunken hat, statt rechtzeitig zu ihrer Geburtstagsparty nach Hause zu kommen.

Das völlige Eintauchen des Kindes in seine Phantasiewelt hat weiterhin die Unterentwicklung seiner Fähigkeiten im Umgang mit den Vorgängen seiner inneren Realität zur Folge. Statt Methoden im Umgang mit Gefühlen wie ›Ich habe Angst, bin schwach und hilflos‹ zu finden, flüchtet das Kind in Kompensationsphantasien, tapfer, stark und mächtig zu sein. Sich als Superman zu fühlen macht großen Spaß, aber nur Clark Kent konnte sich in Superman verwandeln, nicht aber das Kind, das von seinen Eltern, Lehrern oder Spielgefährten schikaniert wird. Wenn das Kind diese Gefühle erkennt und benennen und Zusammenhänge herstellen kann zu dem, was die Menschen tun, kann es wirksame Methoden ausarbeiten, um sich Mut zu machen und sein Selbstvertrauen zu stärken. Nach dem Motto zu verfahren »Stock und Stein brechen mir das Bein, aber Schimpfnamen tun mir nicht weh«, bringt es weiter, als sich in Superman zu verwandeln.

Der imaginäre Spielgefährte, der so echt wirkt, gehört zur inneren Realität des Kindes, die in die äußere Realität projiziert wird; der imaginäre Spielgefährte ist zwar ein Freund, auf den das Kind sich beziehen kann, um seinen Existenzsinn zu bewahren, der Konflikt in der äußeren Realität kann dadurch nicht gelöst werden. Der imaginäre Spielgefährte mag ein Kind sein, das Liebe und Trost braucht. Das extravertierte Kind versucht, sich um seinen imaginären Spielgefährten zu kümmern und verleugnet sein eigenes Bedürfnis nach Liebe und Trost, und da es seine Bedürfnisse nicht anerkennt, kann es keine Methoden entwickeln, um sie zu befriedigen. Es ist so sehr damit beschäftigt, seinem imaginären Begleiter ein guter Freund zu sein, daß es nicht erkennt, daß es selbst der einzige Mensch ist, zu dem es eine gute Freundschaft aufbauen müßte.

Deshalb sagen so viele extravertierte Erwachsene: »Ich bin immer schon ein ängstlicher Mensch gewesen. O ja, ich hatte eine glückliche Kindheit. Ich erinnere mich nur nicht gut daran. Aber das geht doch jedem so, stimmt's?«

Es gibt auch viele Extravertierte, die ohne das Verlangen

nach einer allumfassenden Phantasiewelt aufwuchsen oder die die Gefahren eines solchen Lebens erkannten und in der Lage waren, ihre innere Realität anzuerkennen, zu erforschen und zu akzeptieren und sich damit die Fähigkeit aneigneten, allein zu sein.

In gewisser Weise fühlen wir alle, Extravertierte und Introvertierte, uns zu der von uns bevorzugten Realität hingezogen. Als Introvertierte können wir aufhören, in unserer äußeren Realität zu agieren und ziehen uns in unsere Gedanken zurück oder in die Welt, wo unsere Gedanken sein können. Als Extravertierte können wir das tun, was ein extravertierter Freund von mir machte. »Ich kann denken und denken und denken und dann bin ich das Denken leid und möchte handeln.«

Wenn wir uns als erfolgreiches Selbst in unsere bevorzugte Realität begeben, sollten wir das nicht als Rückzug, sondern als Erholung empfinden.

Kreativität

Das Erfolgreiche Selbst benutzt die bevorzugte Realität nicht so sehr als Zuflucht, sondern als Quelle der Kreativität.

Susyn Reeve unterschied sehr sorgfältig, wann sie ihre innere Realität als Kraftspender oder als Zuflucht benutzte. Sie sagte: »Ich gelte als eifrige Arbeiterin. Ich bringe etwas zustande. Ich wuchs mit einer Menge eifriger Arbeiter auf und wurde als Kind oft wegen meiner guten Leistungen gelobt. Andererseits will ich gelegentlich gar nichts tun. Ich möchte nicht arbeiten, um beschäftigt zu sein. Ich habe nicht den Drang, ständig und jeden Tag zu arbeiten. Ein Grund, warum ich einen Ganztagsjob aufgegeben habe, war die fehlende Lebensqualität. Ich wollte Zeit haben, um tagsüber in den Park zu gehen. Ich wollte morgens aufwachen und mich nicht beeilen müssen, um ins Büro zu kommen. Ich sitze gern rum, in Tagträume versunken. Das tu ich ziemlich oft.«

Tagträumen bedeutet für sie, mit Musik in eine friedliche, kreative Stimmung zu driften, eine Entspannungskassette anhören oder während eines Spaziergangs »dem Vogelgezwitscher zuhören und mir die Bäume ansehen. Damit nehme ich Verbindung zu mir auf. Damit finde ich heraus, welchen Schritt ich als nächsten tun muß.« In der Stille ihrer inneren Realität hört sie ihrer inneren Stimme zu.

Es gab eine Zeit in ihrem Leben, als sie arbeitslos und geschieden, sich deprimiert in ihre innere Realität zurückgezogen hatte. Sie tauchte aus diesem Zufluchtsort auf, um einen neuen Job und ein neues Leben zu beginnen, doch ein paar Jahre später »hatte ich Angst, als ich meine Ganztagsstellung aufgab und meine eigene Praxis eröffnete, daß ich in eine Phase meines Lebens zurückfallen würde, in der ich morgens beim Aufwachen solche Angst hatte, daß ich kaum aus dem Bett kam. Damals machte ich es mir zum Prinzip, mein Bett sofort nach dem Aufstehen zu machen. Heute halte ich mich siebenundneunzig Prozent meiner Zeit daran und in den restlichen drei Prozent protestiere ich dagegen und verkrieche mich wieder unter die Decke, wie ich das früher andauernd getan habe.« Das würde Susyn nicht wieder passieren. Heute bleibt sie im Bett, um zu meditieren, zu träumen und um Pläne zu schmieden.

Als Kind und junge Frau wurde Susyn für ihre Leistungen und ihren Fleiß belohnt und sah darin eine Lebensregel. Gute Arbeit wird belohnt. Als sie später feststellte, daß Fleiß, Kompetenz und Zuverlässigkeit nicht belohnt wurden, so sehr sie sich auch anstrengte, gut zu sein, brach ihre Welt zusammen und sie zog sich in die Sicherheit der Depression, in ihre innere Realität und in ihr Bett zurück. In diesem Rückzug erkannte sie schließlich, daß sie sich nicht auf ein Universalgesetz berufen konnte, wonach Wohlverhalten und Fleiß belohnt werden. Sie mußte sich auf sich selbst berufen. Statt darauf zu warten, daß Belohnungen eintreffen, so sicher wie der Frühling dem Winter folgt, mußte sie eigene Entscheidungen treffen, selbst handeln, ihre Leistungen selbst beurteilen und sich selbst belohnen und ermutigen.

Mit dem Rückzug in unsere bevorzugte Realität vermeiden wir die Verantwortung für uns selbst und wir vermeiden die Risiken kreativen Handelns.

Eigenverantwortung für uns selbst zu übernehmen, bedeutet unsere eigenen Entscheidungen zu treffen und Verantwortung für unsere Fehler zu übernehmen. Kreatives Handeln bedeutet, Dinge zu tun, die neu und daher riskant sind.

Jennifer berichtete, wie ihr Bedürfnis, gut zu sein, ihrer Kreativität im Wege stand. Sie sah ganz deutlich, wie sie fast ihr ganzes verheiratetes Leben bedürftige Menschen um sich geschart hatte. Sie war, wie sie selbst sagte, eine Expertin für Bedürftigkeit. Sie kam zu mir in die Beratung, weil sie von mir Hilfe erwartete, um ihr Bedürfnis, gebraucht zu werden, abzulegen, damit sie ihre künstlerische Arbeit wieder aufnehmen konnte, scheute sich aber, das Risiko einzugehen. Und zwar das finanzielle Risiko. Wenn sie ihren Mann verlassen würde, bedeutete das, ein gemütliches Heim und finanzielle Sicherheit gegen verhältnismäßige Armut einzutauschen, bis sie sich beruflich durchgesetzt hatte. Das erkannte sie, ebenso wie sie das noch größere Risiko erkannte, daß sie sich nicht als die große Künstlerin erweisen würde, für die sie sich hielt. Die Überzeugung »Aus mir wäre ein großer Maler (Schriftsteller, Musiker, Sportler, etc.) geworden, wenn meine Familie mich nicht daran gehindert hätte« ist ein bequemes Trostpflaster. Es ist unser eigener Mangel an Selbstvertrauen, es ist unsere Weigerung, Eigenverantwortung zu übernehmen, die uns daran hindern, das Potential unserer Kreativität auszuschöpfen. Die Welt ist voll mit Introvertierten, die sich für ihre Ideale opfern und mit Extravertierten, die hektisch herumrennen, um all die bedürftigen und anspruchsvollen Menschen zufriedenzustellen, die sie finden können; und alle glauben, es sei gemein und selbstsüchtig, Eigenverantwortung zu tragen und eigene Entscheidungen zu treffen, in Übereinstimmung mit dem, was ihre innere Stimme sagt, wenn sie sie nur hören könnten.

Wenn wir auf unsere innere Stimme hören, können wir die Tür zum kreativen Prozeß öffnen.

Selbstvertrauen ist ein wichtiger Bestandteil der Kreativität. Sie müssen Ihr kritisches Bewußtsein zum Schweigen bringen und den Prozeß fließen lassen. Der Fluß ist spontan, wenn auch nicht unkontrolliert. Er wird durch Klugheit und Erfahrung in Bahnen gelenkt, nicht durch Verbote und Negativität. Der kreative Prozeß keimt, erblüht und wird im Gefühl der Abrundung und Vollständigkeit abgeschlossen. Doch ehe ein Werk vollendet ist, führt eine Stufe zur nächsten im kreativen Prozeß.

Wir alle besitzen eine Fülle von Talenten, die wir in kreativen Prozessen verwirklichen können, werden aber von unserer Erziehung und unseren Ansichten über unsere Grenzen und Unzulänglichkeiten gehemmt, dies zu tun.

Wir können kreative Prozesse nicht nur darauf verwenden, um Kunstwerke hervorzubringen, sondern um unsere Beziehungen zu anderen Menschen zu entwickeln, unsere Kompetenz in unserer weniger realen Wirklichkeit zu vergrößern, unsere zwei Realitäten miteinander zu verknüpfen und um unser Leben zu meistern.

Unsere zwischenmenschlichen Beziehungen unterwerfen sich meist gesellschaftlichen Konventionen. Wir wissen einerseits, wie wichtig Berührung für uns ist, doch erst in jüngster Zeit ist es Männern gestattet, einander zu umarmen, und bis heute beschränken sich solche Umarmungen auf den Sportplatz oder sind Männern vorbehalten, die für ihre Bewußtseinserweiterung und den Erhalt ihrer Empfindsamkeit hart kämpfen mußten. Als Mathias Rust verurteilt wurde, vier Jahre in einem russischen Arbeitslager zu verbringen, schüttelte ihm sein Vater zum Abschied lediglich die Hand. In diesem Augenblick hätte Mathias nichts dringender gebraucht als die väterliche Umarmung. Hätte Mathias allerdings einen Vater, der ihn öfter in die Arme nimmt, hätte er wohl nicht das Bedürfnis gehabt, sich und seine Ideale unter Beweis zu stellen und sein Sportflugzeug auf dem Roten Platz zu landen. Viele meiner Klienten sagten mir, daß ihre Eltern es nicht fertigbrachten zu sagen: »Ich liebe dich«, und Berührungen waren Schläge, keine Umarmungen.

Kreativ sein heißt, etwas aus unserer inneren Realität in unsere äußere Realität zu bringen (ein Gedanke, ein Gefühl, ein Bild übersetzt in eine Aktion) und es heißt, etwas aus unserer äußeren Realität in unsere innere Realität zu übertragen (eine Aktion oder eine Beobachtung übersetzt in ein Bild). In diesem Zweiwege-Vorgang ko-ordinieren wir unsere beiden Realitäten und machen sie gleichermaßen real.

Durch diese Doppelaktion *meistern wir unsere Erfahrungen*. Wenn uns etwas begegnet, das uns erstaunt, erschüttert oder ängstigt, setzen wir einen Prozeß in Gang, in dem wir mit den Emotionen umgehen müssen, die in uns geweckt wurden. Wenn wir unsere Gefühle verleugnen oder sagen: »Ich bin verwirrt«, ohne zu wissen, ob ›verwirrt‹ die Bedeutung von verärgert oder verängstigt hat, verhindern wir den ersten Schritt zur Bewältigung, nämlich die Bestätigung und Benennung von Gefühlen. Der Umgang mit Gefühlen kann nur dann erfolgreich sein, wenn man zunächst weint oder schreit und dann, wenn der Druck der Gefühle nachläßt, über den Vorfall nachdenkt, seine Bedeutung erkennt und nach Folgerungen sucht. Daraus wird die zu unternehmende Handlungsweise klar.

Ein Mensch an unserer Seite ist sehr hilfreich, jemand, der den Anblick unseres Schmerzes ertragen kann, der sich unsere Geschichte anhört (vielleicht wiederholte Male, damit die aufgewühlte Emotion abflauen kann), der als Resonanzboden für unsere Grübeleien dient, ohne uns zu kritisieren und uns Ratschläge zu erteilen, der uns an unsere eigene Wertschätzung erinnert, wenn ein Ereignis unsere Selbstachtung herabgesetzt hat und wenn die zu meisternde Erfahrung ein Verlust ist, jemand, der unseren Kummer akzeptiert und unser möglicherweise lang anhaltendes Unglücklichsein erduldet. Ein wahrer Freund sagt uns nie, daß wir uns zusammennehmen sollen oder daß wir ›mittlerweile darüber hinweg sein müßten‹. (Ich sollte mich gar nicht zum Fürsprecher dieser Form der Freundschaft machen, da alle Therapeuten ohne Klienten, alle Psychiater ohne Patienten wären, die psychiatrischen Kliniken leerstehen würden und es keinen Markt für Lebenshilfebücher gäbe, wenn wir uns diese Freundschaftsdienste gegenseitig erweisen würden.)

Unsere Erfahrung meistern ist der Prozeß, in dem wir unsere Bedeutungsstruktur so verändern, daß wir etwas Neues aufnehmen und es unserer Struktur angleichen, wodurch wir ihr eine Bedeutung geben, die uns in die Lage versetzt, unser Leben weiterzuführen, ohne uns von dieser Erfahrung eingeengt und gehemmt zu fühlen. Eine Erfahrung nicht zu meistern bedeutet, sie durch Verdrängung abzugrenzen, die uns daran hindert, etwas aus der Erfahrung zu lernen. Außerdem, wie Santayana sich ausdrückte, sind »jene, die sich nicht an die Vergangenheit erinnern, dazu verdammt, sie wiederzuleben«. Deshalb führen manche von uns, nachdem sie die mit dem Ende einer Ehe verbundenen Schmerzen und Enttäuschungen ertragen haben, ein erfüllteres und verändertes Leben, während andere, die diese Erfahrung nicht meistern, wieder die gleiche Sorte Mensch heiraten und immer wieder die gleichen Schmerzen und Enttäuschungen erleiden.

Wenn es uns nicht gelingt, unsere Erfahrungen zu meistern, enthält unsere Lebensgeschichte Lücken und Widersprüche, im Gegensatz zur Geschichte, die ein erfolgreiches Selbst erschaffen hat.

Eine erfüllte Lebensgeschichte

Das Erfolgreiche Selbst hat eine Lebensgeschichte erschaffen ohne hemmende und lähmende Lücken und Widersprüche, eine Lebensgeschichte, die voll Zuversicht und Hoffnung in die Zukunft blickt.

Erinnerung ist stets eine Rekonstruktion. Sie ist kein Aktenschrank, in den man etwas ablegt, das man zu einem beliebigen Zeitpunkt wieder vollständig und unverändert entnehmen kann. Wir nehmen alles auf, was uns widerfährt, indem wir es dem, was wir bereits wissen, hinzufügen, und mit dieser Verknüpfung und Aufnahme verändern wir es. Auch das, was wir ›auswendig‹ lernen, ist eine Rekonstruktion. Wir prägen uns das Material ein, indem wir Bezüge zu anderen Sachverhalten herstellen. Wir behalten eine Telefonnummer im Gedächtnis, weil sie unserer eigenen gleicht, oder weil sie einen bestimmten Rhythmus hat.

Alle Ereignisse, aus denen sich unsere Lebensgeschichte zusammensetzt, sind Rekonstruktionen. Es gibt Ereignisse, die wir als ›Fakten‹ bezeichnen, die mehrere Menschen bestätigen können, wobei jeder Mensch das Ereignis anders deutet. Der Tod eines Mannes kann dessen Mutter so sehr mit Trauer erfüllen, daß auch sie bald stirbt, während seine Ehefrau, die sich als trauernde Witwe gibt, insgeheim erleichtert aufatmet, einer unglücklichen Ehe entronnen zu sein. Sein Sohn sagt vielleicht zwanzig Jahre später: »Mein Vater starb, als ich vierzehn war. Sein Tod hat mich total erschüttert. Heute habe ich selbst einen Sohn, der mich an meinen Vater erinnert, und ich spüre, daß ich Teil eines Lebenszyklus bin, und das gibt mir ein Gefühl der Sicherheit.«

Ebenso wie die Geschichte unserer Vergangenheit eine Konstruktion ist, so ist es die Geschichte unserer Zukunft. Wir erzählen uns die Geschichte, wie unsere Zukunft aussehen wird. Wir probieren auf der Suche nach Alternativen möglicherweise mehrere Geschichten aus und wir planen, was zu tun ist, oder wir haben das Gefühl, daß unsere Zukunft bereits vorherbestimmt und unveränderbar ist. Wenn wir klug sind, wissen wir, daß dies nicht der Fall ist.

Es ist unsere Geschichte, die unserem Leben Bedeutung gibt. Ohne unsere Geschichten würden wir geboren werden, leben und sterben wie eine Blume oder ein Insekt. Wir hören uns die Geschichten anderer an, um jeder Geschichte eine größere Bedeutung beizumessen. Eine unerzählte Geschichte ist nur für den von Bedeutung, der die Geschichte erlebt. Ein verachtungswürdiges und gemeines Leben kann in der Erzählung erfüllt und ruhmreich klingen. Die Bedeutungslosigkeit von Menschenleben kommt in den Geschichten der amerikanischen Siedler im 19. Jahrhundert deutlich zum Ausdruck, deren Dasein aus harter Arbeit, Einsamkeit, Entbehrungen, Streit und Mord bestand. Durch die häufig wiederholten Erzählungen kam ihnen allerdings eine Bedeutung zu, wovon eine Reihe gekrönter Häupter in Europa nur träumen konnten.

Die Machtkämpfe der Menschen haben sehr viel damit zu tun, wessen Geschichte erzählt wird. In der Familie hat die Geschichte der mächtigsten Person, des Vaters oder der Stammesmutter die größte Bedeutung, von der andere Familienmitglieder lernen und der sie Achtung erweisen müssen. In meiner Familie war die Geschichte meines Vaters, der als Soldat im Ersten Weltkrieg in Frankreich gekämpft hatte, die Sensation. Die Geschichte meiner Mutter, die im Ersten Weltkrieg in einer

Kleinstadt eine Arbeit verrichtete, die weit unter ihren geistigen Fähigkeiten lag, wurde kaum erwähnt.

Geschichte wird von den Mächtigen gemacht. Bis in die jüngste Zeit wurde die Menschheitsgeschichte von weißen, kapitalistischen Männern geschrieben. Erst vor relativ kurzer Zeit wurde Geschichte auch von Marxisten, Frauen oder Schwarzen geschrieben. Wenn Lebensgeschichten in Literatur oder im Film wiedergegeben werden, handeln diese Geschichten von Mächtigen. Die Romane, die ich las, handelten von englischen Bürgern der Mittelschicht und Filme, die ich in meiner Kindheit und Jugend sah, handelten von Männern. Diese Romane und Filme gaben mir zu verstehen, daß meine Geschichte eines Mädchens der Arbeiterschicht keinerlei Bedeutung hatte. In den 50er Jahren kam die Zugehörigkeit zur Arbeiterklasse eine Weile in Mode, und deshalb mag eines Tages eine Schwarze aus Brixton oder eine Asiatin aus Bradford oder eine Mexikanerin aus San Diego ihre Lebensgeschichte auf der Kinoleinwand wiederfinden.

Unserer Geschichte Bedeutung beizumessen muß keinen Machtkampf auslösen. Wir können zusammenarbeiten. Ich höre mir deine Geschichte an und du hörst dir meine an. Wenn wir beide unserer Geschichte Bedeutung beimessen, unterstützen wir gegenseitig unser Selbstvertrauen und unseren Selbstwert.

Problematisch beim Zuhören der Geschichte eines anderen ist die Tatsache, daß das Zuhören oft Schmerzen bereitet. Hilflosigkeit und Mitleid sind schmerzhafte Emotionen, und wenn die Person, der wir zuhören, ein Verwandter ist, fühlen wir uns in gewisser Weise in seinen Kummer hineingezogen. Um dem zu entgehen, haben es sich viele Menschen zur Gewohnheit gemacht, sich aufzuregen, wenn ein Familienmitglied den Versuch macht, etwas zu erzählen, was nicht hundertprozentig angenehm und vollkommen ist. Auf diese Weise können Sie Ihre Familie darauf trainieren zu sagen:»Sag bloß nichts zu Mutter. Sie regt sich nur auf« oder:»Sprich nicht mit Vater darüber. Er ärgert sich nur« und Sie sparen sich viel Ärger und Verdruß.

Der Nachteil dieser Angewohnheit besteht natürlich darin, daß die Mitglieder Ihrer Familie Geheimnisse voreinander haben und Ihre Kinder sich Ihnen entfremden. Vielleicht wäre es besser, das Zuhören zu lernen.

Eine Eigenschaft des guten Zuhörers ist, *da zu sein*.

Ich erkannte erst klar und bewußt, wie wichtig Struktur und Kontrolle für einen Introvertierten sind, als mein Mann mich zwölf Jahre, nachdem ich Nan Purnell kennengelernt hatte, verließ. Das bedeutete, daß mein Sohn und ich ohne Wohnung dastanden und abgesehen von meinem Verdienst keinen Pfennig Geld hatten. Ich spürte das Entsetzen, wie alles zerbrach. Aber Nan und Ihr Mann John blieben für mich real und zuverlässig wie zwei Felsen und nahmen mich jederzeit freundlich bei sich auf. Jahre später, bei meiner Arbeit in psychiatrischen Kliniken mit verwirrten und verängstigten Menschen erinnerte ich mich der Standfestigkeit der Purnells und erkannte darin die wichtigste Eigenschaft des Therapeuten. Zu Beginn, wenn der Klient von der Angst der Vernichtung gepackt ist, kann die freundliche Festigkeit des Therapeuten dem Gefühl des Extravertierten, sich in Nichts aufzulösen und dem Gefühl des Introvertierten, daß die Dinge auseinanderfallen, entgegenwirken. Später, wenn diese schreckliche Angst sich gelegt hat, kann die freundliche Festigkeit des Therapeuten dem Klienten erlauben, das Risiko einzugehen, die unendliche Unsicherheit der Veränderung seiner Sinnstruktur zu wagen.

Als junge Mütter verbrachten Nan und ich viel Zeit zusammen. Über schmutzige Windeln und Babyspinat, Eiscreme und nassen Badeanzügen redeten wir endlos über alles und jeden und häufig auch über unsere Mütter. In der Psychotherapie ist es Mode geworden davon zu reden, ›es zuzulassen‹, Geheimnisse aufzudecken. In meinem Fall ließ Nan durch ihre uneingeschränkte Sympathie und ihr Interesse zu, daß ich über meine Geheimnisse sprach.

Sie war der erste Mensch, mit dem ich eingehend über meine Mutter reden konnte. Meine sechs Jahre ältere Schwester fand Kritik an unserer Mutter schlimmer als Gotteslästerung. Nie hatte ich das Gebot meiner Mutter übertreten: »Sprich nicht mit Fremden über Familienangelegenheiten.« Doch Nan war keine Fremde.

Nan kam aus einer großen Familie und hatte viele Freundinnen, sie wußte also eine Menge über Mütter und Töchter. Ich begriff, daß ich mit meiner Erfahrung nicht allein und auch nicht bösartig war, solchen Zorn und Haß zu empfinden. Durch ihr Zuhören ließ Nan zu, daß ich einen Großteil dieses Zorns und Hasses loswurde und zu einem Gefühl der Nähe zu meiner Mutter zurückfinden konnte. Durch meine Gespräche mit Nan ordnete ich die Geschichte meines Lebens.

Wenn wir gegenseitig unsere Geschichten anhören, erkennen wir, wie unterschiedlich wir Sachverhalte interpretieren und wie diese Interpretationen sich im Lauf der Zeit verändern. Sobald wir erkennen, daß wir unsere Geschichte selbst konstruiert haben, erkennen wir, daß unsere Geschichte nicht unser Schicksal sein muß. Wir mögen unsere Geschichte auf der Voraussetzung konstruiert haben, daß wir in einer gerechten Welt leben, in der Gutes belohnt und Böses bestraft wird, dann handelt die Geschichte unserer Vergangenheit davon, daß wir uns eifrig bemühten, gut zu sein, und unsere Zukunft handelt davon, daß wir Belohnungen für unser Gutsein empfangen. Wenn diese Belohnungen ausbleiben, stehen wir vor der Wahl, entweder eine Geschichte unserer Zukunft zu konstruieren, in der Enttäuschung, Betrug, Mißverständnis und Ressentiments überwiegen (eine Tragödie für den Introvertierten und eine Romanze ohne Happy-End für den Extravertierten) oder die Voraussetzungen zu ändern.

Die Änderung der Voraussetzungen befreit uns von der Geschichte. Die Erkenntnis, daß es keine feste Gerechtigkeitsordnung gibt, daß guten Menschen Schlechtes und schlechten Menschen Gutes widerfahren kann und daß wir alle Glück oder Pech haben können, läßt zu, daß wir unsere Geschichte rekonstruieren. Wir können unsere Vergangenheit neu deuten (das kann heißen, daß wir verdrängte Erinnerungen und verleugnete Emotionen wieder ausgraben) und unsere Zukunft neu gestalten.

Sobald wir erkennen, daß wir frei sind von den Gesetzen eines universell gültigen Gerechtigkeitssystems, müssen wir über die Gesetze entscheiden, die den Umfang unserer Geschichte festlegen. Wenn wir es versäumen, uns vor Augen zu führen, daß alle unsere Handlungen Konsequenzen haben, mögen wir die Regel aufstellen, daß es keine Regeln gibt und dies in Zukunft bedauern. Wenn wir uns stets vor Augen halten, daß unsere Handlungen Konsequenzen haben, erschaffen wir Regeln, von denen wir hoffen, sie lenken unsere Aktionen, damit wir uns selbst und anderen nicht zu großen Schmerz zufügen. Auf diese Weise übernehmen wir Verantwortung für uns selbst.

Eine dieser Regeln betrifft Zuversicht und Mut angesichts von Ungewißheit und Verlust. Wir können versuchen, Ungewißheit zu vermindern, indem wir uns gegen alles absichern, doch damit verlieren wir unsere Freiheit und unsere Hoffnung, denn Hoffnung ist nur mit Ungewißheit möglich. Wir alle erleiden Verluste – Verlust von geliebten Menschen, von Jugend, von Hoffnungen, von Dingen, die wir gern getan haben und Dingen, die wir gern getan *hätten*. Verlust hinterläßt ein Vermächtnis der Traurigkeit, und wenn wir klug sind, erkennen wir diese Traurigkeit an und leben damit, statt vor ihr wegzulaufen. Wenn wir unsere eigene Traurigkeit akzeptieren, erhöhen wir die Möglichkeiten für unser Glücksempfinden.

Unsere Geschichte muß also unsere Verluste und unsere Trauer voll einbeziehen. Deprimierte Menschen beginnen ihren Lebensbericht mit dem Satz: »Es gibt keinen Grund, warum ich deprimiert sein sollte«, und fahren fort, eine Geschichte von Verlusten zu erzählen – eine Freizeitbeschäftigung, die ihrem Selbstvertrauen Auftrieb gab, auf die sie wegen einer Verletzung oder wegen der Ehe verzichteten; ein Einbruch, in dem nichts gestohlen wurde außer dem Gefühl der Sicherheit; einen konventionellen Beruf ergreifen und einen Traum verlieren; ein Kind bekommen und Freiheit preisgeben. Die deprimierte Person spricht von solchen Verlusten, leugnet allerdings ihre Bedeutung, besteht darauf, daß es verrückt sei, solche Bedürfnisse zu haben und egoistisch, den Verlust ihrer Nichterfüllung zu betrauern. Durch die Depression versucht der/die Betroffene die Trauer zu verleugnen und weigert sich zu trauern. Trauern ist jedoch ein natürlicher Vorgang, der ein Ende findet, wenn er durchgearbeitet ist. Wer sich weigert, Trauer und Trauerarbeit anzuerkennen, muß seine Trauer mit sich schleppen und sich gleichzeitig gegen sie wehren; er trägt eine häßliche, schwere Bürde.

Wir können unseren Verlust anerkennen und betrauern und uns schließlich davon lösen, indem wir eine Geschichte für uns konstruieren, die unsere innere und unsere äußere Realität miteinander verknüpft. Es genügt nicht, als Introvertierter einen Bericht seiner Gedanken, Gefühle, Bilder und Theorien zu geben, ohne diese auf die äußere Realität zu beziehen; ebenso wenig reicht es, als Extravertierter einen Bericht über Aktivitäten zu geben, ohne über diese Aktivitäten nachzudenken.

Als die Rabbinerin Laura Geller die Autobiographie der prominenten Sexualtherapeutin Dr. Ruth Westheimer in einer Zeitschrift besprach, schrieb sie:

»Ruth Westheimer blickt auf ein außerordentlich erfülltes Leben zurück – sie lebte in fünf Ländern, ertrug mehr Tragödien als die meisten Menschen sich denken können, wurde hautnah Zeugin von zwei der wichtigsten Ereignisse neuester jüdischer Geschichte – Holocaust und Gründung des Staates Israel –, feierte persönliches Glück und Triumphe; ihr wurde mehr Erfolg beschieden, als sie sich je erträumt hatte. Das Buch ist angefüllt mit minuziösen Darstellungen von Einzelheiten aus diesem Leben, wen sie kannte, was sie machte, wie ihr Leben sich entfaltete. Was dem Buch fehlt, ist eine nachdenkliche Analyse, wie die Ereignisse ihres Lebens sie als Mensch geformt haben. Wir erfahren eine Menge darüber, was mit Karola Siegel geschah, als sie Dr. Ruth wurde, aber wir erfahren nichts über den Menschen hinter den Ereignissen. Sie schreibt eine interessante Geschichte, aber eine Geschichte ohne Seele. Vielleicht würde ihre Seele den Schmerz einer wirklichen Selbstbeobachtung nicht ertragen.«[3]

Im Gegensatz zu Ruth Westheimer steht Nora Ephron, die sich ihrem Schmerz stellte, als ihr Ehemann Carl Bernstein, einer der Journalisten der Watergate-Affaire, sie wegen einer anderen Frau verließ. Sie schrieb ein sehr scharfsinniges und witziges Buch, einen Tatsachenbericht über das Scheitern einer Ehe aus der Sicht der Frau. Am Ende des Buches erinnert sie sich, wie

»Vera sagte: ›Warum mußt du aus allem eine Geschichte machen?‹

Ich nannte ihr die Gründe:
Wenn ich die Geschichte erzähle, kann ich die Version bestimmen.
Wenn ich die Geschichte erzähle, kann ich dich zum Lachen bringen, und das ist mir lieber als dein Mitleid.
Wenn ich die Geschichte erzähle, tut es nicht so weh.
Wenn ich die Geschichte erzähle, komme ich damit weiter.«[4]

Weiterkommen bedeutet, die Vergangenheit hinter sich zu lassen und die Reise fortzusetzen.

Kapitel 8

Die Reise geht weiter

Das erfolgreiche Selbst ist kein Zustand sondern eine Reise. Das erfolglose Selbst erhebt aus Gründen der Ignoranz und Arroganz den Anspruch, alles zu wissen, während das erfolgreiche Selbst ein weiser Mensch ist, der es mit Sokrates hält, der sagte: »Ich weiß, daß ich nichts weiß.« Sokrates war aber auch der Meinung, daß unerforschtes Leben nicht lebenswert sei.

Die unendliche Vielfalt des Lebens zu erforschen, ist eine gefährliche Beschäftigung. Sie mag uns nicht viele Antworten liefern, dafür liefert sie endlose Fragen; und Fragen sind nicht das, was Menschen in Machtpositionen wünschen. Gute, folgsame Kinder sieht man zwar, aber man hört sie nicht, das heißt, sie stellen keine Fragen. Manche Eltern tolerieren Fragen und manche Lehrer, denen daran gelegen ist, daß Lernen Spaß machen soll, ermuntern ihre Schüler zu forschen, doch die Kräfte der Reaktion in Gesellschaft und Regierung sind mächtig, und Erziehung hat nichts damit zu tun, daß Kinder sich natürlich als eigenständige Persönlichkeiten entwickeln, sondern damit, aus natürlichen Kindern gute, gehorsame Kinder zu machen, aus denen gute, gehorsame Erwachsene werden. Es liegt nicht im Interesse der Mächtigen, daß Kinder zu unabhängigen, fragenden Menschen heranwachsen, die für sich selbst verantwortlich sind, oder daß gute, folgsame Erwachsene sich in unabhängige, fragende Erwachsene verwandeln, die Eigenverantwortung tragen. Weder das Erziehungssystem noch das psychiatrische System sind daran interessiert, Menschen mit einem erfolgreichen Selbst hervorzubringen.

Die reaktionären Kräfte sind deshalb so stark, weil die Mächtigen kein Interesse daran haben, daß Menschen sich ein erfolgreiches Selbst zulegen, da sie selbst noch in der Überzeugung verhaftet sind, daß Wohlverhalten belohnt wird. Da die Umstände es wollten, daß sie Macht und Reichtum besitzen, um sich selbst zu belohnen, fällt es ihnen weniger schwer, diese Überzeugung beizubehalten, als ärmeren und weniger mächtigen Menschen. Ein System, in dem Kinder zu Gehorsam angehalten werden, ist hierarchisch. Es ist zwar nicht angenehm, an letzter Stelle einer Hierarchie zu stehen, aber es besteht die Hoffnung, daß wir uns nach oben arbeiten. Aus Kindern werden Eltern und aus guten, gehorsamen Kindern werden gute, gehorsame Eltern, die an ihre Kinder das weitergeben, was an sie weitergegeben wurde.

Politiker aller Richtungen belehren uns im Ton des Besserwissers, reden zu uns als seien wir Kinder, die erwachsen werden könnten, wenn wir uns bemühten; diesen Tonfall beherrschen auch Lehrer und Eltern, wenn sie Kinder anhalten, auch ohne Aufsicht ›vernünftig‹, das heißt gehorsam zu sein.

Wir können nicht nur als Eltern und Politiker die Elternrolle übernehmen. Wir können Psychiater, Psychologen und Therapeuten aller Richtungen werden.

Das psychiatrische System stellt den Patienten auf die unterste Stufe der Hierarchie, behandelt ihn als ewiges Kind, das keine Aufstiegschance und nur eine geringe Chance hat, dem System überhaupt zu entrinnen. Das psychiatrische System ist nicht daran interessiert, ein erfolgreiches Selbst zu erschaffen, ebensowenig wie die meisten Therapeuten es sind. Der Therapeut nimmt deshalb eine bedeutende Machstellung ein, da der Klient als kindlicher Bittsteller ihn mit Macht, Weisheit und Magie ausstattet. Wird der Klient im Verlauf der Beratung erwachsen, trägt Eigenverantwortung und sieht damit den Therapeuten als gewöhnlichen, fehlbaren Menschen, verliert dieser seine Machtstellung. Aus diesem Grund wollen viele Therapeuten nicht, daß ihre Klienten erwachsen werden und nutzen ihre Machtposition, um ihre Klienten zu untergraben und herabzuwürdigen.[1]

Wenn Sie auf Ihrer Forschungsreise zu Ihrem Selbst in Erwägung ziehen, einen Therapeuten aufzusuchen, sollten Sie sich einen wählen, der sich wie Sie auf dieser Reise befindet, und keinen, dem es darum geht, die Verluste zu kompensieren, die er als gehorsames Kind erlitten hat, und der sich zur mächtigen Elternfigur ernannt hat.

Diese Eigenschaft ist nicht in der Liste seiner beruflichen Qualifikationen aufgeführt. Sie als Klient müssen sich in dieser Hinsicht auf Ihre eigene Urteilsfähigkeit verlassen. Nachfolgend einige Punkte, die Sie beachten sollten:

Der Therapeut mit Mut zum eigenen Selbst

1. Er/sie führt keine Dispute mit anderen Therapeuten über Theorie und Praxis.
2. Er/sie bedient sich der einen oder anderen psychologischen Theorie zum besseren Verständnis einer Therapie, betrachtet diese Theorie jedoch nicht als einzige und absolute Wahrheit, ebensowenig gilt ihm die praktische Anwendung dieser Theorie als einzig richtiges und wahres Therapieverfahren.
3. Er betrachtet seine Überzeugungen, Einstellungen und Bewertungen nicht als richtig und die Überzeugungen, Einstellungen und Bewertungen des Klienten als unrichtig. Er betrachtet vielmehr die Überzeugungen, Einstellungen und Bewertungen des Klienten als dessen von ihm gezogene Schlußfolgerungen aufgrund seiner Erfahrungen, die ihm zwar Schmerzen bereiten mögen, aber *nicht* ungültig oder unlogisch sind. Es ist Sache des Klienten, nicht des Therapeuten, darüber zu entscheiden, ob und wie der Klient seine Überzeugungen, Einstellungen und Bewertungen zu verändern gedenkt.
4. Er weiß nicht, was für den Klienten am besten ist; er weiß und gesteht es ein, daß er das nicht weiß.
5. Er teilt seine Überzeugungen, Einstellungen und Bewertungen dem Klienten mit, damit dieser sich Voreingenommenheiten und Vorurteile des Therapeuten bewußtmachen und damit umgehen kann.
6. Er manipuliert seinen Klienten nicht, um sich als Therapeut Ansehen zu verschaffen, sondern akzeptiert und unterstützt die Entscheidungen, die der Klient für sein Leben trifft.
7. Er verschanzt sich nicht hinter einer Schranke von Empfangsdamen, Wartezimmern, strikt einzuhaltenden Terminplänen, spielt auch nicht die Rolle des warmherzigen, wohlwollenden Betreuers, sondern kann einfach er selbst sein.

8. Er freut sich an liebevollen und verständnisvollen Beziehungen zu Ehepartnern, Kindern, Verwandten und Freunden. Er schmückt sich nicht mit seinen Kindern, empfindet sie ebensowenig als Enttäuschung, sondern hat einfach seine Freude an ihnen.

Solche Therapeuten gibt es. Ich nenne sie gute Freunde.
Gute Freunde lassen zu, daß wir so sind, wie wir sind. Gute Freunde sind uns ebenbürtig, und wenn sie uns helfen und trösten, fühlen wir uns nicht herabgesetzt.
Als Kinder wurden wir genügend herabgesetzt.

Unser Mut zum eigenen Selbst

Die tiefgreifendsten und weitreichendsten Erfahrungen, die wir als Kinder machen, sind jene, in denen wir völlig hilflos und verängstigt sind. Bevor wir diese Erfahrungen machen, leben wir nur für uns selbst, unser Gefühl für Gut und Böse bezieht sich auf das, was angenehm und unangenehm ist. Die frühkindlichen Erfahrungen hilflosen Entsetzens bringen uns die unverrückbaren Moralbegriffe nahe, nach denen das Gute Sicherheit beschert und das Böse Unsicherheit bedeutet. Wir entziehen uns der Gefahr völliger Hilflosigkeit, wenn wir uns selbst als schlecht und unsere Peiniger als gut bezeichnen, stellen jedoch fest, daß Schlechtsein gleichermaßen gefährlich ist, da schlechten Menschen Böses widerfährt.

Als schlechte Kinder bekamen wir Ohrfeigen, wurden verprügelt, angeschrien, kritisiert, isoliert, uns wurde vorenthalten, was wir brauchten, wir wurden gedemütigt und mit Scham- und Schuldgefühlen überhäuft. Man gab uns zu verstehen, daß bösen Erwachsenen noch Schlimmeres widerfährt. Daher beschlossen wir, uns zu bemühen, so gut wie möglich zu sein. Auf diese Weise konnte uns nichts passieren.

Gutsein, so sagten uns die Erwachsenen, bedeutet sauber, ordentlich, gehorsam, friedfertig, nie neidisch oder eifersüchtig zu sein, stets freundlich, großzügig, selbstlos und verantwortungsvoll, wobei verantwortungsvoll hieß, keine eigenen

Entscheidungen zu treffen, sondern zu gehorchen, ohne dazu angehalten zu werden. Oft genug erreichten wir diese Normen nicht, und oft genug sagte man uns, daß wir schlecht seien, und wir fühlten uns als schlechte Menschen. Wenn wir schmutzig, unordentlich, unfolgsam, eigensüchtig, gierig, neidisch, geizig, eifersüchtig, aggressiv oder unverantwortlich waren, mußten wir diese Impulse entweder verdrängen oder zum Ausdruck bringen und hatten hinterher Schuldgefühle. Wir wurden Heimlichtuer, wollten andere nicht wissen lassen, daß wir nicht immer absolut gut waren. Diese Heimlichkeiten schnitten uns von anderen Menschen ab und wir entdeckten, daß *Gutsein gleichbedeutend ist mit Einsamkeit*.

Und dennoch, was ist schon ein bißchen Einsamkeit, solange du in Sicherheit bist? Behalte das rechte Maß an Rechtschaffenheit bei, dann kann dir nichts Schlechtes widerfahren.

Das Problem war allerdings, das rechte Maß an Rechtschaffenheit herauszufinden. Als wir alt genug waren, um Zeitungen zu lesen und Nachrichten im Fernsehen zu verfolgen, begriffen wir, daß den Menschen ständig Böses widerfährt. Und wir lernten rasch, unsere Überzeugung zu verteidigen; denn Rechtschaffenheit wird belohnt und die Menschen bekommen das, was sie verdienen: wir *gaben dem Opfer die Schuld*. »Jeder findet Arbeit, wenn er nur will. Die Arbeitslosen werfen ihr Stempelgeld für Schnaps, Drogen und Farbfernseher zum Fenster hinaus.« »Die Hungernden der Dritten Welt warten doch nur auf Almosen. Sie bemühen sich gar nicht, sich selbst zu helfen.« Wenn wir – wie die vielen kleinen Buben – gelernt haben, Gutes mit Stärke gleichzusetzen, begegnen wir den Schwachen mit Verachtung und finden, daß sie ihr Leiden verdienen.

Dem Opfer Schuld zuweisen funktioniert ausgezeichnet, solange wir selbst nicht Opfer sind.

Eine Frau, die von der gekenterten Autofähre in Zeebrügge gerettet wurde, berichtete vor der Fernsehkamera, daß sie sich aus dem Wasser auf eine Planke gerettet hatte, auf der bereits ein achtjähriges Mädchen kauerte. Sie warteten lange auf ihre Rettung. Das kleine Mädchen sagte immer wieder vor sich hin: »Aber ich war doch so brav. Ich habe nie gelogen.« Vielleicht wählte sie von allen möglichen Sünden die Lüge, weil sie an diesem gefahrvollen Ort gezwungen war, die Möglichkeit in Betracht zu ziehen, daß die Menschen, die sie liebte und von denen sie abhängig war, gelogen hatten. Auch die tugenhafteste Rechtschaffenheit ist keine Garantie dafür, daß die Stahltore einer Autofähre ordnungsgemäß verschlossen sind und daß andere Menschen stets zu unserem Schutz da sind, so wie wir es erwarten.

Wir alle erkennen im Verlauf unserer Kindheit und beim Eintritt in unser Erwachsenenleben, daß Rechtschaffenheit keine absolute Garantie für Sicherheit ist. Im Gegenteil, im Verlauf unseres Lebens stellen wir fest, daß die Menschen uns zurückweisen, obwohl wir gut, großzügig und liebevoll sind. Wir sind fleißig, tun alles, was man von uns verlangt, und ernten dennoch keinen Dank. Diese Entdeckungen geben uns das Gefühl, das Gerechtigkeitssystem dieser Welt funktioniere nicht richtig und wir fühlen uns ungerecht behandelt. Das ärgert, empört und verbittert uns. Wir sehen, daß andere Menschen (die nicht halb so gut sind wie wir) anscheinend für ihre Rechtschaffenheit belohnt werden und fühlen uns neidisch. Unsere Wut, Bitterkeit, unser Groll und Neid entfremdet uns von anderen und erhöht unsere Einsamkeit.

Wir bemühen uns angestrengt, gut zu sein und Gutes zu tun und bemerken gar nicht, daß unsere größten Bemühungen, freundlich, liebevoll und großzügig zu anderen zu sein, uns in Wahrheit anderen entfremden. Da wir glauben, daß wir im Grunde genommen schlecht sind und unsere Rechtschaffenheit das Bemühen ist, diese Schlechtigkeit in Zaum zu halten, lassen wir unsere Güte, Großzügigkeit, Anteilnahme und Liebe nur selten spontan zu. Wir unterscheiden die möglichen Empfänger unserer Rechtschaffenheit in solche, die sie verdienen und solche, die sie nicht verdienen. Wir vergeuden unsere Rechtschaffenheit genausowenig an jene, die sie nicht verdienen, wie wir unser Geld zum Fenster hinauswerfen.

In meinem Einkaufszentrum Broomhill sammelten Kinder in der Weihnachtszeit Geld für die Opfer der Hungersnot in Afrika, und die Passanten gaben gern und reichlich. Nach Weihnachten wurden zwei Frauen, die dort billigen Schmuck verkauften, ›weil unsere Kinder nichts zu essen haben‹, von der Polizei entfernt. Ärzte und Pflegepersonal in psychiatrischen Kliniken unterscheiden Patienten häufig in solche, die es verdienen, gut behandelt zu werden, und solche, die es nicht verdienen. Wenn Sie als Patient eingestuft werden, der keine gute Behandlung verdient, werden Sie mit Medikamenten und – in den USA – Elektroschock behandelt, möglicherweise sogar isoliert (allein in einen kleinen Raum gesperrt), statt daß man mit Ihnen spricht, oder Sie vielleicht zu einer Psychotherapie weitervermittelt.

Die Patienten, die in die Therapie geschickt werden, kommen mit der Überzeugung, daß Rechtschaffenheit belohnt werden muß. Das stellt sich oft heraus, wenn sie, nach dem Wagnis fröhlicher und weniger ängstlich zu sein, in eine Krise geraten und sich wieder in Depression und Angst zurückziehen. Dann sagen sie zu mir: »Ich wollte nicht darüber sprechen, um Sie nicht zu enttäuschen. Sie waren so gut zu mir.« Ich versuche ihnen dann klar zu machen, daß meine Enttäuschung oder Zufriedenheit nichts mit ihrer Therapie zu tun hat. Ich werde dafür bezahlt, meinen Klienten uneingeschränkte Aufmerksamkeit zu geben, solange die Sitzung dauert. Vermutlich wäre ich enttäuscht, wenn mir meine Stunde nicht bezahlt würde, aber was meine Klienten auch tun, ob sie die beste eigenständige Persönlichkeit aller Zeiten werden oder ob sie der Mensch mit den tiefsten Depressionen aller Zeiten werden, ist ihre Angelegenheit. Sie müssen mir keinen Gefallen erweisen. Wenn ich in einer Therapiesitzung Verständnis zeige, so geschieht das, weil ich meinen Beruf liebe und nicht, weil ich eine Belohnung erwarte.

Solche Aussagen lösen zunächst große Verblüffung aus, weil meine Klienten nach wie vor fixiert sind auf den Satz: »Wenn ich gut bin, stößt mir nichts Böses zu: Da mir aber Böses widerfahren ist, bedeutet das, daß ich viel schlimmer bin, als ich dachte und/oder daß ich ungerecht behandelt wurde.« Wenn meine Klienten zur Einsicht gelangen, daß dieses Dilemma selbstgemacht ist, reden sie nicht mehr davon, mich enttäuscht zu haben. Sie mögen über sich selbst enttäuscht oder verärgert sein, wenn sie zu den alten Abwehrmechanismen der Depression und Angst greifen, aber das ist eine andere Sache.

Die Erwartung, daß Rechtschaffenheit belohnt werden muß, ist bei Therapeuten und Beratern aller Richtungen weit verbreitet, nach dem Motto: »Ich habe Frau Schmidt eine Stunde meiner Zeit gegeben, also hat sie Besserung im Gegenwert einer Stunde aufzuweisen.« Patienten, die es versäumen, Zeit und Mühe, die Pflegepersonal und Freiwillige (einschließlich Klinikpfarrer) für sie aufwenden, durch Verbesserung ihres Zustandes zu belohnen, werden als ›undankbar‹ und ›unwürdig‹ bezeichnet, erhalten weniger Aufmerksamkeit und werden, wenn sie sich darüber beklagen, als ›Störenfriede‹ eingestuft. Patienten, die erkannt haben, daß es wichtiger ist, für Wohlverhalten belohnt zu werden, als die Wahrheit zu sagen, behaupten, die Zeit, die diese guten, freundlichen, großzügigen und vielbeschäftigten Menschen für sie erübrigt haben, sei von großem Nutzen gewesen, wie gräßlich sie sich auch insgeheim fühlen mögen. (Und genau diese Reaktion vermittelt dem Arzt den Eindruck, daß die Medikamente, die er verschreibt, tatsächlich Wirkung zeigen.)

Wohlverhalten und seine Belohnungen macht aus Beziehungen Transaktionen, in denen jeder sich ausgebeutet und betrogen fühlt. Geben, ohne etwas bekommen zu wollen, wird als Schwäche bewertet. Nehmen, ohne zurückzugeben wird als Habgier betrachtet. Damit kann das Glücksempfinden des Gebens ohne Erwartung von Dankbarkeit, Liebe oder Anerkennung nie voll ausgekostet werden, ebensowenig wie die Freude, jemand das Recht und die Gelegenheit zu geben, dieses Glück zu spüren. Hätten wir uns die Fähigkeit erhalten, diese Form des Glücks zu empfinden, hätten wir das Weihnachtsfest nicht zu einer sentimentalen Farce und einem großen Konsumrummel verkommen lassen.

Die Erwartung, daß unsere Rechtschaffenheit belohnt wird, nimmt uns mehr als die große Freude, aus freien Stücken zu geben und zu nehmen. Wir verlieren auch unsere Fähigkeit zu staunen. Als Babys und Kleinkinder waren wir in ständigem Staunen über die Wunder der Welt begriffen, doch sobald uns unsere Schlechtigkeit und unser Bedürfnis, gut zu sein, nahegebracht wurde, konnten wir die Welt nicht länger mit staunenden Augen betrachten. Wir sahen die Welt nur in Beziehung zu uns selbst. Die Sonne sandte nicht nur Strahlen aus. Ihre Strahlen waren entweder gut oder schlecht für uns. Die Welt ist voller Bodenschätze, die wir ausbeuten können. Die Welt ist ein

Nagel, an den wir unsere Phantasien aufhängen können und bildet den Hintergrund für unser Lebensdrama. Und dennoch ist es dieses Staunen, das uns das Gefühl gibt, im Hier und Jetzt zu leben, Teil von allem zu sein und zugleich ein Einzelwesen, das die Wunder wahrnimmt.

Wir verlieren dieses Staunen nie wirklich. Es gerät lediglich in Vergessenheit. Hin und wieder kommt es zum Vorschein, wenn wir nach dem Sinn des Lebens suchen. Wir schauen sinnend in den Mond, fragen: »Was soll das Ganze eigentlich?« und finden schließlich eine Antwort, die uns richtig erscheint. Eine religiöse oder metaphysische Antwort scheint uns deshalb richtig, weil sie den Versuch enthält, unseren Existenzssinn aufrechtzuerhalten und die drohende Vernichtung abzuwenden. So baut sich ein Extravertierter, der die Bedrohung des Verlassenseins zu oft erlebt hat, ein Glaubenssystem auf, in dem er von liebevollen Geistwesen umgeben ist oder in dem es einen Himmel gibt mit einem gütigen Vater, Engeln und nahestehenden Verstorbenen, die weitaus gütiger sind, als sie es auf Erden waren. Der Extravertierte ist nie wieder allein, weder hier noch im Jenseits. Der Introvertierte, der zu oft vom Chaos bedroht wurde, baut sich ein Glaubenssystem einer übernatürlichen Ordnung auf, in der Jubelrufe, Ruhm und Vollkommenheit herrschen. Der Introvertierte wird nie wieder vom Chaos überwältigt, weil die übernatürliche Ordnung die natürliche Ordnung überstrahlt und die Vollkommenheit vor ihm liegt. Vorausgesetzt natürlich, daß wir alle sehr gut sind.

Wir können also ein Glaubenssystem erschaffen, von dem wir hoffen, daß es uns gegen die drohende Vernichtung Schutz bietet, wenn die Menschen uns verraten und im Stich lassen. Wir hoffen, dadurch keinen Verlustschmerz und nicht die Schwäche der Hilflosigkeit zu verspüren. Das ist allerdings eine vergebliche Hoffnung, da der Verlust von Menschen, die wir lieben, immer schmerzhaft ist und es viele Vorkommnisse gibt, etwa Krankheit, Gebrechlichkeit und unser Greisenalter, in dem uns unsere Hilflosigkeit und Schwäche vor Augen geführt werden. Wenn wir in solchen Situationen außerdem behaupten, den Schmerz und die Schwäche nicht zu spüren, wenn wir vorgeben, solche unangenehmen Gefühle würden uns dank unseres Glaubens an eine höhere Macht nicht treffen, schneiden wir uns von den Menschen ab, die uns möglicherweise helfen wollen, die gleichfalls unter Schmerzen und Schwächen leiden. Wir leugnen, was sie erleben und unterlassen es, sie zu unterstützen und die Nähe und Gemeinsamkeit zu erfahren, die Menschen mit geteiltem Leid erschaffen. Noch schlimmer, wenn die Situationen, die uns Schmerzen und Schwächen verursachen, unser Selbstvertrauen herabsetzen (was meist geschieht) und uns die eigene Schlechtigkeit vor Augen führen, stellen wir fest, daß der Schutz, den unser Glaube uns geben sollte, nicht vorhanden ist, weil dieser Schutz von unserem Wohlverhalten abhing. Wir erleiden also einen doppelten Verlust: das Unglück, das uns ereilt hat und den Verlust des Glaubens, von dem wir hofften, er würde uns vor Unglück bewahren.

Der Glaube an ein übernatürliches oder religiöses System, das uns, wie wir hoffen, gegen die drohende Vernichtung unseres Selbst schützen soll, hindert uns daran, zu erkennen, daß unsere Abwehrmechanismen gegen unsere Schwäche und Hilflosigkeit unnötig sind, da wir in unserer Individualität sowohl einzigartig als auch Teil der immerwährenden Vernetzung des Lebens sind. Dieses Wissen haben wir seit unserer Geburt, doch erst wenn es uns gelingt, die Stimmen zum Schweigen zu bringen, die ständig jammern: »Ich muß gut sein; ich muß vorsichtig sein«, können wir zulassen, das zu wissen, was wir bereits wissen.

Diese Erkenntnis überkommt uns manchmal als Gotteserfahrung. Manchmal erreicht sie uns in der Meditation oder im Staunen, wenn wir die Wunder der Natur betrachten. Aus solchen Erfahrungen spricht unser wahres Ich. So schwach und hilflos wir uns fühlen und glauben mögen, vor der vermeintlichen Vernichtung zu stehen, es gibt stets einen Aspekt in uns, der unser Existenzrecht wahrt. Würde dieser Aspekt nicht existieren, würden wir uns nicht vor der drohenden Vernichtung fürchten. Wir würden vielmehr ohne Gegenwehr wie eine Rauchwolke im Wind verwehen. In diesem Teil unserer Persönlichkeit, dem Teil, den wir in unserem Bestreben, gut zu sein, verleugnet und mißachtet haben, liegt die Erkenntnis, zur Gruppe zu gehören und zugleich ein einzigartiges Individuum zu sein. Wenn wir eine solche Erkenntnis gewonnen haben und immer noch darauf beharren, daß einzig und allein eine außenstehende Macht dafür verantwortlich sei, leugnen wir nach wie vor diesen essentiellen Aspekt unseres Selbst. Wenn wir diese Wahrheit anerkennen, prägt sich diese Erkenntnis als unerschütterliche Gewißheit ein. Dann haben wir uns aus der Tretmühle befreit, in der wir uns für schlecht hielten, uns bemühten, gut zu sein und von Angst verfolgt waren. Wir können einfach sein. Wir sind nicht länger auf Beziehungen fixiert, in denen wir andere dominieren oder von anderen dominiert werden. Wir können mit anderen als unsere gleichwertigen, gleichberechtigten Nächsten zusammensein.

Diese Gewißheit bewahrt uns nicht vor Schmerz und Schwäche, das Wissen um unser einzigartiges Selbst gibt uns die Kraft, mit Schmerz und Schwäche gleichermaßen umzugehen wie mit Freude, Glück und Liebe. Hieraus erwächst die Einsicht, daß wir unsere Schwächen nicht fürchten müssen, da wir sie nicht länger als drohende Vernichtung unseres Selbst empfinden. Unser Selbst ist gesichert, und wir gestehen anderen nicht länger die Macht zu, uns mit Vernichtung zu bedrohen. Wir müssen unseren Schmerz nicht fürchten, da wir zulassen können, daß andere Menschen uns helfen und uns Rückhalt geben. Wir können Verlustschmerzen zulassen, da wir wissen, daß solcher Schmerz ohne Liebe nicht möglich wäre. Die Menschen sind bestimmt, zu lieben und zu trauern. Wenn wir heute lieben, wird es später Menschen geben, die um uns trauern. Mit dieser Erkenntnis verfallen wir nicht in Depression, denn Depression ist die Weigerung zu trauern. In unserer Trauer wie in unserer Liebe und in unserem Glück sind wir mit anderen Menschen verbunden.

In dieser Gewißheit erlangt jeder von uns seine eigene Synthese aus Introvertiertheit und Extravertiertheit. Als geborene Extravertierte suchen wir nach wie vor Anregungen von außen, und als geborene Introvertierte hören wir nicht auf zu organisieren. Wir dulden nicht nur unsere Eigenheiten, wir erreichen nicht nur das Ziel, sowohl einzelner als auch Zugehöriger einer Gruppe zu sein, wir machen auch die lebendige Erfahrung, unser erfolgreiches Selbst und integrierter Bestandteil des immerwährenden und stetig wiederkehrenden Lebens dieser Erde zu sein, ebenso Teil des Lebens, wie eine Welle Teil des Ozeans ist.

Anmerkungen

Kapitel 1

1. D. Rowe, *Jenseits der Angst*, München 1989.
2. D. Adams, *Per Anhalter durch die Galaxis*, Berlin.
3. D. Rowe, *The Experience of Depression*, Wiley, Chichester, (1978), Neuauflage 1988 als *Choosing Not Losing*, Fontana, London.
4. *Jenseits der Angst*, op.cit.
5. D. Rowe, *Miteinander leben: Wie wir uns von Feindbildern, Angst und Depression befreien können*, München 1987.

Kapitel 2

1. C.G. Jung, *Psychologische Typen*, Ges. Werke, Bd. 6, Frankfurt 1989.
2. I. Myers-Briggs, *Introduction to Type*, Consulting Psychologists Press, Inc, Palo Alto, California 1986.
3. H.J. Eysenck, Dimensions of Personality, *Persönlichkeit und Individualität*, München 1987.
4. H.J. Eysenck, *Die Ungleichheit der Menschen*, Berlin.

Kapitel 3

1. *Jenseits der Angst*, op.cit., S. 183–194.

Kapitel 4

1. H. Eysenck, *Crime and Personality*, London 1964.
2. J. Horne, A morning slickless, *The Guardian*, 17. Oktober 1987.

3. W. P. Colquhoun, Effects of personality on body temperature and mental efficiency following transmeridian flight, *Aviation, Space, and Enivronment Medicine*, Juni 1984.

   T. H. Monk und S. Folkard, Individual differences in shiftwork adjustment, in *Hours of Work*, Wiley, Chichester 1985.

4. J. Marks und P. Greenfield, How the CIA assesses weaknesses: the Gittinger Personality Assessment, in *The Power of Psychology*, Beckenham 1987.

5. S. B. Kopp, *Guru*, Palo Alto, California 1971.

6. G. Brown und T. Harris, *The Social Origins of Depression*, London 1982.

7. R. Totman, Predicting experimental colds in volunteers from different measures of recent life stress, *Journal of Psychosomatic Research*, 24, 1980.

   D. E. Broadbent, Some further studies on the prediction of experimental colds in volunteers by psychological factors, *Journal of Psychosomatic Research*, 28. 6. 1984.

8. R. Ruark, zitiert in *Contemporary Authors*, Permanent Series, Band 2, Gale Research Company, Detroit 1978.

9. R. Ruark, *The Old Man and the Boy*, London 1958.

10. Q. Crisp, *The Naked Civil Servant*, London 1986.

11. Q. Crisp, *How to Become a Virgin*, London 1981.

12. L. Braudy, *The Frenzy of Renown*, Oxford 1986.

13. ebd., S. 10.

14. D. Rowe, *Ich entscheide mich für das Leben. Der Weg aus der Depression*, S. 77, München 1986.

15. A. Miller, *Das Drama des begabten Kindes*, Frankfurt 1979.

16. *Jenseits der Angst*, op.cit., S. 170.

17. *The Mind Box*, Everyman Series, BBC TV, 1985.

18. *Ich entscheide mich für das Leben* und *Jenseits der Angst*, op.cit.

19. Chuang Tsu, *Inter Chapters*, London 1974.

20. N. Ephron, *Sodbrennen*, München.

Kapitel 5

1. C. Garvey, *Children's Talk*, London 1984, S. 165 – 166.

Kapitel 6

1. *Jenseits der Angst*, op.cit.
2. R.D. Scott und P.L. Ashworth, The shadow of the ancestor: a historical factor in the transmission of schizophrenia, *British Journal of Medical Psychology*, 42, No. I, S. 13 – 32, 1969.
3. *Jenseits der Angst*, op.cit., S. 284 – 285
4. D. Wigoder, *Images of Destruction*, London 1987.
5. *Miteinander leben*, op.cit., S. 194
6. A. Miller, *Am Anfang war Erziehung*, S. 305, Frankfurt 1980.
7. *Ich entscheide mich für das Leben*, op.cit.
8. S. Kopp, *Who Am I – Really?* S. 163, Los Angeles 1987.

Kapitel 7

1. S. Alexander, unveröffentlichte Notizen einer Autobiographie.
2. *Miteinander leben*, op.cit.
3. L. Geller, The Long Life of a Short Woman, *Los Angeles Times*, 10. Januar 1988, Besprechung des Buches *All in a Lifetime* von R. Westheimer, 1988.
4. N. Ephron, op.cit.

Kapitel 8

1. D. Smail, *Taking Care*, London 1987.
   J.M. Masson, *Against Therapy*, London 1989.
2. A. Hardy *The Spiritual Nature of Man*, Oxford 1979.
   D. Hay, *Exploring Inner Space. Scientists and Religious Experience*, Harmondsworth 1981.